SPITZBERGEN

EUROPÄISCHES
NORDMEER

GRÖNLANDSEE

...TIS

POL

85°

CAPE
COLUMBIA

GRÖNLAND

80°

75°

ELLESMERELAND

KÖNIGIN–ELISABETH–INSELN

...MEER

EUREKA

BAFFIN
BAY

DEVON–I.

BAFFININSEL

RESOLUTE

90°

Arved Fuchs
Von Pol zu Pol

Arved Fuchs
Von Pol zu Pol

Kiepenheuer & Witsch

Fotonachweis:

Historische Fotos: Ullstein Bilderdienst
Seite 11, 15, 125, 127, 233

Ralf Stark:
Seite 134, 137, 141, 230

Manfred Horender:
Seite 234, 237

Mikhail Malakhov:
Seite 29, 86, 87

Bild der Wissenschaft:
Seite 143

Malcolme McFarlane:
Seite 216, 220

Roland Westphal:
Seite 113, 117

Brigitte Ellerbrock:
sämtliche Landkarten

Sämtliche Expeditionsfotos
wurden mit Leica Kameras gemacht.

© 1990 by Verlag Kiepenheuer & Witsch, Köln
Umschlaggestaltung, Kalle Giese, Overath
Layout mit QuarkXPress auf Apple Macintosh
Schriften: Times und Franklin Gothic
aus der Linotype Library
Gesamtherstellung: Mohndruck
Graphische Betriebe GmbH, Gütersloh
ISBN 3 462 02079 X

Meiner Mutter
Gisela Fuchs gewidmet

Men wanted
for hazardous journey.
Small wages, bitter cold,
long months
of complete boredom,
constant danger,
safe return doubtful.
Honor and recognition
in case of success.
Sir Ernest Shackleton

Inhalt

To the pole of understanding

Tonnenschwere
Eisbrocken werden
durch Strömungen im
arktischen Ozean wie
von Geisterhand
zusammengepreßt
und emporgehoben.
Sie versperren dem
Polarwanderer immer
wieder den Weg und
zwingen ihn zu
weiten Umwegen.

Eine Idee wird zur Wirklichkeit

Die polaren Zonen sind in Gefahr. Das Bild von unberührten Naturlandschaften im Norden und Süden dieser Erde stimmt nur noch in der Phantasie. Die Wirklichkeit sieht anders aus: Chemische Rückstände wie PCB aus den Fabrikschornsteinen der Industrieländer reichern sich im Muskelgewebe und den Organen von Robben und Eisbären an. Das »arctic haze«, Smog, der in Tausenden Kilometern Entfernung entstanden ist, trübt die einst klarste Luft dieses Planeten. Havarierte Tanker verwandeln Naturlandschaften zu Kloaken. Das Ozonloch über der Antarktis macht schädigender UV-Strahlung den Weg frei auf die Erdoberfläche. Neueste wissenschaftliche Untersuchungen beweisen, daß auch die Ozonschicht über dem Nordpol ausdünnt. Wird die Zerstörung dieser schützenden Hülle im Norden ein ähnliches Ausmaß annehmen wie im Süden, so werden auch wir in unseren vermeintlich so sicheren Industrieburgen betroffen sein.

1979 fuhr ich zum ersten Mal in die Arktis. Die Westküste Grönlands war damals mein Ziel, und Reiselust, Neugierde und Spaß am Abenteuer trieben mich an. Ich begegnete dieser für mich neuen Welt offen und unbefangen. Wie viele vor mir, verfiel auch ich schnell der Faszination der polaren Landschaft. Trotz aller Härten, die das Leben und Reisen in dieser unwirtlichen Gegend birgt, sitzt auch heute noch der Arktisbazillus tief in mir und wird mich vermutlich auch zeit meines Lebens nicht mehr verlassen.

Ich war entschlossen, das Handwerk des polaren Reisens zu erlernen. Monatelang lebte ich deshalb mit den Ureinwohnern der Arktis, den Eskimos, zusammen. Die Lebensweise und -philosophie dieser Menschen erfüllten mich mit Achtung und Respekt. Ihre Art des Überlebens in dieser eisigen Region beeindrucken mich auch heute immer wieder, obwohl ihnen durch unsere sogenannte Zivilisation vieles von ihrer Würde genommen wurde.

Stimmten mich anfangs vor allem die sozialen Probleme der Eskimos nachdenklich, so wurden mir mit der Zeit die Veränderungen der Landschaft bewußt. Meine Vorstellung, die Arktis sei jungfräulich unberührt, erwies sich als trügerisch. Ich erkannte, daß die wirtschaftliche Ausbeutung auch vor diesem Teil der Erde nicht haltmachte. Die Suche nach Kohle, Öl, Eisenerz, Uran und vielen anderen Rohstoffen und ihre Förderung sowie der Bau der Ölpipeline in Alaska hinterließen tiefe Wunden in dieser Naturlandschaft.

Mir wurde bald klar, daß diese von außen hereingetragene Zerstörung für die Arktis im besonderen Maße eine Katastrophe bedeutet. Denn die niedrigen Temperaturen sorgen als eine Art Kühlschrankeffekt sowohl für langsames Wachstum als auch für langsamen Verfall. Bakterien, die in gemäßigteren Klimazonen immer wieder für das Gleichgewicht eines Ökosystems arbeiten, gibt es in diesem Bereich der Erde nicht. Sind sie doch vorhanden, so wirken sie wesentlich langsamer oder sind nicht auf die völlig neuen Bedingungen eingestellt. So werden beispielsweise Ölrückstände im Wasser in wärmeren Gebieten wesentlich schneller durch diese Mikrolebewesen abgebaut als in diesem extrem kalten Gebiet.

Seit meiner ersten Begegnung mit der Arktis verbrachte ich jedes Jahr Wochen oder gar Monate im hohen Norden. Ich bereiste verschiedene Gebiete und war stets erfüllt von der überwältigenden Schönheit dieser Landschaft, aber auch bedrückt durch die Gewalt, die ihr angetan wird. Es schmerzte mich bis ins Innerste, daß der Gegenstand meiner Zuneigung zunehmend gefährdet und zerstört wurde. An meinen früheren Empfindungen hat sich bis heute nichts geändert. Mit jeder Reise in die Arktis und Antarktis wachsen mir Land, Mensch und Tier stärker ans Herz. Verstehen können wird mich nur der, der ewiges Eis, Schnee und Kälte und die einzigartige Landschaft so nah erlebt hat wie ich.

Der Begriff Abenteurer ist – vor allem im deutschen Sprachraum – ein negativ behaftetes Wort. Er steht für eine unstete Lebensführung und übertriebenes Risiko. Der Begriff ist wie geschaffen, potentielle Schwiegermütter in Angst und Schrecken zu versetzen. Ein Abenteurer wird vielerorts als windiger, unseriöser Draufgänger und Hasardeur verstanden, der sich weder um Tod noch Teufel schert, der die Gefahr sucht und letztendlich auch darin umkommt – oder gar andere noch mit ins Verderben zieht. Obwohl dieses Wort derart negativ besetzt ist, bekenne ich mich klar dazu, ein Abenteurer zu sein. Für mich ist das Abenteuer nämlich mit ganz anderen Begriffen und Werten verbunden. Es steht für mich für gesunde Neugierde, Kreativität und Gestaltungskraft. Drückt ein Kunstmaler sich über ein Bild, ein Sänger oder Komponist über die Musik aus, so artikuliere ich mich über meine Reisen und Abenteuer. Ein Abenteuer ist für mich in der Vorbereitung, Ausführung und Nachbetrachtung etwas sehr Persönliches. Es ist immer individuell geprägt und kennt in seiner Gestaltungsvielfalt keine Grenzen.

Ich suche in meinen abenteuerlichen Reisen und Expeditionen keineswegs die Gefahr. Ganz im Gegenteil: Ich verstehe mich als vorsichtigen Menschen. Nicht nur, wenn ich in fernen Ländern unter harten Bedingungen unterwegs bin, sondern auch im Alltag zu Hause.

Die Qualität eines Abenteuers drückt sich für mich nicht in möglichst vielen und extremen Gefahrenmomenten aus, sondern im intensiven Erleben.

Der Amerikaner Robert E. Peary erreichte im April 1909 als erster Mensch den Nordpol.

Neue Eindrücke machen ein Abenteuer für mich interessant. Ich rieche, höre, schmecke, fühle und sehe vor allem Dinge, die mein Leben bereichern. Außerdem zeigt sich die Güte eines Abenteuers für mich in einer sorgfältigen Planung und Logistik, die schon im Vofeld mögliche Risiken auf ein Minimum beschränken.

Ein ernsthafter Abenteurer wird sich nur solchen Aufgaben stellen, denen er sowohl geistig als auch körperlich gewachsen ist. Dem verbleibenden Restrisiko wird er mit seiner Erfahrung und seinem »handwerklichen« Können begegnen. Eine absolute Sicherheit wird bei einer Abenteuerreise natürlich nicht mitgeliefert. Doch die gibt es auch nicht in unserem sogenannten zivilisierten Alltag. Wer kann uns schon Sicherheit garantieren, wenn wir uns hinters Steuer setzen oder die verpestete Luft der Großstädte und Industrieansiedlungen einatmen. Wenn wir zweifelhafte Medikamente, Alkohol, Nikotin, Genuß- und Nahrungsmittel zu uns nehmen. Verseuchtes Wasser in unseren Flüssen, giftiger Müll auf undichten Halden und nicht zuletzt der Streß, den uns der tägliche Überlebenskampf oder das Streben nach vermeintlich angenehmen Gütern aufbürdet, all dies und noch vieles mehr ist mit Sicherheit nicht dazu angetan, uns Sicherheit zu gewähren. Weder für Geist, Körper noch Seele.

Das Risiko auf Expeditionen ist lediglich für den Unerfahrenen und Außenstehenden eine unbekannte Größe. Für einen gewissenhaft auf sein Unternehmen vorbereiteten Abenteurer ist das Risiko weitgehend überschaubar und bedeutet keine Schrecken für ihn.

Fridtjof Nansen, Knut Rasmussen, Alfred Wegener, Robert Falcon Scott, Robert Peary und Roald Amundsen, Männer, die Polargeschichte geschrieben haben. Sie waren Forscher, Entdecker, Wissenschaftler – aber auch Abenteurer. Denn nur eine gehörige Portion Abenteurertum ließ sie auf Reisen gehen, die lange Trennung von ihren Angehörigen und die für uns heute unvorstellbaren Strapazen ertragen. Verabschiedete sich beispielsweise Fridtjof Nansen vor seiner Reise mit der »Fram« für mehrere Jahre von seiner Familie, so geschah

dies sicherlich nicht aus rein wissenschaftlichen Beweggründen.

Viele Wissenschaftler – insbesondere Polarexperten – hören heutzutage nicht gern, wenn man dem deutschen Wissenschaftler und Polarforscher Alfred Wegener Abenteurertum unterstellt. In meinen Augen jedoch war er nicht nur ein großer Forscher und Wissenschaftler, sondern auch einer der deutschen Abenteurer von Format.

Die Polarforschung unserer Tage hat ihren abenteuerlichen Charakter verloren. Im High-Tech-Zeitalter der Flugzeuge, weltumspannender Blitz-Kommunikation und motorisierter Schlittengespanne ist sie zu einer leidenschaftslosen Tätigkeit geworden. Entbehrungen und Leiden, das tägliche Brot der alten Polarforscher, gehören für Wissenschaftler heute in ihren wohltemperierten Wohncontainern der Vergangenheit an. Und das ist auch gut so; denn nur mit Unterstützung der modernen Technologie kann eine effiziente Forschung nach den heutigen Forderungen und Vorgaben betrieben werden.

Wissenschaft und Abenteuer haben den gemeinsamen Pfad verlassen. Trotzdem – oder gerade deshalb – sollten Frauen und Männer aus diesen beiden Lagern ihre Erfahrungen austauschen. Denn ihre Aktivitäten und ihr Streben haben in vielen Punkten dasselbe Ziel. Wobei zu bedenken ist, daß es auf beiden Seiten Fehlentwicklungen gibt. So gehört für mich schon die Suche nach Rohstoffen in unberührten Naturlandschaften wie etwa der Arktis und Antarktis im Zeichen der Wissenschaft zu einem Verbrechen an der Umwelt. Ebenso verurteile ich das rücksichtslose Vorgehen einiger Pseudo-Abenteurer, die sich in fremden Kulturen und Landschaften wie die Axt im Walde benehmen, um letztlich nur ihr Ego und ihre Eitelkeit zu befriedigen.

Ich habe mir zu keiner Zeit das Mäntelchen der Wissenschaft umgehängt. Bei einigen meiner Expeditionen sammelte ich lediglich sozusagen als Handlanger oder Helfer vor Ort Daten und Proben, die dann von Wissenschaftlern analysiert wurden. Diese Hilfe, die ihnen Abenteurer durch Reisen in entlegene Gebiete ermöglichen, sollten die Wissenschaftler viel mehr nutzen. Viele Forscher denken wahrscheinlich gar nicht an diese Chance, andere können oder wollen vermutlich nicht über ihren akademischen Schatten springen. Für mich gibt es in dieser Frage jedenfalls keine Berührungsängste.

Abenteurern wird häufig vorgehalten, sie seien Wegbereiter des Massentourismus. Ein Vorwurf, den ich nicht gänzlich entkräften kann und will. Ich behaupte jedoch, daß die Nord- und Südpolarregionen weniger durch den Tourismus als durch industrielle Ausscheidungen belastet werden. Ich halte es für falsch, interessierten Menschen den Zugang zu einer Naturlandschaft zu verwehren. Wer keine Möglichkeit hat, etwas zu sehen und zu erleben, der kann auch keine Zusammenhänge und Probleme erkennen und verstehen.

Viele unserer ökologischen Probleme sind in der Entfremdung zwischen Mensch und Natur begründet. Dabei ist jedoch der Mensch ein Teil der Natur, nicht ihr Herrscher. Solange diese Tatsache sich nicht in den menschlichen Gehirnen und Herzen festsetzt, werden wir nicht aufhören, an dem Ast zu sägen, auf dem wir sitzen.

In unserer pseudo-zivilisierten Welt wird die Natur als käufliche und stets erneuerbare Ware gesehen, die gefälligst bereitzustehen hat, um unseren Freizeit- und Erholungsbedarf zu decken. Für den Schutz der Natur werden Politiker und gewählte Volksvertreter verantwortlich gemacht. Die werden schließlich dafür auch bezahlt. Weit gefehlt: Jeder einzelne von uns ist verantwortlich für den Umgang mit der Natur. Schließlich haben wir es, beispielsweise durch unser Kaufverhalten, in der Hand, was produziert wird oder nicht. Wenn wir schon über unser politisches Mandat kaum etwas ändern können, weil Wahlversprechen allzu schnell im Sand versickern, so können wir es sehr wohl durch unser Verhalten in Wort und Tat. Ich glaube, es gibt in unseren Tagen keine wirksamere Art, Umwelt- und Naturschutz zu betreiben, als durch das Einwirken jedes einzelnen auf die Mechanismen der freien Marktwirtschaft. Diese Macht potenziert sich natürlich noch, wenn wir uns zu

Gruppen formieren und lautstark und zäh auf Mißstände aufmerksam machen. Ein guter Informationsstand und eine gehörige Portion Courage gehören sicher oft dazu. Doch immerhin haben wir in unserer Gesellschaftsstruktur die Möglichkeit, etwas zu ändern. Und die sollten wir – schon unserem Ego zuliebe – nutzen.

Der bekannte Satz »Die Natur braucht uns nicht, aber wir brauchen die Natur« hat heute mehr Gültigkeit denn je. Daß er von vielen Menschen nicht nur als Floskel verstanden wird, zeigt sich am gesteigerten Umweltbewußtsein. Das trifft durchaus auch auf den Tourismus in der Antarktis zu. Für viele mag er ein Schreckgespenst sein. Viele Leiter von Forschungsstationen versicherten jedoch, daß die gewöhnlich mit Schiffen anreisenden Besucher meist sehr gut vorbereitet sind und sich sehr diszipliniert gegenüber der Natur verhalten. Ein Kompliment, das man vielen Forschungsstationen in der Antarktis sicher nicht machen kann. Ich will keine Lanze für den Tourismus in den Polargebieten brechen, möchte jedoch davor warnen, Individualisten und Andersdenkende zu verteufeln.

Mich zum Beispiel haben meine Reisen in die nördlichsten und südlichsten Teile der Erde sensibilisiert und wachgerüttelt. Und so haben sich auch die Inhalte meiner Expeditionen verändert. Ging ich vor über einem Jahrzehnt noch als unbefangenes Greenhorn durchs Eis, so sehe ich heute die Wunden, die dieser einzigartigen Landschaft zugefügt wurden und noch immer werden. Deshalb darf und will ich heute nicht mehr nur mit schönen Bildern von einer Reise in arktische Gebiete berichten und die erschreckenden Veränderungen verschweigen. Schweigen und Zurückhaltung bedeuten für mich nicht vornehme Neutralität, sondern die Gefahr der Mitschuld. Ich melde mich als aktiver und politischer Mensch deshalb zu Wort. Ich bin nicht so vermessen, zu glauben, ich könnte mit meinen Aktionen die Welt auf den Kopf stellen. Ich möchte lediglich meinen Beitrag zum Umweltschutz leisten, Signale setzen und zu Diskussionen anregen.

Glücklicherweise setzen auch andere Abenteurer zunehmend ihre Reisen und Expeditionen

sinnvoll und politisch bewußt um. Einer von ihnen ist der Brite Robert Swan. Robert erreichte
in einer aufsehenerregenden Expedition in den
Jahren 1985/86 auf den Spuren des Engländers
Sir Robert Falcon Scott den Südpol. Bedeutete
Scotts qualvoller Marsch für ihn und seine Männer 1911 ein tödliches Ende, so war es für Robert
ein Neubeginn. Indem er sich das Gesicht durch
die extreme Sonneneinstrahlung verbrannte, erkannte er nämlich während seines Unternehmens die Tragweite und die Gefahren des Ozonlochs über der Antarktis. Diese Erkenntnis
setzte seiner Freude über die gelungene Expedition einen gehörigen Dämpfer auf. Und so kam
ein sehr nachdenklicher Robert Swan auf die
britische Insel zurück. Er spürte, daß er künftig
nicht mehr mit spielerischer Unbefangenheit an
derartige Unternehmen herangehen konnte. Er
beschloß deshalb, künftig ein größeres Interesse
an den polaren Zonen zu wecken und sich für
ihren Erhalt einzusetzen. Das war die Geburts-

**Dr. Frederick Cook
behauptete, schon ein
Jahr vor Peary den
Pol erreicht zu haben.
Im Gegensatz zu
Peary scheint seine
Behauptung unseriös
zu sein.**

stunde von »Icewalk«, unserer Expedition durch
die Arktis.
Dieser erste Demo-Gewaltmarsch sollte der
wohl schwierigste in polaren Bereichen überhaupt sein. Das Ziel hieß Nordpol. Robert Swan
wollte mit dieser spektakulären Expedition auf
einen Teil der Erde aufmerksam machen, der bis
dahin kaum Beachtung fand. Einer breiten Öffentlichkeit sollten die Probleme der Polargebiete nähergebracht werden. Das Waldsterben und
die Abholzung und Brandrodung des Regenwal-
des stehen – Gott sei Dank – in ständiger öffent-
licher Diskussion. Nur wenige Menschen wissen jedoch von der Bedrohung der polaren
Landschaften.

Informieren und Aufklären war also das Ziel der ersten »Icewalk«-Expedition.

Da Umweltschutz, aber auch Umweltschmutz keine Grenzen kennen, sollte auch die Expedition »grenzenlos« sein. Und so scharte Swan sieben weitere Männer aus sieben Nationen um sich, einen Sowjetrussen, einen US-Amerikaner, einen Australier, Kanadier, Japaner, Engländer und einen Deutschen – und der war ich.

Robert wollte mit dieser Mischung dem Unternehmen Symbolkraft verleihen. Er sagte sich: Wenn es diesem internationalen Team gelingt, unter härtesten Bedingungen bei 50 bis 60 Grad minus in rund zwei Monaten unter Aufbietung aller Kräfte den Nordpol zu erreichen, so sollte dies auch für die Politiker ein eindrucksvolles Signal sein, über Grenzen und egoistische Interessen hinweg Natur- und Umweltschutz zu betreiben. War für uns der Pol das Ziel, so sollte es für die Mächtigen dieser Erde die gemeinsame, ernsthafte Anstrengung sein, die polaren Landschaften und damit die ganze Erde vor weiterer Zerstörung zu schützen. Wenn wir unter extremsten Bedingungen Zielstrebigkeit und Einigkeit zeigen würden, so sollte das doch den hohen Herren auch am Verhandlungstisch in vollklimatisierten Räumen möglich sein. Es steckt sicher eine Portion Naivität und Vision in dieser Vorstellung. Doch immerhin brachten wir damit ein Thema zur Sprache, das sich bisher am äußersten Ende des Weltgeschehens abspielte. Und wir alle hatten das Gefühl, etwas zu bewegen, anstatt dazusitzen und die Hände in den Schoß zu legen.

Und die Sache sollte einen zusätzlichen Aspekt enthalten: die Zukunft. Wie ließe sich die aber besser symbolisieren als durch junge Menschen? Von Prinz Philipp stammt der erkenntnisreiche Satz »Wir, die Erwachsenen, haben die Erde nicht von unseren Eltern geerbt, sondern von unseren Kindern geliehen«. Mit Blick auf die Zukunft integrierten wir in das Unternehmen »Icewalk« junge Menschen. Und so luden wir Jugendliche aus aller Welt ins Basislager der Expedition ein. Sie sollten gemeinsam mit Wissenschaftlern Schadstoffuntersuchungen durch-

führen und in kleineren Märschen Land und Leute kennenlernen. Sie sollten einfach ein Feeling für diesen Teil der Erde bekommen, kulturelle Barrieren abbauen und in der Erfahrung der Probleme und Schönheiten der Polarlandschaft zueinanderfinden.

Es zeigte sich im nachhinein, daß wir eine gute Entscheidung getroffen hatten, junge Menschen in das Unternehmen einzubinden. Die »Student Expedition« entwickelte eine bewundernswerte Eigendynamik und wird bei weiteren »Icewalk«-Aktivitäten sicherlich wieder Schwerpunkte bilden.

Sinn oder Unsinn einer Nordpol-Expedition

In einer Zeit, in der Flugzeuge mit mehrfacher Überschallgeschwindigkeit den Besuch ferner Länder zur Stundensache machen und kraftstrotzende Stahlmonster namens »Eisbrecher« meterdickes Eis bersten lassen, mag es paradox klingen, auf Schusters Rappen mit eigener Muskelkraft zum Nordpol zu laufen. Doch was treibt einen Bergsteiger dazu, auf schwierigsten Routen die höchsten Gipfel zu bezwingen? Und worin liegt für einen Sportler der Sinn, die bestmögliche Leistung zu erbringen? Nun, es ist sicher immer eine Suche nach uns selbst, nach unseren Möglichkeiten und Grenzen. Und vor allem geht es bei all diesen Aktivitäten, die meist von Strapazen und Qual begleitet sind, darum, sich stärker zu fühlen, zu empfinden und sich der Natur so weit wie möglich zu nähern. Um es mit dem weisen Laotse zu sagen: Der Weg ist das Ziel.

Bei meinen zahlreichen Expeditionen erfuhr ich, was es bedeutet zu leiden. Ich fror bis ins Knochenmark, schwitzte mich fast von Sinnen und hätte oft meine ganze Habe für eine Mütze voll Schlaf gegeben. Ich war auch oft verzagt und zweifelte am Sinn meines Tuns. Doch ich habe durch meine Reisen dafür innere Kraft, seelische Stabilität, Selbstwertgefühl und auch Stolz erlebt und empfunden. Ich weiß heute, daß man Leben nicht intensiver empfinden kann, als sich derart der Natur hinzugeben.

15

Und noch eines: Ich habe mein Wissen und Können von Reise zu Reise bereichert. Habe mein Handwerk von der Pieke auf gelernt und verfüge heute über einen Schatz an Erfahrungen. Eine Expedition zum Nordpol besitzt nach wie vor den höchsten Schwierigkeitsgrad. Nur durch Erfahrung, konsequentes Training und kluge Vorbereitung läßt sich dieses Vorhaben in die Tat umsetzen. Es gibt wohl keine andere Region, die Fehler in Planung und Ausführung so hart bestraft wie die grimmigen Frostgebiete im Polareis. Wer seine Kleidung und Ausrüstung nicht pflegt und trockenhält, wer Material verliert oder falsch reagiert, wird unverzüglich die Quittung erhalten. Verliere ich im tropischen Regenwald einen Teil meiner Ausrüstung, so mag dies unangenehm sein, aber es ist nicht lebensgefährlich. Dagegen kann der Verlust eines Handschuhs, einer Mütze oder Brennstoffs in der Arktis verheerende Folgen haben.

Die Arktis verzeiht keine Fehler. Aber gerade deshalb stellt sie eine besondere Herausforderung dar. Diese eiskalte Schönheit ist eine strenge Lehrmeisterin. Sie gestattet keine Eitelkeiten und hält dem Reisenden immer wieder den Spiegel vor, in dem er sich ohne jede Kosmetik erkennt und realistisch einzuschätzen lernt.

Eine Naturlandschaft wie Arktis oder Antarktis läßt sich unverfälscht und in ihrem Reichtum und ihrer Vielfalt nur erleben, wenn man sich ihr mit seinen ureigensten Möglichkeiten stellt. Ohne High-Tech und Komforthilfen. Motorschlitten, beheizte Kabine oder Flugzeug erzeugen den trügerischen Eindruck, die polaren Gebiete perfekt zu beherrschen. Ich betrachte diese Art, in arktischen Gebieten zu reisen, als Betrug an der Landschaft und an sich selbst. Nur mit Respekt, Ehrfurcht und naturgegebenen Hilfsmitteln findet der Mensch unverfälschten Zugang zu diesen grandiosen Gebieten.

Wie mit all meinen Reisen, so wollten wir auch mit der »Icewalk«-Expedition die Arktis nicht erobern, sondern bereisen. Aus dieser Perspektive hat auch heute noch eine Ski-Expedition einen tieferen Sinn und das damit verbundene Abenteuer eine Berechtigung.

Vorstoß gen Norden

Es waren Seefahrer, die im 15. Jahrhundert die Theorie des italienischen Wissenschaftlers Toskanelli aufgriffen, nach der die Erde rund sei. Sie schlossen daraus, daß der Weg nach Osten über das Nordmeer hinweg kürzer sein müsse als der über den Äquator. Im Laufe der Jahrhunderte tasteten sich diese zähen Männer auf ihren Segelschiffen immer weiter nach Norden vor in der Hoffnung, eine günstige Passage zu finden. Im Kampf um die Entdeckung dieser Wasserstraße ging meist das unbarmherzige Eis als Sieger hervor, und viele dieser tapferen Seeleute verloren ihr Leben.

Schauerliche Mythen rankten sich um das Nordpolarmeer. Man erzählte sich von Ungeheuern, die im Eis wohnten. Und von einem Magnetberg, der alle Nägel aus den Schiffsplanken zieht. Doch trotz all dieser Schauergeschichten, grauenhaften Temperaturen und Krankheiten stießen immer wieder wagemutige Entdecker aus Europa und Amerika gen Norden vor.

Selbst die Eskimos, denen die Seefahrer in Grönland begegneten, wußten nichts Genaues von diesem mysteriösen Punkt. In ihrer Vorstellung steckte am Pol ein großer Eisennagel. Abenteurer und Seefahrer berichteten von einem milden Klima in einem eisfreien Gebiet, das hinter einem Eisgürtel liegen sollte. Sogar Festland vermutete man um den Nordpol, einen Kontinent, der auf seine Entdeckung wartete. Für logische Denker jedoch waren dies alles Märchen und Sagen. Sie hatten erkannt, daß die Eisstärke zunahm, je weiter man nach Norden kam.

Erst im 18. Jahrhundert wurde die Arktis langsam entmystifiziert. Die Leiden aber setzten sich fort. Immer wieder wurden Schiffe in Packeisfelder eingeschlossen und zermalmt. Die zumeist von Skorbut geschwächten und schlecht ausgerüsteten Seeleute kämpften sich in Richtung Süden zurück. Doch gewöhnlich endete ihre Odyssee mit dem Tod.

Nach und nach erkannte man, daß es nur zwei schiffbare Passagen im hohen Norden geben konnte: entlang der sibirischen Küste die nach

Osten und entlang des kanadischen Inselarchipels nach Westen. Diese Nordwestpassage lockte vor allem die Engländer, die sich um weltweite Besitztümer bemühten und günstige Handelswege suchten.

Den traurigen Höhepunkt auf der Suche nach der Nordwestpassage bildete das Drama um die Franklin-Expedition von 1845 bis 1848. Beide Schiffe des Unternehmens, die »Erebus« und die »Terror«, blieben mit 129 Mann Besatzung verschollen. Die größte Suchaktion der polaren Geschichte mit über 40 Expeditionen blieb erfolglos. Entdeckt wurden auf diesen Reisen aber weite Teile der kanadischen Arktis, die kartographiert und aus der Anonymität herausgehoben wurden.

Eskimos berichteten später vom traurigen Ende der Franklin-Expedition. Die Schiffe waren vom Eis zermalmt worden. Überlebende schleppten sich verhungernd Richtung Süden. Niemand überlebte. Erst vor wenigen Jahren untersuchte ein kanadisches Expeditionsteam einige durch den Dauerfrost gut erhaltene Leichen. Wissenschaftliche Untersuchungen lüfteten den Schleier der wahren Todesursache: Die Männer waren an Bleivergiftung gestorben, durch Blei, das man zum Löten der Konservendosen verwendet hatte.

Nicht ein Engländer, sondern ein Norweger durchfuhr schließlich als erster die Nordwestpassage. Es war der legendäre Polarforscher Roald Amundsen, einige Jahre später der erste Mensch am Südpol, der sich von 1903 bis 1906 mit der »Gjöa« durch den nördlichsten Seeweg dieser Erde kämpfte. Die Fahrt dauerte so lange, weil die Eismassen während zweier Winter das Schiff stoppten und Amundsen sein Schiff einfrieren lassen mußte, um im kommenden Frühjahr den Weg fortzusetzen.

Bis heute ist die Durchfahrung der Nordwestpassage ohne Bedeutung geblieben. Die Eismassen stellen auch für die modernen Schiffe unkalkulierbare Risiken dar. Zum Glück für die Polarlandschaft, die damit einer Gefahr der Zerstörung weniger ausgesetzt ist. Der Plan, diesen relativ kurzen Weg zu nutzen, soll allerdings noch nicht zu den Akten gelegt sein. Und sicher wird die moderne Technik auch hier einen Weg finden, der höhere Profite bedeutet und auf die Umwelt keine Rücksicht nimmt.

Die Befahrung der Nordostpassage gestaltete sich weit weniger dramatisch. Vor allem Walfänger machten vor der russischen und sibirischen Küste reiche Beute. Von 1878 bis 1880 gelang dem Schweden Adolf Erik Nordenskjöld die erste Durchfahrung der Nordostpassage. Er und seine Crew ließen sich mit ihrer »Vega« einen Winter lang einfrieren, um dann die Fahrt fortzusetzen. Amundsen traf ab 1918 auf weit ungünstigere Wetterverhältnisse. Seine »Maud« hielt das Eis gleich zwei Winter lang fest, bevor das Unternehmen erfolgreich abgeschlossen wurde.

Nachdem man entdeckt hatte, daß das Packeis aufgrund der konstanten Strömungen einer Drift unterworfen war, ließen sich 1879 der Amerikaner De Long mit der »Jeanette« und später der Norweger Fridtjof Nansen mit der »Fram« einfrieren und treiben. Beide glaubten, auf diese Weise den Nordpol zu erreichen. Während die »Jeanette« ein Opfer der Eispressungen wurde, überstand die weitaus stärker gebaute »Fram« die Drift unbeschadet. Dieses mächtige Schiff brachte Amundsen und seine Leute später im Rahmen seiner berühmten Südpol-Expedition in die Antarktis. Heute steht die »Fram« im Schiffahrtsmuseum in Oslo.

Inzwischen benutzt die Sowjetunion die Gewässer der Nordostpassage regelmäßig zu Handels- und Militärfahrten. Baut das Eis seine Barrieren auf, schlagen die stärksten Eisbrecher der Welt mit bis zu 80 000 atomgetriebenen Pferdestärken der Schiffahrt den Weg frei.

Die Entdeckung und Durchfahrung der nördlichsten Passagen war das eine Ziel der Forscher und Entdecker von einst, der Marsch zum Nordpol ein anderes. Und die »Eroberung« des Nordpols gestaltete sich immer mehr zu einem Wettlauf. Die Kontrahenten waren sowohl Nationen als auch Personen. Dieser Wettkampf wurde mit harten Bandagen ausgetragen. Vor allem die beiden US-Amerikaner Dr. Frederik Cook und Robert E. Peary lieferten sich dabei wahre Presseschlachten.

Cook behauptete, den Pol im April 1908 mit Eskimos erreicht zu haben, die er in Grönland angeworben hatte. Peary gestand dieser Aussage nicht den mindesten Wahrheitsgehalt zu und berichtete seinerseits, als erster Mensch am Nordpol gestanden zu haben, das aber erst ein Jahr später: am 7. April 1909.

Heute ist man sicher, daß Cooks Angaben nicht stimmten, obwohl er eine anerkannt lange und harte Expedition durchgeführt hat. Auch Pearys Behauptungen begegneten Experten mit Zweifeln. Diese räumten jedoch Untersuchungen aus, die Wissenschaftler auf Betreiben der »National Geographic Society« durchführten. Astronomische Aufzeichnungen des Amerikaners und Schattenanalysen von Fotos, die er am Pol gemacht hatte, bewiesen endgültig: Robert E. Peary war als erster Mensch am Nordpol.

Ich habe vor Pearys und seiner Begleiter Leistung den allergrößten Respekt. Denn bis heute ist es keiner Expedition mehr gelungen, ohne Unterstützung per Flugzeug den Pol zu erreichen. Und man muß bedenken, daß der Amerikaner mit seinen Männern aus eigener Kraft sowohl zum Pol als auch zurückgelaufen ist. – Eine grandiose Leistung.

Die technische Entwicklung machte zu Beginn des Jahrhunderts auch vor dem Nordpol nicht halt. Das Zeitalter der Luftfahrt brach an. Und so machten sich Männer wie Amundsen, der Italiener Nobile oder der Amerikaner Byrd mit Luftschiffen und Flugzeugen auf den Luftweg zum Pol. Einige Unternehmen gelangen, andere endeten tödlich. Auch für den großen Polarforscher Roald Amundsen, der sich 1928 per Flugzeug auf die Suche nach dem mit dem Luftschiff »Italia« vermißten Nobile machte. Der große Norweger kehrte von diesem Flug nie mehr zurück.

1972 wurde der Nordpol nicht aus der Luft, sondern vom Meer aus angesteuert. Das amerikanische Atom-U-Boot »Skate« tauchte bis unter den magischen Punkt und durchbrach dann einfach den Eispanzer. Als die Besatzung dann noch ein kurzes Fußballspiel absolvierte, erzeugte die Aktion weltweites Interesse.

Heute stellt sich nicht mehr die Frage, ob man den Pol erreicht, sondern wie man ihn erreicht. Wer über genügend Bares und Snobismus verfügt, läßt sich heute zum Pol fliegen, nimmt bei Champagner und Kaviar eine Polarurkunde entgegen und kann von sich – selbsttrügerisch – behaupten, zu den Großen der Polargeschichte zu gehören.

Die »Rohfleischfresser«

Das Wort Eskimo stammt aus einer indianischen Sprache und bedeutet soviel wie Rohfleischfresser. Die Indianer bedachten die Arktisbewohner verachtungsvoll mit dieser Bezeichnung, weil diese das erlegte Wild meist roh aßen. Damit nahmen sie lebensnotwendige Vitamine zu sich, die beim Garungsprozeß verlorengegangen wären und ohne die das Überleben in den rauhen Gebieten nicht möglich gewesen wäre. Viele Eskimos essen auch heute noch mit Hochgenuß rohes Fleisch.

In früheren Jahrhunderten gingen viele Teilnehmer an Polar-Expeditionen jämmerlich an Skorbut zugrunde. Hätten sie die Eßgewohnheiten der Eskimos übernommen, wäre ihnen dieser tödliche Vitaminmangel erspart geblieben.

Der Name Eskimo ist somit eigentlich ein Schimpfwort. Die Ureinwohner der Arktis nennen sich selbst Inuit, was soviel wie Mensch heißt. Zwar rümpfen sie auch heute manchmal noch die Nase, wenn sie Eskimos genannt werden, doch haben sie sich schließlich damit abgefunden, weil ihnen klar ist, daß man sie nur aus Unkenntnis so bezeichnet.

Die Herkunft der Eskimos ist bis heute nicht eindeutig nachgewiesen worden. Fest steht nur, daß sie über eine einst bestehende Landbrücke aus Sibirien nach Nordamerika einwanderten. Eispanzer und feindlich gesonnene Indianer versperrten ihnen den Weg nach Süden. Und so mußten sie sich mit einem Dasein im ewigen Eis begnügen.

Leider beschränkt sich das Wissen der meisten Menschen über die Eskimos auf schwülstige Berichte, nach denen sie dem Besucher sofort nach Betreten ihrer Behausung ihre Frau als Gastgeschenk anbieten. Außerdem ist bekannt, daß sie in Iglus wohnen und mit Hundeschlitten fahren. Mit dieser primitiven Darstellung tut man den Eskimos im hohen Maße Unrecht. Denn die Arktisbewohner sind Meister der Jagd und des Überlebens. Ihre Fingerfertigkeit und ihr Kunstverstand sind darüber hinaus unbestritten.

Das Zusammenleben der Eskimos ist von strengen sozialen Regeln geprägt. Nach außen hin zeigen sie Stolz und Selbstvertrauen – auch und vor allem gegenüber den weißen Eindringlingen.

Wissenschaftler bezeichnen die Sprache der Eskimos als eine polysynthetische. Sie ist auch nicht im Ansatz mit europäischen Sprachstrukturen verwandt und nur mit einem enormen Aufwand zu erlernen. Begriffe, die wir mit einem Satz ausdrücken, sind in der Eskimo-Sprache wahre Wortmonster.

Widerstanden die Eskimos auch den brutalen Klimaverhältnissen der Arktis, so wurden ihre Kultur und Lebensweise bis heute doch weitgehend zerstört. Es war wieder einmal der »weiße Mann«, der die Tuberkulose, Masern, Grippe oder Geschlechtskrankheiten einschleppte. Die Todesboten waren vor allem Walfänger und Händler aus dem Süden.

Neben schrecklichen Krankheiten führten die Bleichgesichter auch ihre vermeintlich angenehmere Lebensweise ein. So besitzen heute viele arktische Siedlungen den Charme einer Obdachlosensiedlung. Sperrholzbaracken, stinkender Müll, knatternde Motorscooter und überfüllte Kneipen mit alkoholisierten Gästen prägen das Bild. Viele dieser bedauernswerten Menschen sind in eine Identitätskrise geraten, die sie mit Alkohol bekämpfen. Es fehlt nicht an staatlichen Mitteln und Unterstützung, um dieses Volk zu ernähren und medizinisch zu unterstützen, aber die lebensnotwendigen sozialen Werte und die Würde kann diesen Menschen niemand mehr zurückgeben.

Es gibt aber auch Ausnahmen. Denn einige kleine Kommunen haben ihre traditionellen Lebensformen erhalten und den Alkohol völlig verboten. Es zeigt sich in einigen Regionen eine wahre Renaissance und Rückbesinnung auf die alten Werte.

Doch die »Zivilisation« hält auch die Arktis fest in ihren Krallen. So gibt es wohl kaum ein Wohnzimmer, in dem nicht ein Fernsehgerät dem ansonsten anspruchslosen Volk dümmliche Wünsche vorgaukelt. Die Tiefkühltruhe im Eskimo-Haushalt ist komische und traurige Realität zugleich. Junge Leute verschulden sich, um dem TV-Werbespot gemäß das neueste Skidoo-Modell auf Pump zu kaufen. Die Kunst des Hundeschlittenfahrens, einst traditionelles Fortbewegungsmittel, beherrschen nur noch wenige Eskimos. Das Skidoo ist nun einmal bequemer und schneller und vermittelt das Gefühl, am Fortschritt teilzuhaben.

Als gute Einnahmequelle gilt für viele Eskimos der Verkauf ihrer persönlichen Lizenz für die Jagd auf einen Eisbären. Für Tausende von Dollar treten sie ihr amtliches Recht ab, pro Jahr einen König der Arktis zu erlegen. Die reichen Erwerber der Lizenz stammen ausschließlich aus den USA, Kanada, Europa oder Japan. Sie lassen sich von Einheimischen in Schußposition fahren, drücken ab und warten in respektvollem Abstand, bis das Tier seine letzten Zuckungen gemacht hat. Erst dann wagen sie sich in die Nähe ihres Opfers, lassen es häuten, um das Fell stolz mit in die ferne Heimat zu nehmen. Der abgezogene Kadaver bleibt als Fleischberg auf der Eisbank liegen. Er dient bestenfalls Füchsen, Wölfen oder anderen Bären als Fraß. Ich wurde einmal Zeuge einer solchen entwürdigenden Zeremonie und erinnere mich noch heute voller Ekel an dieses Schauspiel.

Mein erstes gemeinsames Erlebnis mit Eskimos hatte ich 1980. Auf Bitten eines im Eskimo-Gebiet ansässigen Freundes nahmen mich zwei Eskimos auf eine ausgedehnte Jagdreise mit. Während der ganzen Reise sprachen die beiden nicht ein englisches Wort mit mir, obwohl sie diese Sprache durchaus beherrschten. Sie unterhielten sich nur in ihrer Sprache, nahmen keinerlei Notiz von mir und stellten sich als überlegene Herren der Arktis dar. Sie duldeten mich als Gast und Lehrling, aber auch nicht mehr.

Ich hielt mich damals bewußt im Hintergrund, nervte sie nicht mit Fragen und lernte nur, indem ich sie beobachtete. Später zeigten sie mir, daß sie diese Zurückhaltung zu schätzen wußten und honorierten. Mein Benehmen überraschte sie, weil es so gar nicht in das übliche Verhalten des »weißen Mannes« paßte. Sie hatten neugierige Fragen, Arroganz und Besserwisserei erwartet oder befürchtet. Daß ich mich aber nun unterordnete und sie als Meister anerkannte, ließ alle Barrieren zwischen uns fallen. Und so hatte ich fortan häufig die Gelegenheit, mit den beiden Männern hinauszufahren und das »arctic survival« von Grund auf zu lernen.

Auf diese Weise wurden die Eskimos meine Lehrmeister des polaren Reisens. Ich lernte von ihnen die Kunst des Iglubauens, das Hundeschlittenfahren und das Verhalten in Schnee und Eis. Sie brachten mir auch bei, wie ich selbst bei Schneedriften, starkem Wind und Nebel meinen Weg finden konnte. Daß ich mich heute sicher und selbstbewußt in polaren Regionen bewegen kann, verdanke ich der harten Schulung meiner eskimoischen Freunde.

Das Zusammensein mit den Eskimos hat mir aber nicht nur das erforderliche Know-how für polares Reisen vermittelt. Es hat auch meine Einstellung und Philosophie in bezug auf Land und Leute geprägt. Trotz aller Härten und Schwierigkeiten sehe ich weder in der Arktis noch in der Antarktis eine feindselige Landschaft. Sich mit der Arktis auseinanderzusetzen, sich mit ihr zu arrangieren, sie letztlich zu verstehen ist wohl das höchste und schönste Ziel eines Polarreisenden. Hat man erst einmal seine innere Ruhe und Harmonie gefunden und seinen Frieden mit den extremen Bedingungen gemacht, so fühlt man sich in den polaren Regionen zu Hause und sogar geborgen. Ich werde jedenfalls von der Arktis und den dort lebenden Menschen nicht mehr loskommen.

Neuland oder neue Perspektiven

Ich habe meine Expeditionen immer mit einem oder zwei Partnern gemacht. Es waren Freunde, deren Verhalten ich kannte und von denen ich wußte, was ich von ihnen zu erwarten hatte. »Icewalk« brachte mich in eine völlig neue Situation. Den Marsch zum Nordpol sollten nämlich acht Männer aus sieben verschiedenen Nationen machen. Und ich kannte bisher nicht einen von ihnen.

Das sollte sich im Dezember 1988 ändern. Das Team sollte sich in der kanadischen Hauptstadt Ottawa treffen, um sich kennenzulernen und Erfahrungen auszutauschen. Außerdem stand über Weihnachten und Neujahr ein gemeinsames Training auf dem Programm.

Die ersten Expeditionsteilnehmer treffe ich auf dem Flughafen in Ottawa. Mikhail Malakhov und Angus Kaanerk Cockney holen mich nach meinem Flug ab. Angus ist kanadischer Eskimo, lebt jetzt im Süden des Landes und war lange Zeit Mitglied des Skilanglauf-Nationalteams. Mikhail ist Arzt und stammt aus der Sowjetunion. Wir sind uns auf Anhieb sympathisch, und beide bitten mich, sie mit ihren Kurznamen Gus und Misha anzureden.

Abends im Hotel trifft sich fast das ganze Team zum Abendessen. Es fehlen nur der geistige Vater des Unternehmens »Icewalk«, der Engländer Robert Swan, und der Japaner Hiroshi Onishi. Beide werden in den kommenden Tagen die Gruppe vervollständigen.

Da sitzen wir nun, beäugen, taxieren und beschnuppern uns. Männer verschiedener Länder, Sprachen und Kulturkreise. Wir haben uns noch nie gesehen und sollen in einigen Wochen eine Aufgabe meistern, wie es im polaren Bereich wohl keine schwerere gibt: den Fußmarsch zum Nordpol. Eine verrückte Situation!

Mir wird schnell klar, daß eines der wichtigsten Elemente dieser Expedition die Toleranz sein wird. Jeder von uns ist ein ausgeprägter Individualist und Kenner seines Fachs. Daß jeder genügend Erfahrung mitbringt und über eine außergewöhnlich gute körperliche Verfassung bei diesem Unternehmen verfügen muß, ist Grundvoraussetzung für diesen Gewaltmarsch. Entscheidend für das Gelingen werden unsere mentalen Fähigkeiten sein und die Art, wie wir miteinander umgehen. Der Schlüssel zum Erfolg wird darin liegen, ob wir uns mit der nötigen Achtung und Wertschätzung begegnen. Und ebenso wichtig wird sein, in welchem Umfang wir bereit sein werden, von unseren eigenen Vorstellungen und Bedürfnissen Abstriche zu machen. Darüber bin ich mir an unserem ersten gemeinsamen Abend im klaren.

Während ich meine Suppe löffle, erkenne ich, daß diese Expedition im Grenzbereich des Machbaren liegen wird. Nicht der Nordpol schreckt mich, sondern die Tatsache, daß wir wochenlang unter härtesten Bedingungen miteinander auskommen müssen. Zusammengepfercht in einem kleinen Zelt, bei brutaler Kälte, auf zermürbenden Märschen, bei härtester körperlicher Arbeit. Aber das ist es auch, was für mich die Reise so interessant und sinnvoll macht.

Unser erster Abend endet mit derben Witzen des Australiers Graeme Joy und Mishas Versuch, mit Hilfe eines Dictionary die Pointen zu erhaschen. Meist sucht er aber nach den australischen Slangausdrücken vergeblich. Da ist Darryl E. Roberts, ein junger Farbiger aus New York City, schon wesentlich besser zu verstehen. Bei dem schottischen Akzent von Rupert Summerson und dem australischen von Graeme Joy muß auch ich mich erst einmal einhören.

Am nächsten Tag lernen wir das Headquarter des Unternehmens »Icewalk« kennen. Es ist in einem Einfamilienhaus im Außenbereich Ottawas eingerichtet und wird von einer kleinen Gruppe ungemein engagierter Frauen mit Leben erfüllt. Geleitet wird das Büro von dem englischen Bergsteiger, Kajakfahrer und Organisationstalent Jim Hargreaves. Die Kanadierin Lee Scott soll mit der Expedition Kontakt halten. Christine McCabe ist für die Medienarbeit zuständig, und Kristie Hutchinsons Platz ist am Computer und Telefon.

Am Abend des zweiten Tages treffen wir uns mit den Kanadiern Richard Webber und Christopher Holloway. Die beiden und Misha kennen sich sehr gut von der russisch-kanadischen Polarbridge-Expedition. Bei ihr hatte eine Gruppe von Männern aus den beiden Ländern von der russischen Henrietta-Insel aus in 91 Tagen zu Fuß den Nordpol überquert und war auf der kanadischen Ellesmere-Insel gelandet. Ein bis dato einmaliges Unterfangen. Richard, Christo-

pher und Misha wollen nun ihre wertvollen Erfahrungen an uns weitergeben.

Schon jetzt zeigt sich, daß für Misha das Nordpolarmeer zu einer zweiten Heimat geworden ist. Es gibt wohl auf der ganzen Welt keine Handvoll Leute, die über einen derartigen Erfahrungsschatz auf diesem Gebiet verfügen wie er. Sein spektakulärstes Unternehmen: der Marsch zum »Pol der Unzugänglichkeit« im arktischen Winter. Unter dem »Pol der Unzugänglichkeit« versteht man jenen Punkt, der von allen Festlandpunkten am weitesten entfernt ist. Ich muß mehrfach nachfragen, um dieses Unternehmen wirklich glauben und begreifen zu können. Es erscheint mir unvorstellbar, bei kaum faßbarer Kälte über einen Monat lang in stockdunkler Nacht mit schwerem Gepäck über Preßeisrücken und berstende Eisschollen zu marschieren.

Gemeinsam betrachten wir die Bilder der »Polarbridge-Expedition« und diskutieren über Ausrüstungsgegenstände, Navigationsprobleme und Verletzungsgefahren. Max, ein kanadischer Arzt und Teilnehmer der Expedition, hatte sich schwere Erfrierungen eingehandelt und hätte den Marsch fast nicht überstanden. Frostentstellte Gesichter tauchen auf der Leinwand auf, von der Kälte schwarzgebrannte und zerfressene Nasenspitzen, das Gebiß eines Russen, der sich an einer hartgefrorenen Haselnuß einen Schneidezahn abgebrochen hat, schmutzige Hände, zerbrochene Skier, ausgemergelte und zerschundene Gestalten.

Jeder von uns glaubte gewußt zu haben, was auf ihn zukommen könnte, als er zusagte, bei »Icewalk« mitzumachen. Doch nach diesen schockierenden Bildern wird es still in dem kleinen Raum. War es richtig, sich einem solchen Vorhaben anzuschließen? Auch unsere Gesichter würde der grimmige Frost verbrennen. Der Gefahr, Finger und Zehen zu verlieren, müssen auch wir uns stellen. Die Kälte wird von jedem Tribut fordern.

Doch im Innersten war ich mir sicher, richtig entschieden zu haben. Schließlich war ich auch vor dieser Entscheidung mit mir in Klausur gegangen. Vor meinen Expeditionen überlege ich mir immer sehr gründlich, ob ich der Sache gewachsen sein werde. Nur dann wird es später kein böses Erwachen, keine Enttäuschungen geben. Geltungssucht und Wichtigtuerei haben im Rahmen einer derart schweren Aufgabe wie »Icewalk« keinen Bestand. Innerhalb kürzester Zeit würde man demaskiert und in die Wirklichkeit zurückgeholt werden.

Ich habe in der Vergangenheit schon viele Projekte fallengelassen, weil ich erkannte, daß sie nicht die richtigen für mich waren. Nur wenn ich hundertprozentig von einer Sache überzeugt bin und weiß, daß ich sie körperlich bewältigen kann, habe ich in extremen Situationen die Energie, durchzuhalten und mich aus ihnen zu befreien. Für Aufschneider, Gernegroße und Illusionisten ist in der arktischen Wirklichkeit kein Platz.

Dr. Mikhail Malkhov bei – 35°C nach einem Saunagang im aufgeheizten Zelt.

Misha

Misha ist Arzt, Chirurg und Spezialist für Lungenkrankheiten. Für ihn bedeutet »Icewalk« zugleich einen wissenschaftlichen Auftrag. Und wir alle werden seine »Versuchskaninchen« sein. In Gesprächen während der Vorbereitungsphase, des Trainings und bei der Expedition zeigt sich, daß wir über viele Dinge sehr unterschiedliche Ansichten haben. Trotzdem herrscht zwischen uns von Anfang an ein Gefühl des gegenseitigen Respekts und der Sympathie. Noch nie zuvor mußte ich mich bei einer Expedition auf einen Menschen so sehr einstellen wie auf Misha. Umgekehrt war es vermutlich genauso.

Debatten über Ausrüstungsgegenstände endeten oft nach Stunden ergebnislos. Und Misha war nicht selten fassungslos ob der Geschwindigkeit, mit der in der Gruppe Entscheidungen gefällt wurden. Für uns alle ein gewaltiger Lern-

prozeß. Mir ist es vor allem wichtig, Misha näherzukommen, um seine mir bisher völlig neue Art begreifen zu können. Schließlich kommt er aus der Sowjetunion und damit aus einem Land, das sich erst vor kurzem durch Perestrojka geöffnet hat. Es zeigt sich immer wieder, daß er von einem alten, verkrusteten System geprägt ist.

Wir sprechen nie offen darüber, aber unsere Neugierde wächst auf demselben Feld: Wir wurden im gleichen Jahr geboren, wuchsen aber in zwei völlig unterschiedlichen Kulturen und Wirtschaftssystemen auf in einer Zeit, die vom kalten Krieg bestimmt war. Und nun führen uns gemeinsame Interessen, das Reisen in polaren Gebieten zusammen. Den Marsch zum Nordpol gemeinsam zu bestehen ist für uns beide von größter Wichtigkeit.

Ich bin ganz einfach neugierig auf den Menschen Mikhail Malakhov. Möchte von ihm hören, was er mir zu Perestrojka, zum Nachkriegs-Deutschland, zum Kapitalismus zu sagen hat. Kurz: Mich interessiert alles, was ihn bewegt, weil er aus einer anderen Welt kommt. Und spüre, daß es ihm ähnlich geht. Immer wieder entdecke ich Vorurteile bei ihm gegenüber dem Westen, vor allem gegenüber uns Deutschen. Mir geht es kaum anders. Auch ich ertappe mich bei völlig verdrehten Vorstellungen von Mishas Heimat. Mir wird deutlich, wie stark wir alle – auf beiden Seiten – durch das Bild des kalten Krieges und die stets präsenten Feindbilder beeinflußt sind.

Die Schrecken des Zweiten Weltkrieges mit dem Überfall Hitlers auf die UdSSR beschäftigen die russische Seele heute viel stärker als uns. Man könnte meinen, die Zeit läuft im Osten langsamer als bei uns, wo Hektik und eine sich überschlagende technische Entwicklung kaum noch Platz zum Reflektieren lassen.

Zwischen Misha und mir entwickelt sich ein Dialog, der im Laufe der Expedition immer intensiver werden soll und schließlich in einer festen Freundschaft enden wird. Trotz unterschiedlicher Auffassung in vielen Dingen verspüre ich eine tiefe Zuneigung zu ihm und freue mich darüber, daß er sie erwidert. So wird für mich das Verhältnis zu Misha zu einer zentralen Angelegenheit während der Expedition. Er prägte auch den Begriff »To the pole of understanding«. Wie mir ging es ihm nicht in erster Linie darum, den Pol zu erreichen, auf dem er ohnehin schon gestanden hatte. Für uns beide bedeutete der Pol den Punkt, wo wir als Menschen verschiedener Welten zueinanderfinden sollten. Heute wissen wir, daß unser gemeinsamer Weg am Pol nicht beendet war. Wir werden ihn weitergehen und unseren kleinen Teil zur Verständigung zweier fremder Welten beitragen.

Training in Iqualuit

Navigation – ein Schlüssel zum Erfolg. Unsere Route führt über einen gefrorenen Ozean. Deshalb müssen wir astronomisch navigieren und unsere jeweilige Position in die sogenannte Plotting-Karte eintragen. Tagelang besprechen wir die Einzelheiten und die Vorgehensweise.

Unser Aufenthalt in Ottawa dauert nur wenige Tage. Dann fliegt uns ein Linienjet in den hohen Norden. Unser Ziel heißt Iqualuit am Polarkreis auf der kanadischen Baffin-Insel. Hier soll ein zweiwöchiges Training absolviert werden, sollen wir uns als Gruppe auf die in einigen Wochen beginnende Expedition einstimmen. Das Team ist übrigens inzwischen vollzählig, nachdem auch Robert Swan und Hiroshi Onishi zu uns gestoßen sind.

In Iqualuit leben 2500 Menschen. Vor einigen Jahren noch hieß der kleine Ort Frobisher Bay, benannt nach dem britischen Polarforscher Martin Frobisher. In der gesamten kanadischen Arktis hat man sich inzwischen auf die traditionellen Eskimonamen besonnen und verwendet sie auch wieder. Mit ihren zweieinhalbtausend Einwohnern ist Iqualuit für arktische Verhältnisse schon eine ganz ordentliche Stadt. Sie ist Verwaltungszentrum der östlichen kanadischen Arktis mit all den dazugehörigen Einrichtungen.

Auf einer Anhöhe steht ein riesiges Gebäude mit einer Unzahl von Gängen und Büros, in denen der Geruch von Akten und Bürokratie hängt. Iqualuit hat alles, was auch andere Städte im Süden haben: Krankenhaus, Supermärkte, Kirche, Videoverleih, Hotels, Restaurants, Kneipen mit zweifelhaftem Ruf, Werkstätten, Taxis und sogar einen Flughafen. Die Landepiste ist eine der längsten und dient der NASA für das »space shuttle« als Ausweichlandebahn. Neben zivilen Flugzeugen stehen auch Militärmaschinen in den Hangars und warten auf den bösen Feind. Im Zentrum der Stadt fällt mir ein weißes, fensterloses Gebäude ins Auge.

Unser Zelt ist eine sowjetische Spezialanfertigung. Die Ski dienen dabei als Zeltgestänge.

Hier muß ein verschrobener Architekt sein Abenteuer gesucht und gefunden haben. Weißes Gebäude in weißer Landschaft, und dann ist das Monstrum auch noch – wie sich herausstellt – eine Schule. Schilda läßt grüßen…

Ebenso ungewöhnlich wie dieser »weiße, blinde Riese« ist die Art, die Autos bei der extremen Kälte am Leben zu halten. Damit die Motoren nicht einfrieren, läßt man sie auch stundenlang laufen, wenn das Fahrzeug gar nicht gebraucht wird, oder beheizt sie ganz einfach über die Steckdose. Neben dem Auto ist der Motorschlitten das gebräuchlichste Beförderungsmittel. Meist rasen mit den knatternden Kisten junge Eskimos in halsbrecherischer Fahrt durch die Straßen. Sie scheinen sich weder um ihr eigenes noch um das Leben der Fußgänger zu sorgen. Am besten, man geht ihnen rechtzeitig aus dem Weg.

Die Trainingsbedingungen erscheinen ideal: 32 Grad minus und nur wenige Stunden Tageslicht werden uns auf unser Vorhaben richtig einstimmen. Unser Atem gefriert zu dichten Schwaden, und die Hände werden in Sekunden kalt und steif.

Als Unterkunft dient uns ein städtisches Gebäude, doch schlafen werden wir in den nächsten Tagen auch unter freiem Himmel. Wir wollen damit unseren Organismus an die eisigen Temperaturen gewöhnen und einige Abläufe proben, die später Routine sein sollen. Moderne, hochwertige Schlafsäcke machen eine solche Übung weder gefährlich noch unangenehm. Lästig ist nur der gefrorene Atem, der sich an der Schlafsackkapuze festsetzt und ständig ins Gesicht rieselt. So muß man sich nach dem Schlafen besonders vorsichtig aus der wärmenden Hülle schälen, will man eine kalte Dusche vermeiden. Als ich einige Stunden später dicht neben Darryl in einem Schneeloch liege und den sternenübersäten Himmel betrachte, verspüre ich eine tiefe Zufriedenheit und ein Glücksgefühl. Die Arktis hat im Laufe der Jahre längst ihre Schrecken für mich verloren. So schlafe ich völlig entspannt und ruhig und werde erst am nächsten Morgen durch klappende Türen und einen gesunden Frühstückshunger geweckt.

Die Mannschaft

Es ist eine große Runde, die sich zum Frühstück versammelt. Neben dem achtköpfigen Expeditionsteam sitzen Richard Webber und Brent Boddy mit am Tisch. Beide waren mit der Steger-Expedition am Nordpol und unterstützen uns in der Trainingsphase mit ihren Erfahrungen. Auch zwei Frauen sind in unserer Runde: Lee Scott vom Headquarter in Ottawa und Rupert Summersons hochschwangere Frau Janet. Während des Frühstücks schaue ich von einem zum anderen, mustere jeden und denke darüber nach, welche Abenteuer, Erlebnisse und schwierigen Situationen der einzelne wohl schon hinter sich hat.

Rupert Summerson zum Beispiel. Ein ruhiger, hagerer Mann, der wie einige andere auch so gar nicht in das Bild des Polarforschers paßt. Dabei hat er einen klassischen Werdegang hinter sich. Er ist Geologe, war lange Zeit bei der britischen Elitetruppe »Royal Marines« und bildete als »arctic instructor« Soldaten unter härtesten arktischen Bedingungen aus. Er erhielt höchste Auszeichnungen und überwinterte dreimal im Norden Norwegens. Danach verbrachte er zweieinhalb Jahre für den zivilen »British Antarctic Survey« in einer britischen Antarktis-Station. Er leitete mehrere wissenschaftliche Expeditionen, bei denen er sowohl mit Schneemobilen als auch mit Hundegespannen unterwegs war. Auch an Expeditionen in der Arktis hatte er teilgenommen. Dabei erlernte er die Navigation. Er lebt jetzt in Australien, wo er nach »Icewalk« gern bei der australischen Antarktis-Division Fuß fassen möchte.

Angus Cockney nimmt zum ersten Mal an einer Polar-Expedition teil. Es mag paradox klingen, daß gerade er als Eskimo den hohen Norden von uns allen am wenigsten kennt. Doch er wurde in Tuktuyaktuk am Mackenziedelta geboren und zog schon als Kind weiter in den Süden Kanadas. Dort profilierte er sich als Spitzen-Skilangläufer und Mitglied der kanadischen Nationalmannschaft. Die richtigen Verhaltensweisen in der Arktis hat er jedoch im Blut. Angus weiß sich stets richtig zu kleiden und bewegt sich mit schlafwandlerischer Sicherheit selbst über rauheste Preßeisrücken. Wir anderen können nur staunen. Angus zeigt sich in diesen ersten Tagen recht verschlossen und scheint unter nervlicher Anspannung zu leiden. Trotzdem ist er immer höflich und hilfsbereit, und wir anderen versuchen, ihn ein wenig aufzumuntern.

Hiroshi Onishi aus Tokio ist ein kleiner, zäher Mann, der sich mit der englischen Sprache sehr schwer tut. Wie Misha läuft er ständig mit einem Wörterbuch herum, um von den zahlreichen Gesprächen etwas mitzubekommen. Für ihn – so denke ich mir – muß es besonders hart sein, in dieser Gruppe Fuß zu fassen. Er versteht nur Bruchstücke unserer Gespräche und kann sich nur sehr mühsam den anderen mitteilen. Hier sind wir alle gefordert. Er darf nicht den Eindruck bekommen, daß wir über seinen Kopf hinweg entscheiden. Wir sind nämlich alle gleichberechtigt und fassen und verantworten alle Beschlüsse gemeinsam. Für uns gilt es, ihn dadurch zu integrieren, daß wir Geduld aufbringen. So dauert die eine oder andere Übersetzung eben ein wenig länger. Hiroshi ist ein exzellenter Bergsteiger und hat zahlreiche Gipfel in den Anden, im Karakorum und Himalaya bestiegen. Inzwischen hat er nach einem vergeblichen Versuch sogar den Mount Everest und den Makalu bestiegen.

Darryl Roberts stieß rein zufällig zu unserem Team. Er wuchs in New York in Harlem auf und absolvierte die unterschiedlichsten Jobs. Eines Tages war er bei einem Vortrag Robert Swans über die Antarktis. Am Ende der Veranstaltung erzählte er Robert, daß es schon immer sein Traum gewesen sei, an einer ähnlichen Expedition teilzunehmen. Es war nicht das erste Mal, daß Robert mit solchen Vorstellungen konfrontiert wurde. Meistens sprachen ihn wirklich nur Träumer oder Wichtigtuer an. Darryl zeigte sich jedoch als Ausnahme. Er ging tatsächlich für mehrere Monate in den Norden, um dort die Grundlagen des »arctic survival« zu erlernen. Außerdem wollte er prüfen, ob er die extreme Kälte auf Dauer ertrug. Darryl bestand diese Probe. Robert war von der Willensstärke des jungen Mannes beeindruckt und nahm ihn in das Team auf. Mit 24 Jahren ist Darryl wohl das jüngste Mitglied aller Zeiten einer Nordpol-Expedition. Außerdem wird er nach Mathew Henson der zweite Farbige sein, der an einem solchen Marsch teilnimmt. Henson stand 1909 neben dem Erstbezwinger Robert Peary am Pol. Ich mag Darryl auf Anhieb und freue mich über seine offene und ehrliche Art. Er ist immer gut gelaunt, scheut keine Arbeit, will ständig sein Wissen um das »polare Handwerk« erweitern.

Graeme Joy aus Sidney entwickelt sich zum Spaßmacher der Truppe. In seinem breiten australischen Akzent hält er ständig einen Witz bereit und freut sich, wenn er damit ein ernstes Gesicht zum Lachen bringen kann. Graeme nahm 1986 an einer Grönland-Expedition teil. Er befuhr dabei weite Strecken der Küste mit einem Kajak und einer Segelyacht. Er gewann die meisten Kajak-Marathon-Wettbewerbe in Australien, die teilweise über 100 Meilen gingen. Graeme ist in den Bergen genauso zu Hause wie auf dem Wasser.

Robert Swan, der Leiter der Expedition, ist als letzter zum Team gestoßen. Er hatte bis zur letzten Minute mit Sponsoren gesprochen, organisiert und Vorträge gehalten. Robert ist von athletischer Statur und war früher leidenschaftlicher Rugbyspieler. Dann entdeckte er sein Interesse an Abenteuerreisen, kaufte sich ein Fahrrad und radelte von Kairo nach Kapstadt quer durch Afrika. Als nächstes durchwanderte er Island und schloß sich dem »British Antarctic Survey« an. Dort lernte er Rupert Summerson kennen. Schlagzeilen machte Robert 1985/86 mit seiner »Footsteps of Scott Expedition«. Er folgte dabei zusammen mit Roger Mear und Garreth Wood den Spuren von Robert Falcon Scott, der 1909 mit seinen Begleitern auf dem Rückweg vom Südpol ums Leben kam. Scott hatte versucht, vor Amundsen als erster Mensch den Südpol zu erreichen, verlor jedoch dieses Rennen. Robert beschloß, seine nächste Expedition in den Dienst der Umwelt zu stellen. Die Idee zu »Icewalk« war damit geboren.

Das Problem der Koordination

Während sich die Einheimischen in Iqualuit auf das Weihnachtsfest vorbereiten, sitzen wir an unserem ausladenden Tisch und sprechen darüber, wie wir möglichst gut ausgerüstet unseren Marsch angehen sollten. Das Team ist zum ersten Mal komplett, und es gibt natürlich tausend Fragen, Bedenken und Vorschläge. Die Sprachschwierigkeiten sorgen für Marathonsitzungen. Es geht nur zäh voran, und so trennen wir uns erst spät am Abend.

Ich hatte bisher noch nie mit so vielen Partnern in der Vorbereitung zu einer Expedition zu tun. Und ich stelle bald fest, um wieviel einfacher im kleinen Kreis zu organisieren ist. Die Tatsache, daß jeder »Icewalk«-Teilnehmer über einen großen Erfahrungsschatz verfügt, ist sicher von Vorteil. Andrerseits beharrt jeder auf seiner Meinung. Und das führt zwangsläufig zu endlosen Debatten.

Jeder einzelne Ausrüstungsgegenstand wird besprochen: von der Socke über die Unterhose bis zum Schlafsack. Qualität, Menge und Lieferzeitpunkt werden bestimmt; Aufgaben und Zuständigkeiten festgelegt und protokolliert.

Langsam und mühsam bekommen wir ein Problem nach dem anderen vom Tisch. Bei vier Fragen kommen wir aber auch nicht einen Schritt weiter: In welchem Zelt schlafen wir, wie ernähren wir uns, mit welchem Schlitten ziehen wir unsere Lasten, und welchen Kocher verwenden wir? Über diese elementaren Dinge reden wir uns die Köpfe heiß.

Die Arbeit mit dem Sextanten bei großen Kältegraden erfordert Übung und hinterläßt stets eisige Finger.

29

Ich habe den Prototyp eines Pulka-Schlittens mit nach Iqualuit gebracht. Das Gefährt hat ein Bootsbauer nach meinen Vorgaben aus Kevlar, einem synthetischen Gewebe, und Kohlefasern gebaut. Der Schlitten ist trotz seines geringen Gewichts von nur sechs Kilogramm um ein Vielfaches stabiler und widerstandsfähiger als ein vergleichbares Gerät aus Fiberglas. Nur Baustoffe wie Holz oder Metall versprechen eine ähnliche Stabilität, scheiden wegen ihres Gewichts jedoch aus. Ich halte meinen Schlitten für die optimale Lösung und kann auch Robert Swan und Rupert Summerson von dessen Qualität und Vorteilen überzeugen. Alle anderen trauen meiner Konstruktion nicht zu, auch nur einen Tag in den zerrissenen Packeisfeldern zu überstehen. Sie halten einen kleineren Schlitten und dafür einen großen Rucksack für geeigneter. Nach ihrer Vorstellung soll ein zweiter Schlitten gleicher Bauart aufgeflanscht werden. Damit soll Oben zu Unten werden und umgekehrt, da ihre Konstruktion bei jeder Unebenheit umkippen kann.

Ich halte diese Lösung für unpraktisch, weil man nur wenig auf diesem Schlitten verstauen kann und sehr viel auf dem Buckel schleppen muß. Ein großer, schwerer Rucksack beeinträchtigt außerdem die Beweglichkeit. Zudem birgt er bei Stürzen zusätzliche Gefahren in sich. Mit meinem Pulka-Schlitten muß ich zwar mehr Last ziehen, bin ansonsten aber frei. Außerdem belastet er mich im Gegensatz zum schweren Rucksack nicht beim Stehen. Erste Tests im Preßeis ergeben schließlich, daß mein Schlitten bestens geeignet ist. Ich muß nur noch Deichsel und Plane verstärken. Überlegen ist die Kombination kleiner Schlitten/großer Rucksack meinem System nur im zerklüfteten Terrain mit scharfen Kurven und Kehrtwendungen. Doch auf diese Bedingungen werden wir vermutlich seltener treffen. Letztendlich ist die Frage der Schlittenwahl das kleinste unserer vier Dauerprobleme.

Ganz anders erhitzen sich die Gemüter bei der Diskussion um das geeignete Zelt. Misha kämpft wie ein Löwe um seine russische Spezialkonstruktion, bei der unsere Skier gleichsam als Zeltgestänge dienen. Alle anderen ziehen ein modernes Leichtbauzelt vor, oder genauer, zwei dieser Zelte, weil wir glauben, daß es bei acht Personen in einem Zelt ein zu großes Gedränge gibt. Ruhe und Entspannung würde man so kaum finden können. Die Konstruktion der russischen Variante ist sicher genial. Und so läßt Misha auch nicht locker. Er zeigt uns seinen Dickschädel. Ist er von einer Sache überzeugt, gibt es für ihn kein Wenn und Aber. Er meint, daß *ein* Zelt dem Zusammenhalt der Gemeinschaft dient. Bei zwei Zelten befürchtet er eine Gruppenbildung. Wir reden uns die Köpfe heiß, ohne zu einem Ergebnis zu kommen, und vertagen die Sache schließlich.

Bei der Frage nach dem idealen Kocher tun wir uns ähnlich schwer. Wegen der extrem niedrigen Temperaturen kommt nur ein Benzinkocher in Frage. Davon stehen aber drei verschiedene zur Auswahl. Und wieder ist für Misha der russische Kocher das Nonplusultra.

Die Bucht von Iqualuit bietet ein ideales Trainingsgelände.

Er hat zwar unbestritten die größte Wärmeleistung, ist jedoch unberechenbar. Weil er dazu neigt, unversehens Stichflammen auszustoßen und so zum Brandstifter werden kann, hat der russische Kocher schnell den Spitznamen »Flammenwerfer« weg. Auch dieses Problem verschieben wir schließlich und wollen Zelte und Kocher erst testen, bevor wir eine Entscheidung fällen.

Zu einem zähen Geschäft wird auch die Auswahl der richtigen Nahrung. Weil ich mich vor früheren Expeditionen schon intensiv mit diesem Thema beschäftigt habe, soll ich zusammen mit Misha die Menüauswahl gestalten. Es wird zur Schwerstarbeit. Stundenlang diskutieren wir beide über Kohlehydrate, Kalorien, Gewichte und Geschmäcker. Doch ähnlich wie bei Zelt und Kocher besteht Misha auch hier auf »russischer Polarküche«. Diese enthält sicher genügend Nährwert, ist an Schlichtheit und Langeweile aber kaum zu übertreffen. Als auch noch die Engländer Menüvorschläge machen, bekomme ich Alpträume. Man kann Engländern sicher vieles nachsagen, nur nicht, daß sie Gourmets wären. Und so läßt mich die Vorstellung schaudern, jeden Tag mit einem typisch britischen Porridge zu beginnen.

Ich bin gewiß nicht wählerisch oder gar krüsch, wie wir Norddeutschen sagen. Doch weiß ich auch, welchen psychologischen Stellenwert gutes Essen auf einer Expedition hat. Rein ernährungstechnisch ist es sicher möglich, sich von Pülverchen und synthetischer Astronautenkost zu ernähren. Vom Gesundheitsaspekt einmal ganz abgesehen, ist es jedoch höchst frustrierend, die Geschmacksnerven zu ignorieren. Bietet doch Essen auf einem solchen Gewaltmarsch die einzige Möglichkeit, sich für die täglichen Strapazen zu belohnen.

Nun sind die Geschmäcker bekanntlich verschieden. So gibt es für Misha nichts Schmackhafteres als eine Art Buchweizengrütze namens Buckwheat zum Abendessen. Die ist durchaus eßbar. Doch einige von uns schüttelt es bei dem Gedanken, rund zwei Monate lang täglich einmal diesen faden Brei zu essen.

Immer wieder stelle ich einen neuen Ernährungsplan auf, der mit schöner Regelmäßigkeit aus diesem oder jenem Grund umgestoßen wird. Es treten schließlich Spannungen zwischen

Misha und mir auf. Mich nervt sein Starrsinn, und er ärgert sich darüber, mich nicht überzeugen zu können. Ich spüre, daß das eigentliche Abenteuer dieses Unternehmens mehr im zwischenmenschlichen Bereich als auf dem Eis stattfinden wird.

Die Sprachbarrieren zwischen Misha und mir machen die Situation nicht leichter. Aber selbst wenn wir geharnischt auseinandergehen, sind wir in der Lage, nach kurzer Zeit sachlich weiter zu diskutieren. Es geht schließlich um die Sache und nicht um persönliche Dinge. Das wissen wir beide zu unterscheiden. Mishas Beharrlichkeit basiert vor allem darauf, daß ihm bei seinen sowjetischen Expeditionen nur eine kleine Produktpalette zur Verfügung stand. Das erschwert ihm jetzt Umdenken und Auswahl. Andrerseits besitzt er eine Fachkompetenz wie kaum ein anderer. So packe ich denn Nährwerttabellen, Nahrungsproben und kritische Anmahnungen zusammen, um zu Hause aus diesem Sammelsurium einen neuen Speiseplan zu entwickeln. Mir schwant daheim, daß diese Diskussionen nur der Auftakt waren zu einer langen Debatte über das Für und Wider von Schokoriegeln, Pemmikan, Buckwheat und anderen Dingen.

Unsere endlosen Diskussionen halten uns auf. Eigentlich wollten wir die Zeit in Iqaluit zum Trainieren nutzen. Und so sind wir froh, nach einigen Tagen endlich aus unseren vier Wänden zu kommen. In Polarkleidung auf Skiern starten wir mit Schlitten und Rucksäcken zur ersten längeren Tour im Küstenpackeis. Die Trainingsbedingungen sind ideal: nur wenige Stunden Tageslicht und 35 bis 40 Grad minus. Weht der Wind, wird's noch kälter. Der Versuch, acht Männer in dem russischen Zelt unterzubringen, wird zum Chaos. Zwei von uns schlafen lieber unter freiem Himmel. Und wieder entflammt die Diskussion über den richtigen Zelttyp.

Am Heiligen Abend kehren wir durchgefroren, aber guter Dinge in unsere Unterkunft zurück. Nach einer heißen Dusche erwartet uns eine von Lee und Janet hergerichtete festliche Weihnachtstafel. Es gibt Truthahn und Rotwein, ein Geschenk der Gemeindeverwaltung Iqaluits. An den folgenden Tagen ziehen wir wieder hinaus aufs Eis. Zwischendurch versammeln wir uns im Haus an unserem langen Tisch, um Erfahrungen auszutauschen, zu diskutieren und Verbesserungen vorzunehmen.

Als wir Iqaluit dann am 30. Dezember 1988 verlassen, sind wir uns trotz aller Kontroversen ein gutes Stück näher gekommen. In wesentlichen Bereichen sind wir sogar zu einem Team zusammengewachsen. Wir gehen mit einem guten Gefühl auseinander. Trotzdem sind mehr Probleme aufgeschoben denn aufgehoben.

Den Jahreswechsel erlebe ich in 10 000 Metern Höhe in einem Flugzeug Richtung Heimat. Und während die Stewardessen Champagner servieren, denke ich darüber nach, was das neue Jahr wohl an Erlebnissen für mich bereithält.

Letzte Vorbereitungen

Nach meiner Rückkehr nach Deutschland bleiben mir bis zum Start der Expedition noch sechs Wochen. Es ist eine turbulente Zeit. Ich mache mich körperlich durch Waldläufe und Krafttraining fit und sitze danach oft bis in die Nacht am Schreibtisch. Ich sortiere und stelle Nährwerttabellen zusammen und bestelle Proviant und Ausrüstung.

In der Bundesrepublik hat sich inzwischen eine deutsche Sektion des Vereins »Icewalk e.V.« gegründet und ein Büro bezogen. Der grenzenlose arktische Umweltschutz soll auch in meiner Heimat ein Standbein erhalten. Und es sollte ein recht kräftiges werden. Holger Hansen, Holger Peter und Marion Böttger leisten ehrenamtliche Pionierarbeit. Und auch sie machen die Nacht zum Tage, um »Icewalk« auch in Deutschland mit Leben zu erfüllen.

Wie aus vielen anderen Ländern, so sollen auch aus der Bundesrepublik zwei Jugendliche an der »Students Expedition« teilnehmen. Sie sollen über ein Preisausschreiben der HörZu ermittelt werden. Eine Idee des Ressortleiters Roland Westphal, mit dem ich seit langem befreundet bin. Die Fragen haben es in sich; denn es sollen wirklich interessierte und motivierte junge Menschen an der Jugend-Expedition teilnehmen.

Sonja Podein, eine Schülerin aus Geesthacht, und Andreas Hancke, Azubi beim WDR in Köln, gewinnen schließlich das Preisausschreiben. Schon bald lerne ich die beiden in den Redaktionsräumen der HörZu kennen und gebe ihnen die ersten Tips für das Leben im Jugendcamp.

Wir wollen uns den Teilnehmern der »Students Expedition« und auch anderen Jugendlichen keineswegs als Schulmeister mit erhobenem Zeigefinger präsentieren. Sie sollen in das Projekt »Icewalk« integriert und zusammen mit Jugendlichen anderer Kulturkreise mit der Umweltproblematik in der Arktis konfrontiert werden.

In unserer schnellebigen Zeit fällt es mir – und sicher auch anderen Expeditionsteilnehmern – schwer, mich in die Gedankenwelt eines 19jährigen zu versetzen. Wir wollen nicht mit der weitverbreiteten Arroganz der älteren Generation der Jugend vorgeben, was gut oder schlecht für sie ist. Sie soll sich ihre eigenen Gedanken machen und eigenverantwortlich artikulieren und handeln. Aus diesem Grunde werden Sonja und Andreas auch in diesem Buch selber noch zu Wort kommen.

Für wichtig halte ich, daß sich bei der »Students Expedition« Jugendliche unterschiedlicher Nationen und Kulturkreise treffen. So haben sich deutsche Jugendliche sicher mit ganz anderen Problemen auseinanderzusetzen als russische. Trotz aller verschiedenen Gesellschaftsformen, Wertvorstellungen und Bedürfnisse kann es für junge Leute heute nur ein Ziel geben: die Erhaltung der Natur als Überlebenschance – auch – für den Menschen. Wenn wirtschaftliche Interessen weiterhin Vorrang vor einem ernsthaft praktizierten Umweltschutz haben, gibt es für nachfolgende Generationen keine gesicherte Zukunft. Was hilft uns das Verschrotten von Waffen – so sehr ich dies begrüße –, wenn wir uns mit anderen Mitteln umbringen!?

Unser Leben muß von neuen Werten bestimmt werden. Lebensqualität darf nicht weiter gleichgesetzt werden mit mehr Wachstum, Konsum und damit Ausbeutung der Ressourcen. Weniger kann oft mehr sein. Womit ich nicht die Steinzeit herbeisehne. Es geht mir vielmehr darum, die grandiosen Möglichkeiten der Wissenschaft auf den richtigen Weg zu führen. Die High-Tech muß endlich ihren Frieden mit der Natur schließen und die tiefen Wunden, die sie ihr bisher geschlagen hat, so weit wie möglich heilen. Beispiel Auto. Als wäre alles in bester Ordnung, wirft die Industrie immer wieder PS-Monster auf den Markt. Wahnwitzige Endgeschwindigkeiten und Zwölfzylindermotoren zielen auf Imagedenken und Showeffekt. Schonung der Natur und Sicherheit der Menschen bleiben auf der Strecke. Und die politisch Verantwortlichen schweigen. Gut ist nur, was die Kasse füllt. Man bedenke die Schizophrenie: Da liefern Hersteller ein und dasselbe Auto in den USA mit ihren vergleichsweise peniblen Umweltschutzverträglichkeitsnormen und den europäischen Markt mit seinen schlampigen Bestimmungen aus, anstatt gleich den hohen Qualitätsstandard des Exportmodells auf den europäischen Markt zu übertragen. Am Ende der Fabrikationsstraße stehen zwar zwei gleiche Fahrzeugtypen, das Exportmodell ist aber dem europäischen Pendant von der Umweltverträglichkeit deutlich überlegen. Wo bleibt da das Verantwortungsbewußtsein der Herren in den Chefetagen?

Die Jugendlichen sind heute sensibilisiert und intelligent genug, einen derartigen Bluff zu durchschauen. Sie tragen nicht nur eine Bürde für die Zukunft, sondern haben die Möglichkeit, durch ihr Verhalten neue Werte zu schaffen. Ich habe große Hoffnungen, daß junge Menschen immer mehr auch fortschrittliches Denken richtig anzuwenden wissen. Daß sie erkennen, daß nicht das schnellste Auto, das größte Haus und der vollste Mülleimer Wohlstand symbolisieren, sondern daß Wohlstand nur in Harmonie mit einer gesunden Natur als Basis für das Leben sinnvoll ist.

Die Probleme sind vielfältig, die menschlichen Schwächen allgegenwärtig. Der einzelne und die Gemeinschaft stehen vor einer großen Aufgabe. Doch halten wir uns in diesem Fall ruhig einmal an den markigen Spruch eines Mineralölkonzerns: »Es gibt viel zu tun, packen wir's an!«

Ready to go

Der General-
sekretär der UNO,
Perez de Cuellar,
überreicht dem Team
in New York die
Flagge der Vereinten
Nationen und über-
nimmt damit die
Schirmherrschaft
über die Icewalk-
Expedition. Wir
haben einen starken
Partner gefunden.

Das offizielle Programm

Am 14. Februar 1989 ist es dann soweit: Eine Schar von Freunden verabschiedet mich auf dem Hamburger Flughafen Fuhlsbüttel. Ich mag dieses Trennungsszenarium nicht. Es ist mir zu rührselig, und manchem steht die Frage ins Gesicht geschrieben: »Ob ich ihn wohl noch mal wiedersehe?« Und dann immer wieder die letzte Interview-Frage: »Herr Fuchs, wie fühlen Sie sich?« Ich bin froh, als ich endlich im Flugzeug meine Beine ausstrecken kann und unter mir die Wolkendecke wie eine riesige Schneelandschaft liegt.

In Ottawa holt mich Jim Hargreaves vom Flugplatz ab und bringt mich ins Hotel zu meinen Weggenossen der nächsten Wochen. Der Zeitplan ist nun eng gesteckt. Schon am nächsten Tag fliegen wir nach New York zu einem Empfang bei den Vereinten Nationen, die die Schirmherrschaft der »Icewalk«-Expedition übernehmen. Bei einer feierlichen Zeremonie überreicht uns der Generalsekretär Perez de Cuellar die Flagge der Vereinten Nationen mit der Bitte, sie als eine Art symbolische Handlung mit zum Pol zu tragen. Dies ist für uns Verpflichtung und Bestätigung, daß wir uns für eine gute Sache einsetzen.

Unmittelbar nach dem Empfang bei den Vereinten Nationen kehren wir nach Ottawa zurück. Wir hätten uns gern von Darryl seine Heimatstadt zeigen lassen, doch es wartet noch zu viel Arbeit auf uns.

Im »Icewalk«-Hauptquartier geht es in den nächsten Tagen wie auf einem Basar zu. Jeder hat seinen Teil der Ausrüstungsgegenstände besorgt, so wie es während des Weihnachtstrainings beschlossen wurde. Socken, Unterwäsche, Mützen, Handschuhe und atmungsaktive Gore-Tex-Kleidung werden verteilt, gekennzeichnet und im persönlichen Packsack verstaut. Helfer bauen im Garten das große Polarhaven-Zelt auf, das später im Basislager am Cape Columbia stehen soll. Es ist sehr geräumig, gut geschützt durch Isoliermaterial zwischen Innen- und Außenzelt und mit Öfen zu erwärmen. In dem Zelt werden während unseres Marsches mindestens zwei Personen leben, die über Funk mit uns verbunden sind.

In einem Flugzeughangar am Ottawa-Airport stapeln sich Kisten mit Proviant, verschiedenen Schlittentypen, Zelten, einem Windgenerator und Solarzellen. Der Inhalt anderer Behälter muß erst einmal überprüft und sortiert werden. Das wenigste ist für unseren Pol-Marsch bestimmt. Den Löwenanteil erhält die Jugend-Expedition. Schließlich müssen auch die 22 Jugendlichen für ihren dreiwöchigen Aufenthalt mit Polarkleidung, Skiern, Zelten, Rucksäcken, Proviant und allem ausgestattet sein, was man zum Leben in der Arktis braucht.

Der Empfang in der UNO hat weltweit Schlagzeilen gemacht. Und so erhalten wir Grußbotschaften vom sowjetischen Premierminister Ryzhkov, der britischen Premierministerin Margaret Thatcher, dem japanischen Umweltminister, dem kanadischen Premierminister und Bundeskanzler Helmut Kohl. Unser Unternehmen hat damit die gewünschte politische Dimension erreicht. Wir haben in Politik und Öffentlichkeit Aufmerksamkeit für unser Anliegen geschaffen.

Die sowjetische Botschaft geht sogar einen Schritt weiter und lädt das gesamte Team in ihre Residenz in Ottawa ein. Man versichert uns, daß unsere Aktion das Interesse und die Unterstützung der UdSSR findet. Besonders begrüßt man den »internationalen und völkerverbindenden« Charakter der Expedition. Dann führt man uns einen sowjetischen Film über die »Polarbridge-Expedition« vor, an der auch Misha teilgenommen hat.

Und wieder tauchen die frostentstellten Gesichter auf, die wir schon vom Diavortrag kennen. Nur wirken die bewegten Bilder noch eindrucksvoller. Botschaftsangehörige erklären uns, daß Umweltschutz auch in der UdSSR ein Thema ist, mit dem man sich sehr kritisch auseinandersetze.

Auf jeden Fall hat Perestrojka Änderungen geschaffen. Ein Empfang dieser Art wäre sicherlich vor einigen Jahren undenkbar gewesen. Die Bereitschaft zum Dialog und zur Kooperation ist neu. Uns tut die öffentliche Anerkennung unserer Aktion durch die Sowjetunion gut. Unsere Sache erhält damit zusätzliches Gewicht und Format.

Auch die UdSSR hat sich vieler Umweltsünden schuldig gemacht. Und als Arktis-Anrainerstaat trifft sie auch unsere Kritik besonders. Um so bemerkenswerter finde ich, daß sich ihre Vertreter der öffentlichen Diskussion stellen und uns nicht als abenteuerliche Spinner abzutun versuchen. Trotzdem überbewerten wir eine derartige Geste auch nicht. Denn für den Umweltschutz einzutreten ist eine Sache, ihn politisch umzusetzen eine ganz andere.

Durch die Empfänge bei der UNO, der sowjetischen Botschaft und weitere diplomatische Ehrungen fühlen wir uns in unserem Vorhaben bestätigt.

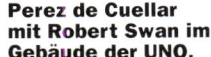

Perez de Cuellar mit Robert Swan im Gebäude der UNO.

Es lastet nun aber auch ein gewaltiger Erwartungsdruck auf uns. Jeder redet über unseren Marsch, als läge er bereits erfolgreich hinter uns. Die Medien schreiben uns die Kompetenz für das schwierige Vorhaben zu und gehen von einem hundertprozentigen Erfolg aus. Das läßt uns nicht besser schlafen. Denn sollten wir bereits beim überaus harten Start schon im Packeis scheitern, so würden sich auch unsere hartnäckigen Absichtserklärungen und unsere derbe Kritik in heiße Luft auflösen. Vielleicht würden wir sogar als Großmäuler dastehen. Für mich eine fürchterliche Vorstellung.

Wir wissen alle, daß wir mit einem hohen Einsatz spielen, und müssen aufpassen, daß uns die Sache nicht über den Kopf wächst. Denn es gibt nun einmal keine Gewähr dafür, daß es uns gelingt, den Nordpol per Fuß zu erreichen. Die Eisverhältnisse sind von Jahr zu Jahr anders, die extremen Temperaturen können schwere Verletzungen verursachen und offene Wasserstellen zu unüberwindbaren Barrieren werden.

Mit einer Nordpol-Expedition zu scheitern ist ansonsten sicher keine Schande, aber in diesem Fall geht es um mehr: um eine Demonstration für den Schutz der arktischen Umwelt und unsere Glaubwürdigkeit. Denn Gelingen wird vorausgesetzt.

Rückkehr nach Iqualuit

Der Blick aus dem Flugzeug beim Landeanflug auf Iqaluit ist uns schon vertraut: turmhohe Preßeisfelder, auf sicherem Land aufgepahlte Schiffe und kleine bunte Häuser in der weißen hügeligen Landschaft. Es ist der 22. Februar. Bis zum Start in circa vier Wochen haben wir noch eine Menge zu tun, und wir können uns akklimatisieren. Vorläufig haben wir noch ein feste Behausung und einen Lagerraum am Flughafen, im dem wir bei 30 Grad minus unsere Ausrüstung sortieren und prüfen müssen.

Bei dieser Arbeit kann jeder Fehler schwerste Folgen haben. Es darf nichts vergessen werden, und alles muß im optimalen Zustand sein. Es gibt keine Klimazone, bei der Nachlässigkeit und unprofessionelles Planen so folgenschwer sind wie die Polargebiete. Wenn wir nicht sortieren, prüfen, um- oder auspacken, sitzen wir in unserem warmen Wohnzimmer und führen unsere endlosen Debatten vom Weihnachtstraining fort. Viele Fragen, die ich bereits für beantwortet halte, werden erneut durchgekaut. Wenn mich heute jemand fragt, was mir von der Vorbereitungszeit am besten in Erinnerung geblieben ist, so kann ich ohne zu zögern antworten: »Die endlosen Diskussionen«.

Bei einigen Problemen scheint eine Einigung einfach nicht in Sicht. Wieder erhitzen sich die Gemüter an den Themen Zelt, Kocher und Nahrung. Geklärt ist nur die Schlittenfrage. So hat Ruperts Modell den Test nicht bestanden. Seiner Konstruktion liegt die Idee zugrunde, den Schlitten auch als provisorisches Boot zu nutzen, um nach Eisaufbrüchen freies Wasser zu überbrücken. Doch die »Schlittenboote« sind zu schwer und auch nur bedingt seetauglich. Das zeigt sich bei Versuchen im Schwimmbad von Iqualuit. Zwar kann man das Gefährt mit einer Schneeschaufel durchs Schwimmbecken bewegen, doch läuft uns ein Schauder über den Rücken, wenn wir daran denken, daß dieser Kahn bei 40 Grad minus im bewegten Wasser kentern sollte.

So bleiben die kleinen roten Babyschlitten und mein Pulka-Schlitten im Rennen. Wir unterziehen beide Modelle einer wahrhaft brutalen Behandlung. Danach steht für mich fest: Ich bleibe bei meinem Pulka-Schlitten. Robert Swan schließt sich meiner Entscheidung an. Wir beide entscheiden uns also für den Kompromiß: mehr ziehen, weniger tragen. Alle anderen wählen die kleine Schlittenversion.

Bei der Generalprobe zeigen sich weitere Vorteile des Pulka-Schlittens. So ist er wesentlich leichter zu be- und entladen als die großen Rucksäcke. Während die anderen morgens mit froststarren Fingern ihre Rucksäcke vollstopfen und mühselig ihre sperrigen Babyschlitten beladen müssen, verstauen wir unsere Sachen in Minutenschnelle in den geräumigen Pulkas. Dabei wählen wir je nach Gelände sogar noch den günstigsten Schwerpunkt. Vor allem der voluminöse Schlafsack ist bei uns mit wenigen Handgrif-

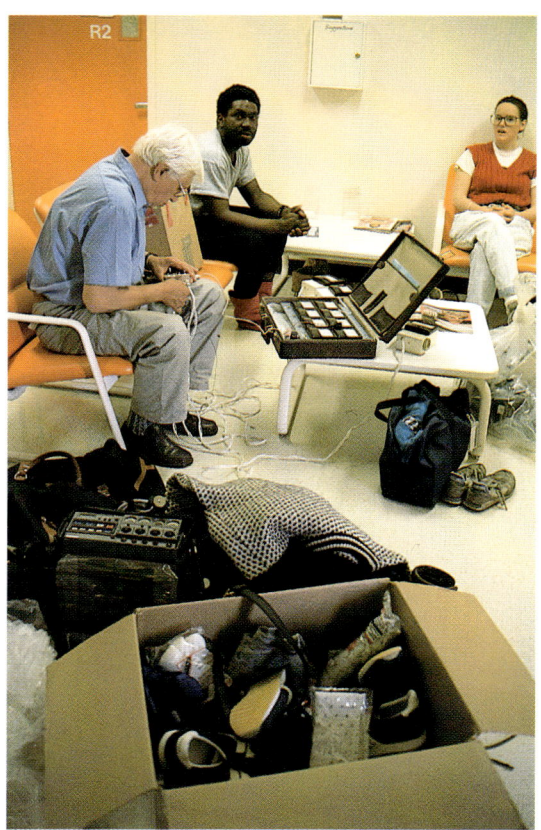

Der sowjetische Psychologe Dr. Nowikov unterwirft das Team einem umfangreichen Testprogramm.

fen gepackt. Die anderen dagegen müssen ihn immer wieder umständlich zusammenrollen und die Luft herausdrücken. Mein Schlitten hat gegenüber den »Babys« nur den Nachteil, daß er in den scharfen Kurven und Ecken des Preßeises sperriger ist. Beide Ausführungen bleiben somit Kompromißlösungen. Aber ich bin sicher, mich mit Robert zusammen für den besseren Kompromiß entschieden zu haben.

Die Frage nach dem geeigneten Zelt wirft unüberwindbare Probleme auf. Misha beharrt vehement auf seinem »Sowjet-System«. Graeme hat aus Australien zwei kleinere Nachbauten dieses Systems mitgebracht, die sich aber als zu instabil und klein erweisen. Ein weiteres Modell halten wir alle für gut. Nur Misha nicht. Für ihn ist es ein »horse barn«, ein Pferdestall. Ich schlage vor, zwei oder drei serienmäßige Kuppelzelte namhafter Hersteller zu verwenden. Einige stimmen zu, aber aus Gewichtsgründen wird auch dieser Vorschlag verworfen. Die Frage nach dem Zelt begleitet uns Tag für Tag, und ich kann dieses Thema langsam nicht mehr hören. Auch unsere Beratungen über den richtigen Kocher werden zu einem Dauerbrenner. Drei Typen stehen zur Auswahl: der zweiflammige »Coleman Stove«, der leichtere »MSR Stove« und – immer noch – Mishas »Flammenwerfer«. Dem schmeckt neben seinen pyrotechnischen Einlagen nur verbleites Normalbenzin. Sicher ein robuster, anspruchsloser Kocher, der bei der Wahl des Brennstoffes aber keine Kompromisse kennt. In der Wärmeleistung ist er den anderen überlegen, doch verrußt er schneller als der »MSR« und der »Coleman«, die beide mit gereinigtem Whitegas betrieben werden. In einem sind sich alle drei Modelle gleich: Sie arbeiten nicht zuverlässig. Entweder zeigen sie sich als Feuerspeier, verspritzen in einer Fontäne das Benzin oder verweigern ganz einfach den Dienst. So entschließen wir uns zuletzt, neben Mishas Wunderofen die beiden anderen zur Sicherheit mitzunehmen. Ich weiß zu diesem Zeitpunkt noch nicht, daß uns beim Kochen noch einige Überraschungen bevorstehen werden.

Am Morgen des 26. Februar stelle ich den Proviant für den ersten Trainingsausflug zusammen. Doch das Unheil ist nicht weit: Misha ist sofort wieder mit seiner Kritik zur Stelle. Und im Nu entwickelt sich wieder eine allgemeine Diskussion über Nährwerttabellen, Mengenangaben, Geschmacksvorstellungen und so weiter, und so weiter… Ein wahrhaft mühseliges Geschäft!

Während sich acht Männer die Haare raufen, bleibt einer immer cool: Fast Eddy, unser Koch. In unserem Tohuwabohu behält der »schnelle Eddy« als einziger klaren Kopf. Mit der Gemütsruhe eines Seelefanten backt er Brot und Kuchen, brät Eier, kocht Suppe und schickt uns immer wieder mit kaffeegefüllten Thermoskannen und aufmunternden Worten in unsere Wortgefechte und »Freiluftübungen«.

Eddys Arbeit ist von ganz besonderer Bedeutung. Die Ärzte in Ottawa haben uns nämlich beste körperliche Konstitution bestätigt, schüttelten jedoch ob unserer geringen Fettreserven sorgenvoll die Häupter. Sie hielten uns ganz einfach für zu mager. Verrückte Welt: Wann kann man schon einmal auf ausdrückliche ärztliche Anordnung hin so richtig schlemmen? Wir nehmen uns die ärztliche Mahnung gern zu Herzen und essen, daß die Schwarte kracht. Morgens gibt's Spiegeleier mit Speck und dickbelegte Brote. Mittags räumen wir Batterien von Broten und Terrinen von Suppen leer. Und am Abend schlagen wir dann richtig zu: Fisch, Rentierbraten, Geflügel und alle möglichen Leckereien, die in Ottawa und Iqualuit aufzutreiben sind. Und zwischendurch verführt uns Eddy mit einem zweiten Frühstück und Kaffee und Kuchen. Tatsächlich zeigen die Gelage Wirkung: Schwimmringe nehmen langsam, aber sicher Form an. Und wir haben immer wieder einen handfesten und leckeren Grund, unsere Dauerdebatten zu unterbrechen.

In unserer engen Unterkunft hat das Chaos die Herrschaft übernommen. Als reiche es nicht, daß sich acht Männer die Köpfe heiß reden, wuseln auch noch zwei Kamerateams mit Scheinwerfern, Tonbändern und Filmkameras zwischen uns herum. Der kanadische Fotograf Mike Beedell läßt seine Kameras immer wieder klicken, und zwei japanische Journalisten quetschen einen Satz nach dem anderen aus uns heraus. Christine McCabe jagt uns mit ihrem Tonbandgerät. Sie zeichnet Gespräche auf, die in einem Buch veröffentlicht werden sollen.

Es geht bei uns zu wie auf einem Ameisenhaufen. Genau das Richtige für Kinder. Die kommen aus der Nachbarschaft und zeigen sich von Eddys Kochkünsten genauso beeindruckt wie wir. Vor allem finden sie Gefallen an unseren Müsliriegeln. Sie haben ihr Abenteuer schon jetzt. Und das kosten sie in vollen Zügen aus.

Für mich kommt die Rettung in Form von Brent Boddy. Brent ist mit einer Einheimischen verheiratet und wohnt seit Jahren mit seiner Familie in Iqaluit in einem Haus am Strand. Er nahm vor Jahren an einer Hundeschlitten-Expedition zum Nordpol teil und hält sich auch heute noch ein Hundegespann. Damit verbindet uns eine gemeinsame Liebe. Ich habe von den Eskimos nämlich auch das Hundeschlittenfahren gelernt und mit meinem Freund Rainer Neuber vor Jahren auf diese Weise das grönländische Inlandeis durchquert.

Wir geraten ins Fachsimpeln, und Brent lädt mich schließlich zu einer Fahrt mit seinen Hunden ein. Eine ideale Möglichkeit, dem Durcheinander unserer Unterkunft zu entfliehen. Und so fahren wir bei klarer, frostiger Luft hinaus in die Bucht. Ich bin einmal mehr fasziniert von dieser Art des Reisens und genieße – den Umständen entsprechend – die Atmosphäre und Ruhe.

Am nächsten Tag wollen wir zum ersten Trainingslauf starten. Es dauert bis zum Abend, bis alle Vorbereitungen abgeschlossen sind. So können wir erst gegen 18.30 Uhr bei völliger Dunkelheit die beladenen Schlitten in die Autos hieven, die uns zu einem geeigneten Startpunkt bringen. Es herrscht eine geisterhafte Stimmung. Die Kondensschwaden der Autoabgase und unseres Atems schweben im flackernden Nordlicht und dem Scheinwerferlicht der inzwischen drei Fernsehteams. Wir schnallen unsere Skier an, wuchten die Rucksäcke aufs Kreuz und legen uns schließlich ins Geschirr unserer Schlitten. Es ist bitterkalt, 40 Grad minus. Harte, aber ideale Trainingsbedingungen. Bei stockfinsterer Nacht tasten wir uns durch den Preßeisgürtel. Wir können im sterbenden Licht der Stirnlampen kaum die Hand vor Augen sehen, geschweige denn versteckte Spalten und Hindernisse.

Schließlich machen wir halt und tasten uns durch unsere Ausrüstung, um das Lager aufzubauen. Jetzt heißt es, all die Theorie unserer endlosen Diskussionen in die Tat umzusetzen. Graemes australische Kleinausgaben der russischen Zeltkonstruktion zeigen ihre Schwächen, und Mishas »Flammenwerfer« überrascht uns mit immer neuen Eigenarten. Das Gemisch Buckwheat/Pemmikan/Milchpulver und aufgelöste Butter gerät zu einer unansehnlichen Brühe. Pemmikan ist nach einem Spezialrezept der nordamerikanischen Indianer gefertigt. Es besteht aus luftgetrocknetem Fleisch, Beeren und diversen Gemüsesorten sowie viel Fett. Nur mit aller Willenskraft würgen wir es hinunter. Ich sehne mir mein Spezialpemmikan herbei, das mir auf meinen Expeditionen immer so gut geschmeckt hat. Die Einfuhr dieser »Delikatesse« scheiterte jedoch an den strengen kanadischen Einfuhrbestimmungen für tierische Produkte aus Europa.

Endlich liegen wir in unseren Schlafsäcken und können die müden Beine ausstrecken. Graeme plagt neben der fetten Suppe offensichtlich ein Grippevirus, den er sich vermutlich von Angus eingefangen hat. Während der Nacht muß er mehrfach erbrechen. Am nächsten Morgen kehrt er zum Haus zurück.

Beim Frühstück liegt Ärger in der klaren Luft. Misha meinte, daß zu dem Müsli, den Rosinen, Aprikosen, Nüssen, Milchpulver und Butter ein großer Schlag Pemmikan dazugehört, um das Ganze – wie er sagte – aufzuwerten. Obwohl er für dieses Rezept einen Schrei der Entrüstung aller erntete, sorgte er heimlich doch für seine ungewünschte Zutat. Mit schreckensstarrer Miene bleibt den anderen sechs nun die erste Löffelladung im Halse stecken. Offener Aufruhr bricht aus. Außer Misha schafft es keiner, seinen Teller zu leeren. Nach verzweifelten Versuchen, sich das eklige Zeug einzuverleiben, wandert eine Portion nach der anderen in den Schnee. Mit bitterbösen Gesichtern und knurrenden Mägen ermahnen wir Misha immer wieder, uns das nicht noch einmal anzutun.

Nach diesem Schock packen wir unsere Sachen zusammen und laufen in den zweiten Tag hinein. Wir gehen exakt 50 Minuten, rasten zehn Minuten und laufen dann wieder 50 Minuten. Diese Einheiten werden auf die Minute genau eingehalten. So kann sich unser Organismus auf einen Rhythmus einstellen. Diese Art zu laufen ist nicht unsere Erfindung. Sie hat sich schon lange vor uns in der Polargeschichte als die richtige und vernünftigste bewährt. Entscheidend dabei ist, daß man bereits eine Pause einlegt, wenn der Körper noch gar nicht danach verlangt

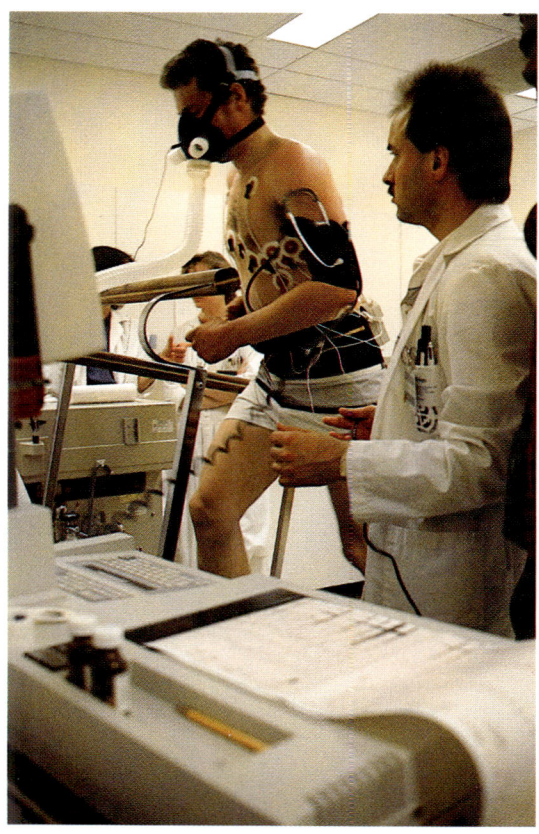

Das medizinische Forschungsvorhaben ist umfangreich und unbeliebt. Trotzdem nehmen alle geschlossen daran teil.

Mitten in der Nacht quält mich meine volle Blase aus dem Schlaf. Das heißt raus aus meiner wärmenden Hülle und hinaus in die Eiseskälte. Hätten wir doch bloß schon unsere Pinkelflaschen, die wir mit auf die Expedition nehmen werden. Aber sie waren bis zu unserer Abreise von Iqaluit noch nicht eingetroffen, und so bleibt mir nur der Marsch nach draußen. Ich öffne vorsichtig die Kapuze meines Schlafsackes, um zu verhindern, daß mir der gefrorene Atem ins Gesicht fällt. Natürlich vergeblich! Die Dusche ist mir sicher. Ich schäle mich schnell aus dem warmen Schlafsack, streife meine Biwakschuhe über und krieche aus dem vereisten Ausgang. Dabei wecke ich unweigerlich die anderen auf, die mir hämische Bemerkungen mit auf meinen kalten Weg geben.

Das Verrichten der Notdurft in extremer Kälte ist nicht nur unangenehm, sondern auch gefährlich. Immer wieder fragt man mich auf Vorträgen, wie man sein Geschäft bei derart eisigen Verhältnissen überhaupt zuwege bringt. Mein Antwort ist stets die gleiche: »So schnell wie möglich!« Ich hätte früher selbst niemals gedacht, wie flink man diese Angelegenheit hinter sich bringen kann. Und trotzdem flüchtet man selbst bei schnellstem Vollzug immer wieder total ausgekühlt und bibbernd ins Zelt zurück. Schnee und Eis haben sich in Sekundenschnelle an der Kleidung festgesetzt. Mit einer großen Bürste befreit man sich davon, damit's im Schlafsack nicht feucht wird. Dem ist inzwischen natürlich sämtliche Wärme entwichen. Und frierend drehen sich die Gedanken nur um eines: Wärme. Ein so kleines Intermezzo ist in gemäßigten Klimazonen kaum erwähnenswert. In der Arktis wird daraus jedoch eine dramatische Aktion.

Am dritten Morgen stehen wir schon um 5.30 Uhr auf. Nach dem Frühstück laufen wir bei herrlichem Sonnenschein zurück in die Bucht, an der Iqaluit liegt. Nach einem 30-Kilometer-Marsch erreichen wir unsere Unterkunft. Auch ich spüre jetzt ein mulmiges Gefühl im Magen. Und so bin ich froh, abends ein heißes Bad nehmen zu können. Um Eddys kulinarische Künste mache ich heute lieber einen Bogen.

oder müde ist. Er kann bereits vor der Erschöpfung neue Kräfte sammeln. Auf diese Art läuft man ökonomischer, ausdauernder und unterm Strich länger. Die Verletzungsgefahr wird außerdem verringert, da man nicht übermüdet und unkonzentriert durch die Landschaft stolpert. Auch jetzt während der letzten Trainingsphase halten wir uns peinlich genau an den 50/10-Takt.

Am Abend des zweiten Tages bauen wir wieder unser Lager auf. Die Handgriffe sitzen nun schon ein wenig geübter, und in der Enge der beiden Zelte finden wir uns jetzt besser zurecht. Wir sind weit gelaufen und fühlen uns hungrig, müde und zerschlagen. Wieder ist es brutal kalt.

Das deutsche Kamerateam hat unsere Rückkehr auf Film festgehalten. Es macht Spaß, mit Duri, Nabil und Uli zusammenzuarbeiten. Die drei agieren ausgesprochen professionell und stören uns nie. Sie sind in unser Team hineingewachsen, werden von allen akzeptiert und langen zu, wenn eine Hand gebraucht wird. Wir haben nur wenig Zeit füreinander, kommen uns aber näher. Ich merke, daß auch diese drei schon beim ersten Kontakt mit dieser Landschaft der Arktis-Bazillus befallen hat. Auch sie wollen unbedingt zurück in diese fantastische weiße Welt. Ich erzähle von meinen Plänen in polaren Gebieten, und sie sind sofort Feuer und Flamme dabeizusein.

Am 2. März schreibe ich in mein Tagebuch: »Morgens Arbeitsgespräch und weitere Planung. Endlose Debatten über Kochen und Proviant. Eine Herausforderung dieser Expedition ist ganz sicher die Auseinandersetzung mit den einzelnen Teilnehmern. Der Trainingslauf wird genau analysiert und Verbesserungen in Organisation bzw. Ausrüstung erörtert. Ansonsten verläuft der Tag relativ ruhig. Haben alle etwas frostbite im Gesicht, und die Füße tun uns ein wenig weh.«

Am Abend gehen wir in die »Royal Legion«. Das ist eine Art Club, in dem man uns Zutritt gewährt hat, um in Ruhe ein Bier zu trinken. Für Duri, Nabil und Uli ist es der vorerst letzte Abend in Iqualuit. Während wir zusammensitzen und uns unterhalten, spricht mich plötzlich eine Eskimo-Frau an. Ich erkenne sie sofort: Sie ist Annie Audlaluk, die Frau von Larry aus Grise Fjord. Ich lernte Annie und Larry 1980 während meiner ersten Expedition in der kanadischen Arktis kennen. Im Laufe der Jahre ist eine Freundschaft daraus geworden. In gewissen Abständen haben wir uns immer wieder gesehen, und da in der Arktis die Zeit stillzustehen scheint, haben wir keine Probleme, sofort wieder ins Gespräch zu kommen.

Annie erzählt mir, daß auch Larry in der Bar ist. Und so machen wir uns gemeinsam auf die Suche nach ihm. Wir entdecken ihn schnell, und die Wiedersehensfreude ist herzlich. Beide haben über ihren Durst getrunken, und es ist ihnen peinlich, daß ich sie in diesem Zustand antreffe. Alkohol hat bei den Eskimos ein zerstörerische Wirkung. Ich bin bewegt von der Scham der beiden und hoffe, daß der Alkohol für sie kein ernsthaftes Problem wird.

Noch ein Trainingslauf

Am nächsten Tag bereiten wir uns auf einen weiteren Trainingslauf vor. Wir stellen Proviant zusammen und bauen vor dem Haus das Zelt auf, das Misha »horse barn« getauft hat. Mittags suche ich mir mit meinem Sextanten einen freien Platz und messe den Winkel der Sonne, um die Mittagsbreite zu bestimmen. Mit dem gemessenen Winkel gehe ich anschließend ins Haus und errechne anhand einiger Tabellen die geographische Breite.

Tagebucheintragung, 4. März 1989: »Weitere Vorbereitungen. Überhole meinen gelben Schlitten und treffe einige kleine Veränderungen am Zuggeschirr. Wieder brechen wir bei einbrechender Dunkelheit auf, gehen quer über die Bay und schlagen unser Lager auf. Es ist relativ milde. Das ›horse barn‹, wie wir das neue Zelt nennen, ist zwar auch nur ein Provisorium, bietet aber viel Platz und ist irgendwie gemütlich. Abends gibt es Buckwheat, das von Misha zubereitet wird und langsam eine akzeptable Konsistenz erlangt.«

5. März: »Strahlend blauer Himmel. Beim Frühstück funktioniert keiner der sowjetischen Kocher. Es ist ein Chaos. Um ein Haar brennt das horse barn ab. Misha rettet in letzter Sekunde. Danach machen wir Mätzchen für die Kamera. Ein Lichtblick ist Brent mit seinen Hunden. Wir laufen um die Halbinsel herum und gehen ins rauhe Eis. Den Rest des Tages straucheln wir durch wildes, zerrissenes Eis. Mein Schlitten verhält sich gut. Ich kann selbst im rauhen Eis mit den anderen mithalten und bin in Teilbereichen sogar beweglicher. Nur in engen Kehren hat er Nachteile. Der Querholm der Deichsel bricht. Er ist zu schwach dimensioniert. Ansonsten hält alles stand. Der Schlitten ist wirklich gut. Ich benutze zum erstenmal Felle unter den Skier und bin mit der Wirkung sehr zufrieden.

Allerdings halten die selbstklebenden Felle nur einige Stunden bei dieser Kälte und lösen sich dann ab. Es muß nach einer besseren Befestigungsmöglichkeit gesucht werden. Laufen bis in die einbrechende Dunkelheit und bauen dann Lager auf. Es ist kalt. Wir heizen in beiden Zelten für ca. eine Stunde.«

6. März: »Nachts hat es kräftig aufgebrist. Die Sicht ist schlecht, und es ist eisig kalt. Wir brechen das Camp ab und laufen zurück Richtung Preßeis. Der Wind bläst mit gut zwanzig Knoten, die Temperatur liegt bei minus 40 Grad Celsius. Unter Berücksichtigung des Wind-Chill-Faktors errechnet die Wetterwarte von Iqualuit eine Temperatur von ca. –73 Grad Celsius! Bei diesen Temperaturen kann man sich durch bloßes Atmen die Lungen erfrieren. Die Augenlider frieren einem zusammen.

**Robert Swan –
Leiter und Initiator
der Expedition.**

Unterhalb von –60°C gefriert Fleisch innerhalb von 30 Sekunden. Doch gerade die Kälte ist der Schlüssel zum Erfolg. Durch die extrem niedrigen Temperaturen werden die Packeisfelder des arktischen Ozeans zusammengehalten und dadurch begehbar. Später im Jahr, bei milderen Temperaturen, treten immer häufiger offene Wasserstellen auf, die den Weg versperren. Ich erfriere mir prompt die Nase und leicht die Wangen. Es ist wirklich barbarisch kalt. Wir laufen trotzdem den ganzen Tag durch rauhestes Packeis. Das Filmteam ist den ganzen Tag dabei und dreht sogar. Respekt! Wir haben alle einen sehr harten Tag. Aber er gibt weiterer Aufschluß über Ausrüstungsdetails. Mein Schlitten ist gut, lediglich Persenning und Deichsel müssen geändert werden. Allein schon das Packen ist schneller, angenehmer und leichter. Außerdem habe ich viel mehr Platz. Bauen bei einbrechender Dunkelheit das Lager. Es ist irre kalt, und unsere Kocher geben nacheinander den Geist auf. Es ist kaum zu glauben. Essen Buckwheat und schlüpfen dann in die Schlafsäcke. Schlafe gut ein, bekomme allerdings Krämpfe in den Beinen während der Nacht.«

7. März: »Morgens weht es immer noch, allerdings sieht es etwas freundlicher aus. Während wir das Lager abbrechen, kommt Brent mit einem Fotografen vorbei. Er macht einige Fotos für Presseagenturen. Danach laufen wir auf dem kürzesten Weg zurück nach Iqualuit, wo wir gegen 10 Uhr morgens eintreffen. Es gibt weitere Diskussionen, insbesondere über Kocher und Skier. Die Bindungen lösen sich ständig von den Skiern, und Misha hat mit seinen Befürchtungen recht. Wir müssen jetzt im Endspurt die letzten Lösungen suchen.«

11. März: »Morgens weitere Meetings. Es ist schier zum Verzweifeln. Üblicherweise macht man bei einer Expedition zuerst die Logistik, besorgt, davon abhängig, die nötigen Ausrüstungsgegenstände, Proviant und stellt dann alles zusammen. Hier scheint alles umgekehrt abzulaufen. Aber der Fehler liegt bei uns selbst. Wir müssen lernen, uns besser zu organisieren, Sprachbarrieren zu überwinden und einen gemeinsamen Nenner zu finden.«

12. März: »Die Kocherdiskussion geht weiter. Misha laboriert mit seinem sowjetischen Kocher herum, während sich der Rest der Gruppe auf einen Colemann- und zwei MSR-Kocher stürzt.«

13. März: »Arbeite weiter den Brennstoffplan und die Ernährungsliste aus. Rufe heute zu Hause an und spreche mit Brigitte. Es ist schön und tut gut, sie zu hören. Daheim scheint alles okay zu sein. Darryl hat sich während der letzten Trainingstrips schwere Erfrierungen an den Zehen zugezogen. Es haben sich jetzt derart große Wasserblasen gebildet, daß er in keinen Schuh mehr hineinpaßt. Misha öffnet abends die Blasen. Zur Zeit ist es völlig ungewiß, ob Darryl weiterhin an der Expedition teilnehmen kann. Misha will seine Zustimmung als Arzt davon abhängig machen, wie der Zustand von Darryls Füßen unmittelbar vor dem Start ist. So bleibt Darryl noch eine Galgenfrist von einigen Tagen. Infizieren sich die Wunden, dann ist es aus. Läuft der Heilungsprozeß reibungslos ab, besteht zumindest eine Chance, daß er mitmachen kann. Ich selbst habe mir vor einigen Jahren schwere Erfrierungen zugezogen und weiß, wie weh so etwas tut, wenn man die Füße belastet und damit den Heilungsprozeß immer wieder stört. Darryl wirkt niedergeschlagen, und diese Stimmung überträgt sich auch ein wenig auf uns. Er tut mir ausgesprochen leid. Er ist der Jüngste in der Crew, und für ihn soll es seine erste große Expedition werden. Wie viele Monate hat er sich schon auf dieses Projekt vorbereitet? Seine ganzen Aktivitäten waren auf dieses eine Ziel ausgerichtet. Und nun besteht die Gefahr, daß es für ihn schon aus ist, bevor es richtig losgeht. Wir müssen abwarten, wie sich die Dinge entwickeln.«

14. März: »Alles läuft jetzt auf den Start zu. Morgen ist es soweit. Ich liege jetzt noch bewußter im warmen Bett als sonst. Wir genießen das Essen und den Komfort.

Eine Nordpol-Expedition erfordert härtesten körperlichen Einsatz. Extreme Kälte, schwerste Lasten und unwegsames Gelände fordern die letzten Energiereserven.

Nach dem Frühstück wie üblich Meeting. Danach gehen Robert und ich in die Werkstatt und führen letzte Arbeiten an den Schlitten durch. Zuerst bau ich die Kufen ab und schleife die schadhaften Stellen. Sie sind durch das Training verursacht und werden mit Epoxydharz ausgebessert. Anschließend montiere ich die Kufen wieder. Das sieht alles recht gut aus! Die Deichseln für die Schlitten sind inzwischen verstärkt

worden. Eine Schneiderin hat uns neue Planen für die Schlitten gefertigt, die wir auch montieren. Zu Hause sortieren wir ein letztes Mal unsere Sachen. – Wir sind reisebereit.«

15. März: »Heute soll es eigentlich losgehen. Allerdings hat das Flugzeug einen Schaden, so daß der Flug um 24 Stunden verschoben wird. Zum ungezählten Mal nutzen wir die Zeit, um unsere Ausrüstung zu überprüfen. Abends gehen wir in den Royal Legion Club, wo wir gemeinsam einige Biere trinken. Die letzten für wie lange Zeit?«

16. März: »Da Fast Eddy sich schon abgemeldet hat, sind wir wieder Selbstversorger. Ich kehre mit Robert auf dem Rückweg vom Lagerhaus im Hotel ein, wo wir uns stärken. Es sind die letzten Stunden in Iqualuit. Heute abend geht es los!«

Cape Columbia

Unser Basislager
am Cape Columbia.
Von hier aus startete
einst Robert Peary zu
seiner erfolgreichen
Expedition.
Wir beginnen bei
unserer Ankunft
gleich damit, erste
Experimente durch-
zuführen. Hier wird
ein Wetterballon mit
einer Meßsonde für
den Start vorbereitet.

Die Stimmung erinnert an Humphrey Bogarts »Casablanca«: stockfinstere Nacht. Die nostalgische Silhouette einer alten »748« im grellen Licht der Scheinwerferkegel. Die Propeller-Triebwerke schwitzen kondensierte Luft aus, die das Flugzeug in eine Nebelwand hüllen. Dick vermummte Techniker huschen mit prüfendem Blick über das Rollfeld. Ein letzter, kräftiger Händedruck. Nun ist es soweit, jetzt geht's nur noch nordwärts. Der Abend dieses 16. März ist eine der Szenen, die sich ins Gehirn meißeln.

Wir zwängen uns vorbei an den Kisten, Säcken, Stangen und Schlitten und schnallen uns auf den abgewetzten Sitzen fest. Die Motoren erwachen dröhnend zum Leben, und bald verschluckt uns die pechschwarze Nacht. Die Lichter Iqaluits verabschieden sich in unseren Augen als letzter Gruß der Zivilisation. Die Anspannung ist aus unseren Gesichtern abzulesen. Die Stunde der Wahrheit ist gekommen. Jetzt wird sich zeigen, ob wir der Aufgabe gewachsen sind. Weiterer Aufschub oder Umkehr sind ausgeschlossen. Die Zeit der vielen Worte ist vorbei. Versonnen suchen unsere Augen Halt in der undurchdringlich schwarzen Nacht.

Erst als wir nach einigen Stunden nordwärts in Resolute zwischenlanden, löst sich die Spannung ein wenig. Im Flughafengebäude treffen wir Jeremy Morris, einen jungen Australier, der während der Expedition von Resolute aus in Funkkontakt mit uns stehen soll. In die andere Richtung hält er Kontakt zum Headquarter nach Ottawa und organisiert die Nachschubflüge. Er ist sozusagen unser Verbindungsmann zur Außenwelt. Ja, er ist sogar Nabelschnur und Lebensader für uns. Aus verworrenen Funksprüchen soll er den Extrakt herausziehen, soll klären, was wir brauchen und mitzuteilen haben. Außerdem steht er mit einem Rechenzentrum in Frankreich in Verbindung, das Signale von uns erhält und so unseren Standort kennt. Jeremy erhält diese Informationen telefonisch und funkt sie an uns weiter. So weiß die Außenwelt, wo wir uns gerade befinden, und uns macht es die Navigation leichter.

Am Morgen des nächsten Tages landen wir ge-

Pearys Signpost am Cape Columbia. Achtzig Jahre hat es Wind und Kälte überdauert.

nau auf 80 Grad nördlicher Breite in der kanadischen Wetterstation Eureka. 40 Grad minus. Wir räumen die »748« leer und stapeln unsere Ausrüstung vor dem Flugzeug. Eureka ist ganzjährig besetzt und verfügt über das letzte feste Rollfeld im Norden. Zu unserem Startpunkt Cape Columbia, nur noch drei Breitengrade entfernt, sollen uns zwei kleinere »Twin Otter« weiterfliegen. Diese »Arbeitspferde der Arktis« sind mit Kufen bestückt und können auch bei Schnee und Eis starten und landen. Oft schon habe ich staunend beobachtet, nach wie kurzer Anlaufstrecke die »Twin Otter« in der Luft ist und unter welchen Bedingungen sie auf die Erde zurückkehrt.

Während wir ein letztes kräftiges Frühstück in einem beheizten Raum genießen, sind zwei dieser »tollen Kisten« mit dem Basislagerteam und der Lager-Ausrüstung schon auf dem Weg zum Cape Columbia. Wir verbringen den vorerst letzten Tag in der Wärme und Geborgenheit des Vorpostens der Zivilisation. Das Basislagerteam baut zur gleichen Zeit das Polar-Haven-Zelt auf. Wir absolvieren nachmittags noch ein Training in voller Ausrüstung auf dem zugefrorenen Fjord und kehren am Abend durchgefroren und hungrig an die Fleischtöpfe der Station zurück. Ein letztes Mal lüften und trocknen wir Schlafsäcke, Socken, Mützen, Hosen und Jacken. Jedes Stück wird noch einmal gewogen, in eine Liste eingetragen und verstaut. Während sich ein Teil der Mannschaft im gut bestückten Videoraum bei einem Sexfilm entspannt, läuft Misha aufgebracht zwischen unserer Ausrüstung herum und rauft sich die Haare. Er ist empört über »so viel Gleichgültigkeit«.

Am nächsten Morgen stopfen wir uns beim Frühstück noch einmal so richtig voll. Dann fliegt die erste »Twin Otter« Misha, Robert, Hiro und mich zum Cape Columbia. Der Rest des Teams soll am nächsten Tag folgen. Der Blick auf die Ellesmere-Insel ist gigantisch. Tiefe Fjorde zerschneiden die Insel. Hohe schneebedeckte Gipfel, noch nie von einem Fuß betreten, recken sich empor. Gewaltige Gletscherzungen wälzen sich durch die Täler hinunter in die Fjorde, wo sie sich mit dem Meereis verbrüdern. Die kanadischen Northwest Territories sind etwa vierzehnmal so groß wie die Bundesrepublik. Es leben aber nur knapp 50000 Menschen in diesem Gebiet, 10000 allein in der Hauptstadt Yellowknife, der Rest in kleinen Siedlungen im Süden des Territoriums.

Packeisfelder, soweit das Auge reicht. In Küstennähe preßt sich das Eis besonders stark.

Während wir uns Cape Columbia nähern, saugt ein riesiges Wolkenfeld unser kleines Flugzeug auf. Sturmböen schütteln uns kräftig durch. Gespenstisch ragen Berggipfel aus der Wolkendecke hervor. Die Landschaft hat etwas Verbotenes, vielleicht aber gerade deshalb Faszinierendes an sich. Für eine Nordpol-Expedition sind wir spät dran. Wir sind nicht die einzigen in diesem Jahr, die den Pol zu erreichen versuchen. Ein sowjetisches Team ist von den neusibirischen Inseln aus aufgebrochen, und die japanische Mako-Expedition ist bereits mit Schneemobilen unterwegs. Außerdem versucht die Amerikanerin Pam Flowers, allein mit Hunden den Pol zu erreichen. Der Engländer Sir Ranulph Fiennes mußte das Unternehmen bereits abbrechen. Er versuchte – wie wir – zu Fuß mit Schlitten zum Nordpol zu gehen, wollte auf Versorgungsflüge aber verzichten. Sein Versuch scheiterte, weil nach seinen Aussagen die Schnee- und Eisverhältnisse in diesem Jahr zu schwierig seien.

Unser später Start birgt Vor- und Nachteile in sich. Zum einen werden wir mehr Tageslicht und mildere Temperaturen vorfinden, andererseits aber gegen Ende der Expedition auf viel offenes Wasser treffen. Und das zwingt uns voraussichtlich zu kräftezehrenden Umwegen. Deshalb startet eine Nordpol-Expedition so früh wie möglich zur kältesten Jahreszeit. Dann nämlich ist das Eis am solidesten und die Chance am größten, den Pol vor Eisaufbruch zu erreichen. Eine Gewähr dafür gibt es natürlich nicht.

Nach einer Schleife über dem Nordpolarmeer setzt der Pilot zum Landeflug an. Wir erkennen haushohe Eispressungen mit frischen Rissen, die selbst bei diesen niedrigen Temperaturen entstehen. Es klingt vermutlich paradox, aber weniger die Kälte als vielmehr die Wärme wird über Erfolg oder Mißerfolg unseres Unternehmens entscheiden. Erwärmt sich die Luft in diesem Jahr frühzeitig, so kommt es zu riesigen offenen Wasserflächen, die nicht mehr zu umgehen sind. Selbst unser Zielpunkt, der Nordpol, kann inmitten einer solchen Wake liegen. Dadurch würde er unerreichbar für uns werden und

unser Vorhaben im wahrsten Sinne des Wortes ins Wasser fallen. Wir sind für arktische Verhältnisse spät dran und stehen damit von Beginn an unter Zeitdruck.

Nach der Landung verlassen wir die Wärme der Flugzeugkabine. Das Basislagerteam nimmt uns in Empfang und begleitet uns ins Polar-Haven-Zelt. Leiter des Camps ist der Engländer Crispin Day, der, wie auch der Funker Stephen Williams, auf eine lange Erfahrung zurückblickt. Ihnen zur Seite stehen der Australier Dean Sasella, der Engländer Keith Stanwyck und der Japaner Yoshi Ishikawa.

Das Wetter hat sich verschlechtert, und wir sichern deshalb das Zelt und unsere Ausrüstung. Durch den Schneesturm ist es mit minus 25 Grad Celsius ungewöhnlich warm.

Crispin Day managet das Basislager am Cape Columbia.

Die Sicht ist gleich null. Deshalb werden die weiteren Flüge von Eureka gestrichen.

Während wir draußen unsere Ausrüstung in Sicherheit bringen, nähert sich ein großer weißer Wolf dem Camp. Er ist völlig ohne Scheu und bleibt erst wenige Meter von uns entfernt stehen. Vermutlich sind wir die ersten Menschen, die er zu Gesicht bekommt.

Wir stehen auf historischem Grund. Von hier aus startete 1909 Robert Peary zu seiner Nordpol-Expedition. In der Nähe unseres Basislagers steht noch heute der »Peary Signpost«, ein aus Holzlatten und Skiresten gefertigter Wegweiser. Am Fuß des Bauwerkes hinterließen Expeditionen, die hier vorbeikamen, Hinweise und Nachrichten. Schon als Kind faszinierte mich die Polargeschichte. Ich malte mir aus, an diesem Signpost zu stehen, den Peary in seinen Büchern beschreibt. Es ist jetzt ein wichtiger Moment für mich, und es stört mich, daß ich den Ort und die Atmosphäre nicht in Ruhe genießen kann. Die drängelnden Leute, surrenden Filmkameras und klickenden Fotoapparate passen einfach nicht zu diesem Augenblick.

Der Sturm hat sich am nächsten Tag gelegt. Es ist jetzt sonnig, klar und bitterkalt. Im Laufe des Tages trifft der Rest des Teams zusammen mit Kameraleuten und Journalisten ein. Am Ende sind wir mit 21 Personen im Polar-Haven-Zelt. Bei Windstille füllen wir einen Wetterballon mit Helium. Die Japaner Iwata und Akiyama montieren eine Ozonsonde an ihm. Dann steigt der weiße Ballon auf und zeigt sich bald nur noch als kleiner Punkt im blauem Himmel. Die kanadische Wetterstation Alert wird später die Funkdaten empfangen und mit denen der NASA vergleichen.

Die Befürchtung, daß es ähnlich wie über der Antarktis auch über der Arktis ein Ozonloch gibt, hat sich in der Zwischenzeit leider bestätigt – nicht zuletzt durch unsere Untersuchungen. Nach Auswertungen der NASA hat der Ozongehalt über dem Nordpol bereits bis zu 17 Prozent abgenommen.

Am Morgen des 20. März sind wir früh auf den Beinen. Während Misha Darryls erfrorene Zehen behandelt und verbindet, beladen wir unsere Schlitten und Rucksäcke. Jeder hält eine Checkliste in der Hand, damit auch ja nichts vergessen wird. Darryl ist schweigsam und bedrückt wegen seiner Füße. Misha hat ihm schonungslos offenbart, daß er seine Zehen verlieren wird, wenn sie nochmals Frost abbekommen. Als Arzt rät er ihm ab, dieses Risiko einzugehen, als Freund und Partner kann er verstehen, daß Darryl die Expedition auch unter diesen Umständen mitmachen will. Robert bietet Darryl an, mit dem ersten Versorgungsflug nachzukommen. Doch Darryl will lieber von Anfang an dabeisein und sich ausfliegen lassen, wenn es absolut nicht mehr geht.

Der Start

Und dann ist der Moment gekommen: Ein letzter heißer Tee im Zelt, ein großes Stück Schokolade für jeden, und dann geht es nach draußen. Dick vermummte Gestalten schütteln sich die Hände und umarmen sich. Worte vermögen kaum auszudrücken, was in uns und in den zurückbleibenden Männern vorgeht. Über 60 Kilogramm muß jeder von uns tragen und ziehen. Während Robert und ich das Zuggeschirr unserer Pulka-Schlitten anlegen, wuchten die anderen ihre schweren Rucksäcke aufs Kreuz. Dann gehen wir zusammen mit dem Basislagerteam auf eine kleine Anhöhe, die auf der anderen Seite sanft zum arktischen Ozean hin abfällt. Der Schnee ist stumpf und hart wie Sand, und es ist weniger ein Gleiten mit den Skiern als vielmehr ein Dahingehen.

Wir stoppen kurz auf der Anhöhe, orientieren uns an den Preßeisrücken und gehen dann weiter, bis wir am Strand des Nordpolarmeeres stehen. Wir fächern uns auf und winken nebeneinanderstehend ein letztes Mal zurück zu unseren Freunden auf der Anhöhe.

Nächste Doppelseite: Immer wieder müssen wir auf einen Preßeisrücken steigen, um Ausschau nach einer gangbaren Passage zu halten.

Mit dem ersten Schritt auf das Packeis verlassen wir für den Rest der Expedition festen Boden. Von jetzt an bewegen wir uns nur noch auf treibenden Eisschollen. Ein mehrere tausend Meter tiefes Meer liegt unter uns. Wir stemmen die Skistöcke in den Schnee, klettern im Treppenschritt über das erste Hindernis und laufen hintereinander, so gut es geht, Richtung Norden.

Das erste Drittel einer Nordpol-Expedition bezeichnen Experten als den schwierigsten Teil. Im Küstenbereich sind die Eispressungen besonders ausgeprägt. Die Meeresströmung schiebt hier die Eisschollen gegen das Land auf- und ineinander. Dadurch entstehen bis zu 15 Meter hohe Preßeisrücken, die sich nach allen Richtungen ausdehnen und so als natürliche Barrieren den Weg versperren.

770 Kilometer Luftlinie liegen vor uns. Niemand spricht es aus, doch weiß jeder von uns, daß wir wesentlich mehr Kilometer laufen müssen. Die Drift mit dem Eis, die Umwege um unpassierbare Eistrümmer, die offenen Wasserstellen – all dies macht unseren Weg noch weiter. Auf dem Eis liegt tiefer, weicher Schnee, in dem unsere Schlitten weit einsinken. Wir müssen uns mit aller Kraft ins Geschirr stemmen. Dieser tiefe Schnee ist ungewöhnlich, und er war es auch, der Ranulph Fiennes so frühzeitig zum Aufgeben zwang.

Dreieinhalb Stunden laufen wir an diesem Tag, bevor wir auf einer Eisscholle unser Lager aufschlagen. Da Mishas Vorschlag, nur ein Zelt mitzunehmen, keine Mehrheit gefunden hatte, bauen wir jetzt das große sowjetische und den kleineren australischen Nachbau auf. Beim Auspacken stellen wir fest, daß einige Benzinkanister aufgrund der extremen Kälte nicht richtig schließen und wir dadurch einige Liter Benzin verloren haben. Die Temperaturen liegen nahe bei minus 50 Grad Celsius. Dadurch dehnen sich die Werkstoffe unterschiedlich aus, und die Verschlüsse dichten nicht mehr ab, so fest man sie auch anziehen mag.

Brennstoff für die Kocher ist so ziemlich das Wichtigste, was man auf einer Nordpol-Expedition braucht. Ohne Benzin gibt es keine Wärme, kein Trinkwasser und keine Nahrung. Jetzt wird mir wieder einmal deutlich, wie zerbrechlich und schwach der Mensch doch eigentlich ist und wie wenig er sich derart extremen Lebensverhältnissen anpassen kann.

Vier Kocher benötigen wir, um im Zelt eine einigermaßen erträgliche Temperatur zu bekommen und unser Abendessen zu kochen. Graeme funkt zum Basislager, daß morgen früh zwei Leute nachkommen sollen, um das verlorene Benzin zu ersetzen. Das Abendbrot aus Buckwheat, Pemmikan, Butter und Sonnenblumenöl macht uns lange Zähne und triste Gesichter. Misha ißt als einziger mit großem Appetit. In meinen Gedanken sehe ich die Leckerbissen, die ich mir auf früheren Expeditionen schmecken ließ. Aber da wir uns nun mal nicht auf ein anderes Menü einigen konnten, müssen wir jetzt und in den kommenden Wochen essen, woran Mishas ganzer Seelenfrieden hängt: Buckwheat. Als das Feuer der Kocher gelöscht ist, schleicht sich blitzschnell eisige Kälte ins Zelt. Es herrscht eine qualvolle Enge, obwohl Robert und Darryl im kleineren Zelt schlafen. Trotzdem betont Misha immer wieder in seinem ganzen Verdruß den Überfluß des zweiten Zeltes. Wir erleben eine kalte Nacht. Ich rutsche mit meinen Füßen im Schlaf von der Isoliermatte ab und bekomme sofort kalte Füße, die mich einige Zeit wachhalten.

Am nächsten Morgen stehe ich als erster auf, weil mich der Küchendienst trifft. Das Herausschälen aus dem warmen Schlafsack in dem eiskalten Zelt, in dem sechs Männer wie in einer Sardinendose liegen und einem der gefrorene Atem ins Gesicht rieselt, fordert die ganze Willenskraft und ist einer der härtesten Augenblicke des Tages.

Ich rolle meinen Schlafsack zur Seite, lege ein Stück Sperrholz auf den Zeltboden und beginne mit froststarren Fingern, einen MSR-Kocher aufzupumpen. Nachdem ich ihn endlich in Gang gebracht habe, muß ich mir erst einmal über der Flamme einen Moment die Finger wärmen, bevor ich mich an den nächsten Kocher mache. Das Fauchen des Kochers und die langsam aufsteigende Wärme weckt die Lebensgeister der anderen. Müsli steht wie immer auf dem Speiseplan, wobei die Bezeichnung irreführend ist; denn die Mischung erinnert mehr an das englische Porridge. Und das jagt jedem Besitzer gesunder Geschmacksnerven einen Schauder über den Rücken. Daß dieser Haferschleim in der Menge für acht Personen auf einem Bezinkocher unweigerlich anbrennt, macht die Sache nicht eben schmackhafter.

Mit ernster Miene löffeln wir den Brei, der in den nächsten beiden Monaten unser Frühstück darstellen wird. Vom ernährungstechnischen Standpunkt aus ist die Sache sicher in Ordnung, für die Geschmacksnerven aber eine Tortur.

Während wir noch im Zelt sitzen, treffen Crispin und Mike mit dem Benzin ein. Wir sitzen noch einen Moment zusammen, bevor wir unser Lager abbrechen und uns ein letztes Mal von den beiden Männern verabschieden, die nun wieder ins Basislager zurückgehen.

Der erste richtige Marschtag erweist sich für uns alle als eine harte Prüfung. Die Temperatur beträgt ständig um minus 40 Grad Celsius. Das Eis wird immer rauher und zerklüfteter, und wir haben alle Mühe, unsere schwere Last durch das kantige Gelände zu wuchten. Wir sind langsam, kommen aber stetig voran. Misha kennt sich von uns allen am besten im arktischen Ozean aus und zeigt sich besorgt über die schlechten Verhältnisse, die er als die schlechtesten seiner ganzen Laufbahn bezeichnet.

Die Kälte, die harte Arbeit und die körperliche und seelische Umstellung fordern ihren Tribut. Und so einigen wir uns nach fünf Stunden reiner Laufzeit, das Lager aufzubauen. Am Ende dieses zweiten Tages fühlen wir uns alle zerschlagen, ausgebrannt und kalt. Es ist wichtig, daß wir uns gerade jetzt in der Startphase vorsichtig an unsere Grenzen herantasten und nicht schon früh Raubbau mit unseren Kräften treiben. Dies gilt sowohl für den seelischen als auch den körperlichen Bereich.

Trotz des gemeinsamen Trainings sind wir noch kein eingespieltes Team. Die Kälte und Anstrengung nagen als gewaltiger Zahn an unserer Substanz, und wenn wir nicht schon am Anfang unseres Marsches einen Rhythmus finden, werden wir ausbrennen.

Im Zelt drängeln wir uns um die wärmenden Kocher und versuchen, unsere feuchten Kleidungsstücke ein wenig zu trocknen. Ein schier aussichtsloses Unterfangen. Misha murrt, als wieder zwei von uns in das kleinere Zelt abwandern. Es wird überhaupt wenig gesprochen an diesem Abend, und jeder ist froh, als er sich endlich in seinem Schlafsack ausstrecken kann.

Der Weg durchs Eis

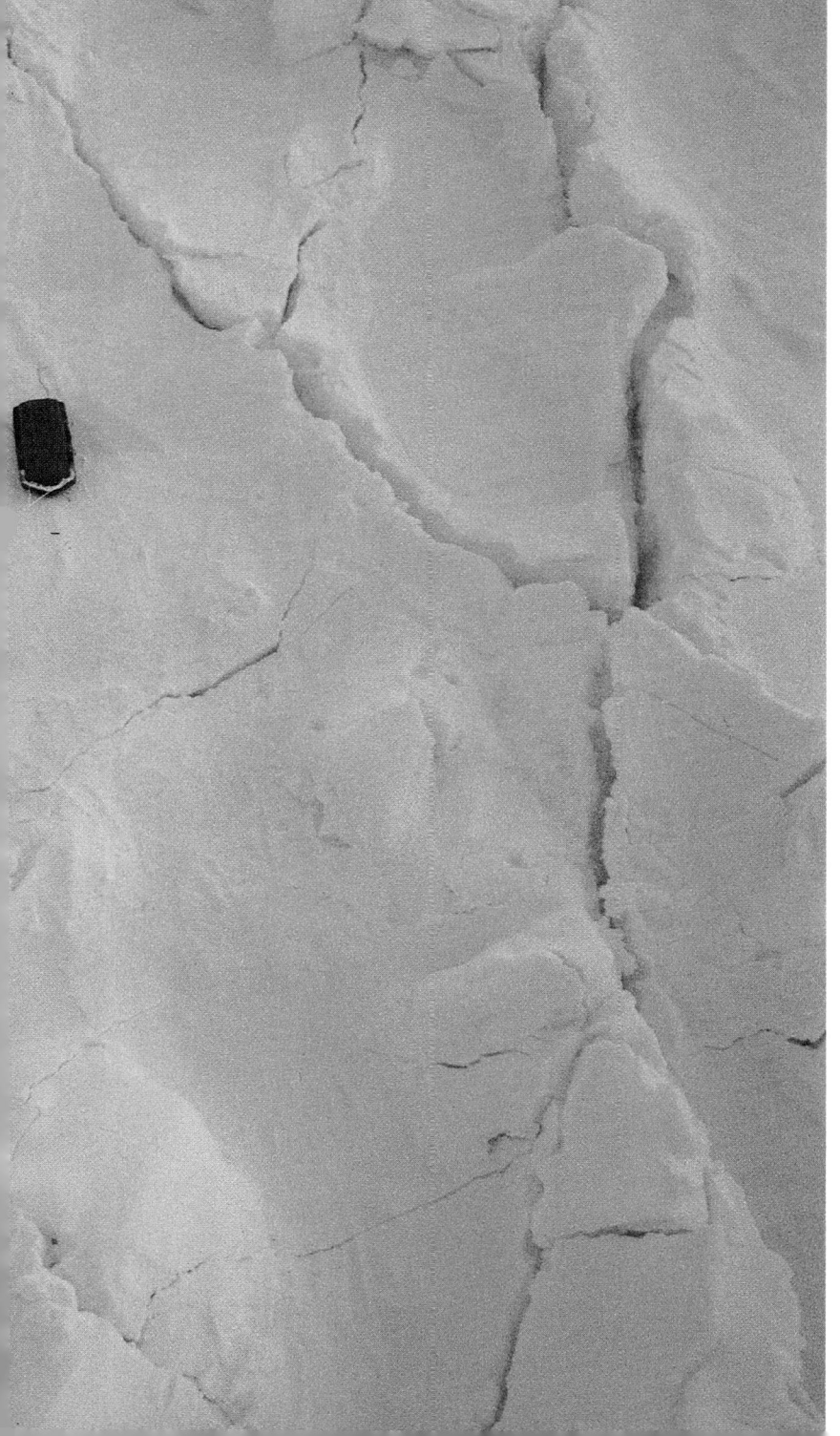

Spaltensysteme
im nur etwa 2 bis 3
Meter starken Eis.
Unterbrochen
nur von brüchigen
Preßeisrücken.
Darunter mehrere
tausend Meter Ozean.
Temperaturen, die
auf −52° Celsius
fallen. Das Nord-
polarmeer ist kein
Aufenthaltsort
für Träumer.

Am Morgen des 23. März muß Darryl als erster aufstehen, um das Frühstück zu bereiten. Im Halbschlaf höre ich ihn herumrumoren. Darryl schält sich mühselig und widerwillig aus seinem Schlafsack. Ich dagegen genieße jeden Moment, den ich länger in meiner wärmenden Hülle verbringen darf. Ich fühle mich vom Scheitel bis zur Sohle warm, und nur der Gedanke an das baldige Aufstehen verleidet mir dieses Hochgefühl ein wenig.

Darryl klappert mit den Töpfen und versucht leise fluchend, einen Kocher in Gang zu setzen. Der erste Kocher ist immer der schwierigste. Die Kälte macht das Pumpenleder steif und fest. Dadurch läßt sich mit der Pumpe kein Druck aufbauen, ohne den der Kocher nicht funktioniert. Ich habe meinen Kopf tief in den Schlafsack vergraben und sehe dadurch nicht, was Darryl macht. Natürlich kenne ich jeden Handgriff, um den Kocher in Betrieb zu bringen. Darryl zieht jetzt sicher seine Handschuhe aus, baut den Pumpenstöpsel aus und wärmt dann das Leder in seinen Händen, bis es geschmeidig genug ist, um die Dichtfläche abzuschließen. Dabei muß er aufpassen, daß seine Hände nicht am kalten Metall festkleben. Vor allem muß er schnell handeln. Baut er nämlich die Pumpe zu langsam zusammen, kühlt das Leder wieder ab, und die ganze Prozedur beginnt von vorn. Brennt erst einmal ein Kocher, so kann man mit ihm die anderen anwärmen.

Ich strecke und aale mich in meinem Schlafsack und weiß, daß auch ich mich in einer halben Stunde der Kälte stellen muß. Noch immer nicht ist das vertraute Fauchen des Kochers zu hören, und ich ahne nur Darryls verzweifelte Bemühungen in der Kochnische neben dem Zelteingang. Plötzlich schlägt Darryl wild um sich und schreit »Feuer, Feuer!« Wir sind wie elektrisiert. Jeder versucht sich in der erstickenden Enge des Zeltes aus den drei Lagen seines Schlafsackes zu befreien. Ich sehe als erstes einen Feuerball in der Kochecke. Darryl hockt davor und versucht verzweifelt, die Flammen zu ersticken. Doch die Flamme lodert weiter, und Darryl reißt geistesgegenwärtig die Seitenwand des Zeltes hoch und katapultiert sich samt brennendem Kocher ins Freie. Misha, der dem Ort des Schreckens am nächsten ist, gelingt es schließlich, die lodernde Benzinlache im Zelt zu löschen.

Wir haben noch einmal Glück gehabt. Lediglich im Innenzelt klafft ein großes Loch, und der Zeltboden ist ein wenig versengt. Wichtig ist, daß das Außenzelt unbeschädigt ist. Wir haben die Ursache für den »heißen« Unfall schnell gefunden: Die verschiedenen Materialien führen zu unterschiedlichen Ausdehnungen. Dadurch bilden sich Leckagen am Kocher. Beim Aufpumpen des Tanks ist Benzin an den Seiten der Dichtungen entwichen und hat sich – unbemerkt von Darryl – auf dem Zeltboden verteilt.

Erst nachdem wir Kocher samt Tank ein wenig angewärmt haben, können wir ihn anzünden und Ordnung im Zelt schaffen. Der Schreck sitzt uns in den Gliedern. Feuer, so paradox dies klingen mag, ist nicht nur eine unentbehrliche Hilfe in der Arktis, sondern auch eine große Gefahr. Während Darryl auch die anderen Kocher in Gang bringt und das Frühstück zubereitet, entfacht erneut die Diskussion über die verschiedenen Kochertypen. Misha fordert vehement, nur noch die sowjetischen Kocher zu verwenden, obwohl gerade sie uns anderen am gefährlichsten erscheinen. Ich halte das Geplänkel zu diesem Zeitpunkt für völlig unangebracht. Wir sind jetzt unterwegs, und es ist zu spät, sich über dieses Thema die Köpfe heiß zu reden. Wir können keinen anderen Kocher mehr beschaffen und müssen mit dem auskommen, was wir haben. Außerdem haben wir ohnehin die besten Kocher dabei, die es für derartige Unternehmen gibt.

Das Problem der Brennstoffleckagen erfahren alle Expeditionen in extremer Kälte. Wir müssen ganz einfach vorsichtiger sein und aufpassen, daß es nicht zu einem erneuten Debakel dieser Art kommt. Mir ist aber auch klar, daß wir diese Gefahr nicht vollständig bannen können. Dies ist nun einmal eine Reise der Extreme – Feuer und Eis liegen nah beieinander, einen moderaten Mittelwert gibt es nicht.

Nachdem wir leidenschaftslos unser Frühstück gegessen haben, nehmen wir unsere Kleidungsstücke von einer Leine an der Zeltdecke, wo wir sie über Nacht zum Trocknen aufgehängt hatten. Jeder baut einen Stapel von Handschuhen, Socken, Gesichtsmasken, Mützen, Schals und Pulswärmern vor sich auf.

Besondere Aufmerksamkeit widmen wir unseren Füßen. Wir schützen sie sowohl mit den traditionellen Eskimostiefeln, den Kamiks, als auch mit modernsten synthetischen Fasern. Die Kamiks nähen Eskimofrauen aus ungegerbtem Robbenleder so geschickt zusammen, daß sie absolut wasserdicht sind. Sie sind dazu federleicht, unglaublich robust und bieten genügend Platz für mehrere Lagen Socken.

Es ist kein Zufall, daß die Eskimos diese Stiefel tragen. Sie könnten sicher auch große, schwere Stiefel fertigen, haben aber erkannt, daß nicht die Stiefel die Wärme speichern sollen, sondern die Socken. Der Stiefel soll lediglich Socken und Füße trocken halten. Es läuft sich phantastisch in den Kamiks, in denen man sich keine Druckstellen läuft. Probleme bereiten unseren Füßen nur die den Kamiks angepaßten Spezialbindungen, die Skier und Schuhe zusammenhalten. Waren wir in Sachen Kocher, Zelt und anderer Ausrüstungsgegenstände oft verschiedener Meinung, in der Frage der Fußbekleidung waren wir uns einig.

Das Innere der Kamiks haben wir mit Einlegesohlen aus Isoliermaterial ausgepolstert, um die Kältebrücke zum Eis zu unterbrechen. Am Fuß tragen wir mehrere Schichten Socken. Zuerst einen dünnen Strumpf aus Polypropylen. Darüber streifen wir eine »Vapar Barrier«-Socke. Das ist im Grunde nur eine Plastiktüte, die den Fußschweiß blockiert, damit er die äußeren Socken nicht durchfeuchtet.

Immer wieder müssen wir die Ski abschnallen, um über Hindernisse zu klettern.

Danach folgen je nach Bedarf verschiedene Schichten aus Polarplus-Socken, einem doppelwandigen Vliesmaterial, das in der Mitte zusätzlich mit Thinsulate isoliert wird. So verpackt, schlupfen wir in unsere Kamiks, die wir oben am Schaft mit einer Schleife schließen. Zum Schluß walken und kneten wir dann noch die Froststarre der Nacht aus diesem idealen Schuhwerk.

Ähnlich sorgfältig wie die Füße wird auch der restliche Körper verpackt und geschützt. Auf der Haut tragen wir dünne Unterwäsche aus Polypropylen, darüber eine Hose und Jacke aus Polarplus, einem synthetischen Fliesmaterial. Bei extremer Kälte und bei Wind ziehen wir eine Latzhose und eine Windjacke aus »Gore-Tex« über.

Gesichtsmaske, Mütze, Schal und Handschuhe vervollständigen die Ausrüstung. Die Daunenjacke ziehen wir nur im Lager oder in Pausen an, weil wir bei den Anstrengungen des Marsches sonst selbst bei dieser Kälte ins Schwitzen kommen.

Wir sind jetzt in der sogenannten »Shear Zone«, und das Gelände wird immer schwieriger. In dieser Zone schieben sich die driftenden Eismassen des Nordpolarmeeres auf den massiven Eisgürtel des Festlandes, der durch die Landmasse in seinem Rücken nicht ausweichen kann. Hier krallen sich Eisbrocken zu kantigen, unwegsamen Monstergebilden zusammen. Die Temperaturen sinken wieder auf minus 45 Grad. In den Pausen quält uns die unerträgliche Kälte. Trotzdem zwingen wir uns, die kräfteschonenden Marschunterbrechungen penibel einzuhalten.

Ein einziges Chaos aus Eisblöcken versperrt uns den Weg. Von einer Erhebung halten wir Aus-

Graeme hält Funkkontakt mit dem Basislager am Cape Columbia.

schau nach einer gangbaren Passage. Aber wohin wir auch blicken: überall das gleiche Bild. Wir finden auf dem blanken, rutschigen Eis nur schwer Halt. Das Gelände ist teilweise so zerklüftet und rauh, daß wir die sperrigen Skier abnehmen müssen, um uns Schritt für Schritt einen Weg durch den Preßeisrücken zu suchen. Es ist kein Laufen, sondern mehr ein Klettern und Stolpern in dieser durcheinandergewürfelten Landschaft.

Hier »auf hoher See« ist das Eis stärker dem Einfluß von Ebbe und Flut ausgesetzt als in flachen Küstengewässern. Immer häufiger hören wir das unheimliche Geräusch der Eispressungen. Es ist keineswegs ein lautes Dröhnen, wenn sich die Eismassen ineinanderschieben und -quetschen. Es klingt vielmehr wie ein leises, immer höher ansteigendes Summen und Knistern, das meist in ein regelrechtes Seufzen übergeht und in einem Stakkato von Knistern endet. Ein unheimlicher, ja, bedrohlicher Klang. Wo die

Pressung einsetzt und wie weit sie sich fortpflanzt, können wir meistens nicht feststellen. Hat man aber doch einmal eine solche Stelle entdeckt, sieht man, wie sich die Ränder feiner Haarrisse langsam aufwerfen und immer weiter hochschieben. Es ist kein spektakulärer Anblick, sondern mehr ein schleichender, tückischer Vorgang.

Diesen gewaltigen Eispressungen kann kaum etwas widerstehen. Schiffe, die nicht für diese Verhältnisse und Gegenden konstruiert und gebaut sind, werden wie Joghurtbecher zermalmt. Je nach Dauer und Stärke der Pressungen können kilometerweit tonnenschwere Eisblöcke emporgeliftet werden. Den Wall dieser gewaltigen Brocken müssen wir nun mühsam übersteigen.

Rupert überträgt unseren Standort in die Karte.

Rupert Summerson hat einmal geschätzt, daß wir auf unserem Marsch rund 2000 solcher Preßeisrücken bewältigen mußten. Zusammengerechnet ergibt dies eine Höhe von etwa 10000 Metern, die wir mit schwerer Ausrüstung in dem unwegsamen Gelände erklommen haben. Die Schlitten werden auf den kantigen Erhebungen aufs heftigste strapaziert. Sie werden hin und her gestoßen, fallen oftmals aus einigen Metern Höhe auf das darunterliegende Eis und bleiben dort kopfüber liegen. Es ist ein einziges Gestoße und Geklettere über diese zerborstenen Eisfelder.

Abends überprüfe ich den Brennstoffvorrat und stelle fest, daß die Kanister trotz aller Vorkehrungen und Vorsichtsmaßnahmen undicht sind. Wieder haben wir einige Liter Brennstoff verloren. Die Stimmung im Zelt ist bedrückt. Obwohl wir erst sechs Tage unterwegs sind, sehen unsere Gesichter entstellt aus. Der Frost hat uns erbarmungslos Wangen, Lippen und Nasen erfroren. Die betroffenen Hautteile sind geschwollen und verfärbt.

Darryl war tagsüber einige Male stehengeblieben, weil ihn seine rechte Ferse schmerzte. Anstatt seine Strümpfe neu zu ordnen und die Druckstellen zusätzlich zu polstern, biß er die Zähne zusammen und trottete weiter. Ihn quälen jetzt nicht nur seine erfrorenen Zehen, sondern auch noch die Ferse. Am Abend im Zelt zeigt sich an Darryls Ferse eine so große Blase, wie wir sie alle noch nie gesehen haben. Selbst Misha als Arzt ist ein solches Monstrum noch nie unter die Augen gekommen.

Nachdem Misha die Blase für seine medizinische Dokumentation fotografiert hat, öffnet er sie vorsichtig und verbindet sie. Darryl läßt die Prozedur schweigend über sich ergehen. Doch dann peinigen ihn nicht nur die Schmerzen, sondern auch noch die Vorwürfe Mishas: »Warum hast du nicht angehalten und deine Skibindung besser gepolstert?« Nicht der Kamik verursachte offensichtlich die Druckstelle, sondern das Fersenteil der Bindung. Darryl schweigt betreten. Ich kann mir gut vorstellen, wie es jetzt in ihm aussieht. Sicher hatte er mit dem Gedanken gespielt, stehenzubleiben und in aller Ruhe die

Ursache der Druckstelle zu beseitigen. Dann aber der Gedanke an die Gruppe. Seine Verletzungen an den Zehen machten ihn ohnehin langsamer als die anderen. Hätte er seine Socken und Bindung in Ordnung gebracht, wäre er weiter zurückgefallen und hätte den Kontakt zur Gruppe verloren. Sicher biß er mit dem Gedanken »So schlimm wird's schon nicht sein« die Zähne zusammen und ging weiter. Daß er damit falsch gehandelt hat, ist ihm jetzt klar. So kommt zu seinen Schmerzen auch noch die bittere Erkenntnis, sich nicht richtig verhalten zu haben und damit eventuell die Gruppe zu belasten. Doch er ist der Jüngste im Team, und Erfahrungen, die wir in vielen Jahren sammeln konnten, muß er sich unter extremsten Bedingungen sozusagen im Schnellkurs aneignen.

Darryls Probleme bedrücken auch uns. Außerdem reagieren wir nervös darauf, daß wir Benzin verloren haben und nun befürchten müssen, daß der Brennstoff nicht bis zum Nachschub reicht. Wir setzen deshalb einen Funkspruch ans Basislager ab, in dem wir darum bitten, den ersten Versorgungsflug vorzuziehen.

Der 25. März ist der kälteste Tag der gesamten Expedition. Die Temperatur sinkt auf minus 52 Grad. Aufgrund der Brennstoffknappheit nutzen wir nur einen Kocher, um darauf eilig ein Abendessen zu bereiten. Wärmen wir sonst mit drei oder vier Kochern das Zelt auf, erzielt das eine Gerät so gut wie keine Wirkung. Die Kälte bereitet uns regelrecht Schmerzen und nimmt von jeder Faser des Körpers Besitz. Selbst der Geist kann sich nicht von ihr lösen und findet keine Entspannung.

Den 26. März verbringen wir im Zelt. Tagebucheintragung: »Heute ist der 7. Tag. Es ist eisig im Zelt. Wir haben über Funk Nachschub angefordert, der morgen eintreffen soll. Wir essen abends nur Buckwheat. Ansonsten verschlafen wir den Tag. Wir sind alle ziemlich erschlagen. Es ist barbarisch kalt. Nur im Schlafsack ist es angenehm warm. Wir schlafen fast durchgehend den ganzen Tag und auch die folgende Nacht. Ohne Brennstoff läuft nichts. Die Kälte durchdringt und lähmt nicht nur den Körper, sie lähmt auch den Geist. Man ist wie paralysiert. Habe an allen Fingern und an der Nase frostbite. Roberts Schlafsack ist hin. Er friert kläglich.«

Obwohl im Inneren unserer Schlafsäcke eine »Vapar Barrier«-Einlage – ähnlich wie in den Kamiks – die Feuchtigkeit isolieren soll, ist Roberts Schlafsack in einem alarmierenden Zustand. Seine beiden Daunensäcke sind feucht geworden. Die Daunen sind verklumpt und gefroren und isolieren nicht mehr gegen die martialische Kälte im Zelt. Ich hatte vor der Expedition gefordert, statt der Daunenschlafsäcke lieber solche mit synthetischem Material mitzunehmen. Doch ich wurde damals überstimmt.

Auch die anderen Schlafsäcke sind trotz aller Vorsicht feucht geworden und wiegen zum Teil das Doppelte ihres ursprünglichen Gewichts. Ich mache mir Sorgen um Robert. Er ist zäh und beklagt sich nie in schwierigen Situationen oder über zusätzliche Arbeiten. Doch die durchwachte Nacht in diesem Eisklumpen von Schlafsack hat ihn gezeichnet. Mit dem Versorgungsflug wird er einen neuen bekommen, aber zuvor muß er noch eine Nacht überstehen. Eine Nacht in gemäßigtem Klima ist auch bei Kälte kein Problem, unter diesen barbarischen Verhältnissen kann sie jedoch allesentscheidend sein. Wir versorgen Robert mit unseren Daunenjacken, damit er auch diese Nacht noch überstehen kann.

Tagebuch 27. März: »Unsere Position heute: 83 Grad 41,1 Minuten nördlicher Breite. Bleiben im Schlafsack bis gegen Mittag. Lediglich kurzer Funkkontakt.«

Gegen 13.30 Uhr überfliegt die »Twin Otter« unser Camp, nimmt unsere Landebahn, die wir in harter Arbeit vorbereitet haben, aber nicht an. Statt dessen geht sie zweieinhalb Kilometer weiter aufs Eis nieder. Ob wir wollen oder nicht, wir müssen zu Fuß hinstapfen. Wir brauchen eine Dreiviertelstunde, und da es immer noch extrem kalt und zudem auch noch windig ist, handeln wir uns neue Erfrierungen ein.

Am Flugzeug erwarten uns Jim, Mike, der Kameramann John Tolson und die beiden Piloten. Es wird emsig gepackt und umgepackt. Robert und ich laden unsere Pulka-Schlitten in die Maschine und tauschen sie mit den kleineren Gefährten, weil wir glauben, in dem rauhen Gelände damit beweglicher zu sein. In die Pulkas haben wir unseren Müll verstaut, der mit ausgeflogen werden soll. Robert und ich versuchen es jetzt mit je zwei Babyschlitten und einem großen Rucksack. Wir sind von dem Vorhaben beide nicht überzeugt, wollen die Möglichkeit aber ausprobieren.

Es herrscht eine eigenartige Stimmung: John macht mit der Filmkamera kurze Interviews, Kisten werden aufgerissen und Äpfel verteilt, die in Windeseile gegessen werden – nein, sie werden gefressen! Robert tauscht die Überreste seines Schlafsacks gegen einen neuen aus. Die Erleichterung darüber steht ihm ins Gesicht geschrieben. Dann geben uns die Neuankömmlinge Wetterinformationen. Es soll überall wärmer geworden sein. In 1000 Meter Höhe ist die Temperatur auf minus 20 Grad angestiegen, bei uns aber liegt sie immer noch deutlich unter minus 40 Grad Celsius. Über uns hat sich eine Kälteglocke gestülpt. Satellitenaufnahmen zeigen nördlich von uns große, offene Wasserstellen. Das Eis ist in Bewegung geraten. Wir müssen zusehen, daß wir weiterkommen.

Schließlich Schulterklopfen. Die »Twin Otter« hebt ab, und wir stehen mit neuem Benzin und Proviant wieder alleine da. Mühselig schleppen wir die Lieferung ins Lager, wo wir erst einmal kräftig einheizen. Es ist wie eine Erlösung. Das Zelt erwärmt sich schnell. Misha strahlt, weil wir zusätzlich einen »sowjet stove« bekommen haben. Wir sitzen bis vier Uhr morgens zusammen, essen und trinken und bringen unsere Lebensgeister wieder in Schwung. Die Wärme im Zelt befreit uns von einer tonnenschweren Last. Endlich – wenn auch nur für Stunden – brauchen wir nicht mehr über die Kälte nachzudenken. Nur wenn wir zum Pinkeln nach draußen müssen, erinnert uns der beinharte Frost an die kalte Wirklichkeit.

Nächste Doppelseite: Angus ist der beste Skiläufer aus unserem Team. Er bewegt sich mit beneidenswerter Geschmeidigkeit in dem unwegsamen Gelände.

Wir bleiben noch einen Tag am Ort, damit Misha seine medizinischen Experimente durchführen kann. Da er es vor allem auf unser Blut abgesehen hat, nennen ihn einige den »Vampir«. Darryl, dem seine verletzten Füße arg zu schaffen machen, versucht sich ein wenig abzulenken, indem er unserem Doktor assistiert.

Misha zapft jedem Blut ab, verteilt es in kleine Röhrchen und schleudert es in einer Zentrifuge. Wir müssen uns bis auf die Unterwäsche ausziehen und werden auf einer Badezimmerwaage gewogen. Dann mißt Misha mit einem Meßinstrument unsere schwindenden Speckfalten, stellt Blutdruck und Puls fest. Danach füllen wir psychologische Fragebögen aus und lassen ein EKG über uns ergehen. Das macht Misha mit einem kleinen, tragbaren Gerät von der Größe eines Walkmans, das jeder von uns mindestens 24 Stunden tragen muß. Sind alle dran gewesen, geht's wieder von vorne los.

Die Ruhetage tun uns allen gut. Graeme, der in den vergangenen Tagen an einer starken Bronchitis mit Schwächeanfällen gelitten hatte, scheint sich zu erholen. Trotz der kräftezehrenden Erkrankung arbeitete er hart und schonte sich nicht.

Dafür scheint sich bei mir etwas anzubahnen. Meine Nase setzt sich zu, und mir wird ein wenig übel. Anfangs glaube ich noch, daß einige Extrarationen Proviant meinen Magen belasten. Als der Druck jedoch stärker wird, ist mir klar, daß ich mir eine Infektion eingehandelt habe. Eine Ansteckung bei Graeme schließe ich aus, weil sich bei mir andere Symptome zeigen. Vermutlich hat der Fotograf Mike Beedell die Viren mit dem Versorgungsflug eingeschleppt. Er hatte mir vor dem Rückflug seine Gesichtsmaske gegeben, weil meine Nase erfroren war. Ich stülpte sie sofort über, und wir dachten beide nicht daran, daß Mike gerade an einer Grippe litt. Er hatte einige Stunden durch die Maske geatmet und sie offenbar dabei infiziert. Ich will niemanden beunruhigen, behalte die Sache für mich und tue so, als sei alles in bester Ordnung. Während Rupert mit erfrorenen Fingerkuppen wissenschaftlich experimentiert, arbeiten Robert und ich an unserer Ausrüstung. Wir binden je zwei Babyschlitten hintereinander und befestigen die Zugleine am Hüftgurt unseres Rucksacks. Und immer wieder überprüfen wir die Benzinkanister, ob sie dicht sind. Dann verstauen wir Brennstoff und Proviant in den Schlitten und Rucksäcken. Morgen früh wollen wir zur zweiten Etappe aufbrechen. Ich schlafe unruhig und fühle, wie sich Fieber in meinem Körper ausbreitet.

Die zweite Etappe

Die neue Kombination Rucksack und Babyschlitten ist für Robert und mich ungewohnt. Schon nach der ersten Pause bedauern wir, daß wir auf den Rat der anderen gehört haben und unsere Pulka-Schlitten haben ausfliegen lassen. Der Rucksack ist schwer und zerrt an unseren Schultern. Die nur mit einer Zugleine verbundenen kleinen Schlitten reißen am Rucksack und verhaken sich immer wieder hinter Eisvorsprüngen. So kommen wir in keinen Laufrhythmus, werden ständig im vollen Lauf gestoppt, weil sich wieder ein Schlitten hinter einer Eisnase verkeilt hat. Nicht selten rutschen dabei die Skier nach vorn, es reißt uns nach hinten, und wie eine Schildkröte mit allen vieren zappelnd, fallen wir auf den Rücken.

Als wäre dies nicht schon genug, fühle ich mich auch noch ausgesprochen krank und muß immer wieder anhalten, um mich zu übergeben. Magenkrämpfe, Kopfschmerzen und erste Anzeichen von Durchfall zehren an meinen Kräften. Trotzdem versuche ich zu essen. Doch kaum habe ich die Nahrung heruntergeschluckt, ist sie auch schon wieder draußen. Ich falle an diesem Tag weit zurück, und es tut mir leid, daß die anderen abends auf mich warten müssen. Bisher habe ich mit niemandem über meinen Zustand gesprochen. Es ist Rupert, der mir meine Schwäche ansieht und mir das gefrorene Erbrochene von meiner Windjacke abbürstet. Ich fühle mich an diesem Abend völlig ausgelaugt und zerschlagen. Ich müßte dringend etwas essen, um ein wenig zu Kräften zu kommen, bringe jedoch keinen Bissen herunter.

Graeme gelingt ein Funkkontakt zum Basislager, und Robert bestellt, ohne mit mir darüber zu sprechen, für den nächsten Versorgungsflug unsere Pulka-Schlitten. Angus will von Robert, der drei Jahre zuvor zum Südpol gelaufen ist, wissen, welche Unterschiede es zwischen der Arktis und Antarktis gibt. Roberts Antwort kommt prompt: »Ich habe mich an keinem einzigen Tag der Südpol-Expedition so zerschlagen gefühlt wie heute.« Daß der Nordpol ungleich schwerer zu erreichen sein würde als der Südpol, sei ihm lange vorher klargewesen, aber das Wissen davon und das Erleben seien zwei verschiedene Dinge. »It's far tougher than the South Pole«, bringt Robert die Sache schließlich auf den Punkt.

Darryls Füße scheinen immer schlimmer zu werden. Zwar hat sich der Zustand seiner Zehen nicht verschlechtert, doch hat sich die Riesenblase an seiner Ferse zu einer großen, offenen Wunde entwickelt. Misha gelingt es, die Stelle steril zu halten, und die Skibindung ist jetzt auch gut abgepolstert. Trotzdem wird das Loch an Darryls Hacke immer tiefer und größer.

Nachts beutelt mich ein Schüttelfrost, und ich bekomme kein Auge zu. Als ich dann doch langsam eindämmere, ist die Nacht vorbei. Der Geruch des angebrannten Müslis läßt meinen Magen revoltieren. Ich bekomme keinen Bissen hinunter. Misha reagiert besorgt: »You must eat, Arved!« – »I can't«, ist meine kraftlose Antwort, und ich bin froh, daß er mich in Ruhe läßt. Der Tag wird zum Spiegelbild des gestrigen. Ein Preßeisrücken nach dem anderen, dazwischen Mulden mit tiefem Schnee, der ungewohnt schwere Rucksack und die verdammten Schlitten, die an jeder Ecke und Kante hängenbleiben. Ich fühle mich erbärmlich. Obwohl mein Magen leer ist und ich nichts mehr zum Erbrechen in mir habe, spüre ich ständig diesen Würgereiz und einen bitteren Geschmack im Mund. Als einziges Medikament nehme ich etwas gegen den Durchfall. Sich bei diesen Temperaturen täglich mehrmals ausziehen zu müssen, ist nicht nur höchst gefährlich, sondern liegt hart an der Grenze des Erträglichen. Es dauert mitunter Stunden, bis ich wieder einigermaßen warm bin. Trotz meines maladen Zustandes erhöhen wir

heute die Marschleistung von sieben auf acht Stunden. Am Abend sind alle todmüde und erschlagen. Ich fange verstohlene Blicke von Robert, Rupert und Misha ein, die mich offensichtlich im stillen mustern und sich Sorgen um meinen Gesundheitszustand machen. Wenn schon die anderen ausgemergelt aussehen, welches Bild gebe ich dann erst nach diesen zwei Tagen ab. Wahrscheinlich gleiche ich eher einem Gespenst.

Ich bin froh, einen kleinen, privaten Vorrat an Teebeuteln mitgenommen zu haben. Bei der Menüzusammenstellung war mein Vorschlag, Tee mitzunehmen, mit der Begründung abgelehnt worden, wir seien schließlich mit heißer Schokolade ausgerüstet. Tee kann ich zur Zeit als einzige Nahrung bei mir behalten. Mit Rupert, der meine Forderung nach Tee unterstützt hatte, teile ich einen Beutel. Von einem Teebeutel machen wir bis zu drei Aufgüsse.

Am nächsten Morgen geht es mir ein wenig besser. Das Schwindelgefühl ist verschwunden, und ich kann im Laufe des Vormittags den ersten Amway-Riegel essen. Und dieses Mal bleibt er, wo er hingehört. Im Laufe des Tages bessert sich mein Zustand weiter, und auf einmal sieht die Welt wieder freundlicher aus.

Am 2. April weht zusätzlich zur Kälte ein kräftiger Wind. Durch den Wind-Chill-Faktor verringert sich die am Thermometer abgelesene Temperatur nochmals drastisch. Wir haben Mühe, uns vor Erfrierungen zu schützen. Jetzt scheint es Hiro schlechter zu gehen. Er macht einen ausgelaugten und kranken Eindruck und hat Probleme, der Gruppe zu folgen. Abends schreibe ich in mein Tagebuch: »2. April, 14. Tag: Es ist immer noch windig und dadurch sehr kalt. Wir trafen heute auf unglaublich rauhes Eis. So habe ich es mir am Cape Columbia vorgestellt. Es ist ein einziges Chaos! Teilweise 15 Meter hohe Preßeisrücken. Wir bewegen uns im Schneckentempo – aber immerhin, wir kommen durch. Wie jeder Tag forderte auch dieser unseren letzten Einsatz an Kraft und Energie. Die kleinen Schlitten verfangen sich hinter jedem Vorsprung. Wir erreichen heute die gleiche geographische Breite wie Pam Flowers und die Japanerin. Mako ist lediglich 26 km westlich von uns, wie wir über Funk erfahren haben. Pam Flowers folgt der Bresche, die Mako und ihre Eskimos ins Eis geschlagen haben. Abends biwakieren sie in Sichtweite, wir bleiben aber trotzdem zwei getrennte Expeditionen. In diesem rauhen Gelände sind wir gegenüber den Skidoos oder Hundeschlitten im Vorteil. Obwohl sie vor uns gestartet sind, haben wir sie jetzt eingeholt.

3. April, 15. Tag: Der Tag hat immer zwei Höhepunkte: das abendliche, endgültige Absetzen des Rucksacks und die erste heiße Tasse Tee im Zelt. Das klingt bissig, aber darauf freue ich mich den ganzen Tag. Sitzen jetzt um 21.30 Uhr im Zelt und haben gegessen. Es wird immer spät, weil wir erst gegen 19.30 Uhr das Lager aufbauen. Das geht dann zwar schnell, aber die Kocher machen uns immer wieder Probleme. Wir gehen jetzt täglich neun Stunden – und die recht schnell. Freue mich auf den Schlafsack.

4. April, 16. Tag: Wir laufen heute wieder neun Stunden. Es ist ein langer Tag, aber wir kommen auch gut voran. Wir treffen jetzt immer häufiger auf offene Wasserstellen. Wir können sie problemlos passieren, aber das wird sich ändern. Bald ist Vollmond, und damit wird die Tiede stärker eintreten. Die Temperatur liegt immer noch bei – 40° Celsius. Das ist erstaunlich kalt. Die Sonne geht heute nicht mehr unter. Wir haben jetzt also 24 Stunden lang Sonnenlicht.«

An den offenen Wasserstellen können wir fast zusehen, wie sich eine dünne Eisschicht bildet. Die wird zusehends stärker und ist nach einigen Stunden so stabil, daß man sie betreten kann. Allerdings sind ganze Eisfelder in Bewegung geraten, so daß die alten, schweren Schollen wie Eisbrecher durch das dünne Eis pflügen und es wieder zerstören.

Am 6. April setzen gewaltige Eisbewegungen ein. Wir sitzen im Zelt und hören das Knirschen, Knacken und Mahlen der Eisschollen, wenn sie sich aneinander reiben. Über den Wasserflächen liegt Dunst, der sogenannte Wasserhimmel. Seine dunkle Färbung zeigt kilometerweit an, wo offene Wasserstellen liegen. Dadurch können wir die Flächen schon frühzeitig weiträumig

umgehen. Obwohl wir versuchen, diesen open leads aus dem Weg zu gehen, geraten wir immer wieder an kleinere Stellen, die sich nicht durch Dunstwolken ankündigen.

Das Passieren solcher Eisaufbrüche gehört zu den gefährlichsten Momenten der Expedition. Oft müssen wir lange nach einer geeigneten Stelle zur Überquerung suchen. Misha als der erfahrenste unseres Teams findet meist den besten Übergang. Solange keine Bewegung im Eis ist, können wir uns langsam und überlegt helfen, von einer Scholle auf die andere zu kommen. Ist der Abstand von einem ›Ufer‹ zum anderen zu groß, dann werfen wir einen großen Eisbrocken ins Wasser, den wir als Zwischenstation benutzen. Mit großem Anlauf springen wir auf die so entstandene Eisinsel, die beim Aufsprung bedrohlich unter Wasser gedrückt wird, und jumpen mit dem Restschwung auf die andere Seite, wo sich dem Springer hilfreiche Hände entgegenstrecken. Die Ausrüstung ziehen wir an einem Seil hinterher.

Treffen wir auf Stellen mit dünner Eisdecke, dann legen wir unsere Skier auf diesen Eisschlamm, um das Gewicht zu verteilen, und huschen von einer Seite zur anderen. Einmal mehr sind wir froh, Kamiks zu tragen, denen das Eiswasser nichts ausmacht. Innerhalb von Sekunden ist das Wasser an den Stiefelschäften gefroren und platzt bei der ersten Bewegung wieder ab.

Problematisch wird die Querung von Eisfeldern, die in Bewegung sind. Ich hätte nie geglaubt, daß sich Eisschollen derartig schnell bewegen können. Glaubt man eine günstige Passage gefunden zu haben, teilt sich die Scholle oder treibt in eine unerreichbare Entfernung ab. Auch hier müssen wir im Eiltempo eine Art Inselhopping machen und von einer Scholle zur anderen springen. Bei dieser Art der Querung besteht weniger die Gefahr, daß einer von uns ins Wasser fällt, als daß die Gruppe getrennt wird. Es dauert schließlich seine Zeit, bis acht Personen samt Gepäck eine solche Wasserbarriere überwunden haben, zumal nur immer einer die schwimmenden Eisschollen belasten darf. Trieben die Eisfelder während einer Querung so weit auseinander, daß nicht alle das nächste Ufer erreichen, hätte dies fatale Folgen. Das darf auf keinen Fall passieren! Deshalb untersuchen wir immer sehr genau, wie schnell und wohin die Schollen treiben und wie sie beschaffen sind. Glauben wir die richtige Stelle gefunden zu haben, schließen wir die Aktion so schnell wie möglich ab, immer darauf achtend, daß keiner stürzt oder zurückbleibt. Ein Sturz ins Wasser bei diesen extremen Temperaturen würde den Verunglückten in höchste Gefahr bringen. So laufen wir weiter durch das Eis, das einem mit seinem Knirschen und Mahlen einen Schauder über den Rücken laufen läßt.«

Tagebuch 6. April, 18. Tag: »Morgens erfahren wir über Funk, daß es Schlechtwetter geben soll. Es weht schon beständig aus Süd. Das Eis ist in Bewegung geraten. Wir hören die Schollen knirschen und mahlen, und über den offenen Wasserstellen liegt Dunst. Mir wird richtig bewußt, daß wir uns auf dem Meer befinden. Der Tag war anders als sonst, weil wir ständig offene Wasserstellen passieren mußten. Das ist sehr anstrengend, und deshalb scheint die Zeit schneller zu laufen. Habe heute meine rechte Skibindung zerbrochen und muß improvisieren. Heute abend werde ich sie reparieren.

7. April, 19. Tag: Eigentlich sollte heute der zweite Versorgungsflug kommen. Aber das Flugzeug wird in Eureka bei 40 Knoten Wind festgehalten.«

Trotz des schlechten Wetters bereiten wir eine Landepiste für das Flugzeug vor. Im Zelt herrscht eine etwas angespannte Atmosphäre. Angus, dessen Frau schwanger ist, sehnt sich nach Hause und möchte das Ganze so schnell wie möglich hinter sich bringen. Hiro sitzt wie üblich schweigsam in seiner Ecke und schreibt Seite für Seite in sein Tagebuch. Graeme ist unwirsch und reizbar. Seine Stimmungen sind gewaltigen Schwankungen unterworfen. Entweder läßt er seinen Ärger die ganze Gruppe spüren, oder er macht aufgekratzt Späße und Witze, ob die anderen sie hören wollen oder nicht. Dieses Zusammenleben im Zelt ist für alle eine harte Probe.

Während der Sturm am Zelt zerrt, fragt Misha mich unvermittelt, was eigentlich mein Vater im Krieg getan habe. Mich überrascht die Frage, und ich sehe, wie Robert unmerklich seinen Kopf hebt und lauscht. Misha und ich haben wahrscheinlich das zwiespältigste Verhältnis in der Gruppe. Einerseits mögen wir uns, andererseits vertreten wir sehr unterschiedliche Meinungen oder geraten sogar aneinander. Durch Mishas Frage wird mir – und wahrscheinlich auch Robert – klar, daß die Ursache dieser Spannungen eine politische und historische Dimension hat. Das Gespräch befreit uns beide von dieser Altlast und bringt uns einander näher. »The pole of understanding« nannte Misha einmal unser Unternehmen. Die Bedeutung dieser Bezeichnung begreifen wir erst jetzt wie eine Erleuchtung am 19. Tag im Eis.

Die dritte Etappe

Nur selten bleibt Muße, um die Stimmungen zu genießen. Meistens sind wir dazu zu erschöpft und kalt. Und trotzdem – der Faszination dieser unerbittlichen Landschaft kann sich keiner von uns entziehen.

Am 8. April kommt das Versorgungsflugzeug. Der Pilot kreist einige Male über unserem Lager und setzt die Maschine auf der von uns vorbereiteten Piste hart auf. Ich staune erneut, wie schnell das Flugzeug zum Stehen kommt. Jetzt erhalten Robert und ich unsere Pulka-Schlitten zurück, die wir freudig gegen die großen Rucksäcke und Babyschlitten tauschen. Vor unserem Zelt im Schnee türmen sich bald neue Benzinkanister und Proviantpackungen auf. Wir sind alle ausgehungert, weil wir wegen des schlechten Wetters über den nächsten Versorgungsflug im unklaren waren und deshalb die Rationen halbiert hatten. So freuen wir uns jetzt doppelt über einige Extraportionen. Während wir Ordnung in das Durcheinander zu bekommen versuchen, pumpt Darryl die Kocher auf, um das Zelt zu erwärmen und um zu kochen.

Da das Wetter immer noch schlecht ist, drängt der Pilot zur Eile. Ehe wir uns versehen, hebt die »Twin Otter« wieder ab und verschwindet in der dichten Wolkendecke. Robert hat die Nachricht erhalten, daß die Russen in Polnähe eine Driftstation auf dem Eis errichtet haben, um wissenschaftliche Daten zu sammeln. Außerdem wollen sie von dort aus über Satelliten eine weltweite Fernseh-Liveübertragung von unserer Ankunft am Pol senden. Ein gewaltiger technischer Aufwand, denn das ganze Instrumentarium muß per Flugzeug von Moskau zur Driftstation und von dort zum Pol geflogen werden. Wir erfahren auch, daß es nur zu der Übertragung kommt, wenn wir spätestens am 10. Mai den Pol erreichen.

Nach jeder Stunde Marschzeit gibt es 15 Minuten Pause. Wir nutzen sie zum Ruhen, Essen und um Ausschau nach möglichen Querungen zu halten.

Nur bis zu diesem Tag wird die Station eingerichtet sein, da die Eisverhältnisse später das Flugzeug und die wertvolle Ausrüstung gefährden.

Ich bin skeptisch. Ich halte nicht viel von so einem Spektakel und glaube nicht, daß wir es bis zum 10. Mai schaffen können. Ich behalte jedoch meine Vorbehalte für mich, weil diese Nachricht die anderen zu motivieren scheint und vielleicht zusätzliche Energien freimacht. Fast alle wollen jetzt so schnell wie möglich zum Pol, um die Fernsehübertragung nicht zu verpassen. Wie so häufig, geht das Geschehen an Hiro wieder einmal vorbei. Er sitzt still und ein wenig schüchtern in seiner Ecke und stellt keinerlei Fragen. Robert versucht, ihm die Situation zu erklären, und Hiro nickt und sagt zu allem ja. Ich mache mir Sorgen um ihn, weil ich weiß, daß er seine absolute Belastungsgrenze erreicht hat. Ein noch höheres Tempo wird er wohl kaum verkraften.

Darryl sagt zu alledem nichts. Aber man braucht nur einen Blick auf seine Füße zu werfen, um zu ahnen, was in seinem Kopf vorgeht. Daß er bis hierher durchgehalten hat und dabei immer noch freundlich und hilfsbereit ist, erscheint mir wie ein kleines Wunder.

So beginnen wir unsere dritte Etappe mit der verdrehten Vorstellung, uns beeilen zu müssen, weil am Nordpol ein Fernsehteam auf uns wartet. Zu den Schwierigkeiten in Eis und Kälte und den Reibungspunkten untereinander haben wir uns nun noch ein zusätzliches, hausgemachtes Problem geschaffen: unter Zeitdruck bis zum 10. Mai den Nordpol zu erreichen.

Trotz der fortgeschrittenen Jahreszeit bleibt es barbarisch kalt. Minus 43 Grad Celsius zeigt das Thermometer.

Wir helfen uns gegenseitig – wir sind ein Team.

Glücklicherweise hat der Wind nachgelassen, das läßt die Kälte besser ertragen. Robert und ich sind glücklich, daß wir unsere Pulka-Schlitten wiederhaben. Unser Ausflug in das Rucksack/Babyschlitten-System war ein Flop. Aus Gewichtsgründen ließen wir das kleine Zelt mit dem letzten Versorgungsflug ausfliegen. Misha freut sich, daß »all eight boys«, wie er sich ausdrückt, nun endlich in einem Zelt wohnen. Wir anderen sind ob der zusätzlichen Enge nicht gerade glücklich darüber.

Das Schlafengehen wird jetzt zu einem wahren Hürdenlauf. Während einer im Zelt die Isomatten ausrichtet, müssen die anderen draußen bibbernd warten, bis sie aufgerufen werden. Wer an der Reihe ist, kriecht blitzschnell ins Zelt und schlupft erleichtert in seinen Schlafsack. Wir liegen im wahrsten Sinne wie die Ölsardinen in der Dose. Dreht sich einer um, müssen ihm die anderen folgen. Es gibt nicht einen einzigen Zentimeter im Zelt, der nicht irgendwie genutzt wird.

Unseren Laufrhythmus haben wir geändert. Liefen wir bisher 50 Minuten und machten zehn Minuten Pause, so sind wir jetzt 60 Minuten auf den Beinen und ruhen uns 15 Minuten aus. Diese Intervalle halten wir penibel ein. Vorerst beträgt unser Tagespensum acht Einheiten, später sollen es mehr werden.

Tagebuch 13. April, 25. Tag: »Das Wetter ist umgeschlagen. Es ist stürmisch und kalt bei schlechter Sicht. Das Laufen ist mühsam, weil kaum Kontraste zu erkennen sind. Und dazu dieser eisige Wind. Mittags klart es zum Glück ein wenig auf und wird im Laufe des Tages immer besser. Die Temperatur steigt und liegt abends bei – 30° Celsius. Das ist deutlich zu spüren. Im Zelt ist es das erste Mal warm, ohne daß alle Kocher brennen müssen. Die Kraft der Sonne ist zu spüren. Sehr angenehm. Wir passieren rauhes Eis mit offenen leads. In einem sichtet Misha eine Robbe. Überall ist Wasserhimmel sichtbar. Das Eis ist vom Sturm blankgefegt. Das macht das Schlittenziehen mühsam. Wir rutschen ständig weg. Abends bekommen wir Funkkontakt mit einer ›Twin Otter‹. Ihr Pilot kommt mit einem amerikanischen Touristen vom Pol zurück.

Diese Art von Abenteuer-Tourismus raubt uns fast den Atem, obwohl das sicherlich ganz nette Leute sind dort oben im Flugzeug. Der Gedanke läßt sich kaum aushalten, wieviel Mühe, Arbeit und Strapazen wir in unsere Reise stecken, und dann fliegt da jemand zum Nordpol, trinkt Champagner, ißt Kaviarschnittchen und läßt sich beglückwünschen, den Pol erreicht zu haben. Die Piloten berichten uns von viel offenem Wasser nördlich von uns. Das Eis bleibt nach ihren Aussagen weiterhin rauh.

Im Laufe des Nachmittags sichten wir zum erstenmal während unserer Expedition einen Düsenjet hoch oben am Himmel. Wir bleiben stehen, schauen nach oben und stellen uns vor, wie die Passagiere komfortabel in den Polstern sitzen und freundliche Stewardessen Essen und Getränke servieren. Krasser kann der Kontrast zu unserem Dasein kaum sein.

14. April, 26. Tag: Ein milder, sonniger Tag. Temperaturen heute morgen – 32° Celsius ohne Wind. Das macht einen gewaltigen Unterschied. Alle atmen auf, als wäre ein Druck von uns genommen. Die Sonne hat Kraft, und draußen sieht alles ein wenig freundlicher aus. Funkkontakt weiterhin ohne Erfolg. Das schöne Wetter dauert bis Mittag. Dann zieht Bewölkung auf, und es wird diesig und grau. Die Kontraste lösen sich auf. Und dazu geraten wir in das schlimmste Preßeis der bisherigen Reise. Es ist unglaublich! 10 bis 15 Meter hohe Pressung mit offenem Wasser und Cracks. Wir hören das Eis arbeiten. Es sind eigenartige Geräusche: Stöhnen, Knirschen und Ächzen. Passieren recht gefährliche Stellen. Alles sehr eindrucksvoll. Es wird ein langer, harter Tag. Wir laufen heute elf Stunden reine Laufzeit. Biwakieren auf einer alten Eisscholle inmitten von Preßeis. Sind sicher hier. Morgen erwartet uns wieder viel Arbeit. Kommen zur Zeit nur langsam voran. Eine Sextantpeilung ergibt einen Standort von 85° 10' nördlicher Breite.

15. April, 27. Tag: Der Funk-Blackout hält weiterhin an. Wir haben seit einigen Tagen keinen Kontakt mehr mit dem Basislager. Atmosphärische Störungen sind die Ursache. Wetter, Sicht und Kontrast bleiben schlecht. Es schneit. Tem-

peratur bei unglaublichen −23° Celsius. Der Mangel an Schlaf wird zum Problem. Bis alle sortiert im Schlafsack liegen, vergeht eine Ewigkeit. Morgens stehen wir früh auf. Alle sind hektisch. Es fehlen einfach ein wenig Ruhe und Gelassenheit. Darryl hat Probleme mit sei-

Robert wuchtet seinen schweren Schlitten über einen der unge- zählten Preßeisrücken.

Bild nächste Doppelseite: Die Arktis ist nicht Freund, nicht Feind. Ihr ist es schlicht egal, ob der Reisende über- lebt oder nicht.

nen Füßen. Auch Hiro geht es weiterhin schlecht. Es fällt eine Menge Neuschnee, der das Laufen erschwert. Die Szenerie bei dem fahlen Licht und wilden Eis ist deprimierend.

16. April, 28. Tag: Wetter ist wieder gut geworden. Heute klappt endlich wieder ein Funkkontakt. Erhalten die Position von gestern abend. Wir sind weiter als vermutet. Trotzdem hält uns das Eis mächtig auf. Laut Misha ist es das schlimmste Eis, das er in seiner gesamten Expeditionslaufbahn gesehen hat. Auf der Polarbridge-Expedition war es bedeutend besser. Es gibt immer wieder ebene Flächen, doch meist haben wir es mit zerklüfteten Preßeisrücken zu tun.

Wir leiden alle an Schlafmangel und könnten im Stehen einschlafen. Wir sehen aus wie alte Männer. Die Arbeit ist unglaublich hart. Sind täglich zehneinhalb bis elf Stunden unterwegs. Jeder hat irgendein Wehwehchen. Trotzdem ziehen wir unverändert weiter. Zum Glück ist es nicht mehr so kalt. Abends sinkt die Temperatur auf −32° Celsius.«

Der Lagerbau am Ende des Tages funktioniert schnell und effektiv. Jeder im Team weiß, wo er Hand anzulegen hat. Es klappt alles ohne große Worte. Während Angus und Graeme das Zeltgestänge zusammenbauen, breitet Misha die Zeltleinwand aus und zieht sie dann mit Hilfe der anderen über den Rahmen. Graeme bleibt dann im Zelt, richtet die Kochecke ein und legt die Isomatten zurecht. Die anderen schaufeln Schnee auf die Zeltumrandung. Hiro und ich füllen die Kocher mit Benzin, bauen sie zusammnen und reichen sie ins Zelt, wo Misha sie dann anzündet und den ersten Topf mit Schnee aufsetzt.

Auch wenn wir ein Team sind – während des Tages ist jeder von uns ein Einzelkämpfer. Die Last der Ausrüstung scheint uns zu erdrücken.

Danach reicht jeder seine persönlichen Sachen ins Zelt, bürstet sich die Schnee- und Eisreste von der Kleidung und steigt in unsere Behausung. Im Zelt ziehen wir unsere Kleider aus, bis wir nur noch in unserer flauschigen Unterwäsche und Biwakschuhen sitzen. Socken, Handschuhe und Mützen hängen wir auf eine Leine unter dem Zeltdach.

Hiro macht einen erschöpften Eindruck. Sein Schlafsack ist feucht, eisig und schwer und hält ihn nicht mehr genügend warm. Auf Roberts Vorschlag hin wird er künftig in der Mitte schlafen, um Wärme von den anderen zu bekommen. Hiro, der nie Forderungen stellt oder sich beschwert, stimmt sofort zu. Ich bewundere den kleinen Japaner, wie er mit der schwierigen Situation fertig zu werden versucht und dabei immer bescheiden und zurückhaltend bleibt.

Darryl geht es auch schlecht, und er muß wahnsinnige Fußschmerzen haben. Trotzdem kümmert er sich um Hiro, der nach wie vor Verständigungsschwierigkeiten hat und nur Bruchstücke unserer Unterhaltungen mitbekommt. Es muß für ihn eine ungeheure seelische Belastung sein, bei der harten Arbeit, den Schmerzen und Entbehrungen keine Erleichterung im Gespräch zu finden.

Hiro hat sicher den schwersten Stand im Team. Ich ärgere mich jedesmal, wenn Graeme und Misha ihn in schulmeisterlichem Ton dirigieren. Oder wenn sie in einer Art Kindersprache mit ihm reden. Das muß diesen kleinen zähen Mann doppelt schmerzen. Robert dagegen unterstützt Hiro und versucht, ihn immer wieder aufzubauen. Überhaupt ist es Robert, der Darryl und Hiro immer wieder aufmuntert und motiviert.

Robert, Rupert und ich sprechen häufig über die Situation im Team und sind gleichermaßen betreten über die mangelnde Solidarität einiger Teilnehmer. Wir sind als internationales Team angetreten mit der Absicht und dem Willen, Kooperation zu proben. Der Nordpol soll dabei das markante Ziel und der Dreh- und Angelpunkt all unserer Aktivitäten sein. Würden wir nur stur das Erreichen des Pols im Auge haben und zwischenmenschliche Aspekte dadurch in den Hintergrund rücken, könnte das Team auseinanderfallen. Damit wäre unsere Mission gescheitert. Mir persönlich – wie auch Robert – ist der Nordpol ziemlich gleichgültig. Ginge es nur darum, möglichst schnell und effektiv den Pol zu erreichen, hätten wir sicherlich nicht ein achtköpfiges internationales Team gewählt. Eine kleine Mannschaft wäre dann die ideale Lösung gewesen. Mit unserem Vorhaben geht es um mehr. Deshalb stimmt es mich traurig, daß Angus und Graeme unserem Leitmotiv abzuschwören scheinen und Druck auf Hiro und Darryl ausüben, weil sie ihnen zu langsam sind.

Sollte auch nur einer aufgrund dieser Entwicklung aufgeben, ist der Sinn unserer Expedition für mich in Frage gestellt. In Gesprächen mit Robert erkenne ich, daß es ihm mit diesem Anliegen genauso ernst ist wie Rupert und mir. Ich fühle, wie wir dadurch enger zusammenwachsen und unsere Freundschaft sich festigt. Gemeinsam versuchen wir, die drohende Spaltung des Teams aufzufangen.

Robert beschließt, bei dem wegen seiner Verletzungen stets nachhängenden Darryl zu bleiben. Mit spaßigen Bemerkungen und motivierenden Worten lenkt er den jungen Schwarzen von seinen Schmerzen ab und bringt ihn dazu weiterzugehen. Robert zeigt durch sein Verhalten wahre Führungsqualität. Lauthals herumkommandieren, Befehle rufen und ausgezehrten Leuten zusätzlich Dämpfer aufsetzen kann jeder. Robert aber, der selbst seine Belastungsgrenze spürt, unterstützt die anderen, spricht ihnen Mut zu und zeigt Verständnis.

Am 18. April erhalten wir unseren dritten Versorgungsflug. Diesmal legen wir jedoch keinen Ruhetag ein, sondern verzehren nur ein paar Zusatzrationen, verteilen Proviant und Brennstoff und marschieren weiter. Um drei Uhr morgens kriechen wir erst in unsere Schlafsäcke. Um zehn Uhr stehen wir auf und bereiten den Weitermarsch vor. Wir beschließen, unsere Marschleistung zusätzlich um eine weitere Stunde pro Tag zu erhöhen. Das bedeutet neun Stunden reine Laufzeit. Mit den Pausen sind wir ab jetzt fast zwölf Stunden täglich unterwegs. Die Forderung nach noch mehr Leistung drückt die Stimmung.

Die vierte Etappe

Ein langer, harter
Tag nähert sich dem
Ende. Zehn Stunden
reiner Laufzeit liegen
hinter uns – Lager-
aufbau, Kochen und
nur wenige Stunden
der Ruhe vor uns.
Danach stehen
wieder zehn Stunden
Laufzeit wie eine
scheinbar unüber-
windbare Wand
vor uns.

Die Eisverhältnisse hätten längst besser werden müssen, aber es bleibt, wie es war. Preßeisrücken wechseln sich ab mit offenen Wasserstellen. Nur selten finden wir glattes Eis und laufen dann sofort ein höheres Tempo. Die ideale Marschgeschwindigkeit liegt bei zwei Seemeilen pro Stunde, das entspricht knapp vier km/h. Obwohl wir bestens akklimatisiert sind und der Organismus sich auf die schwere körperliche Arbeit eingestellt hat, treten immer wieder Verletzungen auf.

Diesmal trifft es Robert. Eine alte Sportverletzung im Rücken ist aufgebrochen. Zäh, wie er ist, erzählt er uns erst davon, als er die Schmerzen kaum mehr aushalten kann. Misha untersucht ihn, verabreicht ihm einige schmerzstillende Mittel und behandelt ihn morgens und abends. Wenn alle Kocher das Zelt erwärmt ha-

ben, entblößt Robert seinen Oberkörper, und Misha massiert und salbt dann den schmerzenden Rücken. Die Behandlung lindert die Schmerzen ein wenig, doch wenn er auch nicht darüber spricht, merke ich ihm an, wie er sich quält.

Immer wieder muß ich darüber nachdenken, auf welch einer Gratwanderung wir uns befinden und wie zerbrechlich und anfällig der Mensch ist. Die Arktis fordert jeden Teil des Menschen, den Geist ebenso wie den Körper. Treten beim einen körperliche Verletzungen und Streßer-

Bild oben:
Wenn alle Kocher brennen, wird es warm im Zelt. Man taut auf im doppelten Sinne des Wortes: äußerlich wie auch seelisch.

Bild rechts:
An den wenigen Ruhetagen malträtiert Misha uns mit seinen medizinischen Untersuchungen. Blutproben werden von ihm präpariert.

scheinungen auf, leidet der andere an psychischer Überlastung. Im Idealfall halten sich Psyche und Physis die Waage. Nur durch einen Lern- und Reifeprozeß, den man als Polarreisender durchlaufen muß, erlangt man diese ausgewogene Haltung. Deshalb erzielten die größten Erfolge der Polargeschichte auch nicht junge Leute, sondern Männer, die »in die Jahre« gekommen waren. So war Robert Peary bereits 50 Jahre alt, als er schließlich den Nordpol erreichte.

Misha, Robert, Rupert und ich haben als Senioren unseres Teams dieses Gleichgewicht weitgehend erlangt. Für Darryl ist es die erste Expedition. Er ist jung und wird noch eine Zeitlang brauchen bis zu dieser Ausgeglichenheit. Aber wenn jemand die Anlage dazu hat, so ist er es. Er verfügt über eine unheimliche innere Energie. Nur so ist es zu erklären, daß er trotz seiner schweren Verletzung weiterläuft.

Hiro kann ich nur schwer einschätzen. Er ist der Statur nach der kleinste unseres Teams. Seine Sprachschwierigkeiten und Verschlossenheit lassen kaum einen Einblick in sein Inneres zu. Es mag auch mit seiner japanischen Seele zusammenhängen, sein Innenleben nicht nach außen zu kehren und dabei immer höflich, wenn auch mitunter verzweifelt, seinen Aufgaben gerecht zu werden.

Angus und Graeme sind, so glaube ich, von falschen Voraussetzungen ausgegangen. Sie sind zwar köperlich stark, haben dafür aber Probleme, die Situation seelisch zu verkraften. Angus plagt nach wie vor starkes Heimweh. Er fragt mich immer wieder, warum ich seit vielen Jahren Polar-Expeditionen durchführe. Er mag das Zeltleben, die Enge, das Essen und die Kälte nicht. Er wünscht sich nichts sehnlicher herbei als seine Frau und ein wenig Komfort, kurz: Wärme und Geborgenheit. Er weiß, daß ich noch im selben Jahr eine Expedition in die Antarktis plane. Obwohl ich mich mit diesem

Gedanken noch gar nicht auseinandersetzen mag, scheint es ihm unbegreiflich, und er bohrt immer wieder nach: »Why, Arved, why are you doing this?« Seine Einstellung zu dieser Expedition drückt sich in einem Satz aus: Einmal und nie wieder.

Im Gegensatz zu Hiro zeigt Graeme seinen aktuellen Gemütszustand stets offen. Er ist ein extremer Mensch. Es fällt ihm schwer, inneren Frieden und Ausgeglichenheit zu finden. Entweder macht er Späße, lacht und unterhält die

Ein Flugzeug bringt uns den erforderlichen Nachschub. Gleichzeitig können wir unseren Müll entsorgen.

Bild rechts: Ich habe mir alle zehn Fingerspitzen erfroren.

ganze Gruppe, oder er zeigt sich gereizt und verbittert über das eine oder andere und läßt es uns alle spüren. Nur selten findet er einen gemäßigten Mittelweg.

Während sich Robert mit seiner Rückenverletzung herumplagt, bekommt Hiro eine starke Mandelentzündung. In der Nacht vom 19. zum 20. April hat er Fieber, seine Mandeln sind dick geschwollen und vereitert. Misha gibt ihm starke Antibiotika, um die Infektion einzudämmen. Setzt Misha die Medikamente ab, dauert es meist nur ein, zwei Tage, bis die Entzündung wieder durchbricht. Misha rät Hiro dringend, sich die Mandeln nach der Expedition entfernen zu lassen.

Als sei der kleine Japaner nicht schon genug geplagt, entzünden sich durch das grelle Licht auch noch seine Augen. Nun schmerzen ihn zusätzlich die rotgeschwollenen Augen. Er ist einen Tag lang schneeblind. Allzuleicht gerät man in die Versuchung, die Sonnenbrille abzuneh-

men, da sie ständig durch den Atem beschlägt und gefriert. Wir müssen dann die Gläser mit dem Daumennagel freikratzen, um wieder sehen zu können. Hiro muß jetzt ständig seine Sonnenbrille tragen. Er kann von Glück reden, daß die Schneeblindheit nach einigen Tagen abklingt.

Die neun Stunden reine Laufzeit pro Tag zeigen ihre Spuren. Wer uns abends im Zelt sitzen sähe, müßte denken, einen Versehrtenverein vor sich zu haben, der kaum in der Lage ist, eine halbe Stunde spazierenzugehen. Darryls Loch an der Ferse hat sich fast bis zum Knochen durchgefressen und sieht aus, als habe man ihm mit einem scharfen Messer die Hacke abgeschnitten. Seine erfrorenen Zehen sind pechschwarz und verlieren ihre Nägel. Robert weiß mit seinen Rückenschmerzen kaum, wie er sitzen soll.

Rupert, Misha, Angus und ich cremen fleißig unsere Füße und Schienbeine ein, weil uns Sehnenscheidenentzündungen zu schaffen machen. Rupert und ich laborieren zudem mit unseren er-

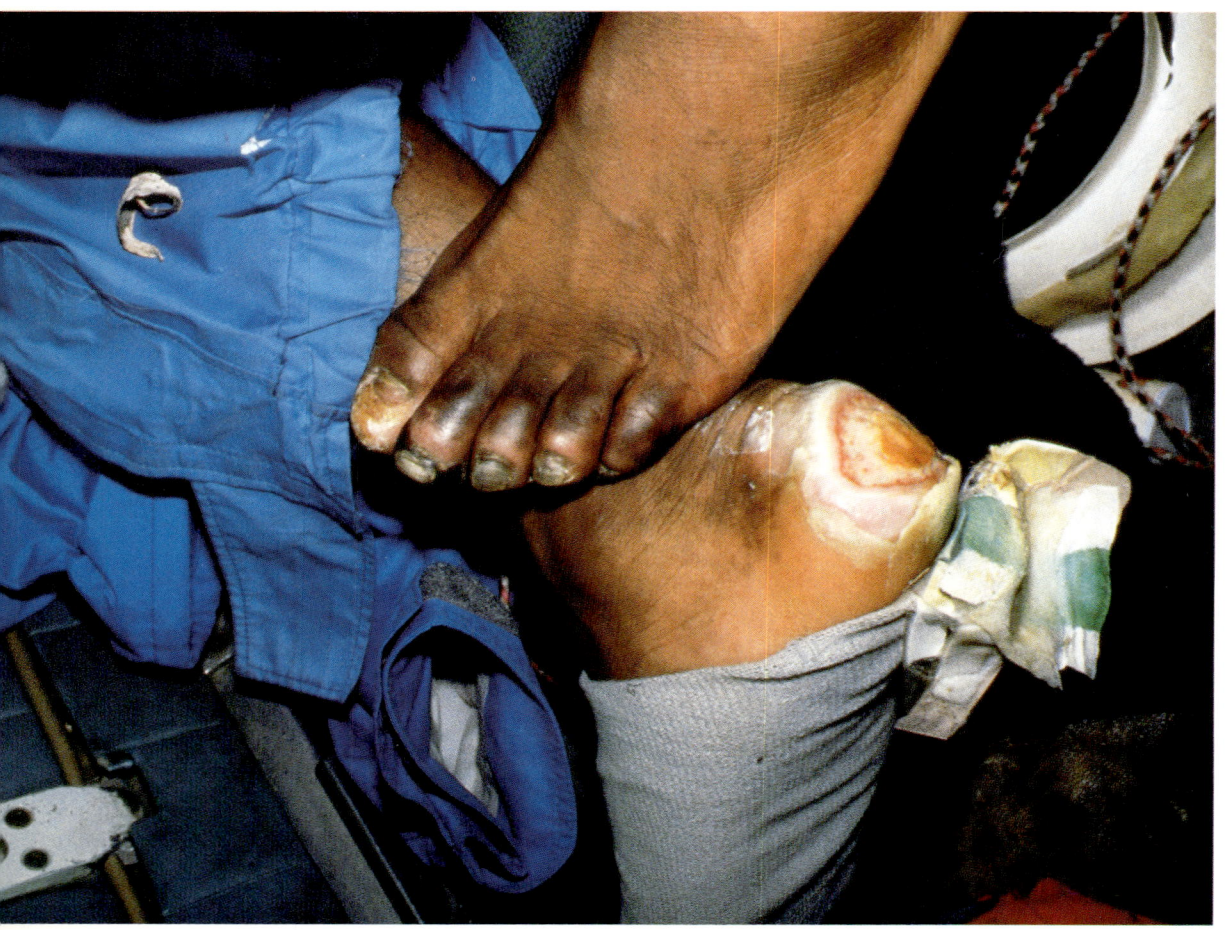

Darryls Zehen und Ferse werden immer schlimmer. Trotzdem gibt er nicht auf.

**Bild rechts:
Die wenigen Stunden der Muße im Zelt nutze ich zum Lesen und Tagebuchschreiben. Wie mag es zu Hause aussehen?**

frorenen Fingerkuppen herum. Meine Nase ist mittlerweile vom Frost zerfressen und hat einen doppelten Umfang angenommen. Das tut mir zwar verdammt weh, führt in der Runde aber immer wieder zu Heiterkeitsausbrüchen. Ich könnte ungeschmückt als Clown auftreten. Graeme hat sich einen Wolf gelaufen und eine Hautentzündung am Rücken. Unser Doktor hat alle Hände voll zu tun.

Während wir uns mit unseren Blessuren herumschlagen, ist in Eureka die Jugend-Expedition eingetroffen. Ich spüre deutlich, wie sehnsüchtig Robert darauf wartet, über Funk mit dem Camp zu sprechen. Schließlich ist es seine Idee, 22 Jugendliche aus 15 Ländern in der Arktis zusammenzuführen. Sie sollen diese Landschaft erleben und kennenlernen und sich mit der Umweltproblematik auseinandersetzen. Ich halte

diesen Teil des »Icewalk«-Projektes für einen der wichtigsten und bewundere Robert für seinen Mut, die organisatorischen und finanziellen Risiken auf sich zu nehmen.

Hier auf dem Polarmeer muß jeder sein pures Ich zeigen. Hier kann sich niemand verstellen oder anderen etwas vormachen. Und so sehe ich jetzt auch, daß Robert an der Idee des Jugendcamps hängt wie kaum ein anderer. Sein Glaube an die Energie und Kraft der jungen Generation, die Dinge zum Guten zu wenden, ist unverkennbar. Er leidet darunter, daß wir wahrscheinlich

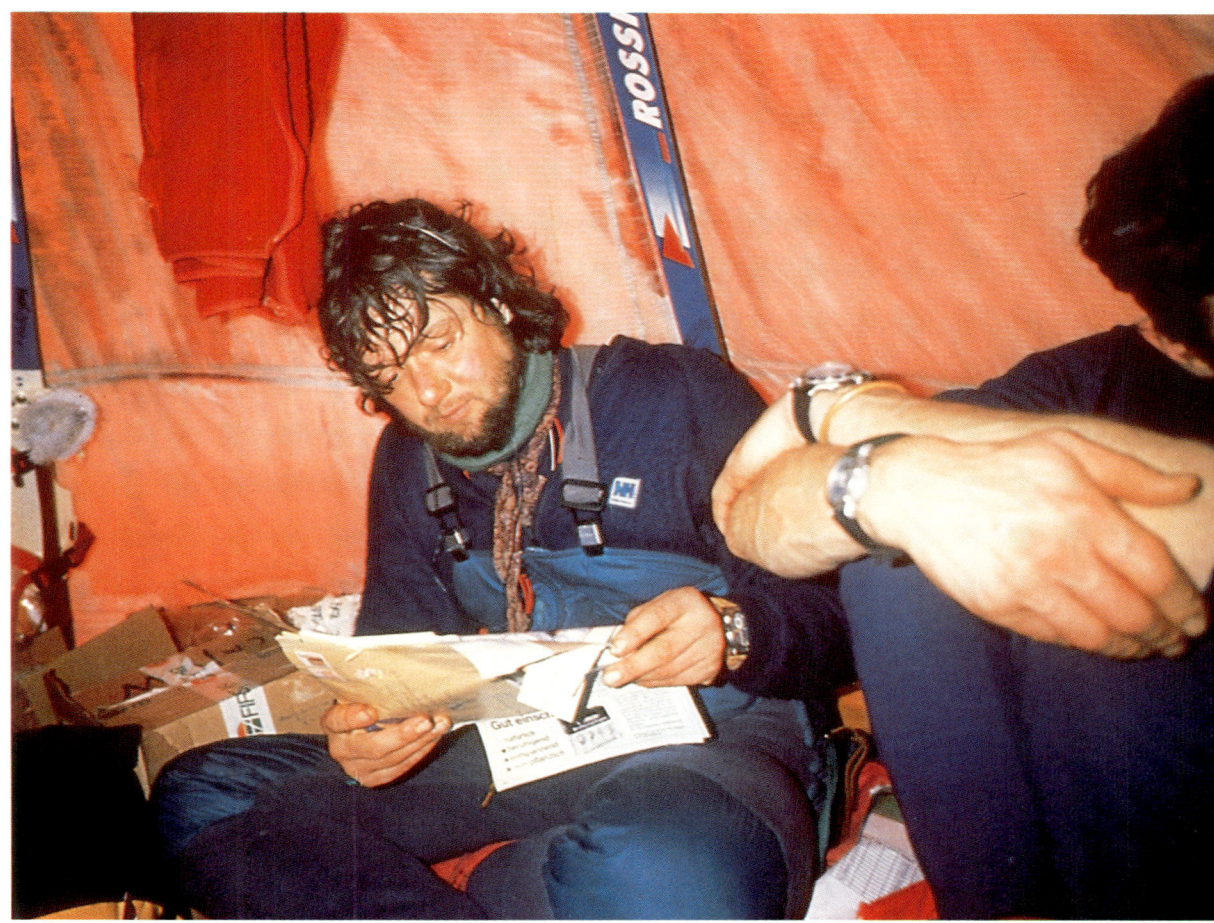

nicht rechtzeitig wie geplant vom Pol zurück-
kehren werden, um die jungen Leute vor ihrer
Abreise zu treffen. Sein Traum ist es, gemeinsam aus der Arktis auszureisen, Eindrücke und
Erlebnisse auszutauschen, einander kennenzulernen, Ideen und Perspektiven zu entwickeln
und natürlich auch zusammen zu feiern. So
bleibt uns nur das Funkgerät, das dazu wegen
der begrenzten Batteriekapazität nur sparsam
eingesetzt werden darf.

Es sind bewegende Momente für uns alle, als
sich Hiro nach so langer Zeit zum ersten Mal in
seiner Muttersprache über Funk mit einem japanischen Jugendlichen unterhalten kann. Der
fremde Klang der Sprache führt uns vor Augen,
daß wir aus allen Himmelsrichtungen zusam-
mengeströmt sind und jetzt hier vereint am Ende
der Welt zusammensitzen. Irgendwie wird uns

durch diese Funkgespräche, die Klangfarbe der
verschiedenen Tonlaute unser Auftrag wieder
bewußt. Andächtig lauscht die ganze Gruppe,
als Misha russisch spricht oder ich mich mit
Sonja, Roland und Andreas deutsch unterhalte.
Später erzählen wir uns, was wir erfahren haben
und wie es den Jugendlichen im Camp ergeht.
Plötzlich fühlen wir uns nicht mehr allein, und
wir haben neuen Gesprächsstoff. Es wird uns
mit einemmal klar, daß wir den Kontakt zu den
jungen Leuten nötiger brauchen als sie ihren
Kontakt zu uns. Aus den Funkgesprächen
spüren wir, daß das Jugendcamp zur Eigenstän-
digkeit erwacht ist. Die Jugendlichen scheinen
den Sinn des Unternehmens verinnerlicht zu haben und sind jetzt in der Lage, die Dinge mit eigenen Augen zu sehen und für sich selbst zu
sprechen.

Tigieha –
der große Nagel

Je weiter wir nach
Norden gelangen,
desto häufiger treffen
wir auf offenes Was-
ser und dünnes Eis.
Ein Sturz ins Wasser
bei den niedrigen
Temperaturen wäre
fatal. Vorsicht ist die
oberste Expeditions-
regel.

Als Tigieha bezeichnen die Eskimos den Pol. In ihrer traditionellen Vorstellung steckt dort ein großer Nagel im Eis, der den Pol markiert.

Am 23. April entdecken wir plötzlich eine eigenartige Spur im Schnee. Wir gehen näher heran und erkennen, daß die dunkle Linie von einem Schneemobil mit Schlitten stammt. Mako! Das kann nur die Spur der Japanerin sein, die mit zwei Eskimos auf Motorschlitten unterwegs zum Pol ist. Uns war von Anfang an klar, daß sich unsere Wege irgendwo kreuzen müssen, obwohl wir von verschiedenen Punkten aus gestartet waren. Daß wir ihre Spuren schon jetzt finden, erstaunt und erregt uns alle, schließlich haben wir noch nicht einmal den 87. Breitengrad erreicht.

Die Amerikanerin Pam Flowers, die lange Zeit der Spur Makos gefolgt war, mußte mittlerweile aufgeben und sich ausfliegen lassen. Das erfuhren wir vor einigen Tagen über Funk. Damit sind außer uns nur Mako mit den beiden Eskimos und eine russische Gruppe auf dem Weg zum Pol.

Tagebuch, 24. April, 36. Tag: »Unser erster Zehn-Stunden-Tag! Mir schmerzen Gelenke, Muskulatur und eine Sehnenscheidenentzündung im linken Bein. Hiro fällt bei jedem Stopp in einen Tiefschlaf, aber wir laufen weiter. Passieren unterschiedliches Eis und geraten immer häufiger an offenes Wasser. Queren auch sehr dünnes Eis. Das Wetter ist wechselhaft, wird aber milder. Abends sind es nur noch $-19°$ Celsius.«

Immer wieder frage ich mich, was in Hiro vorgehen mag. Er ist völlig verschwiegen und nimmt an keiner Diskussion Anteil. Die Sprachschwierigkeiten sind sicher nicht der einzige Grund, es muß andere Ursachen geben.

Verletzungen breiten sich im Team immer mehr aus.

90

Ich komme jedoch nicht auf des Rätsels Lösung. Zwischen uns fallen nur einige kurze Sätze, wenn wir unsere gemeinsamen Routinearbeiten erledigen, wie etwa das Einfüllen des Benzins in die Kochertanks. Ansonsten bleibt Hiro still und reagiert auf Fragen nur mit Kopfnicken oder -schütteln oder einem leisen »yes« oder »no«.

Hiro ist ein erfahrener Bergsteiger. Er hat im Winter den Aconcagua und eine Reihe anderer Andengipfel im Alleingang bestiegen und an zahlreichen Expeditionen im Himalaya und Karakorum teilgenommen. Keines seiner Unternehmen sei auch nur annähernd so schwer gewesen wie diese Nordpol-Expedition. Es seien die Dauer und das schwierige Gelände, die diese Reise so unvergleichbar schwer machten. Das zumindest teilt er uns eines Abends mit. Von der Isolation, in der er steckt, und dem Gefühl, von Graeme und Angus ständig mit Vorwürfen überhäuft zu werden, spricht er nicht. Zwar übt auch Misha Druck auf ihn aus, doch versucht er auch, Hiro aufzubauen und ihm Mut zuzusprechen. Gerade Darryl, dem es selbst so hundsmiserabel geht und dessen Füße außer Misha keiner mehr ansehen mag, kümmert sich besonders einfühlsam um den kleinen Japaner. Er redet in einem leisen, ruhigen Tonfall mit ihm und versucht, so gut es geht, ihn aus seiner Isolation zu befreien. Wie so oft, bleiben wir an einer unübersichtlichen Stelle stehen, und Misha geht voraus, um eine Passage zu suchen. Da entfährt es Darryl: »It looks as if he lives here.« Tatsächlich bewegt Misha sich mit der größten Selbstverständlichkeit in den Eistrümmern, als befände er sich in seinem Garten. Wir anderen wirken alle ein wenig deplaziert in dieser Eiswüste. Misha aber gehört hierher. Immer wieder findet er den besten Übergang, und längst haben wir es aufgegeben, uns mit ihm in dieser Fähigkeit zu messen. Misha führt die Expedition von Cape Columbia bis zum Nordpol.

Am 26. April ist mein Geburtstag. Wir sind jetzt 38 Tage unterwegs. Es ist wieder spät geworden, und Robert stimmt um Mitternacht ein »Happy Birthday« an, in das schließlich alle einfallen. Jeder drückt mir die Hand. Robert schneidet von seiner Ration Honig eine große Ecke ab, klemmt sie zwischen zwei seiner Biskuits und reicht sie mir mit den Worten: »It's not much, Arved, but it's all I've got.« Dankbar nehme ich das Geschenk und kaue es genüßlich. Ich weiß diese Gabe zu schätzen und freue mich nicht nur über die Geste. Nur wer in unserer Situation ist, kann ermessen, was es bedeutet, ein Stück seiner spärlichen Honigration herzugeben.

Am Abend kommt das Versorgungsflugzeug zum vierten Mal. Es ist Post von zu Hause dabei und ein Kuchen, den die Frauen vom Headquarter in Ottawa für mich zum Geburtstag gebacken haben. Dabei liegt eine Glückwunschkarte. Auch die Jugendlichen aus Eureka schicken mir eine Karte, die von allen unterschrieben ist. Da sitze ich nun im Schneidersitz im Zelt inmitten meiner Geburtstagspost und teile den Kuchen auf. Ich muß lachen über diese Situation, und »It's odd, Robert« ist alles, was ich auf Roberts fragenden Blick sagen kann. Er nickt, grinst, und ich weiß, daß er verstanden hat, was ich meine. Das ist wieder einmal einer dieser unmöglichen Orte, an denen ich Geburtstag feiere. Ob im Faltboot vor Kap Hoorn, auf dem grönländischen Inlandeis oder allein auf einer Insel – es waren immer ungewöhnliche Plätze für eine Geburtstagsfeier.

Da das Wetter milder geworden ist, sind Robert und ich der nächtlichen Enge des Zeltes entflohen und wollen in unserem Schlitten schlafen. Ich hatte den Pulka so konstruiert, daß ihn ein Mann im Notfall – etwa beim Verlust des Zeltes – als Notunterkunft verwenden kann. Wir schieben Isomatte und Schlafsack unter die Abdeckplane, krabbeln in die Schlafsackschichten, ziehen den Reißverschluß zu und liegen geschützt wie in einem kleinen Zelt.

Ich habe beim letzten Versorgungsflug meinen arg ramponierten Daunenschlafsack gegen einen Kunstfaserschlafsack getauscht. Der ist leichter, trocknet schnell und nimmt kaum Feuchtigkeit auf.

Auch Angus hat es zum Schlafen nach draußen gezogen. Er baut sich dabei einen Schneewall, um sich gegen Wind und Schneedrift zu schützen. Da es auch Darryl gelegentlich unter den freien Himmel zieht, haben die anderen jetzt reichlich Platz im Zelt zum Schlafen. Diese Ent-wirrung des Gordischen Knotens im Zelt emp-finden alle als angenehm, nur Misha kann nicht verstehen, daß wir der Enge entfliehen möchten. Die Russen haben inzwischen die Fernsehüber-tragung vom Nordpol abgesagt, da sie anschei-nend um ihre Ausrüstung fürchten. Damit ist der Zeitdruck nun von uns genommen. Trotzdem behalten wir unser Tempo bei. Wir laufen jetzt zehn Stunden pro Tag. Wir sind todmüde und leiden unter dem Schlafmangel. Wer Koch-dienst hat, muß morgens noch eine Stunde früher aufstehen und kann nur noch knapp fünf Stunden schlafen. Auf die Dauer ist das bei der gewaltigen Anstrengung viel zu wenig!

Tagebuch, 1. Mai, 43. Tag: »Wieder zehn Stun-den reine Laufzeit. Meine Füße und mein rech-tes Bein tun höllisch weh. Darryl und besonders Hiro bewegen sich am äußersten Limit. Un-glaublich, was der Mensch allein durch seine Willensstärke leisten kann. Unsere Körper ha-ben längst die Grenzen dessen überschritten, was man normal als Leistungsgrenze definieren würde. Der Körper ist zum reinen Werkzeug des Willens verkommen. Er hat wie ein Uhrwerk zu funktionieren. Alarmsignale wie Schmerz und Pein werden schlichtweg ignoriert. Darryl ist mit seinen Füßen ein Fall fürs Krankenhaus. Hiro ist so ausgemergelt und am Ende, daß er ei-gentlich gar nicht mehr funktionieren dürfte. Ich selbst spüre, daß ich mich noch nie so weit über meine eigentliche Leistungsgrenze hinüberge-schoben habe. Mir fällt das alte Goethe-Zitat ein: ›Es ist unmöglich, was der moralische Wille vermag. Er durchdringt gleichsam den Körper und setzt ihn in einen aktiven Zustand, der alle schädlichen Einflüsse zurückschlägt.‹ Ich be-zweifle, ob er alle schädlichen Einflüsse zurück-schlägt, aber ich weiß, daß er den Körper weit über seine ihm zugedachten Grenzen hinauszu-tragen vermag.

Wasserrinnen versperren uns den Weg und machen weite Umwege erforderlich.

Bild rechts: Die Anstrengungen und die wenigen Stunden Nachtruhe lassen uns in den kurzen Pausen häufig einschlafen.

Haben heute wohl den 88. Breitengrad überschritten.

2. Mai, 44. Tag: Morgens gereizte Stimmung, da
alle übermüdet sind. Nur fünf Stunden Schlaf.
Das Wetter ist schlecht. Dichter Nebel und
schlechter Kontrast. Es ist relativ warm, –15°
Celsius, aber es wird im Laufe des Tages stürmisch. Treffen auf große Leads, die wir nur mit
Mühe umgehen können. Misha glaubt, einen
Eisbären gesichtet zu haben, ist sich aber nicht
sicher. Über Funk erfahren wir, daß Mako auf
89° nördlicher Breite ist und die russische Expedition 88° 57' Nord erreicht hat.

Uns fehlt der Schlaf. Ständig fallen wir hin, sind
gereizt und vergeßlich. Robert verliert einen
Teller vom Skistock und muß umkehren und ihn
suchen, weil wir keinen Ersatz haben. Das Wetter hat sich deutlich geändert. Es ist milder und
feuchter geworden. Selbst der Wind ist jetzt milder, aber immer noch kalt und ungemütlich.«

Am nächsten Tag laufen wir elf Stunden. Wir
sind so müde, daß wir in jeder Pause einschlafen. Es herrscht so eine Art Endspurtstimmung.

Trotz der Müdigkeit zwingen wir uns dazu, gelegentlich zu filmen. Angus, der beste Skiläufer
unter uns, eilt mit der Videokamera voraus, um
uns beim Queren von Eisrücken zu filmen. Ich
bewundere ihn, daß er diese zusätzliche Arbeit
auf sich nimmt.

Tagebuch, 3. Mai, 45. Tag: »Morgens noch recht
stürmisch. Im Laufe des Tages wird es sonnig
und warm. Die Temperatur steigt auf –12° Celsius, und der Wind schläft ein. Richtig Frühling.
Laufen nur in Polarplus-Kleidung und schwitzen trotzdem. Abends wieder Eintrübung. Die
Eisverhältnisse sind recht günstig. So kommen
wir gut voran. Noch 100 Meilen bis zum Ziel.
Schätze, daß wir auf 88° 30' Nord sind. Bei dem
jetzigen Tempo brauchen wir noch zwei Tage
bis zum 89. Breitengrad. Der Pol rückt spürbar
näher. Wir verfügen über keine Reserven mehr.
Es fehlt einfach die Kraft, die Schlitten über die
Hindernisse zu wuchten. Die Leute fallen oft
hin, und es geht alles sehr langsam. Es wird Zeit,
daß die Reise zu Ende geht.«

Wieder sehen wir Kondensstreifen eines Düsenjets am Himmel. Es gibt wohl keinen in der Gruppe, der jetzt nicht sehnsüchtig hochblickt und sich wünscht, dort oben in warmen Polstern zu sitzen und zu schlafen, zu essen und nochmals zu schlafen. Es scheint so greifbar nahe und ist doch so unerreichbar für uns.

Immer wieder staune ich, was wir zu leisten in der Lage sind. Zehn, elf oder zwölf nautische Meilen pro Tag in diesem Gelände sind ein sehr gutes Pensum. Nicht nur das Laufen, auch die vielen kleinen Nebensächlichkeiten kosten Zeit und Energie. Einer von uns trägt ständig das EKG-Gerät am Körper. Obwohl es nur die Größe eines Walkmans hat, wirkt es als Fremdkörper. Es stört beim Ziehen des Schlittens genauso wie beim Schlafen.

Und dann sind da noch unsere Aufgaben für die Wissenschaft. Um die Luft in diesem entlegenen Gebiet auf Schadstoffe untersuchen zu können, pumpen Hiro und Rupert mit Hilfe eines speziellen Gerätes Luft durch einen Filter. Den geben wir dann immer dem Versorgungsflugzeug mit, damit er im Labor auf Schadstoffe untersucht werden kann. Außerdem müssen wir säckeweise Schnee schaufeln, der ebenfalls zur Untersuchung ausgeflogen wird. Und auch der Griff zum Fotoapparat, zum Sextanten und der Aufbau der Kurzwellenantenne für das Funkgerät sind Arbeiten, die erledigt werden müssen. Unter normalen Bedingungen Kleinigkeiten, werden in unserer Situation Strapazen daraus.

Darryls Fußschmerzen scheinen derart unerträglich geworden zu sein, daß er stundenlang völlig in sich versunken und demoralisiert hinter der Gruppe herhumpelt. Robert und ich lassen uns abwechselnd zu ihm zurückfallen und verwickeln ihn in ein Gespräch. Expeditionen – ja, die möchte er schon weitermachen. Aber keine mehr, bei der man so weit laufen muß. Er hatte mir von seinem Traum erzählt, das Segeln zu erlernen und später vielleicht einmal auf einem eigenen Boot die Welt zu umrunden. Ich weiß, daß

sein Herz an dieser Vorstellung hängt, und erzähle ihm deshalb von meinem alten Segelkutter, mit dem ich eine Expedition in die Arktis plane. Dankbar greift er dieses Thema auf, und während wir uns darüber unterhalten, vergessen wir die Zeit und Darryl für einen Moment seinen Schmerz. Bevor ich ihn wieder seinen Gedanken überlasse, lade ich ihn ein, an meiner Segel-Expedition teilzunehmen. Für einen Moment kehrt das alte Leuchten in seine Augen zurück. Ohne seine Antwort abzuwarten, sage ich nur: »Das ist jetzt abgemachte Sache« und trotte dann alleine für mich weiter.

Strömungen lassen das Eis immer wieder aufreißen und Spalten entstehen. Anders als bei Gletschern, bewegt sich das Eis ständig auf dem arktischen Ozean und bildet immer neue Spalten.

94

Robert ist über die Nachricht, daß es nicht zu der Fernsehübertragung am Pol kommen wird, sehr enttäuscht. Er hatte sich an ein Fünkchen Hoffnung geklammert, daß es doch noch klappen könnte. Und nun haben wir so kurz vor dem Ziel die Absage erhalten. Ich merke, daß es bitter für ihn ist.

Am 6. Mai erfahren wir über Funk, daß die russische Expedition den Nordpol erreicht hat. Der Preis, den sie dafür bezahlt hat, ist hoch, viel zu hoch. Ein Teilnehmer ist an einer Herzattacke gestorben, ein anderer mußte evakuiert werden. Wir werden die Russen nicht mehr treffen.

Während wir nur noch 66 Meilen vom Pol entfernt sind, werden sie ausgeflogen.

Am 8. Mai, dem 50. Tag, kommt zum letztenmal das Versorgungsflugzeug. Da es weit und breit keine Landemöglichkeit gibt, braust der Pilot im Tiefflug über unsere Köpfe hinweg und wirft kleine Pakete ab, die wir unbeschädigt aus dem Schnee sammeln. Während wir den Nachschub aufteilen, driften wir auf dem Packeis vier Meilen zurück nach Süden. Das bedeutet bei diesem schwierigen Gelände vier Stunden harten Marsch, um den Verlust wettzumachen.

Die letzte Etappe

Trügerischer Eis-
schlamm verbindet
zwei Eisschollen mit-
einander. Die Aus-
rüstung muß vorsich-
tig herübergereicht
werden. Da sich
das Eis ständig in
Bewegung befindet
und auseinander-
treibt, müssen wir
uns beeilen, damit
das Team nicht
getrennt wird.

Tagebuch, 9. Mai, 51. Tag: »Heute beginnt die letzte Etappe. Das Wetter bleibt wie bisher: schlechte Sicht, keine Kontraste und viel zu warm. Das wirkt deprimierend. Wir laufen durch ungewöhnlich schweres Eis und müssen einige Leads umgehen. Bei diesen Temperaturen werden selbst die Kamiks langsam feucht. Die Stimmung ist gedrückt. Alle sind müde. Wir laufen zehn Stunden, bevor wir das Lager aufbauen. Darryl und Robert gehen, ohne zu essen, sofort schlafen. Heute sind die Jugendlichen aus Eureka abgereist.

Die Sowjet-Stoves sind nach wie vor gefährlich. Beim Anzünden spritzt plötzlich Benzin auf meine Kleidung und setzt sie in Brand. Während ich den Kocher hinauswerfe, beginnt meine Hose lichterloh zu brennen. Ich verdanke es Graeme, der geistesgegenwärtig die Flammen ausschlägt, daß nichts Schlimmes passiert. Habe mir dabei die linke Hand verbrannt.

Mein Schlitten hat im Frontbereich Schaden genommen. Während die anderen im warmen Zelt sitzen, muß ich draußen meinen Schlitten reparieren. Ich spanne ein kleines Stück Plane als Windschutz über den Bug und lasse darunter einen Kocher brennen. In der warmen Luft rühre ich dann Epoxydharz und flicke damit und mit einer Glasfasermatte die schadhafte Stelle. Es dauert eine Stunde. Es sieht nicht schön aus, hält aber.«

Am 10. Mai hören wir plötzlich über unseren Köpfen Flugzeuggeräusche. Es muß die »Twin Otter« sein, die auf dem Weg zum Pol ist, um Mako und die beiden Eskimos abzuholen. Denn die haben inzwischen das Ziel erreicht, allerdings haben sie trotz der Motorschlitten länger gebraucht als wir. Für uns sind es noch 40 Seemeilen bis zum Pol. In zehn Stunden schaffen wir 15 Meilen.

So kurz vor dem Ziel dies: Ich stürze einen steilen Eisrücken hinunter und werde fast von meinem Schlitten erschlagen. Wie durch ein Wunder bleibe ich unverletzt. Aber die Deichsel ist gebrochen. Ich repariere sie notdürftig, sie wird in den letzten Tagen schon halten.

Am 54. Tag, dem 12. Mai, steigern wir ein letztes Mal unsere Tagesleistung. Wir wollen heute bis auf wenige Meilen an den Pol heranrücken. Wir laufen jetzt zwölf reine Marschstunden. Hätte uns dies vor der Expedition jemand gesagt, so hätten wir es nicht für möglich gehalten. Trotz unserer Verletzungen und Erschöpfung laufen wir zwölf Stunden lang und legen dabei 20 Seemeilen zurück. Das sind mehr als 36 Kilometer. Wir laufen wie in Trance und haben das Zeitgefühl völlig verloren. Längst haben wir den Tag-Nacht-Rhythmus aufgegeben. Wir schlafen, wenn alle Arbeit erledigt ist, egal, zu welcher Tages- oder Nachtzeit.

Tagebuch, 13. Mai, 55. Tag: »Der Tag schlaucht uns ganz schön. Aber beim Buckwheat erhalten wir unsere Position, die uns bescheinigt, daß wir uns dem Pol bis auf sechs Seemeilen genähert haben. Nur noch sechs Seemeilen! Die dürften wir in drei bis vier Stunden schaffen. Dann werden wir unser Camp aufbauen und mit Argos und Sextant den Pol genau bestimmen. Die Reise geht zu Ende!

Wir beratschlagen unser morgiges Vorgehen. Wie genau müssen wir den Pol treffen? Ich kann es kaum glauben, daß wir ankommen und die Mühsal ein Ende haben soll. Bin hundemüde. Wir gehen um 10 Uhr morgens ins Bett.

Haben bis 19 Uhr geschlafen und frühstücken jetzt – hoffentlich zum letzten Mal Müsli. Es ist recht windig und bedeckt. Der Kontrast ist schlecht. Eine erneute Positionsbestimmung ergibt, daß wir über Nacht sehr stark nach Osten gedriftet sind und etwa eine Meile nach Süden. Brechen bei schlechter Sicht und feuchter Kälte zu unserem letzten Marsch auf. Das Eis ist ganz passabel. The final run has begun.«

Am Pol

Aufstellen
zur Flaggenparade.
Nationalitäten-
unterschiede haben
sich während der
56 Tage verwischt.
Es gibt Gemein-
samkeiten und
Gegensätzlichkeiten,
Zuneigung und
auch Ablehnung.
Die Herkunft spielt
indessen keinerlei
Rolle.

Im Gänsemarsch laufen wir am 13. Mai los. Rupert mit verstauchtem Fuß. Er war beim Zeltaufbau in einer Spalte hängengeblieben und umgeknickt. Zum ungezählten Mal mußte Misha seinen Medikamentenkoffer hervorholen. So kurz vor dem Ziel, und jetzt auch das noch!

Unser Argos-Sender ist ununterbrochen in Betrieb. Wir müssen jetzt pedantisch genau Kurs halten. In Resolute erfährt Jeremy laufend unsere vom Argos-System ermittelte Position, leitet sie an das Basislager nach Cape Columbia weiter, von wo sie uns Stephen per Funk übermittelt. Es ist ein eigenartiges Gefühl: Jeder hält Ausschau nach dem Pol, obwohl wir genau wissen, daß dieser imaginäre Punkt nicht anders aussieht als das, was wir nun schon 1000 Kilometer durchstreift haben. Der Nordpol ist kein markanter Zielpunkt, sondern nur ein errechenbarer Ort inmitten dieser Eiswüste. Trotzdem streift unser Blick immer wieder übers Eis in der Erwartung, vielleicht doch etwas Außergewöhnliches zu entdecken.

Immer wieder kalkulieren wir unsere Position, gehen ein Stück weiter und rechnen erneut. Über Funk versuchen wir unseren Argos-Standort einzuholen. Außer einem atmosphärischen Knacken und Pfeiftönen hören wir jedoch nichts. Plötzlich schreckt uns eine Stimme aus dem Äther auf: »Eure vorletzte Position betrug 89° 59,28' nördlicher Breite und 69° 33,72' westlicher Länge. Euer letzter Standort war auf 89° 59,22' nördlicher Breite und 69° 09,84 östlicher Länge.«

Uns ist sofort klar, was geschehen ist: Wir haben eine östliche Länge erreicht und stehen damit im sowjetischen Bereich des Nordpolarmeeres. Wir sind also unmittelbar am Nordpol vorbeigelaufen. Genauer gesagt: Wir haben unser Ziel auf 400 Meter genau getroffen.

Es gibt keinerlei Indiz dafür, daß wir uns dem Pol nähern. Kein Zeichen, keine Station, kein Flaggenmast – nur Eis. Der Pol ist ein rechnerischer Punkt in der Eiswüste.

Wir haben es also tatsächlich geschafft! Der letzte Schritt unseres langen Marsches liegt hinter uns. Wir haben es mit eigenen Ohren gehört. Unsere Berechnungen stimmen mit Argos überein. Der Beweis liegt uns und der Außenwelt vor. Wir haben die Erwartungen erfüllt.

Da stehen wir nun. Ein kleines Grüppchen von acht Personen in dieser unendlichen Weite. Vor Erschöpfung sind wir unfähig, uns zu freuen. Wir starren einander an, murmeln ein wenig verlegen und hilflos belanglose Sätze und wissen nicht, wie wir uns verhalten sollen. Verrückt: Die Anstrengungen und Qualen der letzten zwei Monate haben wir ertragen, aber dieser Situation sind wir nicht gewachsen. Wir fühlen uns wie in einem luftleeren Raum.

Mir erscheint alles wie ein Traum. Gut, wir sind am Nordpol. Das habe ich verstanden. Aber ich verspüre einen inneren Drang weiterzulaufen. Hier, wo es nichts zu sehen gibt, kann doch nicht das Ziel sein, auf das ich 56 harte Tage lang zu-

gelaufen bin. Der Zwang, den verhaßten Schlitten wieder anzuschnallen und weiterzulaufen, wird fast übermächtig. Ich glotze die anderen an und verstehe nicht, warum plötzlich alles zu Ende sein soll. Es ist ein Gefühl, als drohte ich abzustürzen und könnte dieser Gefahr nur durch weiteres Laufen entkommen. Laufen – wo mir jede Faser meines Körpers schmerzt, wo ich vor Müdigkeit kaum mehr aus den Augen sehen kann und diese Stunde so sehnsüchtig herbeigewünscht hatte. Mein Geist, meine Motorik ist so stark auf das Laufen fixiert, daß es mir unmöglich erscheint, diesen Befehl von einer Minute zur anderen zu widerrufen. Es ist nicht auszuhalten!

Das Flugzeug kommt, um uns abzuholen. Wie so häufig, ist der Film durch die Kälte gerissen. Die Perforation ist ausgebrochen.

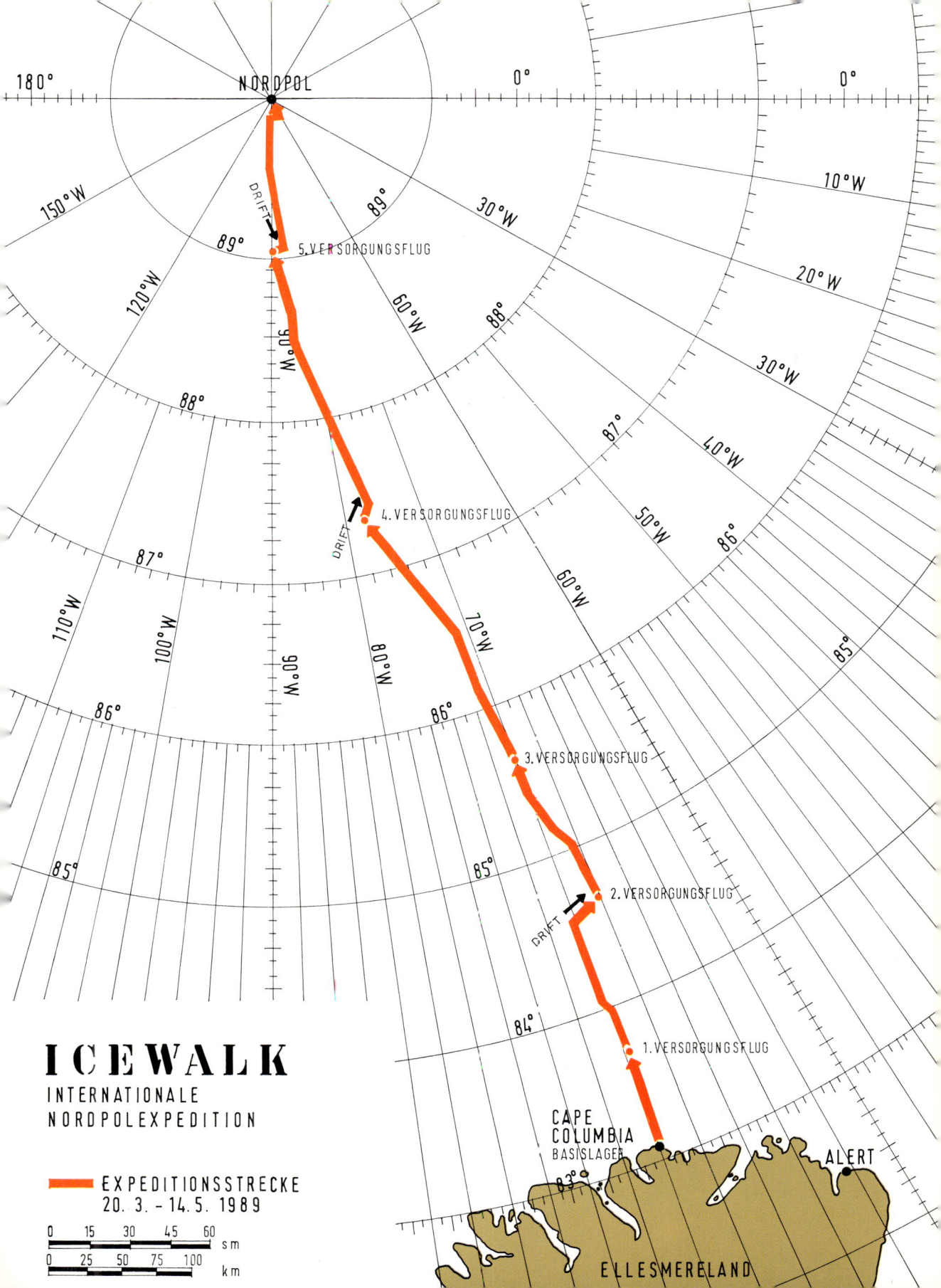

Noch immer stehen wir hilflos im Kreis herum. Und dann ist es Misha, der etwas steif und formal beginnt, jedem die Hand zu schütteln. Die anderen folgen dem Beispiel, und der Bann ist gebrochen. Wir fallen uns in die Arme. Tränen treten uns in die Augen. Robert kramt das Gewehr aus seinem Gepäck, das wir als Schutz gegen Eisbären mitgeschleppt haben, und jeder von uns feuert eine Patrone in den wolkenverhangenen Himmel. Acht Männer sind am 20. März in Cape Columbia gestartet, acht Männer stehen jetzt am 14. Mai am Nordpol, und achtmal löst sich ein Schuß aus dem Karabiner. Der ungewohnte Knall reißt uns aus unserem Trauma und führt uns in die Wirklichkeit zurück.

Meine Tagebucheintragung, die ich später im Zelt mache, liest sich nüchtern und frei von Emotionen, obwohl mir ganz anders zumute war.

Tagebuch, 14. Mai, 56. Tag: »Ankunft am Nordpol. Nach 56 Tagen auf dem arktischen Ozean erreichen wir um 3.52 Uhr Ortszeit, entsprechend 8.22 Uhr Weltzeit, den geographischen Nordpol. Es ist vollbracht! Über Funk erhalten wir laufend Argospositionen. Wir driften langsam Richtung Spitzbergen. Die Mühsal hat ein Ende. Wir gratulieren uns gegenseitig, können es aber noch gar nicht so recht glauben, daß wir am Ziel sind. Ich versuche, mir den Globus mit Nordpol vorzustellen – wahrlich ein merkwürdiger Ort. Das Gelände um uns herum ist relativ eben, so daß wir auch eine Landebahn für das Flugzeug bauen können. Vorerst essen wir erst einmal und sprechen mit Stephen, der über Funk erste Eindrücke und Interviews festhält. Ich rauche eine Zigarre. Die hab' ich mir extra für diese Stunde mitgebracht. Da die Sicht schlecht ist, müssen wir mit dem Bau der Landebahn warten und nutzen die Zeit zum Schlafen. Anschließend erneute Mahlzeit und bei besserer Sicht Beginn mit dem Landebahnbau – 500 Meter lang! Es gibt noch einen Grund zum Feiern: Heute ist Hiros Geburtstag! Zum Geburtstag der Pol – welch ein Geburtstagsgeschenk!«

Während jeweils zwei von uns in Schichten die Landebahn bauen, bereiten sich die anderen auf das Eintreffen der Flugzeuge vor, die uns von

hier fortbringen sollen. Ein wenig abseits vom Zelt vergräbt Hiro im Schnee ein Bild seines Freundes, der kurz vor unserer Expedition am Mount McKinley ums Leben gekommen ist. Die Stelle markiert er mit seinem Skistock.

Über uns taucht plötzlich eine »Twin Otter« auf. Wie sich herausstellt, sitzen der Australier Dick Smith und der englische Pilot Giles Kershaw in der Maschine. Die beiden sind auf einem Transarktisflug von Kanada über den Nordpol nach Rußland unterwegs und sind rein zufällig zur selben Zeit am Pol wie wir. Da sie keine Kufen montiert haben, können sie nicht landen. Wir sprechen über Funk mit ihnen, und sie drehen einige Runden über unseren Köpfen und werfen schließlich eine Zeitung, ein Paket Kaffe und ein paar Kekse ab.

Giles Kershaw ist von Beruf Pilot einer »Boeing 747« und wohl der berühmteste Polarflieger unserer Zeit. Ein knappes Jahr später wird er bei einem Hubschrauber-Unfall in der Antarktis ums Leben kommen.

Einige Zeit danach landen die drei »Twin Otter« der Bradley Air auf »unserer« Landepiste. Ein Flugzeug ist leer und für unseren Rückflug bestimmt. Die beiden anderen Maschinen sind vollgepfropft mit Journalisten, Fotografen und Kameraleuten. Wir stehen ein wenig verloren da. Türen öffnen sich. Leute stürmen ins Freie. Schon von weitem ruft man uns zu, gratuliert uns. Und sofort sind wir von klickenden und surrenden Kameras umringt. Ein Tohuwabohu von Fragen stürmt auf uns ein, und wir wissen gar nicht, wohin wir uns zuerst wenden sollen.

Bill Nickelson, ein Vertreter der Firma Amway, die dieses Projekt gesponsert hat, läßt den Korken einer Magnumflasche Champagner knallen. Und dann hält jeder von uns einen Plastikbecher mit dem edlen, prickelnden Naß in den Händen, – welch ein verrückter Kontrast!

Dann bauen wir uns für die Fotografen und Kameraleute zu einer Flaggenparade auf und geben die erste Pressekonferenz am Nordpol.

Plötzlich wird mir kalt. Ich habe nur noch den Wunsch, in die geheizte Flugzeugkabine zu steigen und nach Hause zu fliegen.

Der Nordpol liegt hinter mir.

Der Pol der Verständigung?

Beim Betreten des Flugzeuges drehe ich mich ein letztes Mal um. Eigenartig, schon jetzt verspüre ich eine Distanz zwischen mir und der Eiswüste. Diese Landschaft, die mir zwei Monate lang schonungsloser Lehrmeister und Spiegelbild meiner selbst war, die uns an die Grenzen des Erträglichen brachte, aber auch Zuhause war, liegt jetzt entrückt hinter mir. Der zerbrechliche und müde Mensch flüchtet sich in die künstlich geschaffene Wärme einer Flugzeugkabine.

Mit dröhnenden Motoren nimmt die »Twin Otter« Anlauf, holpert und springt über unsere mit Schaufeln und Eispickeln präparierte Piste und schwingt sich schließlich auf. Erst aus der Vogelperspektive erkennen wir, wieviel offenes Wasser sich inzwischen gebildet hat. Riesige Eisschollen werden mehr oder weniger durch Kanäle getrennt. Wie Narben auf der Haut ziehen sich die Preßeisrücken über die Eisfelder. Ein bizarres Bild.

Irgendeiner hat einen Kasten Bier entdeckt und reicht jedem eine Flasche. Wir trinken in kleinen Schlucken, blicken vereinzelt aus dem Fenster und hängen unseren Gedanken nach. Irgendwann schlafen wir ein und werden erst wach, als die Motoren zum Landeflug auf Eureka gedrosselt werden.

Während Helfer unsere Ausrüstung in eine betagte »DC 3« umladen, empfängt man uns in der Wetterstation mit einem üppigen Frühstück. Uns drängt es alle, unsere dreckige, stinkende Kleidung loszuwerden; und die Sehnsucht nach einer heißen Dusche ist fast übermächtig. Doch mit Wasser kommen nur unsere Hände in Berührung, mit der »großen Wäsche« müssen wir uns noch gedulden.

Mit gut gefüllten Bäuchen bringt uns dann die »DC 3« in einigen Stunden nach Resolute Bay. Die Maschine rollt direkt vor das Flughafengebäude, das eher wie eine riesige Baracke aussieht. Durch das Fenster sehen wir eine große Schar Menschen, die auf uns wartet. Die Tür fliegt auf, und nacheinander steigen wir über die kleine Gangway auf den eisbedeckten Boden.

Ich fühle mich befreit, erleichtert und überschwenglich. Wie ein Kind vor dem Weihnachtsbaum nach Geschenken Ausschau hält, suche ich nach vertrauten Gesichtern. Ich entdecke meine Freundin Brigitte, doch wir müssen uns in dem Gewühl erst einen Weg zueinander bahnen. Wir kennen beide diese Zeremonie vom Ende vieler Expeditionen. Es ist wie immer ein Moment, in dem mich ein kaum zu überbietendes Glücksgefühl durchdringt. Und wie immer genießen wir diesen Augenblick fast wortlos. – Jetzt bin ich zurückgekehrt.

Und dann sehe ich – und damit hatte ich weiß Gott nicht gerechnet – meinen Freund Manfred Horender und Ralf Stark, der mich mit seiner Kamera aufs Korn genommen hat. Mir wird schnell klar, daß sie meine Rückkehr fürs Fernsehen festhalten. Wie ich später erfahre, waren die drei auf gut Glück nach Ottawa geflogen in der Hoffnung, irgendwie nach Resolute zu kommen. Obwohl man ihnen immer wieder sagte, die Maschine nach Resolute sei bis auf den letzten Platz voll, haben sie es tatsächlich geschafft. Wie sie nach Ottawa zurückkommen würden – und das ist immerhin fast so weit wie von London nach New York – ist ihnen erst einmal egal. Sie wollten bei meiner Ankunft dabeisein, und das haben sie geschafft.

Im Flughafengebäude geht es zu wie auf einem Medien-Basar. Überall Kabel, Leitungen, Kameras, Mikrofone, Scheinwerfer, Telefone und nochmals Telefone. Vor einer Schar von Journalisten, Kameraleuten, Fotografen und Assistenten sitzen wir an einem langen Tisch. An unserem Aussehen hat sich seit dem Abflug vom Pol nichts geändert. Auf der einen Seite des Tisches die Damen und Herren der Presse, frisch geduscht und durchgestylt, auf der anderen wir, mit zerschundenen Händen und Gesichtern, struppeligen und verklebten Haaren und abgewetzten Kleidern.

Robert gibt eine Erklärung zum Verlauf und Sinn der Expedition ab. Kaum ist er fertig, prasselt ein Schauer von Fragen auf uns nieder. Immer wieder will man wissen, warum, wieso, weshalb…

Einige Fernsehteams übertragen direkt von hier

über Satellit in ihre Heimatländer. Ich werde ständig ans Telefon gerufen, weil wieder ein Rundfunksender zu Hause ein Live-Interview mit mir machen möchte. Bald sitzen wir alle acht verteilt in dem großen Raum, umringt von fragenden Journalisten. Ich habe das Gefühl für die Zeit verloren. Obwohl es nach meiner Uhr zwei Uhr nachts ist, strahlt draußen die Sonne. Irgendwann kann ich mich aus der ungewohnten Bedrängnis befreien und finde mich unter einer herrlichen Dusche und schließlich in einem frisch bezogenen Bett wieder. Momente, die man nie vergißt.

Am nächsten Morgen finde ich Gott sei Dank noch Zeit, meine alten Freunde Terry und Bezael Jesudason zu besuchen, die seit Jahren in Resolute leben. Und auch den Eskimo Amuchi, einst einer meiner Lehrmeister im po-laren Reisen, treffe ich. Er strahlt mich an und gratuliert mir, und ich danke ihm für seine einstige Schulung.

Nach acht Stunden Flug landen wir am nächsten Tag auf dem Flughafen von Ottawa. Das Thermometer zeigt wieder 30 Grad Celsius. Diesmal allerdings plus. Und noch mal müssen wir in unserer stinkenden Polarkleidung eine Pressekonferenz überstehen, bevor wir endlich ins Hotel gebracht werden. Ich ergötze mich unter der heißen Dusche, ziehe frische Sommerkleidung an und bin mit einemmal ein anderer Mensch.

Der Atem gefriert in meinem Bart. Frost und Sonne bilden eine Einheit und gefährden die Haut.

An den folgenden Tagen wechseln sich Interviews mit Telefonaten und medizinischen Untersuchungen ab, die Misha als Abschluß seiner Studien an uns vornimmt. Auch einige Ärzte des Krankenhauses von Ottawa prüfen uns noch einmal auf Herz und Nieren. Sie hatten uns schon vor der Expedition penibel untersucht und wollen aus den beiden Checks jetzt ihre Schlüsse ziehen. Schließlich wird ihnen nicht jeden Tag eine solche Feldstudie geboten.

Nach drei Tagen in Ottawa fliegen wir alle acht nach London, wo uns die britische Premierministerin Margaret Thatcher in der Downing Street empfängt. Nach einer gemeinsamen Kaffeestunde zeigt uns die eiserne Lady ihren Sitz und betont immer wieder, wie großartig sie unsere Aktion findet. Sie halte Unternehmen wie unser »Icewalk«-Projekt für wichtig, weil es der Jugend diene, die Umweltproblematik deutlich mache, was zu einem gesteigerten Umweltbewußtsein in der Bevölkerung führe. Bemerkenswerte Worte, wenn man sich einmal die britische Umweltpolitik anschaut.

Wir erhalten in den kommenden Tagen noch viele Glückwünsche und lobende Worte von Politikern aus der ganzen Welt. Mir wird dabei klar, daß zwischen verbaler Beifallsbekundung und tatsächlicher Politik Welten liegen.

Auch in London läßt uns der Trubel kaum eine Minute, in der wir innerhalb der Gruppe miteinander sprechen können. Schließlich laufen wir in alle Himmelsrichtungen auseinander. Nur mit Hiro tausche ich noch einige Worte auf dem Flughafen, wo sich unsere Wege nach Tokio und Hamburg trennen werden. Ich frage Hiro, ob es für ihn denn nun »der Pol der Verständigung« gewesen sei, so wie Misha es einst formulierte.

Hiro zögert und hat Mühe, sich in seinem gebrochenen Englisch auszudrücken: »Wir sind alle verschiedene Menschen. Daß es gelegentlich Spannungen auf einer solch extremen Expedition gibt, ist normal. Entscheidend ist, ob es den Leuten gelingt, sich immer wieder zusammenzuraufen. Toleranz und Akzeptanz sind die wichtigen Elemente. Das ›Icewalk-Team‹ ist durch eine harte Prüfung gegangen. Wir haben viel voneinander, aber auch viel über uns selbst gelernt. Es liegt jetzt an jedem einzelnen, die Erkenntnisse für sich zu nutzen.« Erkenntnisse und Erfahrungen, die in ähnlicher Form auch für die Jugendlichen gelten, die während unserer Expedition in Eureka weilten. Ihre Sorge bezüglich der Umweltzerstörung fassen sie in einer Pressemitteilung zusammen: »Wir sind auf dem besten Wege, Selbstmord zu begehen. ›Wir‹ – das sind nicht nur wir 22 Jugendliche aus 15 Nationen, die an der ›Icewalk‹-Expedition teilnehmen, sondern jeder einzelne, der auf dieser Erde lebt. Es ist uns bewußt geworden, daß die Erde ohne uns leben kann, wir aber nicht ohne sie. Wir sind das Problem und wir müssen die Lösung für dieses Problem sein. Wenn die Erde stirbt, sterben auch wir. Denn wir sind ein Teil von ihr. Deshalb wird es Zeit, unser aller Leben zu retten. Aber wie? Indem wir uns fragen, woher unsere Energie kommt? Indem wir uns fragen, wo wir unseren Müll hinkippen? Indem wir uns fragen, ob das, was wir tun, unserer Umwelt schadet? Indem wir sofort und auf internationaler Ebene etwas unternehmen! Denn jede noch so kleine Tat kann uns zerstören oder retten, jeder einzelne Mensch kann seinen Teil zum Erhalt unserer Erde beitragen. Laßt uns leben! Laßt uns bescheidener leben!« Roland, Sonja und Andreas schildern ihre Eindrücke mit eigenen Worten.

Das Jugendcamp

Die Welt liegt in ihren Händen – sicherlich nur eine symbolische Geste. Je früher man die Jugend für den Erhalt der Umwelt begeistern kann, desto besser. Es geht um nichts Geringeres als um ihre Zukunft.

Roland

»Mach's gut, Arktis. Verzeih, daß wir dich belästigt haben.«

Merkwürdig, was mir durch den Kopf ging, als unsere Maschine über die schneebedeckte Rollbahn rumpelte, abhob und in einer leichten Linkskurve höher stieg. Das Land da unten, weit und weiß und einsam, tat mir leid. Weil es, wie jeder Flecken unseres Planeten, unter uns Menschen leiden muß. Unter unseren Abgasen und Abfällen.

Genau das ist ja der Grund für die »Icewalk«-Jugend-Expedition gewesen. Den Teilnehmern zu zeigen, daß wir selbst hier, weitab aller Zivilisation und Industrie, die Umwelt zerstören. Und daß schon kleinste Eingriffe in das empfindliche ökologische Gefüge des hohen Nordens dramatische Veränderungen in unseren Breiten hervorrufen können.

Aber es gab noch einen anderen Grund für meine sonderbaren Gedanken: unsere Anwesenheit selbst. Ich dachte dabei nicht an die Tatsache, daß bereits unser Transport nach Eureka und unser Aufenthalt in der meteorologischen Station Energie verbrauchte und Abfall erzeugte. Und daß wir damit genau das taten, was wir beklagen, nämlich die Umwelt beeinflussen. Nein, von Anfang an hatte ich das Gefühl: Wir stören hier, wir gutgelaunten, bunt gekleideten, lärmenden und lachenden Menschen passen einfach nicht in diese eiskalte, überwältigende Welt.

Jeden Tag aufs neue wurde mir das bewußt. Immer dann, wenn ich dem Lagertrubel entfloh und nur ein paar Schritte von den Unterkünften entfernt die pure Natur auf mich wirken ließ. Wenn mich in der eingefrorenen Stille das Piepen einer Schneeammer aufhorchen ließ und ich mich wunderte, wie der empfindliche Vogel in dieser Eiswüste überleben kann. Wenn vor meinen Füßen Schneehasen furchtlos über den Frostboden hoppelten. Wenn auf dem eiserstarrten Eureka-Sund die weißen Wölfe von Ellesmere-Island ihr Revier durchstreiften. Und wenn am Hang vor mir eine Herde zotteliger Moschusochsen mit ihren Hufen nach Flechten und Moosen scharrte.

Die Landschaft und ihre Lebewesen, die seit Jahrtausenden den harten Umweltbedingungen trotzen, empfand ich als eine harmonische Einheit. Mich selbst und die anderen Mitglieder unserer Gruppe darin als Fremdkörper.

Als unser Flugzeug schon Stunden in der Luft war und die eisige Wildnis hinter uns lag, fielen mir die Worte eines offenbar klugen Menschen ein und trösteten mich ein wenig: »Man kann nur lieben, was man kennt.«

Ein paar Menschen mehr auf der Welt kennen die Arktis nun – vielleicht hilft ihr das.

Sonja

Kanada, Ellesmere Island. Endlose weiße Weite und eine Handvoll Häuser der Wetterstation Eureka, in der wir zwei Wochen gelebt haben. Wir, das waren 22 junge Menschen aus 15 verschiedenen Ländern. Ein buntgemischtes Völkchen, das zwei Wochen lang mit einer phantastischen Naturlandschaft, aber auch mit den Problemen dieser eisigen Schönheit konfrontiert wurde.

Wir gingen unterschiedlich geprägt und mit mehr oder weniger guten Informationen über Umweltbelastungen aufeinander zu. Manchen von uns hatte es bisher vielleicht nur am Rande interessiert, welche Bürde die Natur durch die Verschmutzung des Menschen zu tragen hat. Hier in der Arktis erhielten wir alle hautnahe Eindrücke, die wir wahrscheinlich unser ganzes Leben lang nicht mehr vergessen werden. Wir empfanden die Macht der Natur und die Unzulänglichkeit des Menschen. Wir spürten gerade unter den extremen Bedingungen der polaren Welt, daß der Mensch als Teil der Natur nur überleben kann, wenn er sich in ihren Kreislauf einfügt. Er muß in der Wahl seiner Mittel, die ihm das Leben ermöglichen und angenehmer gestalten, sehr sorgsam sein. Richten sich seine vermeintlich klugen oder gar genialen Entwicklungen und Erfindungen gegen die Natur, bestraft sie uns dafür. Mir wurde in der Arktis klar, daß wir Menschen keine Macht über die Natur erlangen können und sollten. Wir werden am Ende immer den kürzeren ziehen.

Wenn wir schon die Kraft der Natur bei unserer

kleinen Expedition so intensiv spürten, wie mußten sie wohl die acht Männer auf dem Weg zum Pol erst empfunden haben. Darüber dachte ich oft nach. Vor allem, wenn wir mit ihnen Funkkontakt hatten, der jedesmal zu einem spannenden Ereignis wurde. Wir fühlten uns dann besonders mit ihnen verbunden und konnten ein wenig nachempfinden, welche Belastung sie für unsere gemeinsame gute Sache auf sich nahmen. Ihre Stimmen über den Äther, die frische Kälte, unsere Märsche in der berauschenden Landschaft, unsere gemeinsamen Nächte im Iglu oder Zelt werden mir immer in Erinnerung bleiben.

Unvergessen wird mir auch der Kontakt mit den Inuit sein. Wir trafen sie auf Baffinland, wo dieses Urvolk noch vor rund 100 Jahren völlig im Einklang mit der Natur lebte. Sie verwerteten alles, was die Schöpfung für sie bereithielt, ohne den geringsten Abfall zu hinterlassen. Inzwischen hat aber auch sie unsere Zivilisation in ihren Bann geschlagen. Fastfood, feste Häuser, Autos und Motorschlitten prägen heute ihren Alltag. Das alles wird mit Flugzeugen zu ihnen gebracht. Damit tragen auch sie zur Umweltverschmutzung bei.

Die Umwelt der Inuit wird aber auch durch uns Europäer, Amerikaner und Bewohner anderer Industrieländer belastet. Denn der von uns erzeugte Dreck wird durch Luftbewegungen in ihren Lebensraum gebracht. Ich habe erfahren, daß Inuit-Frauen ihre Kinder möglichst nicht stillen sollen, weil Industriegifte sogar in der Muttermilch auftauchen. Daß es derartige Verschmutzungen in der Arktis gibt, haben auch wir durch Untersuchungen von Schneeproben nachgewiesen. Diese Schadstoffe stammen nicht aus Eureka; denn dort gibt es im Umkreis von vielen hundert Kilometern keine Industrie.

Ich bin sehr betroffen aus der Arktis zurückgekehrt. Und ich frage mich immer wieder, wie wohl unsere Natur aussähe, wenn alle bei uns produzierten Schadstoffe auch bei uns blieben. Wahrscheinlich stünde dann bei uns schon kein Baum mehr.

Mir ist nach diesen zwei Wochen im hohen Norden auch klargeworden, daß die Umweltverschmutzung uns alle angeht. Alle Menschen auf diesem Planeten sind betroffen; denn die Natur kennt keine Grenzen. Das wurde auch aus Erzählungen der »students expedition«-Mitglieder aus aller Welt deutlich. Jeder wußte von Umweltproblemen zu berichten, egal, aus welchem Teil der Erde er oder sie kam.

Ich bin nach dieser Jugend-Expedition der Überzeugung, daß alle Menschen und Nationen zusammenhalten müssen, um etwas gegen die Bedrohung und Zerstörung der Natur zu erreichen. Es ist niemandem geholfen, wenn wir die Verantwortung nur hin- und herschieben.

Andreas

Nachdem ich erfahren hatte, daß ich für drei Wochen mit einer internationalen Jugendgruppe in die Arktis fahren durfte, begann ich, mich zu informieren. Zuerst anhand von Bildbänden über Kanada, später durch Erlebnisberichte von Scott, Amundsen und Peary. Außerdem las ich Erzählungen aus dem hohen Norden. Der Eindruck, den ich beim Lesen dieser Bücher bekam, wurde später, als ich wirklich im arktischen Schnee stand, bei weitem übertroffen. Man bekommt ein ganz anderes inneres Verhältnis zur Natur und den Lebewesen, wenn man »mittendrin steht« in den praktischen Lebensabläufen. Man empfindet vor Ort intensiv und registriert Veränderungen und Unterschiede zum alltäglichen Leben in der gewohnten Umgebung. Ich mußte mit diesem Wechsel erst einmal fertig werden. Jeder von uns in der Gruppe mußte umdenken, mußte sich den extremen Temperaturen und Lebensgewohnheiten der Arktis anpassen. Schnell stellte ich fest, daß es nicht nur darum ging, daß Jugendliche verschiedener Länder und Kulturen sich kennenlernen sollten. Die Tagesabläufe waren geplant und durchdacht. In den täglich vier bis fünf Stunden Unterricht brachte man uns zum Beispiel das Leben in der Arktis und die Navigation näher und informierte uns über typische Experimente in einer kanadischen Wetterstation und deren Auswertung. Wir erfuhren zum ersten Mal etwas über den Ablauf einer Schneeanalyse.

Diese theoretischen Kenntnisse setzten wir später in praktischen Übungen um, zum Teil während einiger Ausflüge in den Schnee, Mini-Expeditionen sozusagen. Bei einem dieser wissenschaftlichen Versuche füllten wir einen Wetterballon mit umweltfreundlichem Gas. Wir befestigten einen Aufbau mit mehreren Meßinstrumenten an dem Ballon und ließen ihn aufsteigen. Auf diese Art wird der Ozongehalt in verschiedenen Höhen gemessen.

Bei einer anderen Untersuchung nahmen wir Schneeproben in Entfernungen zwischen fünf und acht Kilometern von der Station. Den Schnee schmolzen wir zu Wasser und maßen dann das Wasser mit einem speziellen Gerät auf »Durchgängigkeit«. Das Salz als Kristall fungiert dabei als »Ladungsträger« und gibt Aufschluß über Schadstoffe, die im Schnee enthalten sind. Nach der praktischen Ausführung wurde jedes Experiment besprochen und anhand von grafischen Tabellen nochmals erklärt. Durch die teilweise erschreckenden Ergebnisse der Untersuchungen und die Nähe zu dieser vermeintlich sauberen und gesunden Landschaft sieht man die Zusammenhänge bald mit anderen Augen. Mir war klar, daß frische Luft und blütenweißer Schnee nicht gleich unberührte Natur sind. Mir tat dieses Land regelrecht leid. Ich fühlte, wie es der Gewalt ferner Mächte ausgeliefert ist. Ich sprach mit den anderen darüber und stellte fest, daß sie ähnlich empfanden wie ich. Man entwickelt für die Arktis eine Art Schutzinstinkt, ähnlich wie eine Mutter zu ihrem Kind. Mir wurde klar: Du mußt in Zukunft etwas tun, mußt dich auf die Seite des Schwächeren stellen, ihn gegen diese Ungerechtigkeit verteidigen.

Bei meiner Rückkehr nach Köln hatte ich einige Pläne im Kopf, wie ich im Alltag praktisch etwas ändern könnte. Und mein erstes Vorhaben gelang tatsächlich: Ich erreichte, daß in der Berufsschule Kaffee nur noch in den eigenen Tassen ausgegeben wurde und nicht mehr in Plastikbechern, die bisher stets im Müll landeten.

Das gab mir Mut, mich weiter für die Sache des praktischen Umweltschutzes einzusetzen. Ich besuchte den Oberbürgermeister und den Regierungspräsidenten von Köln und den Intendanten des Westdeutschen Rundfunks, Friedrich Nowottny, berichtete ihnen über die »Icewalk«-Ex-

pedition und die Absicht, die Umweltproblematik international aufzuzeigen. Ich bat die Herren, sich mit ihren Möglichkeiten ebenfalls für einen grenzenlosen Schutz der Natur einzusetzen. Ich erfuhr, daß viele Pläne bereitliegen, die zu einer geringeren Umweltbelastung führen sollen. So erzählte mir der Regierungspräsident, daß die Parkflächen in Köln in den 90er Jahren reduziert werden sollen, damit die Mitarbeiter des Öffentlichen Dienstes gezwungen werden, entweder mit dem Fahrrad oder öffentlichen Verkehrsmitteln zur Arbeit zu fahren.

Internationale Jugendbegegnungen halte ich für sinnvoll, da sie Mißtrauen und Feindbilder abbauen und damit zur Völkerverständigung beitragen. Durch die »students expedition« ist mir zusätzlich klargeworden, daß die Umweltverschmutzung nicht an Landesgrenzen haltmacht. Ich habe in Gesprächen mit Jugendlichen vieler Länder viele Informationen über die Umweltprobleme ihrer Heimat bekommen. Ohne die Nähe der Arktis hätte ich außerdem niemals so stark empfinden können, was man diesem Bereich der Erde antut, egal, wie viele Bücher ich über dieses Thema gelesen hätte.

Am Anfang war ich eigentlich nur stolz, dabeizusein und etwas erleben zu können. Aber dann genoß ich das Gefühl, in diese internationale Gruppe aufgenommen zu werden und die Umweltverhältnisse durch eine Menge von Informationen zu verstehen und mein Wissen durch Aktionen umsetzen zu können. Daß ich jetzt zu einer fundierten Kritik in der Lage bin, also genau weiß, wovon ich spreche, ist für mich eine Bereicherung.

Trotzdem, so glaube ich, sollte man nicht nur in abgelegene Regionen fahren, um Umweltschutz zu betreiben. Wir haben auch einen großen Berg Arbeit vor unserer eigenen Haustür. Denn es gibt genügend Beispiele bei uns, wie der Natur Gewalt angetan wird. Ich jedenfalls habe durch diese Expedition gelernt, die Dinge kritischer zu sehen und daß es für jeden Einzelnen wichtig ist, mit anzupacken.

Bild links:
Andreas und Stanley.
Für Stanley ist es
das erste Mal, daß er
Schnee zu sehen
bekommt.

Bild unten:
Roland und Sonja.

Ein heißes Jahr im Eis

»Dagmar Aaen«, ein dänisches Segelschiff aus dem Jahre 1931. Ganz aus Holz gebaut, solide, zuverlässig und äußerst seetüchtig. Mit ihr werde ich auf künftigen Expeditionen neue, entlegene Ziele ansteuern.

Der Medienrummel setzt sich auch nach meiner Ankunft in Deutschland fort. Die Resonanz in der Öffentlichkeit ist groß, und so werde ich mit Interviewterminen regelrecht bombardiert. Ich hatte mich so darauf gefreut, zu Hause die grünen Maitage in Ruhe zu genießen. Ich sauge die Gerüche, Farben und Geräusche, die ich so lange entbehren mußte, regelrecht auf. Jetzt, da ich fast ein Vierteljahr auf diese Reize und Eindrücke verzichten mußte, kann ich ihren Wert erst wieder richtig einschätzen.

Obwohl ich noch von Wiedersehensfreude erfüllt bin, bereite ich in dem ganzen Termingerangel schon wieder einen Ausstieg auf Zeit vor. In wenigen Monaten werde ich schon wieder im Eis sein. Diesmal aber auf dem dem Nordpol gegenüberliegenden Teil der Erde. Eine Antarktis-Expedition, seit vielen Jahren geplant, rückt in greifbare Nähe. Robert Swan, der erste Mensch, der Nord- und Südpol zu Fuß erreicht hat, hatte die Öffentlichkeit schon bei der Pressekonferenz in Resolute über mein Vorhaben informiert. Er meinte, er könne es fast nicht glauben, daß ich schon fünf Monate nach Ende der Nordpol-Expedition wieder ins ewige Eis gehen würde, und dazu noch länger als auf unserem »Icewalk«-Marsch. Sollte auch dieses Unternehmen gelingen, so würde ich der erste Mensch sein, der beide Pole innerhalb eines Jahres zu Fuß erreicht hat.

Auch ich kann mich momentan noch nicht mit dem Gedanken vertraut machen, bald wieder wochen- oder gar monatelang einen Schlitten durch Eis und Schnee zu ziehen. Trotzdem kniee ich mich voll in die Vorbereitungsarbeiten. Andreas Borrink, ein Bootsbau-Experte, baut nach meinen Vorgaben die Schlitten für das neue Vorhaben. Andreas hatte schon die Pulkas gebaut, die sich auf dem Weg zum Nordpol so gut bewährt haben. Ich ändere deshalb die Konstruktion nur in Details, die Andreas in bewährter Manier in die Tat umsetzt. Vor allem die Kufen und die Unterseite der Pulkas gestalte ich neu. Dann baue ich mir ein Rad mit einem Kilometerzähler, das an einem der Schlitten befestigt werden soll, um die zurückgelegte Distanz zu messen. Beim Nordpolmarsch hatten wir auf ein

solches Rad wegen des rauhen Eises verzichtet. Es gibt viel zu tun: Ich berechne Nahrungsmenge und -zusammenstellung, lasse Plotting-Karten zeichnen, besorge Navigationsinstrumente und brüte stundenlang über Landkarten und Tabellen für die astronomische Navigation. Aus den Unterlagen entnehme ich die magnetische Kompaßabweichung, versuche mir ein Bild der Geländestruktur zu machen, berechne den Brennstoffverbrauch und informiere mich bei Funkern über geeignete Funkgeräte. Jetzt schöpfe ich aus dem großen Erfahrungsschatz, den ich mir in mehr als zehn Jahren durch polares Reisen zugelegt habe. Ohne das nun vorhandene Know-how wäre ein so aufwendiges und schwieriges Unternehmen wie eine Antarktisdurchquerung überhaupt nicht möglich. Ich bin mir der Verantwortung, die in diesem Fall auf meinen Schultern lastet, bewußt und weiß, daß mir kein Fehler unterlaufen darf.

Mein Partner bei der Antarktis-Expedition ist kein Unbekannter und mit Schnee, Eis und Kälte bestens vertraut: der Südtiroler Bergsteiger Reinhold Messner. Unsere Wege hatten sich vor einigen Jahren mehr oder weniger zufällig gekreuzt. Wir planten unabhängig voneinander eine Expedition in die Antarktis und verhandelten deshalb beide mit dem Münchner Filmproduzenten Jürgen Lehmann von der »Bavaria«. Jürgen knüpfte den Kontakt zwischen Reinhold Messner und mir, und schon bald saßen wir uns gegenüber und loteten aus, ob es ein gemeinsames Projekt geben könnte.

Schon bei dieser ersten Begegnung finden wir einen Draht zueinander und beschließen relativ schnell, dieses Vorhaben gemeinsam anzugehen. Ich vertraue auf die Professionalität und Abgeklärtheit Reinhold Messners, die er sich sicherlich im Laufe der Jahre bei seinen zahlreichen Unternehmen angeeignet haben wird. Wir hatten beide Probleme, unser Vorhaben allein in die Tat umzusetzen, und glauben nun, daß wir es mit vereinten Kräften und Möglichkeiten schaffen werden. Vor allem die organisatorischen Schwierigkeiten können wir jetzt in den Griff bekommen. Um möglichst ökonomisch vorzugehen, soll in der Vorbereitung jeder sein

Wissen und seine Verbindungen optimal einsetzen. So befasse ich mich mit der Logistik des Projektes, während sich Reinhold vorwiegend um den kaufmännischen Teil kümmert. Er hatte vor einiger Zeit die Firma »Würth« aus Künzelsau für ein Sponsoring gewinnen können. Und das Unternehmen zeigte sich jetzt bereit, unser Projekt zu unterstützen. Durch die persönliche Freundschaft mit dem *Spiegel*-Journalisten Wilhelm Bittorf gelingt es Reinhold, einen Exklusivvertrag mit diesem Magazin abzuschließen. Bittorf hatte bereits vor rund zehn Jahren Reinholds »K 2«-Expedition in mehreren Folgen im *Spiegel* geschildert. In ähnlicher Form will er nun über unser Unternehmen in der Antarktis berichten. Bittorf gelingt es außerdem, vom Südwestfunk einen Auftrag über eine Filmdokumentation unseres Projektes zu erhalten. Somit liegt die Berichterstattung sowohl für das größte deutsche Nachrichtenmagazin als auch fürs Fernsehen in der Hand eines einzigen Journalisten. Eine unselige Kombination, wie sich noch zeigen wird.

Nach zähen Verhandlungen gelingt es Reinhold, daß ein kanadisches Unternehmen uns die verbindliche Zusage gibt, uns in die Antarktis zu fliegen. Währenddessen liegen die Ernährungs- und Ausrüstungslisten auf meinem Schreibtisch, und Ausrüstungsgegenstände türmen sich überall im Haus. Die Sache nimmt Form an, jeder Tag bringt uns dem Abflug in den Siebten Kontinent näher. Zwischen Vortragsterminen, Interviews, Vorbereitungen auf die Antarktis-Expedition und Trainingseinheiten bereite ich ein weiteres Projekt vor. Schon als Kind hatte ich davon geträumt, ein eigenes Schiff zu besitzen, mit dem ich fahren könnte, wohin ich wollte.

Gleich nach meiner Rückkehr vom Nordpol beginne ich damit, zusammen mit einem Bekannten die neuen Schlitten für den Südpol zu konstruieren.

Das Meer übte – ähnlich wie das Eis – von jeher eine starke Anziehungskraft auf mich aus. Meine Heimatstadt Bad Bramstedt liegt genau zwischen Nord- und Ostsee, und bis zum Hamburger Hafen ist es auch nur ein Katzensprung. Außerdem verbrachte ich in meiner Kinheit viele Wochen bei meinen Großeltern auf der Insel Sylt, wo ich zeitweise zur Schule ging und in der Nordsee das Schwimmen lernte. Mein Großvater und später mein Onkel fuhren eine Zeitlang zur See, und ich hörte mir mit leuchtenden Augen das Seemannsgarn der beiden an. Mir wuchsen damit schon früh Seebeine, und es stand schon damals für mich fest: Wenn du groß bist, fährst du auch einmal zur See.

Nach einer langweiligen Schulzeit, die ich mehr schlecht als recht über die Runden brachte, musterte ich bei einer deutschen Reederei an. Dort konnte ich in der Ausbildung zum Technischen Offiziersanwärter auf Frachtschiffen in fremden Ländern mein Fernweh stillen. Der Wunsch

aber, einmal in eigener Verantwortung das Ziel meiner Reisen festzulegen und mich nicht nach Frachtraten und Terminzwängen richten zu müssen, blieb weiterhin wach. Und es stand außer Frage: Mein eigenes Schiff sollte ein Segelschiff sein.

Ich war durch viele Törns von der Faszination des Segelns erfaßt worden und hatte unter anderem mit Freunden auf einer 13-Meter-Yacht den Atlantik überquert. Jetzt war die Zeit reif, mich auf eigene Planken zu stellen und auf dem Wasser auf Abenteuerreisen zu gehen.

Ich wußte: Es muß Liebe auf den ersten Blick sein. Und so suchte ich lange und geduldig, beriet mich mit Freunden, reiste durch dänische, holländische und englische Häfen, um meine schwimmende Liebe zu finden. Ich wollte keine moderne Yacht, sondern ein altes, traditionelles Segelschiff aus Holz. Solche Schiffe haben für mich einen besonderen Charme und eine starke Ausstrahlung und sind nicht minder seetüchtig. Von Freunden erfuhr ich schließlich, daß der Däne Niels Bach seine »Dagmar Aaen« verkaufen wollte. Gemeinsam fuhren wir nach Flensburg und waren sofort angetan von der Bauart und Form des Schiffes und überrascht vom guten Zustand des massiven Eicherumpfes. Niels brauchte einige Wochen, um sich von seiner »Dagmar« zu trennen. Trotzdem blieb das Schiff Niels und Niels uns erhalten, da wir uns gegenseitig schätzen lernten und sich über »unser« Schiff eine Freundschaft entwickelte, die bis zum heutigen Tage Bestand hat.

Mein Traum war also tatsächlich wahr geworden. – Doch nun hatte ich das Schiff meiner Wünsche, aber kaum Zeit für diesen Berg von Arbeit, um es für seine zukünftige Bestimmung umzurüsten. Doch das Glück war uns hold: Die Peterswerft in Wewelsfleth an der Stör stellte uns auf ihrem Gelände einen Liegeplatz zur Verfügung; die »Dagmar« hatte eine neue Heimat gefunden und wir die Möglichkeit, mit dem Umbau zu beginnnen, um das Schiff für eine zukünftige Expedition ins Nordpolarmeer vorzubereiten. Expeditionen haben eine lange Vorlaufzeit. »Dagmars« erster Expeditionseinsatz wird erst in 2 Jahren stattfinden, die Vorbereitungen dafür laufen aber schon auf Hochtouren. Anfang August liegt die »Dagmar« in neuem Glanz bereit an der Pier, um wieder in See zu stechen.

In diesen hektischen Wochen habe ich das Gefühl, als zerrinne mir die Zeit zwischen den Händen. Trotzdem lasse ich mir die Jungfernfahrt der »Dagmar« nicht entgehen. Und so laufen wir an einem sonnigen Sommermorgen mit Kurs auf Helgoland aus. Das Ziel der Reise ist Portugal. Wir wollen auf dem Weg durch Nordsee, Kanal und Biscaya das Schiff mit schwierigen Gewässern vertraut machen, um Erfahrungen zu sammeln für einen zweiten Bauabschnitt. Ich selbst kann aufgrund der Zeitnot die Reise nicht zu Ende führen und übertrage deshalb die Schiffsführung meinem Freund Manfred Horender, der »Dagmar« kurz vor meiner Abreise in die Antarktis wieder sicher an ihrem Liegeplatz in der Peterswerft festmacht.

Der Sommer und unsere Vorbereitungen für die Antarktis-Expedition nähern sich dem Ende. Auf Pressekonferenzen stellen Reinhold Messner, die Firma Würth und ich die Antarktistransversale der Öffentlichkeit vor. Reinhold und ich hatten uns während des Sommers einige Male getroffen und in persönlichen Gesprächen informiert und beraten. Viele Entscheidungen fielen einfach in Telefonaten zwischen Bad Bramstedt und Südtirol oder München. Wir haben beide bewiesen, daß wir unser Handwerk verstehen, und die Vorbereitung effektiv und vertrauensvoll abgewickelt. Wir haben professionell, sachlich und nüchtern gearbeitet und zusammen tatsächlich alle Hürden auf dem Weg in die Antarktis aus dem Weg geräumt.

Von jetzt an werden wir als Team Tag für Tag zusammenwachsen müssen, werden einander auf Gedeih und Verderb ausgeliefert sein. Ich weiß, auch nach meinen Erfahrungen der Arktis-Expedition, daß das eigentliche Abenteuer dieser Expedition im persönlichen Bereich stattfinden wird. Für Reinhold ist es die erste Polar-Expedition, und Bergsteigen und Gewaltmärsche in polaren Gebieten sind sicherlich zwei verschiedene Paar Schuhe. Ich gehe mit großem Selbstvertrauen in diese Expedition, nachdem ich auch das mörderische Unternehmen »Icewalk« bestanden habe.

Auch wenn es zwischen uns acht Männern auf dem Marsch zum Nordpol gelegentlich Spannungen gegeben hat, konnten wir schließlich damit umgehen und sind als Freunde auseinandergegangen. Diese Erfahrungen geben mir den Mut und die Kraft, mich auf das Abenteuer Antarktis einzulassen. Zumal wir dieses Mal nur zu zweit sind – zwei gestandene, erprobte Abenteurer. Es müßte schon mit dem Teufel zugehen, wenn wir nicht an einem Strang ziehen würden! Am 16. Oktober 1989, nur fünf Monate nach meiner Rückkehr vom Nordpol, verlasse ich zusammen mit Reinhold Messner Deutschland in Richtung Punta Arena, in den Süden Chiles.

123

Shackleton

Als am Freitagmorgen, dem 14. Dezember 1911, der Norweger Roald Amundsen seinen Hundegespannen mit markigen Schreien das Anhalten befahl, schrieb er Geschichte. Zusammen mit seinen treuen Begleitern stand er als erster Mensch am Südpol. Er hatte nicht nur das von vielen für unmöglich Gehaltene geschafft, er hatte in einem historischen Wettlauf auch seinen englischen Konkurrenten Robert Falcon Scott bezwungen. Der Brite quälte sich zu diesem Zeitpunkt noch durch Eis und Schnee und sollte zusammen mit seinen Männern ein tragisches Ende finden.

Amundsen hatte das polare Reisen von der Pike an bei den Eskimos gelernt. Er kam mit seinen Hundeschlitten zügig voran, selbst in den ihm unbekannten zerklüfteten Gletschern des Inlandeises. Scott dagegen hatte eine unerklärliche Abneigung gegen Hundegespanne. Er hatte sie zwar mit in die Arktis gebracht und auch erkannt, daß sie die effektivste Fortbewegungsart unter den gegebenen Verhältnissen waren, lehnte sie aber trotzdem ab. Statt dessen setzte er Ponys ein, die schwere Ausrüstungsschlitten nach Süden ziehen sollten, um dort Depots für die Polmannschaft anzulegen. Ein nicht unerheblicher Teil der Nutzlast bestand allerdings allein aus dem Futter für die Tiere, die immer wieder in den tiefen Schnee oder in Spalten einbrachen. Außerdem waren sie dem rauhen Klima nicht gewachsen.

Diese Erkenntnis war nicht neu. Schon Scotts Landsmann Ernest Shackleton hatte auf einer vorangegangenen Expedition die Erfahrung gemacht, daß Ponys für derartige Zwecke ungeeignet sind. Man kann nur mutmaßen, warum Scott trotzdem auf diese Tiere setzte. Shackleton war im Laufe der Jahre zu seinem Erzrivalen im Kampf um den Südpol geworden. Es war ihm immerhin gelungen, bis auf 180 Kilometer an den Pol heranzukommen. Auch wenn Shackleton bei dieser Expedition im Jahre 1908/09 mit seinen Männern aus Nahrungsmangel und Entbehrungen fast ums Leben gekommen wäre, setzte er damit doch einen Meilenstein in der Er-

oberungsgeschichte des Südpols. Shackleton war dem Pol sensationell nahe gekommen. Scott empfand dies als einen Versuch seines Kontrahenten, ihm »seinen« Pol wegzunehmen, und fühlte sich beleidigt. Trotz der Probleme, die Shackleton mit den Ponys hatte, setzte Scott auf dieselbe Reiseform. Vielleicht wollte er auch nur beweisen, daß er mit genau denselben Mitteln einfach besser war. Jedenfalls zog er keine Lehren aus der Shackleton-Expedition, nahm keine qualitative Veränderungen in seiner Ausrüstung vor und setzte statt dessen auf die Ausdauer und Leidensfähigkeit seiner Männer. Seine Philosophie war so einfach wie falsch: Um seinen Rivalen abzuqualifizieren, glaubte er, er müsse einfach ein wenig schneller und länger laufen, um dadurch den Südpol als erster zu erreichen.

Scott setzte auch Motorschlitten ein. Sie waren dem Klima aber nicht gewachsen. Einer brach bereits beim Entladen vom Schiff durchs Eis und versank in der Ross-See. Ein anderer brach durch technische Defekte zusammen. So blieben ihm nur noch einige Hunde und Ponys als Zugtiere. Den Rest der Arbeit mußten die Männer selbst leisten.

Schon während der ersten Etappe sah Scott, daß die Hunde den Ponys weit überlegen waren. Trotzdem blieb er stur bei seiner alten Taktik. Er schickte die Hunde zurück ins Basislager und zog mit seinen Männern die Schlitten selbst, nachdem er das letzte entkräftete Pony erschossen hatte.

Die Briten wollten offensichtlich nach ihren vorgefaßten Meinungen das Unternehmen angehen, anstatt sich den Gegebenheiten anzupassen und aus bekannten Fehlern zu lernen. So rächte sich eine weitere Voreingenommenheit bitter. Obwohl Scott das Gelände kannte, hatte er mit seinen Leuten nie ein Skitraining absolviert. Als es dann ernst wurde, vergeudeten die Männer entscheidende Energie, weil keiner ver-

**Bild rechts oben:
Die Discovery-Hütte von Robert Falcon Scott. Sie steht noch heute unverändert da.**

**Bild rechts unten:
Enttäuschung am Pol. Scott und seine Männer mußten erfahren, daß sie von Amundsen geschlagen worden waren.**

124

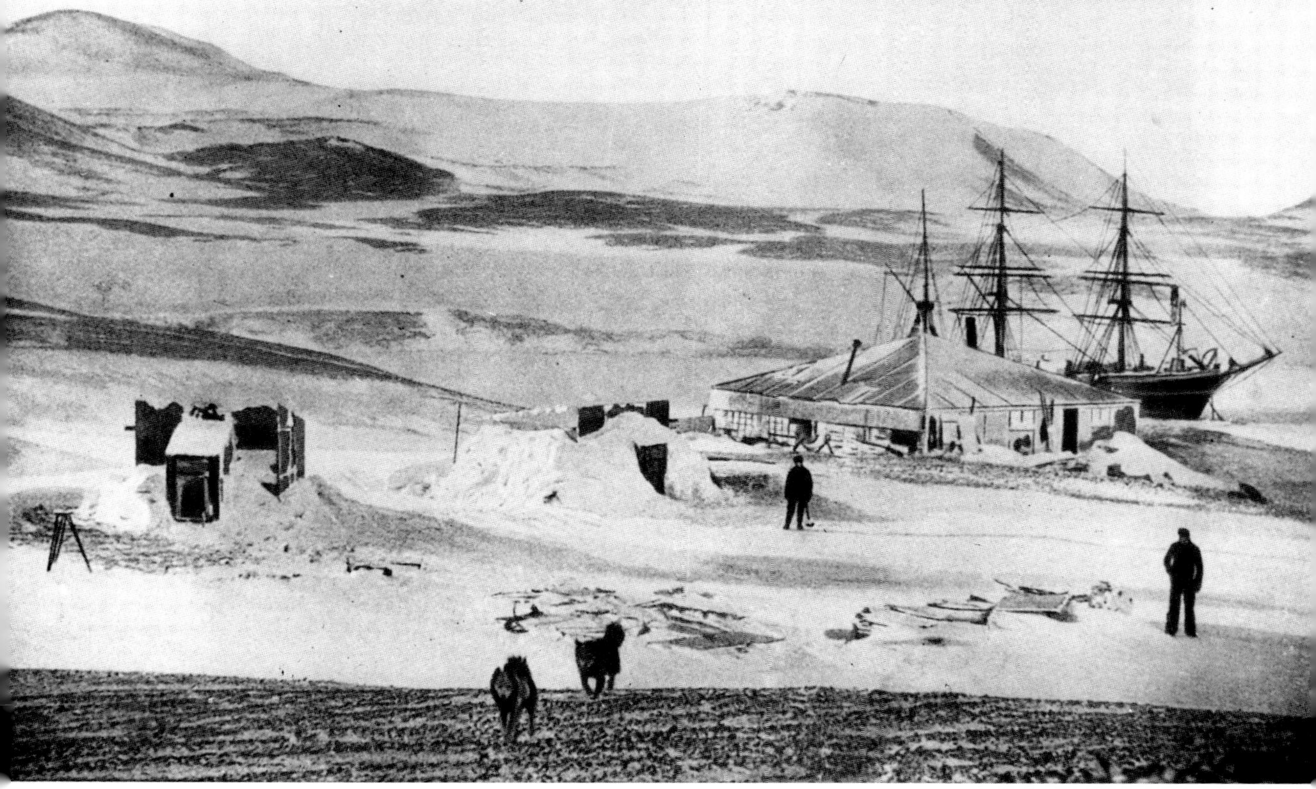

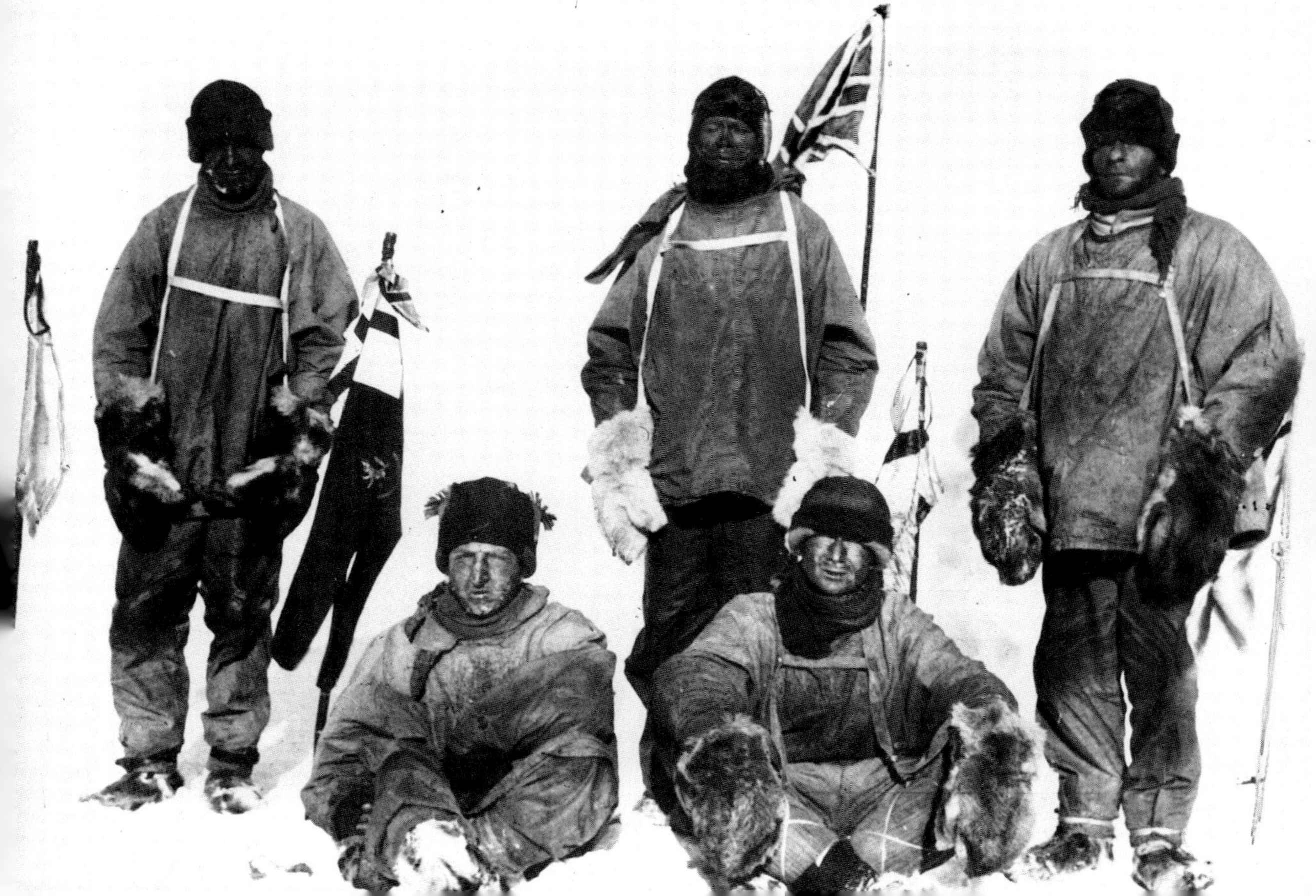

stand, die Skier ökonomisch einzusetzen. So waren sie bereits am Ende ihrer Kräfte, als sie am 17. Januar 1912 den Südpol erreichten. Amundsen befand sich zu diesem Zeitpunkt schon lange auf dem Rückmarsch und erreichte schließlich am 26. Januar mit einer gesunden und gut genährten Mannschaft sein Basislager Framheim. Am Pol hatte er Scott ein Zelt mit einer Nachricht zurückgelassen. Er bat den Briten in einem Brief darum, diesen auf seinem Rückmarsch mitzunehmen und ihn später König Haakon zu übergeben. Scott empfand diese Geste als persönliche Schmach und Erniedrigung. Er und seine Männer waren zutiefst demoralisiert. Scott schrieb in sein Tagebuch: »Großer Gott! Dies ist ein furchtbarer Ort und schrecklich genug für uns, ihn erkämpft zu haben, ohne die Belohnung, erster zu sein, zu erhalten … Nun heißt es, nach Hause zu kommen und einen verzweifelten Kampf zu führen. Ich frage mich, ob wir es schaffen können.« Es mußte eine verzweifelte Schar gewesen sein, die am 19. Januar dem Südpol den Rücken kehrte und zum rund 1500 Kilometer langen Rückmarsch ansetzte.

Die harte Arbeit des Schlittenziehens und die unzureichende und einseitige Ernährung forderten ihren Tribut. Evans, eigentlich ein kräftiger Mann, litt am stärksten unter Skorbut und Erfrierungen und starb am 17. Februar während des Schlafes im Zelt. Obwohl es jedem im Team klar sein mußte, daß die Expedition längst zu einem Wettlauf mit dem Tod geworden war, sammelten die Männer Gesteinsproben und luden sich damit zusätzliche Schlittenlast auf. Sie verloren damit zu viel Zeit und Energie und besiegelten ihr Todesurteil.

Bei dem nun immer schlechter werdenden Wetter und den fallenden Temperaturen erfror sich Oates die Füße. Während eines starken Sturms bei −42° Celsius verließ er das Zelt mit der Bemerkung: »Ich gehe nur nach draußen und bleib' einen Moment fort.« Er ward nie mehr gesehen. Am 21. März hielt die drei Überlebenden erneut

Ernest Shackleton (2. v. l.) an Bord der Nimrod nach einem vergeblichen Versuch, den Südpol zu erreichen.

Bild rechts: Die norwegische Südpol-Expedition bediente sich schneller Hundegespanne.

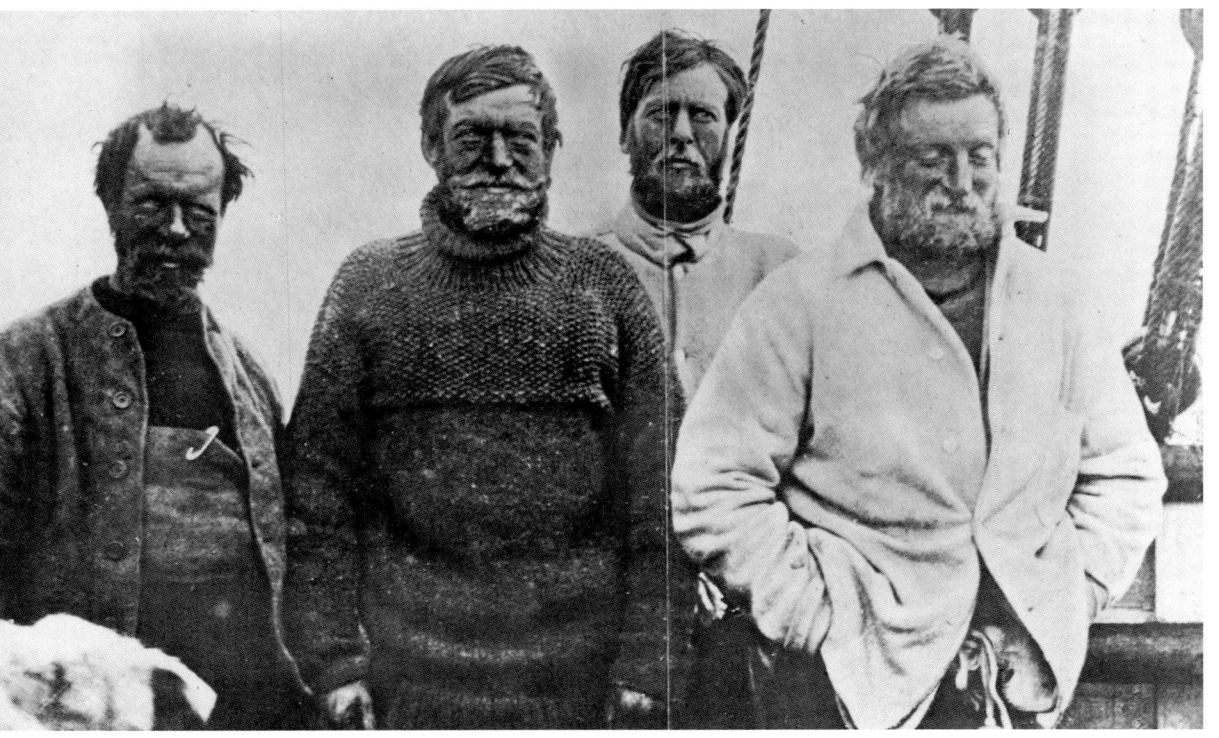

ein Sturm im Zelt fest. Zum Greifen nah, nur 18 Kilometer entfernt, lag zu diesem Zeitpunkt das rettende »One Ton Depot«. Aber die Männer waren am Ende. Alle körperlichen und seelischen Reserven waren aufgezehrt, ihr Lebenswille war erloschen. Einer nach dem anderen starb in seinem Schlafsack liegend. Am 29. März endet Scotts Tagebuch mit den Worten: »Wir werden bis zum Schluß kämpfen. Aber wir werden schwächer, und das Ende kann nicht mehr fern sein. Es ist schade, aber ich glaube nicht, daß ich noch weiterschreiben kann. Um Gottes willen, sorgt für unsere Angehörigen.«
Erst im nächsten Jahr fand eine Such-Expedition das Zelt mit den drei Leichen. Jeder der Suchmannschaft warf einen Blick in das Zelt. Dann nahmen sie die Tagebücher an sich und begruben das Zelt unter einem Schneehügel. Zuletzt stellten sie ein Kreuz darauf.
Der Südpol war erreicht. Scott ging als tragischer Held in die Geschichte ein. Amundsen richtete sein Augenmerk fortan wieder auf die Arktis. Shackleton war in diesem Wettlauf als einziger nicht bis zum Südpol vorgedrungen. Und so entwickelte er einen neuen Plan. Dieser schien so ehrgeizig und vermessen, daß man ihn zunächst einmal für undurchführbar hielt. Shackleton plante nichts Geringeres als eine Durchquerung des gesamten antarktischen Kontinents unter Einbeziehung des Südpols.
Mit seinem Schiff, der »Endurance«, wollte der Engländer in die Wedell-See fahren, von dort über das Schelfeis zum antarktischen Kontinent laufen, das Hochplateau erklimmen, zum Südpol marschieren und auf der alten Scott-Route in die McMurdo-Bucht gehen. Im letzten Teil des Unternehmens wollte Shackleton am Beardmore-Gletscher mit einer Versorgungs-Expedition zusammentreffen, die mit der »Aurora« auf dem anderen Teil des Kontinents in die Ross-See fahren sollte, um von dort aus bis zum Beardmore-Gletscher Depots anzulegen.
Die Expedition wurde ein totaler Fehlschlag. Bevor sie die Schelfeiskante erreichte, wurde die »Endurance« vom Packeis festgehalten und zerquetscht, bis sie am 21. November 1915 sank. Shackleton und seine Mannschaft konnten

sich samt Ausrüstung auf das Eis retten. Die Expedition war damit gescheitert, es ging nur noch ums bloße Überleben. Die Mannschaft schlug sich unter unglaublichen Anstrengungen auf die Insel »Elephant Island« durch. Und jetzt zeigten sich die weitblickende Klugheit und Erfahrung dieses Mannes. Trotz des enormen Aufwandes schleppten die Männer die Rettungsboote der »Endurance« mit. Mit einem dieser Boote verließ Shackleton mit fünf Männern am 24. April »Elephant Island«, um in Südgeorgien Hilfe zu suchen. Die übrigen 22 Expeditionsteilnehmer bauten sich aus zwei Rettungsbooten eine provisorische Unterkunft, um auf Shackletons Rückkehr zu warten.
Die Überfahrt von »Elephant Island« nach Südgeorgien bei eisigen Temperaturen in einem der stürmischsten Gewässer dieser Erde ist wohl beispiellos in der Geschichte. 1300 Kilometer auf sturmgepeitschter See bei mangelnder Kleidung und Ernährung in einem offenen Boot zu überstehen, schien aussichtslos. Als sie das Un-

vorstellbare – krank und am Ende ihrer Kräfte – dann doch geschafft hatten, mußten die Männer noch ein Gebirgsmassiv überwinden, bevor sie auf der anderen Seite der Insel eine norwegische Walfangstation erreichten. Nach mehreren vergeblichen Versuchen gelang es Shackleton schließlich, mit Hilfe des Dampfers »Yelcho« seine auf »Elephant Island« zurückgebliebene Mannschaft zu retten. Bei dieser dramatischen Flucht aus dem Eis kam kein Mann ums Leben.

Auf der anderen Seite der Antarktis ging derweil die Versorgungsmannschaft der »Aurora« davon aus, daß Shackleton die Durchquerung begonnen hatte. Sie setzte alles daran, die verabredeten Depots einzurichten. Während sich ein Teil der Mannschaft an Land befand, riß sich die »Aurora« in einem Sturm los und driftete zehn Monate lang durch das Packeis. Von den zehn an Land zurückgebliebenen Männern überlebten nur sechs. Als sie gerettet wurden, hatten sie alle Depots bis hin zum Beardmore-Gletscher

angelegt. Ihre Anstrengung war jedoch umsonst gewesen, nachdem Shackleton noch nicht einmal bis zum Startpunkt der Expedition gekommen war.

Nach diesem Desaster lag der Plan einer Antarktisdurchquerung für viele Jahre buchstäblich auf Eis. Erst in den Jahren 1957/58 gelang es der großangelegten »Commonwealth Transantarctic Expedition« unter der Leitung von Sir Vivian Fuchs und Sir Edmund Hillary, die alte Shackleton-Idee zu verwirklichen und die Antarktis zu durchqueren. Das geschah jedoch nicht auf die klassische Art, sondern mit einem enormen technischen Aufwand. So bediente man sich mehrerer Schiffe, modifizierter Traktoren, Raupenfahrzeuge, Flugzeuge und sonstiger Hilfsmittel.

Ein Raupenfahrzeug der Commonwealth Expedition im Museum von Christchurch.

Damit hielt auch in der Antarktis das Maschinenzeitalter Einzug. Die Einrichtung immer neuer Basen, die Weiterentwicklung von Flugzeugen und die Konstruktion moderner Raupenfahrzeuge sorgten für immer mehr Traversen in der bisher unberührten Landschaft. Und bald war aus einem Eroberungsfeldzug Routine und Alltag geworden. Jahr für Jahr wuchsen Forschungsstationen aus dem Eis, die zum Teil ganzjährig betrieben wurden.

Das Zeitalter der heroischen Polar-Expedition war zu Ende. Hundeschlitten hielt man bestenfalls aus sportlichen und nostalgischen Gründen.

Die Amerikaner errichteten 1957 genau auf dem Südpol eine Station, die seither das ganze Jahr über besetzt ist. Über eine Luftbrücke fliegen »Herkules« im Sommer Tag für Tag Nahrungsmittel, Brennstoff und alles, was man so zum Leben braucht, ein. Durchfuhr Scott beim Anblick der norwegischen Flagge ein Schrecken, so zuckt man heute zusammen, wenn sich ein dröhnendes Flugzeug oder eine rasselnde Planierraupe am Südpol nähert.

Moderne Zeiten also auch in der Antarktis. Und dennoch, die alte Idee Shackletons, die Antarktis zu Fuß zu durchqueren, war lebendig geblieben. Seit der »Endurance«-Katastrophe hatte sich niemand mehr an diesem Plan versucht. Die Technik hatte einen Fußmarsch ad absurdum geführt.

Aber hat sie es wirklich? – Im High-Tech-Zeitalter stellt sich nicht mehr die Frage, ob man die Antarktis durchqueren kann oder nicht. Von Bedeutung ist allein, wie man sie durchquert. Zu Fuß durch die Antarktis zu laufen, Shackletons Idee aufzugreifen und in die moderne Zeit zu übertragen, ist immer noch ein faszinierender Gedanke. Reinhold Messner und ich sind dieser Faszination erlegen und haben uns auf den Weg gemacht.

Der lange Weg ins Eis

Eine Idee haben und sie in die Tat umsetzen sind zweierlei Dinge. Eine Frage beschäftigte mich fortwährend: Wie um alles in der Welt wollte Shackleton in einem Rutsch von der Wedell-See über den Südpol bis zum ersten Depot am Beardmore-Gletscher kommen? Selbst wenn es ihm gelungen wäre, auf dem Weg zum Pol einige Depots einzurichten, hätte er mit den damals zur Verfügung stehenden Mitteln die riesige Entfernung kaum bewältigen können. Die zu seiner Zeit schlechte Ernährung, der Mangel an Vitamin C, der Skorbut hervorruft, die schwere Ausrüstung und fehlende Karten hätten das Unternehmen meiner Meinung nach scheitern lassen.

Shackleton war sicher einer der erfahrensten Polarforscher seiner Zeit. Er besaß Mut und Einfühlungsvermögen. Anders als Scott, der seine Expeditionen mit militärischem Drill leitete, erwuchs Shackletons Autorität seiner Persönlichkeit und Fürsorge gegenüber seiner Mannschaft. Mit Ausnahme der »Aurora«-Crew, die er selbst nie führte, verlor er auf keiner seiner Expeditionen auch nur einen Mann. So glaube ich, daß er auch bei der Durchquerung der Antarktis nicht den berühmten Schritt zu viel getan hätte. Shackleton hätte gewußt, wann das Limit erreicht gewesen wäre, und hätte rechtzeitig die Umkehr befohlen. Für eine erfolgreiche Durchquerung der Antarktis scheint mir damals die Zeit noch nicht reif gewesen zu sein.

Erst heute, mit dem umfangreichen Wissen über diesen Kontinent, mit Landkarten, leichten Werkstoffen und ernährungswissenschaftlichen Erkenntnissen ließe sich dieses Projekt umsetzen. Aber damals wie heute stellt sich das große Problem: Wie komme ich zum Ausgangspunkt der Expedition, und auf welchem Wege verlasse ich die Antarktis wieder? Die Nationen, die heute Forschungsstationen betreiben und über geeignete Transportmöglichkeiten verfügen, stehen Privat-Expeditionen wie der unsrigen abweisend gegenüber. Allen voran die »National Science Foundation« – kurz »NSF« – versucht, private Expeditionen in die Antarktis zu verhindern. Aber auch eine Anfrage beim deutschen »Alfred Wegener Institut« für Polarforschung in Bremerhaven bringt mich nicht weiter. Man habe keine Kapazitäten frei. Über die Hintergründe dieser abweisenden Haltung kann ich nur Mutmaßungen anstellen. Ein Grund mag sein, daß man keinen Präzedenzfall schaffen will, um die wissenschaftlichen Programme nicht durch Außenstehende zu stören. Da man aber in dieser Hinsicht klare Absprachen treffen und Privat-Expeditionen mit Auflagen bedenken könnte, scheint das nur ein Vorwand zu sein. Wahrscheinlicher ist, daß die »Antarktisbetreiber« sich als ein kleines elitäres Grüppchen fühlen, das niemand neben sich duldet.

Die Antarktisforschung verschlingt Unsummen. Allein die deutsche »Polarstern«, eines der modernsten eisgehenden Forschungsschiffe der Welt, hat 220 Millionen DM gekostet und damit rund 30 Millionen Mark mehr als der Passagierdampfer »Europa«. Die Forschungsstationen sind modern eingerichtet, und es verdient niemand schlecht in der Antarktis. Man fühlt sich offensichtlich als eine Art Antarktis-Familie, zu der nur derjenige Zugang hat, der einer Nation angehört, die mit einer Station vertreten ist. Und sei es auch nur unter dem Deckmantel der Wissenschaft.

Wir müssen uns also nach einer anderen Transportmöglichkeit umsehen. Schon seit Jahren habe ich mich mit der Idee einer Antarktisdurchquerung beschäftigt. Ob mit Hundegespannen oder auf Skiern, die Pläne dazu lagen fertig berechnet in meiner Schublade. Aber immer wenn es losgehen sollte, scheiterte ich entweder an der fehlenden Transportkapazität oder an der Finanzierung. Ich verhandelte mit Fluggesellschaften und Transportunternehmen rund um die Welt. Aber entweder gab es technische und fluglogistische Probleme oder die Kosten wuchsen ins Unermeßliche, so daß ich keine Möglichkeit sah, überhaupt dorthin zu gelangen. Schließlich stieß ich auf ein kanadisches Unternehmen, das sich auf Antarktisflüge konzentrierte. Die »Adventure Network« hatte offensichtlich eine Marktlücke gewittert, nachdem in den vergangenen Jahren durch Bergsteiger ein regelrechter Run auf den höchsten Berg der Antarktis, den über 5000 m hohen Mount Vinson, eingesetzt hatte. Sie flog jetzt Bergsteiger vom chilenischen Punta Arenas aus in das Vinson-Massiv. Auch Reinhold Messner gelangte auf diese Art

vor einigen Jahren in die Antarktis und bestieg den Mount Vinson. »Adventure Network« witterte Morgenluft. Dem Unternehmen war bekannt, daß nicht nur Bergsteiger in die Antarktis wollten, sondern auch Abenteurer, die das Innere des Kontinents bereisen wollten. Hatte man zunächst mit einer »Twin Otter« operiert, so charterte »Adventure Networks« später eine alte »DC 4«, die auf einer eigens dafür ausgesuchten Eispiste in Patriot Hills mit ihrem Räderwerk starten und landen konnte.

Die Entfernung von Punta Arenas zum antarktischen Mount Vinson ist so groß, daß die Nutzlast der »DC 4« überwiegend aus Brennstoff für den Rückflug bestand. Ein größeres Flugzeug mußte also her. Und so erstand die Firma eine alte »DC 6«, Baujahr 1952. Ein Veteran der Lüfte, der uns noch einiges Kopfzerbrechen bereiten sollte. Alle meine früheren Verhandlungen mit »Adventure Networks« waren erfolglos geblieben. Immer wenn ich der Meinung gewesen war, einen akzeptablen Preis ausgehandelt zu haben, stellte die Gesellschaft plötzlich eine Nachforderung, die das Budget sprengte. Ich kam mit dem Unternehmen auf keinen grünen Zweig und brach deshalb die Verhandlungen ab.

Aufgrund meines gespannten Verhältnisses zu der kanadischen Firma überlasse ich jetzt Reinhold die Verhandlungen, informiere ihn natürlich vorher über meine Erfahrungen. Auch Reinhold wittert Probleme, und so schließen wir einen Vertrag, der uns gegen alle Launen und Taktiken des Unternehmens absichern soll. Ohne diese Vereinbarung wären wir später vermutlich nie aus Punta Arenas fortgekommen. Mit Unterzeichnung des Vertrages glaubten wir, das Transportproblem im Griff zu haben. Der Preis war hoch. Dies sollte die teuerste Expedition werden, die wir beide bislang durchgeführt hatten.

Während Reinhold die finanziellen Dinge regelt und sich mit »Adventure Network« herumschlägt, konzentriere ich mich auf die eigentliche Expedition. Anhand von Satellitenaufnahmen analysiere ich die Geländestruktur. Immer wieder stelle ich mir die Frage nach dem günstigsten Weg für eine derart weite Strecke. Über

3000 Kilometer durch Schnee und Eis. Dabei einen Schlitten im Schlepp, der zeitweise über 100 Kilogramm schwer sein wird. Wir müssen von Meereshöhe auf über 3000 Meter hochsteigen. Zumindest auf dem ersten Teil des Marsches bis zum Pol herrscht ständig Gegenwind.

Freunde und Ärzte sowie Kenner der Materie bezweifeln, daß man diese gewaltige Strecke innerhalb einer antarktischen Saison, der wärmsten Jahreszeit, die nicht länger als 3 Monate dauert, bewältigen kann. Im Gegensatz zum Nordpol kann man in der Antarktis im Sommer reisen, da der Südpol auf dem Festland liegt. Aus Erfahrung weiß ich, daß wir uns Verletzungen einhandeln werden. Der Mensch ist nicht zum Schlittenziehen geboren. Sehnenscheidenentzündungen und Fußverletzungen werden nicht zu verhindern sein. Die Knie werden enorm strapaziert, die Wirbelsäule wird durch das Rucken des schweren Schlittens malträtiert, und selbst die Arme werden durch den steten Stockeinsatz überfordert.

Daß Verletzungen auftreten werden, ist so sicher wie das Amen in der Kirche. Es stellt sich deshalb nur die Frage: Wie halte ich die Verletzungen so gering wie möglich? Der Begriff der »Ökonomie des Laufens« wird für mich zum Schlüssel des Erfolges. Der gesamte Erfolg des Unternehmens hängt unmittelbar von vier Faktoren ab: der taktischen Einstellung, das heißt der Ökonomie des Laufens, der richtigen Ernährung, der Navigation und nicht zuletzt von einem geeigneten Segel, mit dem wir vom Pol ab die günstigen Winde nutzen und damit schneller und leichter reisen können. Körperliche Fitneß ist eine Grundvoraussetzung. Die psychische Komponente bleibt die große Unbekannte. Sie kann man am allerwenigsten beeinflussen. Ich kenne mich und blicke auf eine lange Erfahrung von Polarreisen zurück. Reinhold kenne ich in dieser Hinsicht nicht, vertraue aber auf seine Expeditionserfahrung und -routine.

Schon Fridtjof Nansen hatte 1888 Segel auf seine Schlitten montiert und so den Wind zu seinem Verbündeten gemacht. Diese Idee gab es schon vor ihm, sie hatte somit schon Tradition. Bis in die jüngste Zeit arbeitete man in der Antarktis mit unterschiedlichsten Segeln. Der Nachteil ist, daß segelnde Schlitten sich nur bedingt manövrieren lassen. So treffe ich mich mit einem Berliner, der bei einer Grönland-Durchquerung eine Art Fallschirm als Segel benutzt hat. Dieses »Skisegel« besteht aus einer 10 Quadratmeter großen Fläche, die mittels eines Steuerstabes kontrolliert wird. Der Steuerstab wiederum wird mit einer Schlaufe und einem Karabinerhaken im Hüftgurt eingehängt. Bei diesem System wird also nicht der Schlitten vom Wind angetrieben, sondern der Mann, der den Schlitten im Schlepp hat. Über den Steuerstab läßt sich das Segel in verschiedene Stellungen zum Wind bringen, so daß man nicht nur bei achterlichem, sondern auch bei anderem Windeinfall segeln kann. Die Wirkung ist enorm.

Als ich mein Interesse an diesem Gerät anmelde, besucht mich der Konstrukteur des »Skisegels«, Wolf Beringer. Er kommt extra aus Lorch bei Stuttgart nach Norddeutschland, um mich in die Segeltechnik einzuweisen. Obwohl an diesem Tag nur ein schwacher Wind weht, bin ich fasziniert von der Einfachheit, mit der dieses Segel zu handhaben ist, und von der Zugkraft, die von ihm ausgeht. Es hat ein nur geringes Gewicht, läßt sich relativ klein verpacken und ist schnell einsatzbereit. – Dieses Segel ist ein Schlüssel zum Erfolg!

Ich informiere Reinhold über meine Entdeckung. Doch der Mann aus den Bergen, für den Segeln etwas völlig Ungewohntes ist, steht der Idee anfangs ein wenig skeptisch gegenüber. Dann läßt er sich aber doch schnell von den Vorteilen und der Qualität des Gerätes überzeugen, und wir besuchen beide Wolf Beringer in der Schwäbischen Alb, um dort gemeinsam die Schirme zu testen. Anschließend übt jeder für sich selbst, und auf die Empfehlung des Konstrukteurs bestellen wir neben den beiden 10-qm-Schirmen noch zwei größere mit 12 qm. Ein geeignetes Segel für diese Expedition zu finden, hat mich lange beschäftigt, und ich bin froh, eine so gute Lösung gefunden zu haben.

Den Ernährungsplan stelle ich nach den Erfahrungen meiner zahlreichen Expeditionen zusammen. Glücklicherweise herrscht zwischen

Reinhold und mir Einigkeit darüber, daß wir uns nicht mit synthetischen Pülverchen oder Astronautennahrung, sondern »ganz normal« ernähren wollen. Fest steht für mich, daß ich nicht auf das Nordpol-Menü zurückgreife. Auch wenn es ernährungstechnisch ausgewogen war, will ich wie früher auch wieder den Geschmacksnerven entgegenkommen. Da es nicht annähernd so kalt sein wird wie auf dem Marsch zum Nordpol, schraube ich den Kaloriengehalt ein wenig herunter. In der Antarktis werden uns täglich 5000 Kalorien zur Verfügung stehen, die 1,1 Kilogramm wiegen.

Hauptbestandteil unserer Diät werden Cathay, gefriergetrocknete Nahrung, Südtiroler Speck und Bauernbrot sein. Außerdem werden wir uns von Energieriegeln, Mineral- und Vitamindrinks und kaltgepreßtem Olivenöl ernähren. Kekse nehmen wir als Notverpflegung mit. Zum Frühstück wird's Kaffee und zum Abendbrot Tee geben. Tagsüber wird jeder in einer Thermosflasche einen Liter heißes Getränk zur Verfügung haben, das Vitamine und Mineralien enthält.

Die Vorbereitungen laufen schnell und effektiv. Mit Schaudern denke ich an die zahlreichen Diskussionen, die wir deshalb vor der »Icewalk«-Expedition geführt haben. Zwischen Reinhold und mir herrscht ein vertrauensvolles Verhältnis. So kümmere ich mich nicht um seine Aufgabenbereiche und er sich nicht um meine. Es ist eine gute und professionelle Zusammenarbeit.

Der Navigation widme ich mein besonderes Augenmerk. Gerade in diesem elementaren Punkt lastet die Verantwortung allein auf meinen Schultern. Obwohl die Antarktis im Gegensatz zur Arktis Festland ist, muß man astronomisch navigieren. Wir werden durch riesige, unendlich scheinende Hochebenen gehen, die nur vereinzelt von Felsformationen unterbrochen sind. Man kann seinen Standort nicht anhand von Landkarten oder topographischen Karten bestimmen, sondern muß navigieren wie auf hoher See oder dem arktischen Ozean.

Es gibt heutzutage verschiedene Navigationsmethoden. Einerseits hat sich auch hier die Elektronik breitgemacht und verschiedene Navigationssysteme auf den Markt gebracht, andrerseits kann man nach wie vor nach traditioneller Art mit einem Sextanten und künstlichem Horizont navigieren. Bei elektronischen Geräten kann es auf Schlitten-Expeditionen zu Problemen in der Energieversorgung kommen. Außerdem sind die teilweise empfindlichen Systeme meist für den Betrieb in geheizten Räumen konstruiert. Und ob ein Gerät, das im Mittelmeer oder am Äquator hervorragend funktioniert, auch am Nord- oder Südpol seine Dienst tut, ist nicht sicher.

Das einzige elektronische Navigationsverfahren, das ich vor einigen Jahren bei einer Grönlanddurchquerung benutzte, war das »Transit-Satelliten-Navigationssystem«. Allerdings fand diese Expedition auf 71° nördlicher Breite statt. In Polnähe dagegen funktioniert dieses Verfahren nicht mehr und fällt somit für unsere Zwecke aus. Das »Argos«-System, das wir am Nordpol erfolgreich einsetzten, benötigt ein starkes Funkgerät, um täglich über Äther die Position abzurufen. Der »Argos«-Sender sendet nur ein Signal aus, das von einem Satelliten aufgefangen und nach Frankreich weitergeleitet wird, wo die Position genau ermittelt werden kann. Die Außenwelt weiß so immer, wo wir uns befinden, wir erfahren es aber ohne Funkgerät nicht.

Abendelang sitze ich mit Funkern zusammen, um ein geeignetes Gerät zu finden. Das Resultat ist entmutigend. Die Ausbreitungsbedingungen von Funkwellen sind in der Antarktis extrem schlecht. Für die Energierversorgung eines leistungsstarken Kurzwellengerätes müßten wir so viele Akkus und Batterien mitnehmen, daß es unsere Gewichtskapazität sprengt. Übrig bleibt ein kleines, batteriegetriebenes Kurzwellengerät mit zehn Watt Ausgangsleistung, das über eine äußerst begrenzte Reichweite verfügt und damit für eine tägliche Kommunikation ausfällt. Ich setzte meine Erwartungen deshalb auf ein neues Satelliten-Navigationssystem, das sogenannte »Global Positioning System« – kurz »GPS«. Es handelte sich um ein militärisches Verfahren, das auch dem zivilen Gebrauch zugänglich gemacht wurde. Rein theoretisch soll es weltweit funktionieren, also auch am Nord- und Südpol. Als wir vom Nordpol abgeholt wurden, hatte einer der Journalisten ein solches Gerät mitgebracht und am Pol getestet. Das Resultat war überzeugend. Das heißt aber noch lange nicht, daß das »GPS« auch am Südpol funktioniert. Ein Unsicherheitsfaktor ist auch, daß das System immer noch in der Versuchsphase steckt. Außerdem werden die Navigationssatelliten zeitweise abgeschaltet.

Der Dozent der Fachhochschule für Nautik, Dr. Berking, der mich schon bei früheren Expeditionen beraten hatte, füttert deshalb einen Rechner mit den unterschiedlichsten Daten, um die Probe aufs Exempel zu machen. Das Ergebnis ist zufriedenstellend: Das »GPS« funktioniert zumindest für einige Stunden am Tag auch am Südpol. Rein rechnerisch funktioniert das Gerät also. Das Problem ist jetzt nur noch, daß noch nie jemand in der Praxis damit gearbeitet hat – schon gar nicht unter den extremen Bedingungen, die wir antreffen werden. Ich entdecke einen kleinen »GPS«-Empfänger des Typs »Magellan«, der etwa die Größe eines Walkie-talkies hat. Allerdings will der Hersteller keine Garantie dafür übernehmen, daß das Gerät auch bei –30° oder –40° Celsius funktioniert und die Strapazen einer Schlitten-Expedition durch die Antarktis übersteht. Ich lasse das kleine Ding tagelang in der Tiefkühltruhe liegen und fahre die Temperatur so niedrig wie möglich. Das Gerät zeigt wahre Qualität und ist nach kurzem Aufwärmen wieder voll funktionsfähig. Zur Sicherheit kaufe ich ein zweites Gerät, falls eines ausfällt. So kann jeder von uns ein »GPS« auf seinem Schlitten mitführen.

Vorsichtshalber packe ich aber auch meinen Sextanten mit künstlichem Horizont ein sowie Taschenrechner und Tabellenwerk. Der Vorteil der traditionellen astronomischen Navigation liegt auf der Hand: Man ist unabhängig von elektrischer Energie. Allerdings braucht man dafür zumindest die Sonne oder einen anderen Planeten. Außerdem sind mehrere Messungen nötig, um einen verläßlichen Standort zu ermitteln. Und bei Eiseskälte mit einem Sextanten zu hantieren und gemessene Winkel und Uhrzeiten

zu notieren, ist wahrhaft auch kein Vergnügen. Bei diesen Temperaturen können sich schnell Meßfehler einschleichen, und der Sextant kann durch das ständige Schlagen im Schlitten beschädigt werden. Zudem ist der Sextant mit Tabellenwerk, künstlichem Horizont und Taschenrechner schwerer als das »GPS«. So angenehm es beim Segeln in gemäßigten Temperaturen ist, mittels eines Sextanten die Position zu bestimmen, bei einer Polarexpedition kann dieser Vorgang zu einer Qual werden. Ich will sichergehen und packe schließlich beide Systeme ein.

Die tägliche Positionsbestimmung wird der seidene Faden sein, an dem alles hängt. Ohne den genauen Standort wäre ich nicht einmal in der Lage, die in diesen Breiten erhebliche Abweichung des Kompasses zu bestimmen. Ein Alptraum: Wir würden uns unweigerlich in dieser riesigen Einöde verlaufen. Es gibt drei Punkte auf der Expedition, die wir durch punktgenaue Navigation finden müssen. Davon vor allem hängt der Erfolg der Expedition ab. Nur an diesen drei Punkten können wir uns neu versorgen: in den Thiel-Bergen, wo unser erstes Depot eingerichtet werden soll, am Südpol und auf der anderen Seite der Antarktis im Einstieg des Mill-Gletschers. Um einen genauen Kurs zu steuern, brauchen wir jeden Tag eine exakte Position. Umwege, die nicht durch Gelände bedingt sind, können wir uns nicht leisten. Die zur Verfügung stehende Zeit ist wegen des kurzen antarktischen Sommers eh knapp genug.

Nachdem ich alle Routen berechnet und durchdacht habe, setze ich Reinhold ins Bild. Wir beschließen, uns in der Nähe der deutschen Filchner-Forschungsstation am Rande des Ronne Ice Shelf absetzen zu lassen. Von hier aus wollen wir zunächst 800 Kilometer bis zu den Patriot Hills laufen, wo ein Zeltlager der »Adventure Network«-Leute eingerichtet ist. Danach wollen wir über die Thiel-Berge bis zum Südpol marschieren. Dann soll der Weg weitergehen zum Rand des Kontinents, den Mill- und Beardmore-Gletscher hinunter bis auf das Ross Ice Shelf und zur McMurdo-Bucht.

Die Gesamtdistanz: 3400 Kilometer.

Umweltschutz nur ein Wort?

Unrat und Müll-
deponien, Fässer mit
undefinierbarem
Inhalt gehören heute
zum Alltag der
Antarktis.
Was unter dem
hehren Deckmantel
der Wissenschaft
getrieben wird, ist
keineswegs stets zum
Vorteil der Natur-
landschaft.
Milliarden Dollar
werden in die Polar-
forschung gesteckt.
Für die Müllabfuhr
scheint es keine
Mittel zu geben.

Die Antarktis ist ein Kontinent der Superlative. Sie ist der größte naturbelassene Erdteil unseres Planeten. Rund 98 Prozent der Antarktis sind von einer dichten Schnee- und Eiskappe bedeckt, die 70 bis 80 Prozent der gesamten Frischwasservorräte der Erde enthalten. Der Eispanzer lastet bis zu vier Kilometer stark auf dem Festlandsockel. In der Antarktis wurden die höchsten Windgeschwindigkeiten mit über 320 km/h und die niedrigste Temperatur der Erde mit −89,6° Celsius gemessen. Der Kontinent ist etwa doppelt so groß wie die USA oder 50mal größer als die Bundesrepublik Deutschland.

Im Gegensatz zur Arktis, wo seit Jahrtausenden Eskimos leben, hat es in der Antarktis nie eine menschliche Population gegeben. Die Antarktis ist eine menschenleere Wüste, die im Inneren aus einem vegetationslosen Hochplateau besteht. Lediglich in den Küstenregionen zeigt sich Leben in Form niederer Vegetation und Millionen von Pinguinen und anderen Seevögeln. Für sie bietet nicht das Land, sondern das angrenzende Meer mit seinen Mikroorganismen und Krillschwärmen die Nahrungs- und damit Lebensgrundlage.

Eisfrei sind nur zwei Prozent dieses riesigen Kontinents. In diesem Bereich liegen die Brutstätten der Seevögel. Anders als in der Arktis, wo es bei Pflanzen und bei Tieren eine Artenvielfalt gibt, können die Lebewesen in der Antarktis nur durch die unmittelbare Nähe des Meeres überleben.

Die Antarktis ist der abweisendste und lebensfeindlichste Kontinent auf dieser Erde. Dieser Umstand schützte ihn lange Zeit vor dem Zugriff des Menschen. Der Gigant im tiefen Süden zeigt sich rauh und unnahbar, ist aber in seinem ökologischen System leicht verwundbar. In der Antarktis laufen die Uhren aufgrund der extremen Klimabedingungen wesentlich langsamer. Greift man in das empfindliche Lebensgefüge ein, so bleiben tiefe Wunden, die nur sehr langsam, manchmal sogar nie heilen.

Als sich im vergangenen Jahrhundert Walfänger und Robbenschläger in den Gewässern und der Inselwelt der Antarktis festsetzten, glaubte wohl niemand, daß die gewaltigen Bestände an Walen und Robben jemals gefährdet werden könnten. Die Metzeleien und Tierdramen, die sich auf den Schlachtstationen der Inseln abspielten, ließen mitunter selbst hartgesottene Kapitäne und Schiffsbesatzungen erschaudern. Innerhalb weniger Jahrzehnte waren die Robben- und Walpopulationen vom Aussterben bedroht. Der Mensch brachte durch sein brutales und unüberlegtes Vorgehen das Gleichgewicht der Natur in diesem Teil der Erde ins Wanken. In jeder einigermaßen geschützten Bucht der subantarktischen Inseln standen Trankochereien, in denen das Öl für Straßenlaternen gewonnen wurde. In Millionen von Pinguinen sahen die Fänger nichts anderes als Brennstoffvorrat. Da es keine natürlichen Brennstoffe gab und Holz und Kohle nur begrenzt eingeführt werden konnten, schob man einfach die fett- und tranhaltigen Tiere ins Feuer. Oft machte man sich nicht einmal die Mühe, die unseligen und arglosen Pinguine zu töten, bevor man sie in die Öfen warf.

Der Walfang wurde schließlich eingestellt. Aber nicht aus Mitleid für die Kreaturen oder weil man die Art erhalten wollte, sondern nur deshalb, weil man den Bestand derart drastisch reduziert hatte, daß der Betrieb der Walfangstationen wirtschaftlich nicht mehr lohnte. Während sich die Robbenbestände im Laufe der Jahrzehnte erholt haben und alle Arten wieder zahlreich vertreten sind, sind die Walarten auch heute noch nicht vor dem Aussterben bewahrt. Das liegt daran, daß sie bis heute bejagt werden. Hochmoderne Fangschiffe mit elektronischen Ortungssystemen und Sprengstoffgeschossen lassen den sanften Riesen keine Chance. Vor allem die Japaner tun sich dabei als uneinsichtige Schlächter hervor. Und das, obwohl die Internationale Walfang-Kommission den kommerziellen Walfang verboten hat. Die Japaner gaben dem Kind einfach einen anderen Namen und betreiben jetzt »wissenschaftlichen Walfang«. Der Rubel – oder besser gesagt der Yen – rollt aber trotzdem; denn das Walfleisch landet nicht unter dem Mikroskop, sondern auf den Tellern japanischer Feinschmeckerrestaurants. Den Rest verarbeiten die Söhne Nippons zu Hunde- und Katzenfutter.

Auch die Überfischung der vergangenen Jahrzehnte hat das sensible Ökosystem der antarktischen Gewässer empfindlich gestört. Jahrelang sah man im Krill, einer kleinen Garnelenart, eine Nahrungsreserve der Menschheit. Wohl nur der Umstand, daß Krill nicht sehr wohlschmeckend und nur unwirtschaftlich zu fangen ist, hat einen Raubbau und den Zusammenbruch der Nahrungskette vermieden Die UdSSR, Japan und Polen fangen allerdings heute genauso noch Krill, wie sie die Fischbestände in den antarktischen Gewässern dezimieren.

Zwar gibt es eine Fischereikonvention, doch die wird den überfischten Beständen nicht gerecht. Es stellt sich die Frage, ob solche Regelungen überhaupt das Papier wert sind, auf dem sie stehen, solange es keine Kontrollinstanzen gibt, die die Einhaltung der Maßnahmen gegen den Raubbau an der Natur überprüfen. In den eisigen Gewässern der Antarktis dauert es sehr lange, bis ein Fisch ausgewachsen ist. Die Schäden einer Überfischung sind deshalb weitaus tiefgreifender und langfristiger als in gemäßigten Breiten.

Die direkte Bedrohung tierischen und pflanzlichen Lebens ist nur eine Seite des Problems. Andere Eingriffe können noch gravierendere Folgen für die Umwelt und den Menschen haben. Wissenschaftler sind sich einig, daß die Antarktis einst Bestandteil des Riesenkontinents Gondwana war. Afrika, Südamerika, Australien und Indien bildeten zusammen mit der Antarktis diesen Ur-Kontinent. In Jahrmillionen drifteten die Kontinente auseinander, bis sie schließlich ihre heutige Konstellation erreichten. Es liegt der Schluß nahe, daß es die Rohstoffvorkommen Afrikas, Südamerikas oder Australiens auch in der Antarktis geben müßte. Mit dieser Überlegung wurden der Spekulation Tür und Tor geöffnet.

Altlasten im Bereich der antarktischen Halbinsel.

Wie eine Meute hungriger Wölfe scharen sich viele Nationen um das Wild, das da Antarktis heißt. Politiker und Wissenschaftler beteuern immer wieder eifrig, daß es in der Antarktis keine lohnenswerten Rohstoffe gebe oder daß die Ausbeutung unwirtschaftlich sei. Doch hätte vor 50 Jahren jemand behauptet, in der Arktis werde nach Öl gebohrt oder die Nordsee würde mit Bohrtürmen übersät, so hätte man ihn wahrscheinlich ausgelacht. Und doch ist heute Alltag daraus geworden. Nachgedacht wird über diese Entwicklung erst dann, wenn die Küste Alaskas nach einem Tankerunglück unter Ölschlamm verschwindet oder der Feuerball über einer Bohrinsel steht. Ob und wann auch in der Antarktis gebohrt und gegraben wird, entscheidet letztlich allein das Prinzip »Angebot und Nachfrage«. Ich glaube, daß ich nicht falsch liege, wenn ich behaupte, daß in den Schubladen großer Konzerne die Pläne für die »wirtschaftliche Entwicklung« der Antarktis bis zur letzten Schraubengröße bereitliegen.

Dabei sind die Gefahren derartiger Eingriffe, wie beispielsweise Ölbohrungen in den antarktischen Gewässern, weitaus größer als vergleichsweise in den Flachwassergebieten der Arktis oder Nordsee. Tafeleisberge von der Größe Schleswig-Holsteins brechen von den Eisschelfen ab und driften durch die Küstengewässer. Sind sie einmal in Bewegung, gibt es nichts, was diese Kolosse aufhalten könnte. Bohrinseln würden wie Spielzeugbauten fortgewischt werden. Das freigesetzte Öl würde an die Oberfläche sprudeln, sich unter das Eis setzen und sämtliche Mikroorganismen töten. Es gäbe kein Überleben für Plankton, Algen oder Krill. Die Nahrungskette wäre zerstört. Ölzersetzende Bakterien wie in wärmeren Gewässern gibt es in der Antarktis so gut wie nicht. Die ringförmig um die Antarktis verlaufende Meeresströmung würde das Öl bis in den kleinsten Winkel verteilen und damit eine tödliche Schlinge um den Hals dieses Kontinents legen. Eine Katastrophe unvorstellbaren Ausmaßes.

Nationen, die Forschungsstationen in der Antarktis betreiben, weisen den Verdacht, Wegbereiter einer wirtschaftlichen Nutzung zu sein,

meist entschieden von sich. Angeblich dient ihr Aufenthalt allein der hehren Wissenschaft. Die Verhaltensweise von Pinguinen dürfte wohl von allen Vogelarten am intensivsten untersucht sein. Und zumindest im Kielwasser geologischer Untersuchungen werden Rückschlüsse auf Rohstoffvorkommen gezogen und in der Fachliteratur veröffentlicht. Zu behaupten, die Milliardenbeträge für die Polarforschung dienten der reinen wissenschaftlichen Forschung, ist Augenwischerei.

Die Bundesrepublik Deutschland zählt zu den sogenannten »Nichtanspruchsstaaten«, das heißt, sie stellt keine territorialen Ansprüche. Trotzdem spielt sie im Orchester der Besitzwilligen nicht gerade die letzte Geige. So steigert sie ihre Aktivitäten von Jahr zu Jahr und macht anderen Nationen mit einem supermodernen Eisbrecher den Mund wässrig. Der Showdown modernster Technologie mit ihrem Know-how läuft – unter dem Deckmantel der Wissenschaft – zum Wohle der Wirtschaft und Industrie.

Wie ernst es viele in der Antarktis vertretene Nationen mit dem Umweltschutz nehmen, sieht man allein an den Müllhalden ihrer Forschungsstationen. Anfang 1990 nahm eine Gruppe von Wissenschaftlern auf einer Inspektionsreise mit dem deutschen Forschungsschiff »Polarstern« mehrere Stationen unter die Lupe. Die Ergebnisse waren höchst unterschiedlich. Während Betreiber der polnischen Station sogar den Mutterboden aus dem Gewächshaus als Sondermüll nach Polen verschifften, gab es in anderen Stationen regelrechte Mülldeponien, Halden von Fässern mit Altöl und anderen undefinierbaren Substanzen. Auf der King-George-Insel sahen die Inspekteure ein Rinnsal, das die chilenischen Betreiber der Station scherzhaft Rio Grande nannten. Dieser Rio Grande ist jedoch nichts anderes als eine Ansammlung von Schmelzwasser, Treibstoffrückständen, Altöl und Küchenabfällen.

Nahe der amerikanischen Palmer Station liegt noch immer das Wrack des argentinischen Versorgungs- und Touristenschiffes »Bahia Paraiso«, das am 28. Januar 1989 auf ein Riff gelaufen und gesunken war. Warum das Schiff trotz der zahlreichen Riffe so dicht unter Land ging, ist bis heute unklar. Fest steht nur, daß bei der Kollision die Tanks aufgerissen wurden und rund 650 000 Liter Öl ausliefen. Noch immer lagern rund 240 000 Liter Öl in dem Wrack. Obwohl internationaler Druck auf Argentinien ausgeübt wurde, hat das Land bis heute nicht damit begonnen, die Tanks abzupumpen. Die Repräsentation durch Stationen läßt sich das Land eine Menge Geld kosten, für die Vermeidung und Behebung von Umweltschäden hat es keinen Austral übrig.

Die Antarktis ist in ihrer Pracht und Schönheit weitgehend unberührt geblieben. Doch Flecken hat sie schon jetzt bekommen. Das Wrack der »Bahia Paraiso«, die Urbanisierung auf der King-Georg-Insel, Brennstoff-Leckagen am Südpol und in der amerikanischen McMurdo-Station. Die »Forschung und Wissenschaft« auf dem weißen Kontinent hat bei weitem keine so weiße Weste, wie man uns glauben machen will. Auch die Bundesrepublik hat vor einigen Jahren ein Forschungsschiff, die »Gotland II«, im Packeis verloren.

Wenn jetzt schon Wissenschaft und Forschung mit staatlichen Mitteln dem Ökosystem Wunden zufügen, welchen Schaden wird die Antarktis erst nehmen, wenn Industrie, Handel und Spekulation zuschlagen? Noch ist der Siebte Kontinent durch ein Vertragswerk geschützt. Eine wirtschaftliche Nutzung ist jedoch nicht eindeutig geregelt. Hier gibt es sozusagen einen luftleeren Raum. Noch wollen einige Staaten den Ausverkauf dieses Naturparadieses verhindern. Andere stehen mit Kapital und High-Tech-Gewehr bei Fuß und hören schon die Kassen klingeln. Ob Vernunft oder Machtrausch und Gewinnsucht die Oberhand bekommen werden? – Wir werden es bald wissen. Zur Zeit wird verhandelt.

Die Antarktis – ein Spielball der Nationen

Nachdem 1957/58 die gezielte Erforschung der Antarktis im sogenannten »Internationalen Geophysischen Jahr« unter Zusammenwirkung mehrerer Nationen begonnen hatte, wurde 1959 der »Antarktis-Vertrag« geschlossen. Ursprünglich unterzeichneten zwölf Staaten diese Vereinbarung, inzwischen ist die Zahl stark angewachsen. Man unterscheidet dabei die sogenannten stimmberechtigten Konsultativstaaten, die eine ganzjährige Station betreiben, und die nichtstimmberechtigten Mitglieder. Inzwischen gibt es 25 Konsultativ- und 14 Nichtkonsultativstaaten. Die Konsultativstaaten unterteilen sich nochmals in die Anspruchs- und Nichtanspruchsstaaten.

Allein schon die unterschiedlichen Bezeichnungen und daraus abgeleiteten Rechte lassen Konflikte ahnen. So möchten die Anspruchsstaaten Argentinien, Australien, Chile, Frankreich, Neuseeland, Norwegen und Großbritannien bestimmte Sektoren als ihr territoriales Gebiet ausgewiesen sehen. Die Antarktis hat man dabei wie eine Torte aufgeteilt, wobei der geographische Südpol den Schnittpunkt darstellt.

Die Herleitung der Besitzansprüche klingt vielfach kurios und geht häufig auf irgendeinen alten Seefahrer zurück, der mehr oder weniger zufällig die Antarktis gesichtet und für König und Krone in Besitz genommen hat. Im Falle Argentiniens, Chiles und Großbritanniens überlappen sich die Sektoren sogar, so daß sich jeder Staat fast dasselbe »Tortenstück« einverleiben möchte. Man findet keine chilenische oder argentinische Landkarte, auf der das Hoheitsgebiet nicht bis zum Südpol reichen würde. Der Konflikt zwischen Großbritannien und Argentinien, der im Falkland-Krieg eskalierte, ist nicht zuletzt auf die Machtansprüche in der Antarktis zurückzuführen. Der Außenwelt blieb weitgehend verborgen, daß es damals sogar zu ersten Gewalttätigkeiten zweier Vertragsstaaten in antarktischen Forschungsstationen kam. Bemerkenswert erscheint, daß die Supermächte USA und UdSSR nicht zu den Anspruchsstaaten zählen, obwohl sie mit Abstand am meisten Mittel in die Antarktis pumpen. Allerdings haben beide eindeutig erklärt, daß sie die Ansprüche anderer Nationen nicht anerkennen und sich selbst Ansprüche vorbehalten. Nahrung für Konflikte gibt es also genug.

Der Antarktisvertrag ist in seiner Schlichtheit beeindruckend. Er schiebt schwelenden Konflikten zunächst einen Riegel vor, indem er festlegt, daß die Antarktis nur für internationale wissenschaftliche Forschung genutzt werden darf. Eine militärische Nutzung, Kernexplosionen und die Beseitigung radioaktiven Abfalls sind verboten. In Artikel 1 steht: »Die Antarktis wird nur für friedliche Zwecke genutzt. Es werden unter anderem alle Maßnahmen militärischer Art wie die Einrichtung militärischer Stützpunkte und Befestigungen, die Durchführung militärischer Manöver sowie die Erprobung von Waffen jeder Art verboten.«

Dieser von so vielen Nationen unterzeichnete Vertrag ist wohl einzigartig in der Welt. Ergänzend wurden später einige Zusatzabkommen geschlossen, die den Schutz der antarktischen Flora und Fauna und speziell der Robben gewährleisten sollen. 1988 wurde unter Ausschluß der Öffentlichkeit und nach mehrjähriger Verhandlungszeit in Neuseeland das Antarktische Rohstoffabkommen geschlossen. Dieses »Cramra-Abkommen« (Convention of the Regulation of Antarctic Mineral Resource Activities) greift das heikle Thema des Rohstoffabbaus in der Antarktis auf. Weil der Antarktisvertrag zu diesem Punkt keine Erkenntnisse liefert, sollte mit »Cramra« eine Regelung hinsichtlich der wirtschaftlichen Nutzung getroffen werden.

Kritiker befürchten nicht zu Unrecht, daß gerade »Cramra« einer Ausbeutung der Antarktis Tür und Tor öffnet. Australien und Frankreich haben öffentlich erklärt, daß sie das Abkommen nicht unterzeichnen werden. Andere Staaten, so auch die Bundesrepublik, haben sich noch nicht entschieden oder zumindest ihre Entscheidung noch nicht öffentlich bekanntgemacht. Die DDR hat aber bereits unterzeichnet, womit beim deutsch-deutschen Zusammenschluß ein Konflikt vorprogrammiert ist. Aus den zunehmenden Diskussionen und Aktivitäten um die Antarktis wird deutlich, daß der weiße Kontinent langsam, aber sicher aus seinem Dornröschenschlaf unsanft wachgerüttelt wird.

Auf einer Konferenz der blockfreien Staaten stellte Malaysia stellvertretend für die Dritte Welt die Forderung, daß die Nutzung der Antarktis zum Wohle der ganzen Menschheit eingesetzt werden müsse. Berücksichtigt man, daß Länder wie Rumänien, Papua Neuguinea, China, Uruguay, Indien und Dänemark zu den Nationen ohne Konsultativstatus gehören, dann muß man sich fragen, worin das Interesse aller Nationen besteht, die sich um den Antarktisvertrag scharen. Auf der King-George-Insel gibt es mittlerweile eine derartige Anhäufung von Stationen, daß von Umweltverträglichkeit keine Rede mehr sein kann. Es wurden schon sarkastische Bemerkungen laut, man solle doch die ganze Insel überdachen, um damit den Bauboom zu stoppen. Die Antarktis wird nicht erst zum Krisenherd, sie ist es bereits.

Im November 1990 werden sich die Antarktis-Vertragsstaaten in Chile zu einer Konferenz treffen. 1991 besteht die Möglichkeit, den derzeitigen Antarktisvertrag zu ändern. Es ist zu befürchten, daß dieser Vertrag löchriger wird und damit der wirtschaftlichen Nutzung der Antarktis der Weg bereitet ist.

Weltpark Antarktis

Der Erhalt der antarktischen Naturlandschaft ist ein internationales Anliegen, das dem Wohle der gesamten Menschheit dient. Dieser Kontinent darf nicht irgendwelchen wirtschaftlichen oder nationalen Interessen geopfert werden. Der französische Meeresforscher Jacques Cousteau sagte einmal: »Der Mensch ist die am meisten gefährdete Spezies. Nur wenn genügend Naturlandschaften erhalten bleiben, haben die Menschen ein Chance zu überleben.«

Bisher stellte man die wirtschaftlichen Interessen stets über den Schutz der Umwelt, zerstörte die Natur und machte sich hinterher Gedanken, wie man den Schaden reparieren könnte. Das hat sich auch heute kaum geändert.

Bild rechts oben:
Adeliepinguine
an einem schmalen,
eisfreien Küsten-
streifen.

Bild rechts unten:
In dem trockenen,
kalten Klima dauert
es Jahrhunderte,
bevor sich der Müll
zersetzt.

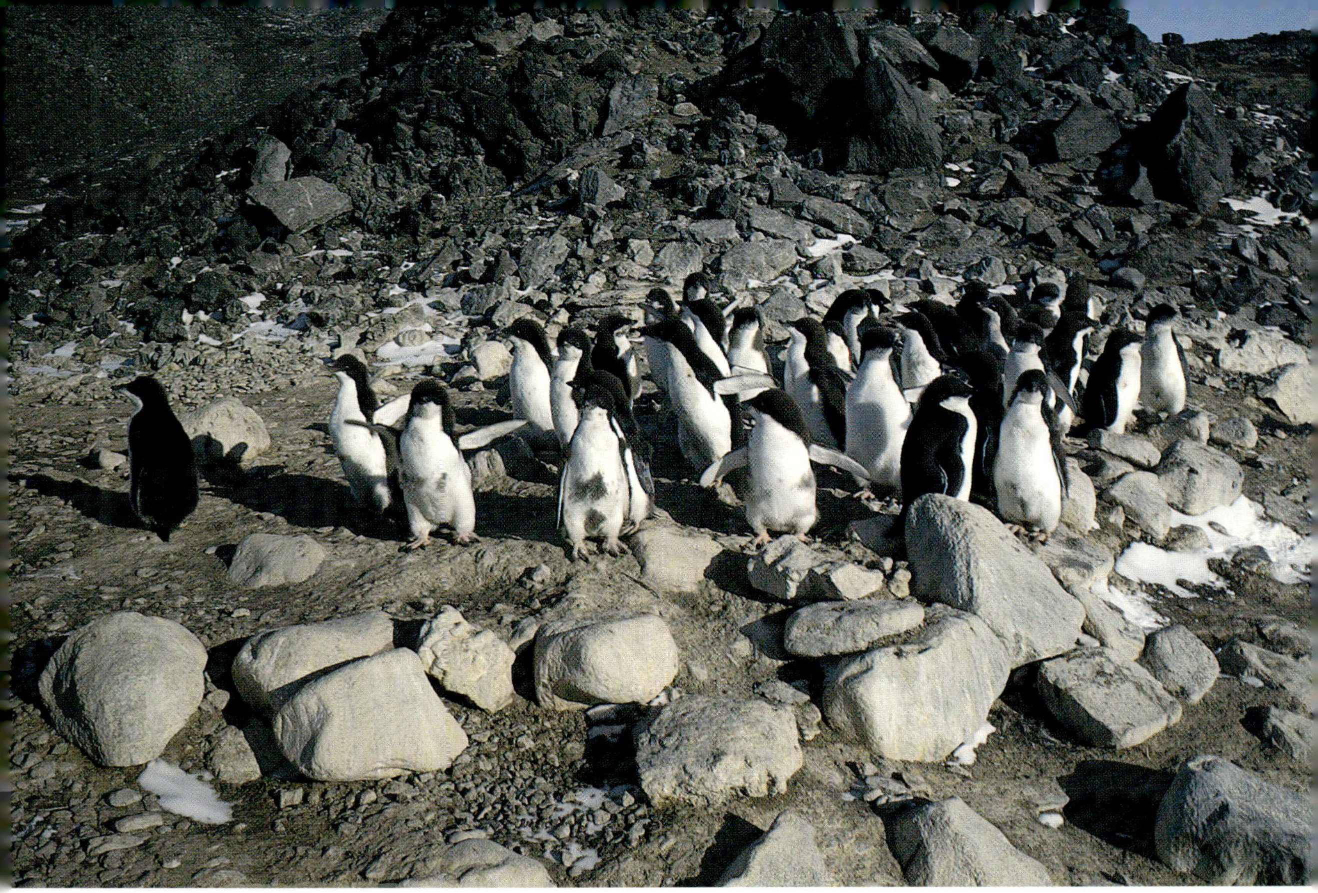

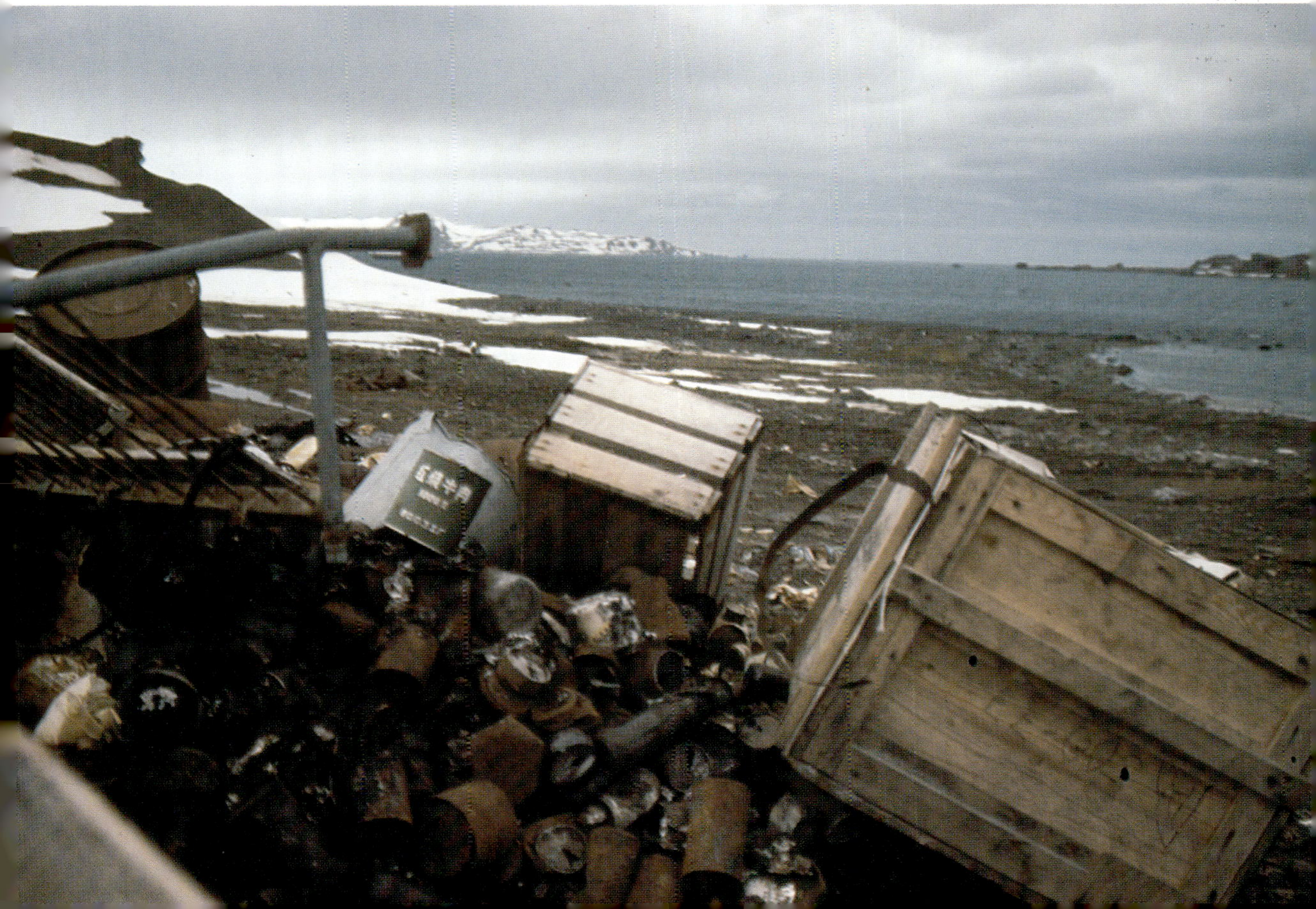

In der Antarktis hätten wir die Chance, diese Fehler nicht zu wiederholen. Uns stellt sich eine nahezu unberührte Naturlandschaft mit einem hochsensiblen Ökosystem dar, das wir erhalten oder vernichten können. Dabei wäre die Antarktis sogar nutzbar, ohne ihr Schaden zuzufügen, indem man die riesigen aufs Meer hinaustreibenden Eisberge zur Frischwassergewinnung nutzte. Dreiviertel der Trinkwasservorräte lagern im Eis dieses Kontinents – und sauberes Trinkwasser ist weiß Gott zu einem kostbaren, raren Gut geworden.

Um den Erhalt der Antarktis zu gewährleisten, muß ein Gremium geschaffen werden, das diese Naturlandschaft verwaltet und vor wirtschaftlichen und nationalen Ansprüchen schützt. Neuseeland erhob als erster Staat schon in der 70er Jahren die Forderung nach einem »Weltpark Antarktis«. Umweltschutzorganisationen, allen voran »Greenpeace«, griffen diese Idee auf und setzten sich fortan vehement für sie ein. »Greenpeace« betreibt als einzige Organisation eine national unabhängige Station in der Antarktis, führt mit eisgängigen Schiffen Inspektionsfahrten durch und weist so immer wieder hautnah auf die Probleme im tiefen Süden hin. Mittlerweile haben sich der Forderung nach einem antarktischen Weltpark einige Nationen, Umweltschutzorganisationen und last but not least die Vereinten Nationen angeschlossen. Am 23. November 1989 forderte die UNO in einer Resolution die Mitgliedsstaaten auf, die Antarktis zu einem Weltpark zu erklären. Sie fordert, daß alle Aktivitäten in der Antarktis ausschließlich friedlicher und wissenschaftlicher Forschung, dem Erhalt des internationalen Friedens, der Sicherheit in der Antarktis und dem Schutz dieser Region im Interesse der gesamten Menschheit dienen sollen. Diese Resolution unterstützten auch die blockfreien Staaten.

Es ist denkbar, daß die UNO als eine Art zentrale Verwaltungsstelle für die Antarktis auftritt. Die Administration muß von einem unabhängigen Gremium betrieben werden. Nationale Ansprüche und Ausbeutungsversuche könnten so abgeschmettert werden. Auf diesem Wege könnten außerdem Genehmigungen für For-

schungsstationen vergeben und der Tourismus in geregelte Bahnen geleitet werden. Expeditionen wie die unsrige müßten durch ein Prüfungs- und Genehmigungsverfahren geregelt werden. Ganz nach dem Motto: Nur wer klare Vorschriften erfüllt und sich an deutliche Auflagen hält, darf einen Fuß auf diesen Kontinent setzen. Ähnlich wie Nationalparks geschützt werden, könnte dies auch mit der Antarktis geschehen. Auf die Einsicht von Wirtschaftsbossen und Politikern zu bauen, erscheint mir ein wenig zu blauäugig. In der Schaffung eines »Weltpark Antarktis« sehe ich die einzige Chance, Unheil von diesem letzten unberührten Kontinent abzuwenden.

Das Ozonloch

Man kann heute nicht mehr über die Antarktis reden, ohne das Ozonloch anzusprechen. Der amerikanische Satellit »Nimbus 7« gab bereits 1979 erste Hinweise, daß sich über dem Südpol Ungewöhnliches abspielte. Wissenschaftler werteten die Daten aus und stellten mit Erstaunen fest, daß die Ozonschicht in diesem Bereich der Erde erheblich ausgedünnt war. Das für den Menschen unverträgliche Ozon erfüllt in der Stratosphäre eine wichtige Funktion. Das Gas filtert die für viele Lebewesen gefährliche ultraviolette Strahlung der Sonne. Sinkt der Ozongehalt, so gelangt die Strahlung in erhöhter Dosis auf die Erde.

Es ist heute wissenschaftlich belegt, daß erhöhte UV-Strahlung für einen dramatischen Anstieg an Hautkrebserkrankungen beim Menschen verantwortlich ist. Außerdem löst eine erhöhte Dosis Mutationen in der Erbsubstanz biologischer Zellen aus, was zu erheblichen Schäden bei Pflanzen und Meeresalgen führen kann. Auch die Nahrungskette der Meerestiere könnte zerstört werden, und die Ernteerträge könnten drastisch sinken. Zu befürchten ist auch, daß das Gleichgewicht Sauerstoff/Kohlendioxyd ins Wanken gerät. Alles Auswirkungen, die elementar und verhängnisvoll in das Leben auf der Erde eingreifen.

Ein Drama unserer Tage ist vor allem die große

Unsicherheit, die sich auch unter Experten breitgemacht hat. Kein Wissenschaftler kann heute genau sagen, welche Auswirkungen und Folgen der galoppierende Ozonabbau haben wird. Während sich Fachleute mit Mutmaßungen und Spekulationen herumschlagen, wächst das Ozonloch weiter.

Ozon wird in Dobson-Einheiten gemessen. 300 Einheiten entsprechen einer intakten Ozonschicht. 1987 wurden über der Antarktis nur noch 125 Einheiten nachgewiesen. Seit 1979 hat sich das Ozonloch sowohl in der Tiefe als auch in der Fläche ausgedehnt. Allein zwischen 1986 und 87 nahm der Gehalt des schützenden Gases um zehn Prozent ab. Zur Zeit ist das Ozonloch

noch zeitlich und örtlich begrenzt, hat aber immerhin schon die Ausdehnung erreicht, die der Fläche Europas entspricht.

Die Ozon-Schutzhülle wird von Fluor-Chlor-Kohlenwasserstoffen zerstört. Diese FCKW werden seit 20 Jahren industriell erzeugt und eingesetzt. Sie sind vor allem im Treibgas von Spraydosen, in Kühlflüssigkeiten in Kühlschränken und Klimaanlagen, in Lösungs- und Feuerlöschmitteln und in Schaumkunststoffen enthalten.

Eine Computergrafik des Ozonlochs über der Antarktis (schwarze Färbung). Ein Meßgerät an Bord des

Satelliten Nimbus 7 registriert die Ozondichte, ein Computer setzt die Meßdaten grafisch um.

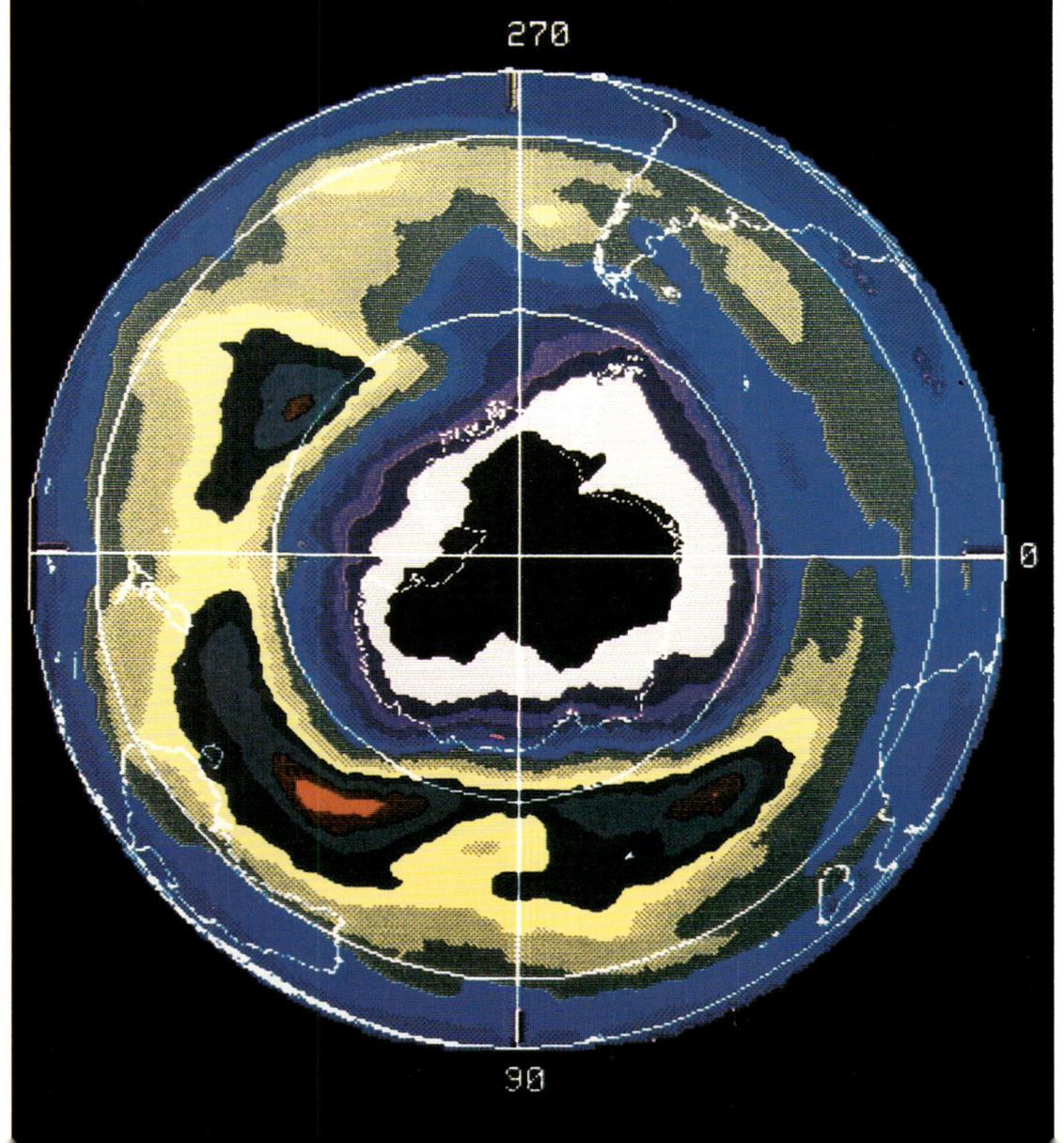

Die verheerende Wirkung der FCKW sah offensichtlich niemand voraus. Sie galten sogar als große Errungenschaft und »umweltfreundliches Produkt«. Der Stoff, den es als Gas und in flüssiger Form gibt, ist farb- und geruchlos, gilt als ungiftig und ist inert. Das bedeutet, daß er chemisch nicht mit und auf andere Stoffe reagiert. Eine folgenschwere Reaktion zeigen die Fluor-Chlor-Kohlenwasserstoffe allerdings doch. So haben Wissenschaftler festgestellt, daß sich durch ultraviolette Strahlung der Sonne das Chlor aus der chemischen Verbindung löst. Dabei entstehen äußerst reaktive Chlorradikale, die in das Gleichgewicht des Ozonauf- und -abbaus eingreifen. Diese Chlorradikal-Atome reagieren mit dem Ozon. Chlor spielt dabei die Rolle des Katalysators. Es ermöglicht die chemische Umwandlung von Ozon in Luftsauerstoff, wobei es sich selbst aber nicht verändert. Schließlich wird das Chloratom wieder frei und beginnt eine neue Reaktion mit dem nächsten Ozonmolekül. Das Chloratom hat also Bestand und kann etwa 10 000 Ozonmoleküle in Sauerstoff verwandeln, bis es schließlich in einer Verbindung aufgeht.

Während einige Länder aufgrund der wissenschaftlichen Erkenntnisse die Produktion und die Verwendung von FCKW weltweit verboten sehen wollten, wurde in anderen Ländern – so auch in der Bundesrepublik – die Dringlichkeit wieder einmal vertagt und nach einer puddingweichen Lösung gesucht. Im September 1987 trafen sich Abgeordnete aus 46 Nationen, um sich auf eine Reduzierung der FCKW zu einigen. Das Ergebnis war ein sogenannter Stufenplan, den Wissenschaftler weniger für eine Hilfe der bedrohten Ozonschicht als für eine Sterbehilfe halten. FCKW sind nämlich sehr langlebig und brauchen sehr lange, bevor sie die Stratosphäre erreichen. Das heute freigesetzte Gas erreicht vielleicht erst in zehn Jahren den Ort der Zerstörung.

Während sich Politiker in verbaler Kraftmeierei übten, verzichteten einige Industrieunternehmen selbst auf FCKW in Spraydosen. Wurden 1986 noch 26 000 Tonnen FCKW in die Luft gesprüht, so gibt es heute kaum noch FCKW-Spraydosen. Trotzdem ist die Veränderung auf dem Dosenmarkt nur ein Tropfen auf dem heißen Stein; denn allein die Firmen Hoechst und Kalichemie produzieren immer noch jährlich 100 000 Tonnen des Ozonkillers. Umweltminister Töpfer hat zwar viel geredet, verordnet und eingeschränkt, verboten hat er dieses Teufelszeug bis heute nicht.

Ein Großteil der in der BRD produzierten FCKW wird exportiert. Der Stratosphäre aber ist es herzlich egal, ob das Gas von deutschem Boden oder von anderswo in den Himmel steigt. Es gibt mittlerweile Ersatzstoffe, und man könnte auf die FCKW-Produktion weitgehend verzichten. Doch selbst wenn ab sofort keine FCKW mehr freigesetzt würden, würde der Killer noch in 10 bis 15 Jahren sein Werk fortsetzen.

Mit Sicherheit wird noch bis zum Jahr 2000 FCKW produziert werden. Das jedenfalls geht aus einer Entscheidung der Internationalen Ozonschutzkonferenz in London vom Juni 1990 hervor, die erst mit Beginn des nächsten Jahrtausends ein Produktionsverbot beschloß. Das Londoner Abkommen ersetzt das Protokoll von Montreal aus dem Jahr 1987, das bis zum Jahr 2000 lediglich eine Halbierung der FCKW-Produktion vorsah. Als Hardliner zeigten sich in der britischen Metropole vor allem die USA, die Sowjetunion und Japan, die ein früheres Herstellungsverbot ablehnten.

Umweltschützer haben errechnet, daß durch diesen Beschluß elf Milliarden Tonnen Fluor-Chlor-Kohlenwasserstoff zusätzlich in die Stratosphäre gelangen werden.

In unseren Breiten sind wir bisher noch nicht persönlich durch diese Umweltkatastrophe betroffen. Für die Menschen in Australien und Neuseeland gehört es jedoch inzwischen zum Alltag, über Fernsehen, Radio und Presse vor den gefährlichen UV-Strahlen gewarnt zu werden. Je nach Intensität der Strahlung heißt es dann beispielsweise: »Wir empfehlen Ihnen, sich heute keinesfalls länger als 22 Minuten der direkten Sonnenstrahlung auszusetzen.« Die Hautkrebsraten sind in beiden Ländern drastisch angestiegen.

Projiziert man das antarktische Ozonloch auf die Nordhalbkugel, wären Hunderte von Millionen Menschen in den Ballungszentren betroffen. Nur die Tatsache, daß in den vergleichbaren Breiten auf der Südhalbkugel wesentlich weniger Menschen leben, hat den Schaden bisher in Grenzen gehalten. Dies wird sich aber vermutlich ändern. Denn inzwischen wurde festgestellt, daß es auch über der Arktis ein Ozonloch gibt. Es hat noch nicht die Ausmaße wie im Süden, dehnt sich jedoch bereits aus. Um 17 % hat das Ozon dort immerhin schon abgenommen, wie Messungen der »Nasa« und der »Icewalk«-Expedition ergeben haben. Daß sich die Ausdünnung des Ozons vor allem über den Polkappen vollzieht, liegt an den extrem niedrigen Temperaturen, die den chemischen Prozeß fördern.

Aber nicht nur aus der Arktis kommen neue Schreckensmeldungen, auch direkt über uns braut sich die Katastrophe zusammen. So haben neueste Messungen des Norwegischen Instituts für Geophysik im Sommer 1990 ergeben, daß das Ozon auch in der Stratosphäre über Mitteleuropa und Nordamerika in den vergangenen zwei Jahrzehnten um mindestens zehn Prozent abgenommen hat.

Offenbar ist vielen Politikern immer noch nicht klargeworden, daß es sich nicht um irgendeine Verschmutzung der Atmosphäre handelt, sondern um die Zerstörung eines lebenserhaltenden Schutzschildes. Volkswirtschaftlich mag es teuer sein, die Produktion umzustellen. Aber in welchem Umfang wird die Volkswirtschaft erst belastet werden, wenn Menschen erkranken, die Ernteerträge zurückgehen und Nahrungsketten zusammenbrechen?

Es gibt, weiß Gott, schon beängstigend viele Umweltprobleme, die das Leben auf dieser Erde gefährden oder vernichten. Wasserknappheit, verschmutzte Luft, verseuchte Böden, belastete Nahrung, giftiger Müll, der Treibhauseffekt und aussterbende Tier- und Pflanzenarten sind der traurige Preis, den wir für vermeintliche Lebensqualität und Wohlstand zahlen müssen. Warum verbietet man nicht wenigstens die Produktion und Anwendung von FCKW? Denn damit könnte die Zerstörung oder wenigstens Ausdehnung der Ozonlöcher relativ leicht eingegrenzt werden. Warum, um alles in der Welt, fällt nicht endlich weltweit diese überlebenswichtige Entscheidung? Es muß gehandelt werden – und zwar sofort! Eine Alternative gibt es nicht.

Sastrugis – eine durch den Wind verursachte Erosion im Firn.

In Schnee, Eis und Einsamkeit

Das Basislager Adventure Networks in den Patriot Hills. Schneestürme und fehlender Treibstoff für das Flugzeug halten uns erneut fest. Die Zeit läuft davon, und wir sind gezwungen, unsere Pläne erneut zu ändern.

Punta Arenas ist eine Stadt, die mir nicht fremd ist. Oft diente mir dieser Ort als Ausgangspunkt für Expeditionen nach Feuerland und Patagonien. Diese Region im äußersten Süden Chiles fesselt mich immer wieder, und ich komme stets gern in sie zurück. Die Stadt liegt an der Magellanstraße und verfügt über einen Hafen. Nach Osten breitet sich eine steppenartige Landschaft aus, in der hauptsächlich Schafe und Nandus, eine Straußenvogelart, leben. Dahinter erhebt sich die gewaltige Kordillere, auf der dunkle Regenwolken lasten. Im Süden, jenseits der Magellanstraße, ragt die Insel Feuerland aus der stürmischen See. Fernando Magellan gab dieser Passage seinen Namen, als er sie durchfuhr und die nächtlichen Lagerfeuer der Indianer sah.

Wir haben uns im Hotel »Cabo de Hornos« eingemietet und beginnen in einem nahe gelegenen Lagerschuppen damit, Ausrüstungsgegenstände zu sortieren und für die Depots zusammenzustellen. Es ist Oktober und damit Frühling in Punta Arenas. Der allgegenwärtige Wind fegt teilweise mit Orkanstärke durch die staubigen Straßen, wirbelt Pappkartons auf und treibt leere Coladosen vor sich her. Passanten stemmen sich gegen die Sturmböen und kneifen die Augen zusammen, um den Staub abzuhalten. Wellblechdächer klappern, Türen schlagen auf und zu, und die Möwen drehen abenteuerliche Kapriolen. Kein Mensch verliert ein Wort über den Wind. – Alltag in Punta Arenas.

Zwar hatten uns einige »Adventure Network«-Leute vom Flughafen abgeholt; das Flugzeug der Gesellschaft, das uns in die Antarktis bringen soll, ist aber entgegen der Vereinbarung noch nicht vor Ort. Man vertröstet uns damit, daß die betagte »DC 6« in einigen Tagen eintreffen werde. Reinhold und ich sind ein wenig verärgert, da wir viel Geld im voraus zahlen mußten und nun plötzlich feststellen müssen, daß unser Vertragspartner seinen Verpflichtungen nicht nachkommt. Wir lassen uns aber nicht aus der Ruhe bringen, sortieren unsere täglichen Proviantrationen, überprüfen Skibindungen, bauen zur Kontrolle Zelte auf, stellen ein kleines Werkzeugkit zusammen und beladen probeweise unsere Pulka-Schlitten.

Unsere gute Organisation im Vorfeld zahlt sich jetzt aus, und so sind wir schon nach zwei Tagen fertig mit den Routinearbeiten. Wir gewinnen dadurch Zeit, leihen uns ein Auto und fahren in die Umgebung Punta Arenas', um uns die Landschaft anzusehen. Uns begleiten die *Spiegel*-Redakteure Wilhelm Bittorf und Ulrich Jaeger und der Südwestfunk-Kameramann Jürgen Bolz.

Noch sehen wir dem Zeitverlust gelassen entgegen, genießen den Komfort des Hotels und tun uns an der südamerikanischen Küche gütlich. Der Flug in die Antarktis ist für den 21. Oktober vorgesehen – und der ist schließlich schon übermorgen. Die »DC 6« läßt indes auf sich warten, und »Adventure Network« serviert uns immer neue Entschuldigungen. Eine zunehmende Sorge verdrängt unsere anfängliche Gelassenheit: Werden wir noch rechtzeitig in die Antarktis kommen? Unser Vorhaben ist zeitlich hart kalkuliert. Um die gewaltige Strecke zu bewältigen, benötigen wir den gesamten antarktischen Sommer. Und der endet bereits in der zweiten Februarhälfte. Jeder Tag, den wir jetzt in Punta Arenas festsitzen, geht uns unwiederbringlich verloren. Der antarktische Winter setzt schnell und brutal ein, und wir können verlorengegangene Zeit nicht hinten anhängen. Unsere Deadline ist Mitte Februar. Danach werden wir die Antarktis nicht mehr verlassen können.

Endlich trifft die »DC 6« in Punta Arenas ein. Aber sie ist in einem so erbärmlichen Zustand, daß die Mechaniker tagelang an ihr herumschrauben müssen. Fasziniert, aber auch irritiert mustern wir den senilen Vogel. In den 60er Jahren versah er als PanAm-Klipper seinen regulären Transatlantikdienst. Irgendwann wurde er aus dem Verkehr gezogen, ging durch mehrere Hände und landete schließlich bei dem Automobilkonzern Ford, für den er fortan Autoteile transportierte. Aus dem stolzen PanAm-Klipper war ein Frachtflugzeug geworden.

Bild rechts oben:
Die DC 6 Baujahr 1951. Unser Vertrauen in diesen Veteran schwindet von Tag zu Tag.

Bild rechts unten:
Die Hunde der Transantarktika-Expedition teilen unsere Abneigung gegen die DC 6.

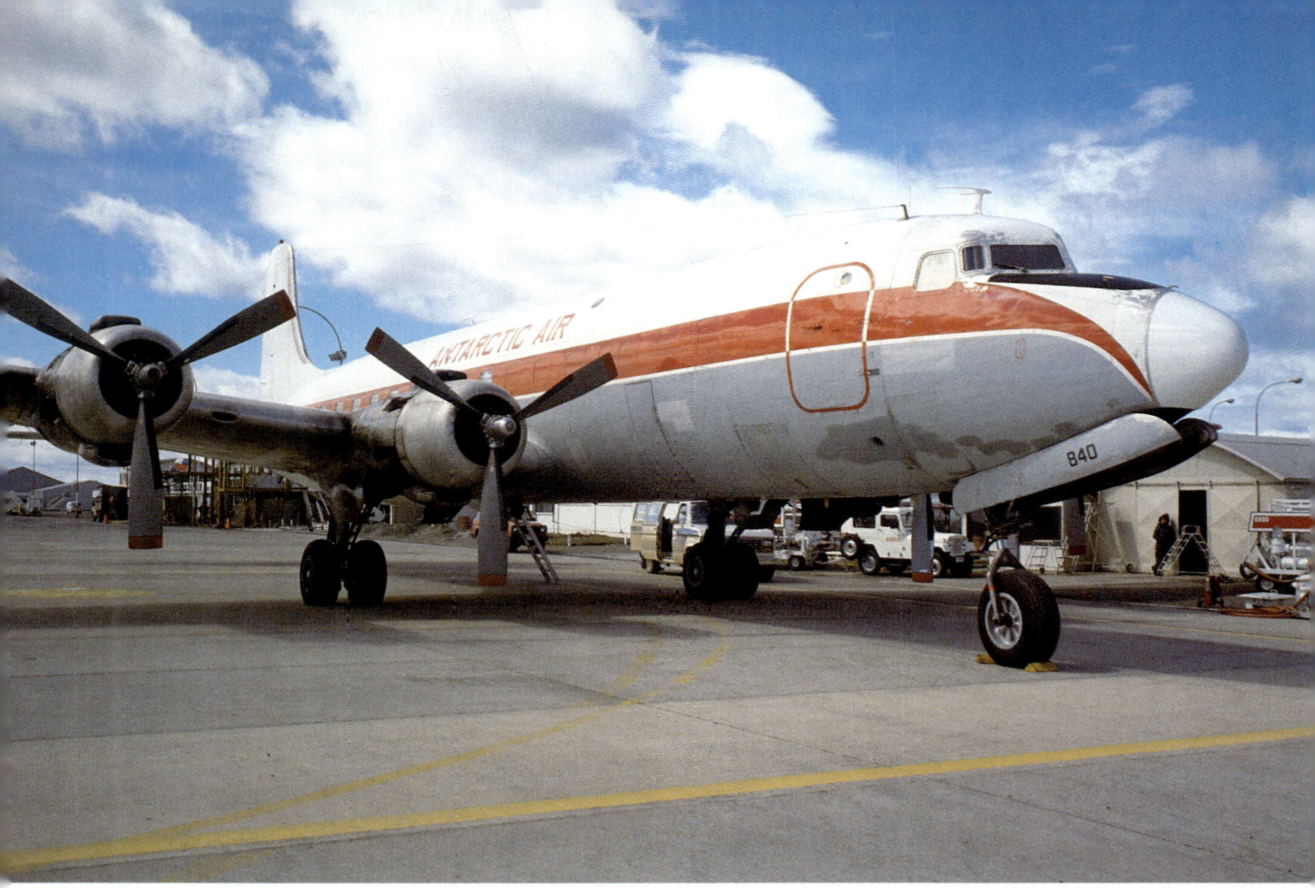
ANTARCTIC AIR
840

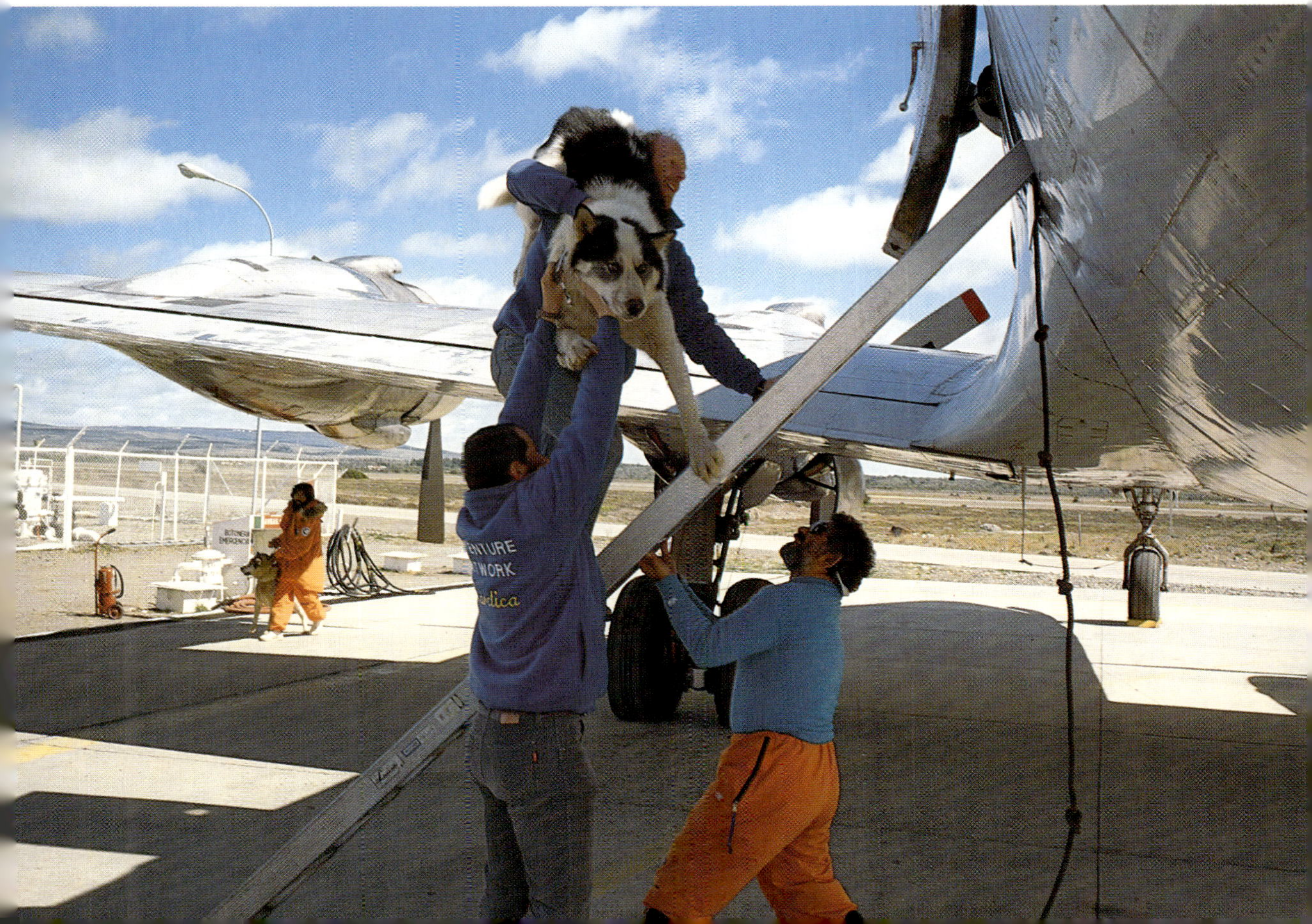

Aber auch als solches war es irgendwann nicht mehr rentabel und sicher genug. Man suspendierte den Veteranen vom Dienst und schob ihn in Florida auf einen Platz, der unter Piloten den berüchtigten Namen »Corrosion Corner« trägt. In dieser »Rostecke«, einem Schrottplatz also, stöberte »Adventure Network« den Greis auf und brachte ihn mit bescheidenen Mitteln wieder zum Fliegen.

Miteigner und Pilot Colin Campbell zählt 68 Jahre und hat sicher kaum weniger Flugstunden auf dem Buckel als der marode Vogel. Immer wieder versichert uns der Routinier, wie sicher dieses Flugzeug sei. Und die vier 18zylindrigen Sternmotoren machen zweifellos Eindruck. Aus der Ferne sehen auch Rumpf und Tragflächen einigermaßen vertrauenerweckend aus, nur aus der Nähe verunsichert zuviel Rostbraun das Auge. Die »Adventure«-Leute haben sich mit dem Zeitplan völlig überworfen und hatten offensichtlich keine Gelegenheit mehr, auch dem Innenraum der Maschine den Ruch der »Corrosion Corner« zu nehmen. Das Cockpit halten korrodierte Nieten und Schrauben zusammen, und es sieht aus, als sei es dem Deutschen Museum entliehen. Obwohl die Maschine ursprünglich eine Druckkabine besaß und man uns dies als großen Vorteil gepriesen hatte, befindet sich der Rumpf in einem derart desolaten Zustand, daß an einen Druckausgleich nicht zu denken ist.

Während ich mir ungläubig das Cockpit ansehe, fragt mich einer der »Adventure«-Männer, wie wir in der Antarktis navigieren wollen. »Auf konventionelle Weise mit dem Sextanten und dem elektronischen »GPS-System«, antworte ich ihm. Seine Augen beginnen zu leuchten, und er setzt nach, ob das Gerät auch im Flugzeug arbeite. Wenn ja, so sei das eine tolle Sache, weil die Bord-Navigationsinstrumente gerade unter einer leichten Orientierungslosigkeit leiden. Ich traue meinen Ohren nicht. Will sich der Mann mit mir ein Späßchen leisten? Zwar funktioniert das »GPS« auch im dreidimensionalen Raum und ist für Flugzeuge geeignet, aber dann müßte zumindest eine spezielle Antenne installiert werden. Und überhaupt, wie kann man, um alles

in der Welt, zu einem solchen Flug starten, ohne intakte Navigationsmittel an Bord zu haben? Colin, der Pilot, versichert mir später, daß dies alles ein Mißverständnis sei und man die Navigation selbstverständlich im Griff habe. – Unsere Zweifel wachsen. Das einzige, was uns jetzt noch vertrauen läßt, ist die Hoffnung, daß Colin mit seinen beiden Bordmechanikern genauso am Leben hängt wie wir.

Martyn Williams, der offizielle »Adventure«-Vertreter in Punta Arenas, versucht, uns zu beruhigen. Doch wie unsere Sorge um Zeitplan und Sicherheit steigt auch unser Ärger über die Geschäftspraktiken dieses Unternehmens.

Wir liegen eine Woche hinter unserem Zeitplan, als es am 28. Oktober endlich losgeht. Außer unserer Ausrüstung werden Berge von Proviant und Material für die »Transantarktika-Expedition« in die »DC 6« geladen. Die »Transantarktika« besteht ähnlich wie »Icewalk« aus sechs Teilnehmern verschiedener Nationen. Das Unternehmen leiten der Amerikaner Will Steger und der Franzose Jean-Louis Etienne. Beide sind erfahrene Polarreisende und standen vor Jahren ebenfalls schon am Nordpol. Die »Transantarktika« ist ein Multimillionen-Dollar-Projekt mit dem Ziel, die Antarktis auf der Route ihres größten Durchmessers mit Hundeschlitten zu durchqueren. Ein gewaltiges Vorhaben, das an Mensch und Tier enorme Ansprüche stellt. Flugzeuge hatten teilweise schon im vergangenen Jahr Depots entlang der geplanten Route eingerichtet. Die Expedition startete schon sehr früh im Jahr auf der antarktischen Halbinsel, durchlitt schwere Schneestürme, verfehlte ein Depot, und einige Hunde waren der Erschöpfung nahe. Deshalb verladen Helfer jetzt »frische« Hunde in die »DC 6«.

Neben den kräftigen Tieren sitzen Kameramann Jürgen Bolz, *Spiegel*-Redakteur Ulrich Jaeger, Kameraleute des französischen und amerikanischen Fernsehens in dem betagten Flugzeug, als die gewaltigen Motoren mit Donnergetöse auf Touren kommen. Dann rollt die »DC 6« langsam zur Rollbahn und hebt nach einem endlosen Anlauf schwerfällig vom Boden ab. Punta Arenas liegt hinter uns. Wir sind froh, endlich unterwegs zu sein. Auch wenn unser Zeitplan empfindlich eng geworden ist, sind wir zuversichtlich, das Projekt wie geplant durchziehen zu können.

Während wir uns dröhnend über die letzten Ausläufer der Kordilleren schieben, entspannt sich die Atmosphäre im Flugzeug. »Und sie fliegt doch«, machen wir uns gegenseitig Mut und Hoffnung. »Doch wie lange noch?« fragen wir uns vier Stunden später mit skeptischem Blick durchs Fenster. Über die Tragflächen läuft nämlich in breiten Rinnsalen Schmieröl, das eigentlich in die Motoren gehört. »Es ist halt ein altes Flugzeug«, beruhigen wir uns, »aber ob das trotzdem seine Richtigkeit hat?« Das Öl wabbert schon in breiten Streifen über die Tragflächen, als plötzlich Colin aus dem Cockpit kommt und nachdenklich den Kopf wiegt. Er habe über Funk erfahren, daß sich das Wetter in der Antarktis plötzlich verschlechtert habe. Das Flugzeug müsse sich schon jetzt gegen einen starken Wind stemmen, der keine ausreichende Geschwindigkeit mehr zulasse. Im Klartext: Bei der jetzigen Reisegeschwindigkeit reicht der Brennstoff nicht aus, um die Antarktis zu erreichen. Wir kehren um.

Niedergeschlagenheit breitet sich aus. Wir mißtrauen den Worten des Piloten. Ist es wirklich das Wetter oder sind es nicht doch technische Defekte an den Motoren? Wir sind bedrückt. Die Hunde hocken unruhig und ängstlich in einer Ecke. Der Geruch von Schmierstoffen, Butterbroten, Hundekot und -urin vermischt sich zu einem penetranten Gestank. Vier Stunden später setzen wir wieder auf der Landebahn von Punta Arenas auf. Das Flugzeug wird leergeräumt. Wir fahren zurück ins »Cabo de Hornos«.

Am nächsten Morgen halten wir Kriegsrat. Nach Auskunft von »Adventure Network« wird es noch mindestens einen Tag dauern, bis das Flugzeug wieder flottgemacht ist und wir einen neuen Versuch wagen können. Ich traue dieser Auskunft nicht und äußere meine Befürchtungen, daß uns die Zeit davonläuft. Reinhold telefoniert verärgert mit den »Adventure«-Leuten. Aber das ändert nichts an unserer prekären Situation. Wie sich die Dinge entwickeln, können wir nicht mehr abschätzen, wann wir die Antarktis erreichen. Wir machen uns mit dem Gedanken vertraut, unsere Route zu ändern. Um die verlorene Zeit aufzuholen, beschließen wir, von der Filchner-Station nicht mehr über die Patriot Hills, sondern direkt entlang des 40. Längengrades zum Pol zu gehen. Die Depots, die eigentlich für Patriot Hills und die Thiel-Berge gedacht waren, müßten entlang dieser neuen Strecke eingerichtet werden.

Ich halte diese Lösung für durchführbar, da sie die Strecke reduziert. Allerdings wird das Einrichten der Depots Brennstoffprobleme für die Flugzeuge aufwerfen. Außerdem bereitet mir der Übergang vom Ronne Shelf Ice zum antarktischen Hochplateau Sorgen. Auf unserer ursprünglichen Route würde es kaum Probleme mit Spalten geben. Auf dem neuen Weg wird das anders aussehen. In der Aufstiegszone müßten wir über zwei gewaltige Eisströme zum Hochplateau, die mit Sicherheit mit gewaltigen Spaltensystemen durchsetzt sind.

Reinhold schlägt vor, über den Foundation Ice Stream oder den Support Force-Gletscher aufzusteigen. Ich halte das für ausgeschlossen. Die Antarktis ist in ihren Ausmaßen so gigantisch, daß sich bei einem Blick auf die Landkarte allzu leicht die Dimensionen eines solchen Eisstromes verlieren. Der Foundation Ice Stream erstreckt sich über eine Länge von fast zwei Breitengraden. Der Support Force-Gletscher ist nur unwesentlich kürzer. Ich kenne die Gletschersysteme, die vom grönländischen Inlandeis herunterkommen, und weiß, daß man bei vielen von ihnen keine Chance hat, einen Durchstieg zu finden. Bei diesen gewaltigen Gletschersystemen würden wir wie gegen eine Wand laufen. Und selbst wenn wir mit unserer schweren Ausrüstung eine Passage fänden, würden wir so viel Zeit verlieren, daß wir nicht mehr vor Einbruch des Winters das Ziel erreichten.

Ein englischer Glaziologe, der als Kenner der Region gilt und von dem Reinhold Informationen eingeholt hatte, reagiert auf unsere Anfrage mit einem entschiedenen Nein. Er warnt uns eindringlich davor, diese Route einzuschlagen. Obwohl Reinhold nach wie vor davon überzeugt ist, über einen der Gletscher das Plateau zu erreichen, willigt er schließlich ein, eine andere Route zu wählen. Wir besorgen uns – soweit möglich – Kartenmaterial und Informationen zu dieser neuen Strecke. Wir planen jetzt, vom 79. Breitengrad direkt bis zum Pol durchzulaufen. Das erste Depot soll auf dem 82. und das zweite auf dem 86. Breitengrad eingerichtet werden. Ich habe die Strecke überschlagen und bin zu der Meinung gekommen, daß wir sie trotz Zeitverlust bewältigen können. – Aber noch sind wir nicht in der Antarktis.

Am Montag, dem 30. Oktober, soll es dann endlich losgehen. In voller Polarmontur fahren wir zum Flughafen und hören uns an, was uns die Piloten zu sagen haben. Das Wetter sei schlecht geworden über der Drake-Passage. Auf der Wetterkarte zeigt uns Colin die Lage der Tiefdruckgebiete und erklärt uns, daß er bei diesem Wetter nicht fliegen könne. Ich kann zwar die Wetterlage für die Seefahrt analysieren und Schlüsse daraus ziehen, bin aber kein Flieger. Ich kann nicht beurteilen, ob denn nun tatsächlich das Wetter den Flug unmöglich macht oder ob uns wegen neuer technischer Defekte eine Ausrede aufgetischt wird. So rücken wir in unserer Polarkleidung wieder ab und kehren ins »Cabo de Hornos« zurück, wo man uns jetzt schon mit einem breiten Grinsen begrüßt.

Am nächsten Tag wiederholt sich das ganze Schauspiel. Erst soll es losgehen, dann heißt es, das Wetter in der Drake-Passage sei zwar günstig, dafür sei aber Nebel aufgezogen. Der Flug wird erneut gecancelt. Meine Tagebucheintragungen klingen stereotyp.

Tagebuch, 1. November: »Dito! Kein Flug in Sicht. Warten im Hotel auf besseres Wetter.«

Tagebuch, 2. November: »Um 11 Uhr vormittags starten wir zum zweiten Versuch. Es ist stürmisch, aber der Wind kommt aus Nordwest, somit werden wir geschoben. Die Sicht ist schlecht. Trotzdem erkenne ich einige Berge, Seen und Fjorde, auf denen ich bei meiner letzten Kajakexpedition in Feuerland war. Die Drake-Passage ist vom Sturm zerrissen, und die See ist weiß. Nach vier Stunden und 20 Minuten registrieren wir plötzlich, wie das Flugzeug eine scharfe 180-Grad-Kurve fliegt und Kurs Nord nimmt. Wir schauen uns verwundert an. Colin läßt nicht lange auf sich warten. Langsam schlendert er vom Cockpit zu unseren Sitzplätzen und erklärt uns mit Achselzucken, daß das Wetter in der Antarktis plötzlich wieder schlecht geworden sei. Zu gefährlich, um weiterzufliegen. Wir sind sprachlos. Man hatte uns vorher versichert, die ›DC 6‹ habe eine so große Reichweite, daß man nonstop bis in die Antarktis und zurück fliegen könne, wenn es sein müßte. Entweder gibt es neue Gründe für die erneute Rückkehr, oder die Angaben waren falsch. Einige von uns registrieren einen etwas eigenartigen Geruch im Flugzeug. Später erfahren wir, daß es einen Kabelbrand im Cockpit gegeben hat. Offiziell bleibt man bei der Erklärung, daß das Wetter schuld an der Umkehr gewesen sei. Aber wir trauen diesen Auskünften nicht mehr. Nach einem achteinhalbstündigen Flug landen wir wieder in Punta Arenas. Die Zeit läuft uns davon.«

Am nächsten Tag haben wir um halb zehn einen Termin mit »Adventure Network«. Wir treffen dort auf Criquet, einen Franzosen, der für den Nachschub und die Betreuung der »Transantarktika« verantwortlich ist. Bei ihm sind einige Helfer, die, wie wir auch, verärgert und beunruhigt sind. Wir machen gemeinsam dem Flugunternehmen heftige Vorwürfe. Als man uns auch noch mitteilt, daß ein Generator kaputt ist und die Wartung des Flugzeuges zwei Tage dauern wird, sinkt unsere Stimmung in den Keller. Unser Vertrauen in das morbide Fluggerät schwindet zunehmend.

Längst ist uns klar, daß der Flug in die Antarktis der gefährlichste Teil der Expedition ist. Hinzu kommt auch noch, daß offensichtlich viel zuwenig Flugbenzin in der Antarktis lagert. Angeblich hatte man diese Brennstoffdepots für uns bereits im vergangenen Jahr eingerichtet und deshalb frühzeitig Geld dafür gefordert. Jetzt erfahren wir, daß eine extreme Brennstoffknappheit in den Patriot Hills herrscht.

Um uns abzulenken, machen wir am 4. November einen Ausflug in die Umgebung und fah-

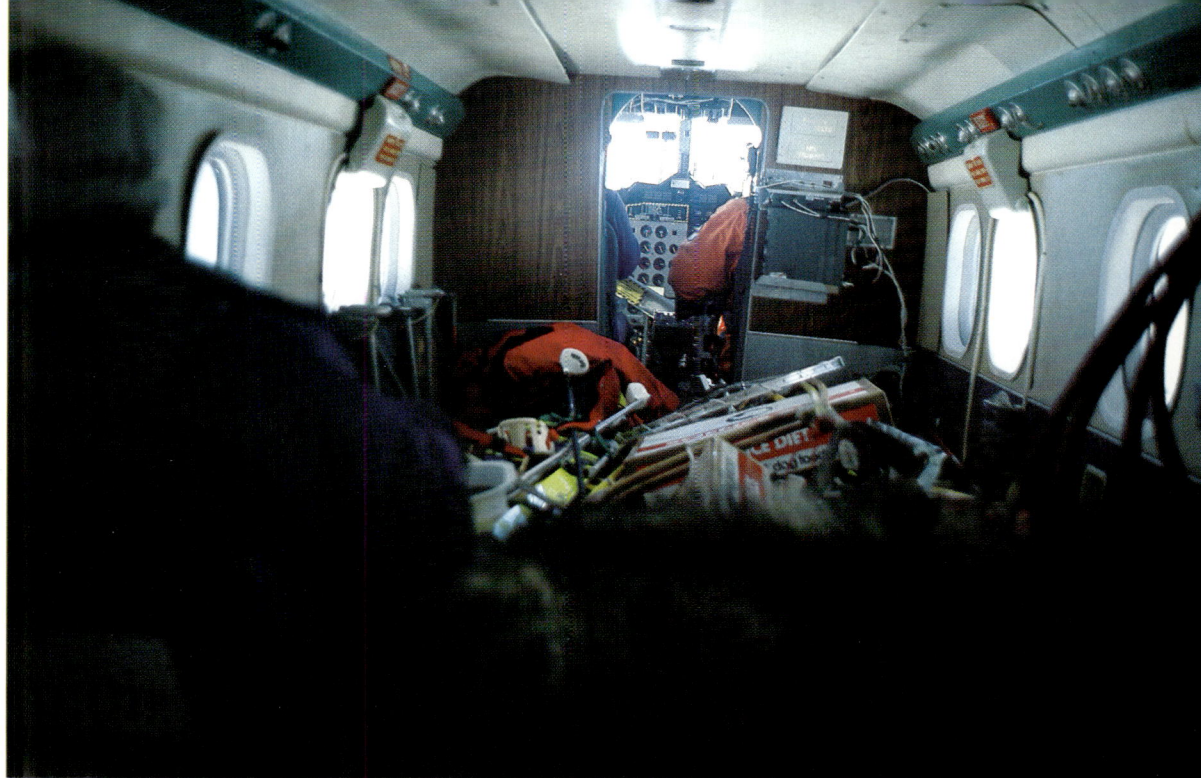

Bei herrlichstem Wetter fliegen wir mit einer »Twin Otter« zum Startpunkt. Die Spannung steigt.

ren anschließend zum Flughafen, um uns die Maschine anzusehen. Die Motorverkleidungen sind abgenommen, und zwei Mechaniker sind emsig dabei zu schrauben.

Es werden Faxe zwischen Punta Arenas und Kanada hin- und hergeschickt. An der Situation ändert sich aber nichts. Immer mehr erhärtet sich der Verdacht, daß vor Ort nur ein Bruchteil des Brennstoffes ist, der gebraucht wird, um sowohl unsere als auch die Flüge der »Transantarktika« durchzuführen.

Tagebuch, 5. November: »Wegen Nebels können die Patriot Hills angeblich nicht angeflogen werden. Warten im Hotel. Der Manager von ›Adventure Network‹ hat uns zugesagt, nach Punta Arenas zu kommen, läßt uns aber über Fax wissen, daß sich seine Ankunft verzögert. Über Umwege erfahren wir, daß ein neues Omega-Navigationssystem sowie Radar und andere wichtige Gegenstände für die ›DC 6‹ per Luftfracht eingetroffen und montiert sind. Demnach waren sie vorher also defekt, und wir sind in den blauen Dunst geflogen. Oder man hat uns mit diesen Flügen verschaukelt, und wir sind nur nach Kompaß und Sicht geflogen.«

Tagebuch, 6. November: »Das Wetter ist tagsüber immer noch schlecht in den Patriot Hills. Erst nachmittags scheint es sich langsam zu verändern. Abends soll es schließlich losgehen. Wir fahren – zum vierten Mal – in voller Montur zum Flughafen und laden unsere Sachen ein. Aber das Flugzeug ist wieder kaputt. Der Mechaniker schraubt an der zweiten Backbordmaschine herum. Zunächst heißt es, es sei nur eine Kleinigkeit, aber diese Kleinigkeit dauert doch länger, und wir verlassen schließlich wieder das Flugzeug, um uns im Flughafen-Restaurant zu versammeln. Es dauert. Spekulationen wuchern. Schließlich taucht ein Vertreter von ›Adventure Network‹ auf und versucht uns einzureden, daß plötzlich wieder das Wetter schlecht geworden sei und man deshalb nicht fliegen könne. Diesmal erntet er nur schallendes Gelächter. Schließlich gibt er zu, daß ein weiterer Generator an der Maschine defekt sei und man Ersatz aus Miami – vermutlich von Corrosion Corner – beschaffen müsse. Wir sind sauer! Die ›Transantarktika‹ steht ebenso unter Zeitdruck, und wenn der Nachschub nicht rechtzeitig eingeflogen wird, wird die Versorgungslage prekär. Das amerikanische Fernsehteam, das sie besuchen soll, gerät in Zeitnot und reagiert zunehmend gereizt. Wir zweifeln alle an der Sicherheit der ›DC 6‹. Erste Gespräche werden laut, in denen man darüber nachdenkt, ob man es überhaupt noch wagen soll, mit dem Flugzeug zu starten. Die Stimmung ist geladen. Es kommt zu einer heftigen Auseinandersetzung zwischen Reinhold und einem deutschen Fernsehjournalisten, der wegen der ›Transantarktika‹ in Punta Arenas ist.«

Tagebuch, 7. November: »Morgens ins Büro von ›Adventure Network‹ gefahren, um Neuigkeiten zu erfahren. Angeblich ist der Generator repariert. Criquet hat mit den Meteorologen gesprochen. Das Wetter ist optimal. Trotzdem

fliegen wir nicht. Die Piloten sind am Airport, angeblich wegen des Wetters. Offenbar haben sie jetzt selbst Zweifel, mit dem Gerät zu fliegen. Wir fahren zum Airport, um uns ein Bild von der Situation zu machen. Der Mechaniker ist gerade fertig, und die Motoren 2 und 3 laufen zur Probe. Anschließend rollt die Maschine zum Tanken. Man schickt uns ins Hotel, um unsere Sachen zu holen. Es folgt die übliche Zeremonie beim Beladen des Flugzeuges und danach die Verzögerung bis zum Start. Die Stimmung in der Flughafenkneipe ist unglaublich. Die ›Transantarktika‹-Gruppe und wir sind durch die Umstände fast zu einem Team zusammengewachsen. Die Stimmung ist gespannt und fröhlich zugleich. Eine Art Galgenhumor. Endlich geht es

Die sechs Männer der Transantarktika. Der Zufall will es, daß wir in den Patriot Hills zusammentreffen.

zum Rollfeld, und wir nehmen im Flugzeug mit gemischten Gefühlen Platz. Motor Nr.3 wird gestartet, Nr. 4 dreht sich zaghaft, stottert und bleibt stehen … Bitte alles aussteigen!

Wir gehen zurück zur Kneipe. Die Situation könnte einem Hollywood-Film entliehen sein. Angeblich ist der Anlasser kaputt. Wir trinken Kaffee und beraten ernsthaft, ob wir aus dem Flugabenteuer aussteigen sollen. Keiner hat mehr Zutrauen, alle haben ein mulmiges Gefühl. Rick, ein Amerikaner aus der ›Transantarktika‹-Gruppe, zieht einen Schlußstrich und verabschiedet sich. Ihm ist die Sache zu unsicher, und er beschließt, nach Hause zu fahren. Bevor wir erneut ins Flugzeug steigen, beschließen wir gemeinsam, bei einem erneuten Defekt geschlossen den Rücktritt anzutreten. Entweder müssen wir dann alles canceln oder aber ein Alternativ-Flugzeug von ›Adventure Network‹ gestellt bekommen. Letztere Lösung scheint wohl die aussichtsloseste zu sein.

Diesmal dreht der Anlasser den Motor durch. Dröhnend erwachen die Motoren zum Leben, und um 19:45 heben wir ab. 17 Personen sind an Bord. Der Flug dauert neun Stunden. Die Wolkendecke ist ziemlich dicht. Der Pilot braucht lange, bis er das Camp findet. Bei diesen Navigationshilfen kein Wunder. In einer großen Schleife setzt er zum Landeflug an und setzt die schwere Maschine auf einer Piste aus schierem Eis auf. Holpernd und schliddernd rutschen wir hin und her und kommen schließlich in einer Staubwolke aus Schnee zum Stehen. Die Motoren werden abgestellt, die Kabinentüren geöffnet. Wir sind angekommen!

Kurs Süd

Das Camp von »Adventure Network« in den Patriot Hills besteht aus fünf Zelten. Der Zelttyp ist mir bestens vertraut. Er ist identisch mit dem »Polar Haven«-Zelt, das während unseres Nordpolmarsches im Basislager in Cape Columbia stand. Bei – 18° C und heulendem Wind entladen wir das Flugzeug. Die Patriot Hills gehören zu den Ellsworth-Bergen, denen auch der Mount Vinson zugerechnet wird. Deutlich heben sich

Die Hunde nutzen den Schneesturm zur Ruhepause.

die schwarzen Gebirgsformationen von der gleißenden Oberfläche des antarktischen Hochplateaus ab. Wie es der Zufall will, ist einige Stunden vor uns die »Transantarktika«-Mannschaft im Zeltlager eingetroffen. Ein Kuriosum, wenn man bedenkt, daß sich zwei Expeditionen in diesem winzigen Zeltlager in der unendlichen Eiswüste treffen, obwohl sie auf völlig unterschiedlichen Routen die Antarktis durchqueren wollen und zeitlich getrennt operieren. Die Männer der »Transantarktika« sind zum Teil schwer vom Frost gezeichnet. Es liegt schon ein harter und langer Weg hinter ihnen. Sie wollen sich jetzt zwei Tage in den Patriot Hills ausruhen, bevor sie ihre Schlittenhunde wieder anspannen.

Reinhold und ich ziehen in das Werkstattzelt

und breiten dort unsere Sachen aus. Den Großteil der Ausrüstung lagern wir vor dem Eingang, damit wir jederzeit drankommen. Das Kochzelt bildet den Mittelpunkt. Das ist geheizt, und die Plätze neben dem Ofen sind genauso begehrt wie eine heiße Tasse Kaffee oder Tee. Unsere Freude, nun doch endlich den Sprung über die Drake-Passage geschafft zu haben, wird bald gedämpft. Brydon Knibbs, der »Twin-Otter«-Pilot, erzählt uns, daß nur 27 Fässer Treibstoff vorhanden sind. Schon allein, um unseren Startpunkt anzufliegen und ein Depot einzurichten, benötigen wir aber 30 Fässer. Ganz zu schweigen davon, daß auch für die Depots der »Transantarktika« Sprit erforderlich ist.

Verständlicherweise ist Brydon nicht bereit, seine eiserne Reserve anzugreifen, die er für den Fall angelegt hat, daß er einen Verletzten ausfliegen muß. Brydon war zusammen mit zwei Helfern vor drei Wochen vorausgeflogen, hatte das Zeltlager eingerichtet und wartet seitdem auf die versprochene Brennstofflieferung. Kommt sie nicht, können wir nicht zu unserem Startpunkt fliegen. Obwohl uns »Adventure Network« zugesichert hatte, daß genügend Brennstoff in der Antarktis lagern würde, hält man uns jetzt abermals hin. Der Ärger beginnt von neuem.

Bevor Colin mit der »DC 6« zum Rückflug gestartet war, hatte ich ihn im Scherz gefragt, ob er denn genug Brennstoff dabeihabe. »No problem«, war die Antwort. Aber der Rückflug sollte kaum weniger dramatisch verlaufen als die bisherigen Flüge. Wie wir später während des Marsches per Funk erfahren sollten, reichte der Treibstoff gerade bis zur chilenischen Station »Teniente Marsh« auf der antarktischen Halbinsel. Da die Chilenen kein geeignetes Benzin für die »DC 6« hatten, sollte es eiligst von einem von »Adventure Network« gecharterten Schiff aus Punta Arenas gebracht werden. Nach einigen Tagen geriet das Schiff aber in einen so schweren Sturm, daß es umkehren mußte. Schließlich mußten die Brennstoffässer eingeflogen werden. Das dauerte nicht nur zwei Wochen, sondern wurde auch zu einer teuren Angelegenheit.

Wir stehen jetzt über Kurzwelle vom Camp aus mit Punta Arenas in Verbindung und fragen an, wie sich »Adventure Network« die Lösung des Problems vorstellt. Um uns abzulenken, gehen Reinhold und ich am 9. November in die Patriot Hills, besteigen einen Berg und freuen uns über die grandiose Aussicht. Auf dem Rückweg beraten wir, wie wir weiter vorgehen wollen. Wir sind enttäuscht und ein wenig verzweifelt, weil wir nicht wissen, ob wir das Projekt abbrechen oder uns nochmals – zum zweiten Mal – eine Alternativ-Route ausdenken sollen. Nachts um eins führt Reinhold ein erregtes Funkgespräch mit »Adventure Network«, in dem er deutlich macht, was wir von diesen Geschäftspraktiken halten.

Brechen wir unser Projekt jetzt ab, so haben wir monatelang umsonst gearbeitet. Außerdem ist in der Öffentlichkeit eine große Erwartung entstanden. Wir würden vielleicht als Großmäuler gelten, und man würde unser Organisationsgeschick anzweifeln. Daß wir schamlos hintergangen worden sind, würden wir nur schwer erklären können. – Wir wollen die Sache zu Ende bringen!

Ich habe mit Brydon einen Aktionsradius ausgemacht, den er gefahrlos mit seinem zur Verfügung stehenden Sprit anfliegen kann. Unsere Hoffnung, zu unserem ursprünglichen Ausgangspunkt zu kommen, müssen wir begraben. Weder die deutsche Filchner-Station noch ein Ort in der Nähe des 79. Breitengrades liegen innerhalb des Radius. Wir haben jetzt nur noch die Möglichkeit, uns an den Rand des Kontinents fliegen zu lassen und von dort zu starten. Wo das Ronne Ice Shelf mit dem antarktischen Kontinent zusammentrifft, wird unser neuer Ausgangspunkt liegen. Später dann, mit hoffentlich mehr Brennstoff, soll Brydon ein Depot für uns einrichten. Das zweite Depot würde er direkt am Südpol anlegen.

Reinhold und ich beraten uns, ob dieser letzte und einzige Plan akzeptabel für uns ist. Auch wenn wir auf diese Weise das Ronne Ice Shelf aussparen, bleibt uns immer noch die Möglichkeit einer Kontinent-Durchquerung. Und darum geht es uns schließlich. Das Ice Shelf zählt nicht zum antarktischen Festland. Es ist lediglich eine Art schwimmender Gletscher, der sich weit ins Meer hinaus erstreckt. Zähneknirschend akzeptieren wir diese Möglichkeit. Auch die »Transantarktika«-Leute fragen sich verärgert, wie ihre Depots eingerichtet werden sollen. Hätten wir diesen organisatorischen Schlamassel vorausgeahnt, hätten wir uns auf diesen unzuverlässigen Verein niemals verlassen.

Am 10. November verläßt die Hundeschlitten-Expedition die Patriot Hills. Es ist ein herrliches Bild, mit welcher Begeisterung sich die Hunde ins Geschirr werfen und die Schlitten spielend leicht hinter sich herziehen. Es sieht immer so einfach aus, einen solchen Schlitten zu lenken. Aus eigener Erfahrung aber weiß ich, daß viel Geschick und Arbeit dazu gehören, um eine Einheit mit den Hunden zu bilden und richtig mit ihnen umzugehen.

Ich lasse den »GPS«-Navigator im Freien liegen, um ihn der Temperatur auszusetzen. Da es nur −15° Celsius kalt ist, hat das Gerät keine Mühe, eine exakte Position zu ermitteln. Die Genauigkeit ist beeindruckend, wobei nicht nur Länge und Breite exakt angegeben werden, sondern erstmals auch die genaue Höhe über dem Meeresspiegel. Außerdem nehme ich eine Sextantenpeilung vor, bestimme die Mißwei-

sung des Kompasses und sortiere das Kartenmaterial.

Während wir unsere Schlitten packen und versuchen, unseren Frust zu verdauen, geschehen in Europa kaum faßbare Dinge. Über Funk hören wir verworrene Nachrichten über volksaufstandähnliche Demonstrationen in der DDR und daß die Mauer fallen soll. Wir sind abgeschnitten von der Außenwelt und können uns auf dieses Puzzle an Informationen keinen Reim machen.

Am 11. November stürmt es. Der Windmesser zeigt über 40 Knoten an, die Sicht ist miserabel, und der Schnee dringt durch alle Ritzen. Der Sturm hält auch während der ganzen Nacht und am nächsten Vormittag an. Erst im Laufe des Nachmittags schläft er langsam ein. Obwohl Brydon eingewilligt hat, uns an den Rand des Kontinents auf 82° südlicher Breite zu fliegen, zeigt er sich besorgt. Zwar reicht der Brennstoff für diesen Flug aus, nicht aber, um das Depot bei den Thiel-Bergen einzurichten.

Nach mehreren vergeblichen Anläufen landen wir schließlich in der Antarktis.

Nächste Doppelseite: Sturm, schlechte Sicht und Sastrugis erschweren unseren Weg.

Brydon ist ein kanadischer Buschflieger. Während der Sommermonate arbeitet er als »fire fighter«. Mit Spezialflugzeugen, sogenannten »Wasserbombern«, bekämpft er aus der Luft Waldbrände. Außerdem hat er in der kanadischen Arktis als Pilot gearbeitet und kennt sich mit den Problemen des polaren Fliegens aus. Auch die Antarktis ist ihm nicht unbekannt. Im vergangenen Jahr flog er für die amerikanische McMurdo-Station. Er ist das Paradebeispiel eines unkonventionellen Pilotentyps, wie ich ihn eigentlich nur in arktischen Zonen kennengelernt habe. Uniformen sind ihm fremd. Wer ihn in seiner zerschlissenen Kleidung sieht, vermutet kaum einen Piloten in ihm. Doch das Äußere täuscht. Brydon ist nicht nur ein exzellenter Pilot, sondern auch ein höchst verantwortungsbewußter Mensch. So behagt ihm der Gedanke überhaupt nicht, uns in die Einsamkeit zu entlassen, ohne genügend Brennstoff für unser erstes Depot zu haben. Auch er ist verärgert über »Adventure Network«, das ihn samt seiner »Twin Otter« für diese Saison gechartert hat. So verwegen die Flüge bei diesen extremen Klima-, Wetter- und Geländebedingungen erscheinen mögen, so sorgsam überlegt und geplant sind sie auch.

Am Montag, dem 13. November, geht es los. Das Wetter ist herrlich. Die Sonne scheint, der Wind ist völlig eingeschlafen. Unter uns breiten sich riesige Schneeflächen aus, die nur vereinzelt durch Spaltensysteme unterbrochen werden. Um drei Uhr nachmittags drosselt Brydon die Motoren und setzt die Maschine mit ihren Kufen sanft in den Schnee. Unabhängig voneinander nehmen Brydon und ich eine Positionsbestimmung vor und vergleichen sie. Sie sind identisch. Wir befinden uns auf 82° 05' südlicher Breite und 71° 58' westlicher Länge.

Das Flugzeug ist schnell entladen. Kameramann Jürgen Bolz, der unseren Start filmen will, zieht einen der Schlitten ein Stück vom Flugzeug fort, um sich ein Bild vom Gewicht zu machen. Außer einem Ächzen und Stöhnen ist jedoch nur ein ungläubiges Kopfschütteln sein Kommentar. Ja, die Schlitten sind schwer. Das Wiegen haben wir uns erspart, weil es an der Situation ohnehin nichts ändert. Am meisten wiegen Proviant und Brennstoff. Beides wird im Laufe der Tage und Wochen jedoch weniger und der Schlitten damit ein wenig leichter. Wir haben auf jedes überflüssige Gramm verzichtet. Alles, was auf dem Schlitten liegt, ist lebensnotwendig für uns.

Ich versuche, mich zu orientieren. Obwohl wir am Rande des antarktischen Kontinents stehen, ist nicht zu erkennen, wo das Schelfeis aufhört und das Festland beginnt. Beim Landeanflug sahen wir allerdings Spaltensysteme, die diese Übergangszone deutlich markieren.

Das Wetter meint es heute gut mit uns. Wie anders war doch der Start zum Nordpol am Cape Columbia. Im Vergleich zu den dort herrschenden Temperaturen ist es hier mit – 16° C geradezu sommerllich warm. Auch das Gelände sieht einladender aus. Hier die gleichmäßige, unberührte Schneefläche, dort das zerrissene und hochgetürmte Packeis. Wir befestigen die Deichseln an unseren Pulka-Schlitten, werfen noch einen prüfenden Blick in die Flugzeugkabine, um ja nichts zu vergessen, und verabschieden uns dann von Ulrich Jaeger, Jürgen Bolz, Brydon und Bordmechaniker Eric. Dann gehe ich zu meinem Schlitten, lege die Skier in den Schnee und schlupfe in die Bindungen. Ich spüre eine Veränderung. Beim Hantieren an meinen Bindungen versinkt die Erinnerung an den hektischen Sommer hinter einem Dunstschleier des Vergessens. Ich bin plötzlich wieder am Nordpol. Die Pressekonferenzen, das Training, die Vorbereitungen, die grünen Wiesen und Wälder zu Hause – das alles ist wie ausgelöscht. Es ist, als wache ich aus einem tiefen Traum auf. Ich bin nie vom Nordpol fortgeflogen. Ich stehe immer noch dort. Es ist mein Schlitten, es sind meine Bindungen, meine Skier, meine Handschuhe, meine Sonnenbrille. Es ist kalt. Die Sonne blendet mich. Es ist still. Ich bin einsam.

Jeder Handgriff ist mir in Fleisch und Blut übergegangen. Ich kann selbst mit geschlossenen Augen und dicken Handschuhen meine Skibindungen schließen. Ich hebe die Deichsel an und streife mir den Zuggurt über. Es ist derselbe

Gurt, den ich am Nordpol getragen habe. Er ist speckig und abgewetzt, aber noch genauso stabil wie am ersten Tag.

Brydon beobachtet mich, klopft mir sanft auf die Schulter und sagt: »No, no, it's for horses, Arved, it's for horses.« Ich höre es wie aus der Ferne, weiß aber sofort, was er meint. Er hat recht. Der Mensch ist nicht zum Schlittenziehen geschaffen. Und trotzdem tut er es. Warum?

Ich greife die Skistöcke, klopfe den Schnee von den Handschuhen, blicke hinüber zu Reinhold, winke wie in Trance zum Flugzeug zurück, schaue auf den Kompaß, stemme mich wuchtig in den strammen Gurt und setze den ersten Schritt. Es ist ein Schritt, wie ich ihn zehntausendmal am Nordpol getan habe. Ich spüre den Widerstand des Schlittens, den Zug auf den Schultern und der Hüfte. Er ist mir nicht fremd. Ich sehe Bilder vom Nordpol, und ich sehe den Schnee vor mir.

Langsam gleitet der Schlitten hinter mir her und knirscht eine Spur in den Schnee. Noch nie hat ein Mensch seinen Fuß hierher gesetzt. Fast verzweifelt versuche ich mich an etwas anderes als den Nordpol zu erinnern. Aber jede andere Erinnerung ist ausgelöscht. Aufgelöst. Weggespült. Und mit einemmal merke ich, daß ich weiterlaufe. Ich habe am Nordpol niemals aufgehört zu laufen. Als ich am Nordpol angekommen war, spürte ich, daß ich nur eine kurze Pause machte und dann weitergehen müßte. Trotz der Müdigkeit, des Hungers, trotz der Sehnsucht nach Geborgenheit. Ich war nicht am Ende der Expedition. Nur das landende Flugzeug unterbrach sie abrupt. Es löste uns aus dieser Eiswüste des arktischen Ozeans, der zufällig der Nordpol war.

Schon damals hatte ich die Antarktis-Expedition vor Augen. So sehr hatte ich dieses Ziel verinnerlicht, daß ich mich nicht mehr davon freimachen konnte. Ich bin zu einem Werkzeug meiner selbst geworden. Jetzt gehe ich vom Nordpol zum Südpol weiter. Er liegt nur ein paar Schritte hinter mir. Und der Südpol unendlich weit vor mir. Ich gehe von Pol zu Pol.

Ich sehe Reinhold neben mir laufen. Er weiß nichts, kann nichts ahnen von dem, was in mir vorgeht. Über tausend Kilometer bin ich in diesem Jahr schon durch die Eiswüste gezogen. Mit dem gleichen Schlitten und seinem hartnäckigen Gewicht. Für mich ist es die Fortsetzung der geistigen und körperlichen Arbeit. Für Reinhold ist dies alles neu. Er zieht zum ersten Mal einen solchen Schlitten, betritt zum erstenmal einen unendlichen Weg. Ich weiß nicht, ob ich ihn beneiden soll um seine Unbefangenheit. Ich glaube nicht. Ich weiß, was uns erwartet. Ich weiß, daß wir uns Stürmen und Kälte ausliefern, daß wir uns die Körper zerschinden werden, daß wir vor Schweiß und Dreck kleben werden und uns der Wunsch nach einer heißen Dusche nicht mehr loslassen wird. Unsere Seele wird auf den höchsten Gipfeln schweben, aber auch im tiefsten Abgrund schmachten.

Ich gebe mich keinen Illusionen hin. Rund 2800 Kilometer liegen vor uns. Noch nie hat ein Mensch mit einem schweren Schlitten im Schlepp unter derartigen klimatischen Bedingungen und unter diesem Zeitdruck eine solche Strecke bewältigt. Es ist eine so ungeheuerliche Entfernung, daß sich mein Verstand sträubt, sich diese Unendlichkeit vorzustellen. Es soll so weit sein wie vom Nordkap bis zum Mittelmeer. Ich habe es selbst nie ausgemessen. Ein Freund hat es mir erzählt.

Wir werden auf über 3000 Meter aufsteigen müssen, werden diese Höhe zu spüren bekommen. Ich glaube, daß bisher kein Außenstehender die Größenordnung erfaßt hat. Ob ich nun sage 2800 Kilometer oder 500 Kilometer, beides überschreitet die Vorstellung eines Wanderers. Und vor allem Leute, die jeden überflüssigen Schritt vermeiden und lieber mit dem Auto fahren, können diese Dimension nicht erfassen.

Ich staune über die ebenmäßige Schneedecke und vermisse die sieben roten Punkte meiner Nordpolbegleiter. Es gibt nur einen bläulich-schwarzen Tupfer neben mir: Reinhold. Durch die letzten Wochen ist er mir nicht mehr fremd. Aber ich kenne ihn auch noch lange nicht. Wie werden wir miteinander auskommen? Eine unsinnige Frage. Wir müssen! 2800 Kilometer weit. Bis Ende Februar nächsten Jahres. Heute ist der 13. November.

Die Thiel Mountains

Auf der ersten Strecke bis zum Pol haben wir fast ständig Gegenwind. Deshalb können wir nur selten unsere Segel auspacken und uns von ihnen ziehen lassen. Wir versuchen es zwar immer wieder, kommen aber dabei oft vom Kurs ab.

Zu den Thiel Mountains sind es 220 Seemeilen, etwa 410 Kilometer. Wir laufen an diesem ersten Tag drei Stunden und schlagen dann unser Lager auf. Die milden Temperaturen und das schöne Wetter lassen keinen Vergleich zu »Icewalk« zu. Dort war es brutal kalt. So kalt, daß wir Brennstoff verloren, uns Erfrierungen holten. Mit dem Kurzwellengerät gelingt es uns, Funkkontakt mit den Patriot Hills aufzunehmen. Wir erfahren, daß die »Transantarktika«-Männer auf schwere Sastrugifelder gestoßen sind. Sastrugis sind eine Art Schneewehen, die bis zu zwei Meter hoch werden können. Eigentlich sind sie eine Form der Bodenerosion. Wind und Sturm zerfurchen und zerpflügen den Firn und schaffen damit bizarre, eigenwillige Gebilde. Die Sastrugis sind hart wie Eis. Wir werden uns noch zur Genüge damit auseinandersetzen müssen.

Während der Nacht hat sich das Wetter verschlechtert. Dichte Bewölkung ist aufgezogen, die Sicht ist schlecht, wir sehen kaum Kontraste. White out. Wir lassen uns mit dem Frühstück Zeit und versuchen, eine Ordnung ins Zeltleben zu bringen. Zu zweit finden wir schnell einen Rhythmus. Jeder nimmt eine Zelthälfte in Besitz, gekocht wird in der Mitte.

Unser Zelt ist eine Spezialanfertigung einer italienischen Firma. Es ist doppelwandig, wobei das Innen- mit dem Außenzelt fast verbunden ist. Die Kuppelform ermöglicht eine optimale Raumausnutzung und macht das Zelt sehr windstabil. Die vier Zeltstangen sind nur an den Enden teilbar. Beim Abbau schlagen wir es zusammen, rollen es zu einer etwa zwei Meter langen Wurst auf und schieben es so in den Schlitten. Das Ganze dauert nur wenige Minuten. Wir müssen nicht lange mit Zeltstangen herumhantieren, sie zusammenstecken oder gar durch Schlaufen fädeln. Abends ziehen wir nur das Zelt aus dem Schlitten, breiten es aus und stecken die Zeltstangen in die Ösen. Und schon steht unsere Behausung. Das dauert nur drei bis vier Minuten und ist leicht von nur einer Person zu bewerkstelligen. Steht das Zelt, so spannen wir es zur Sicherheit mit unseren Skiern ab und schaufeln Schnee auf die Zeltumrandung.

Wir sind schnell ein eingespieltes Team, und

bald kehrt Lagerroutine ein. Der kleine Innenraum des Zeltes wird beim Kochen erwärmt. Allerdings setzen wir den Kocher nur zum Zubereiten der Speisen und Schneeschmelzen ein. Zum Heizen haben wir nicht genug Benzin.

Am späten Nachmittag kommt schwacher Wind aus Südost auf. Wir wollen ausprobieren, wie hoch wir mit unseren Segeln an den Wind gehen können. Es ist ein großartiges Gefühl, wenn sich der Schirm aufbläht und plötzlich das massige Gewicht des Schlittens von uns abfällt. Wir gleiten federleicht dahin, gewinnen rasch an Geschwindigkeit, und der Schlitten scheint hinter uns her zu fliegen. Leider können wir nicht direkten Kurs auf die Thiel-Berge nehmen, sondern werden durch den Wind nach Westen versetzt. Trotzdem kommen wir unserem Zwischenziel näher. Nur noch 212 Seemeilen Luftlinie.

Der Einsatz der Segel hat uns Mut gemacht, obwohl er uns auch gezeigt hat, daß wir mit unserer Ausstattung schon achterlichen Wind brauchen. Obwohl wir fast sieben Stunden gesegelt sind und dabei fast 20 Seemeilen zurücklegten, haben wir effektiv nur acht Seemeilen Weg gemacht. Die Windrichtung hat keinen direkten Kurs auf die Thiel Mountains gestattet. Aber für den ersten richtigen Reisetag ist das schon ein ganz gutes Ergebnis.

Bis zum nächsten Tag hat sich das Wetter weiter verschlechtert. Ein Sturm bläst aus Südost mit vollen Backen. Wir warten darauf, daß es ruhiger wird, werden aber enttäuscht. Der Sturm dreht ein wenig nach Süd, läßt in seiner Kraft aber nicht nach. Nachmittags krieche ich ins Freie, um mich draußen umzusehen und zu fotografieren. Die Sicht ist mies, und der Sturm bläst mir Schnee ins Gesicht. Wir verlieren diesen Tag der Expedition durch schlechtes Wetter. Es ist nicht gut, wenn uns das Wetter aus dem Takt bringt. Wir müssen unseren Rhythmus finden, damit das Laufen »wie von alleine« geht. Unterbrechungen durch Sturm und unregelmäßiges Laufen zehren mehr an der Substanz als gleichmäßiges Dahintrotten. Der Kopf muß sich von Zwängen lösen. Eine Expedition wie unsere wird im Kopf und nicht in den Beinen entschieden. Der Geist muß sich von der Mechanik und Anstrengung des Laufens befreien und andere Nahrung finden. Das Laufen muß zu einem konstanten Ablauf werden nach genau festgelegten Zeiteinheiten.

Am 16. November laufen wir zum erstenmal bei besserem Wetter sechs Stunden. Wir laufen genau den Nordpol-Rhythmus: eine Stunde gehen, 15 Minuten Pause, eine Stunde gehen... In dem bewährten Takt schaffen wir mit unseren schweren Schlitten über 20 Kilometer. Abends sind wir müde, fühlen uns aber gut und sind zufrieden.

Reinhold hat an einer Ferse eine Blase bekommen. Seine Stiefel reiben. Ich laufe in meinen Kamiks, die ich auch am Nordpol trug. Als Problem erweisen sich die Skier, auf denen ich die Bindungen für die Kamiks montiert habe. Es sind schmale Telemark-Ski, die in den zunehmenden querlaufenden Sastrugis kaum Halt finden. Der Boden ist hart wie Beton. Teilweise schnallen wir die Skier ab, binden sie auf unsere Schlitten und gehen zu Fuß. So aber sinken wir in die Mulden weichen Schnees ein und kommen nur schwer voran.

Am nächsten Tag laufe ich mit meinen festen Lederstiefeln auf den passenden Tourenskiern. Damit komme ich auch auf dem unebenen Gelände gut voran. Unangenehm sind im Vergleich zu den Kamiks nur die Stiefel, die ungleich schwerer sind und hart und steif dazu. Die Telemark-Skier, die leichter gleiten als die schweren Tourenskier, hatten wir für ebene Schneeflächen ausgewählt. Auf unserer Route, die noch niemals zuvor begangen wurde, gibt es diese ebenen Flächen offenbar nicht.

Immer mehr und immer höhere Sastrugis stellen sich uns in den Weg. Außerdem kreuzen sie unsere Laufrichtung. Würden sie in unserem Kurs verlaufen, könnten wir uns in den Furchen eine Passage suchen. Selbst wenn sie unsere Richtung im rechten Winkel schneiden würden, wäre es – wenngleich lästig genug – noch besser als der diagonale Verlauf. Immer wieder gleiten die Skier von den schräg angeschrittenen, harten Sastrugikanten ab. Der Schlitten kommt nicht ins Gleiten, sondern holpert und poltert über das unebene Terrain. Das erfordert viel Kraft und belastet die Füße. Ich kenne Sastrugis aus Grönland. Die Felder, denen ich dort begegnete, waren jedoch nicht so ausgedehnt und zerfurcht wie diese hier. Das Gelände verläuft jetzt in langen Bodenwellen bergan. Ein eisiger Südwind bläst uns ins Gesicht. Das Thermometer zeigt vergleichsweise milde –10° bis –16° Celsius. Der Wind aber steigert das Kältegefühl. Unser Appetit hält sich in Grenzen. Wir schaffen es nicht, unsere tägliche Ration aufzuessen. Vor Antritt der Reise hatten wir uns einen Speckgürtel angefressen, um eine körpereigene Reserve mit auf den Marsch zu nehmen. Der Hunger wird noch unser ständiger Begleiter, dessen bin ich mir sicher. Wenn wir erst einmal unsere Fettpolster aufgezehrt haben und die Temperaturen auf dem Hochplateau sinken, wird uns bestimmt noch der Magen knurren.

Immer wieder überlegen wir, ob wir den konstanten Südsüdost-Wind zum Segeln nutzen können. Wir versuchen schließlich gegenanzukreuzen, machen aber kaum Boden gut. Wir verlieren lediglich Zeit und strapazieren unsere Gelenke. So ziehen wir die Schlitten weiter. 500 Meter Höhe haben wir erreicht. 2800 Höhenmeter liegen noch vor uns.

Tagebuch, 19. November: »Position 82° 30,36' Süd und 75° 49,64' West. Verbleibende Distanz zum Thiel-Depot: 185 Seemeilen. Der Wind hat über Nacht ständig zugenommen. Trotzdem brechen wir bei 5 Beaufort auf. Der Wind kommt natürlich genau von vorn. Das Gelände ist übersät mit eisenharten Sastrugis. Die Skier rutschen, und der Schlitten gleitet von den Kanten ab und zerrt und reißt am Zuggeschirr. Der Wind steigt auf 6 Beaufort an. Wir müssen viel Energie aufwenden, um uns gegen ihn zu stemmen und zugleich den Schlitten zu ziehen. Zudem geht es weiter bergan. Wir laufen bei zunehmendem Wind drei Stunden und bauen dann im Sturm mit Schwierigkeiten das Zelt auf. Reinhold verliert dabei eine Isoliermatte. Der Sturm entwindet sie seinen Händen und treibt sie fort. Sie geht auf und davon. Wir sind froh, im Zelt zu sitzen. Um 21 Uhr Funkkontakt mit Ulrich Jaeger in den Patriot Hills. Guter

Empfang. Hören, daß die ›DC 6‹ immer noch in Teniente Marsh festliegt.«

Der Verlust der Isomatte ist ärgerlich, aber nicht dramatisch. Jeder von uns hat zur Sicherheit drei dieser Schlafunterlagen dabei. Zwei verwenden wir jeweils im Zelt, die dritte liegt unten im Schlitten. Obwohl Reinhold den Verlust der Matte richtig an Ulrich Jaeger durchgibt und der es entsprechend an Wilhelm Bittorf nach Punta Arenas weiterleitet, ist später im *Spiegel* zu lesen, ich hätte sie verloren.

Am nächsten Tag sind die Sastrugis bis zu einem Meter hoch. Wir haben 720 Meter Höhe erreicht. Es ist −15° kalt. Erst Sonnenschein, dann zieht Bewölkung auf. Nichts mehr zu sehen, nur diesiges Weiß ringsum. Es ist, als liefe man mit verbundenen Augen. Das riesige Sastrugifeld und das zerfurchte Gelände verschwinden in weißer Watte. Keine Kontraste oder Unebenheiten. Die Augen krallen sich ins Gelände und suchen Halt. Vergebens, die Nebelwand hüllt uns wie ein weißes Bettlaken ein und läßt uns über Furchen und Sastrugis stolpern. In dieser Waschküche vergeuden wir Kraft und laufen wesentlich unökonomischer als bei guter Sicht.

Der nächste Tag bringt keine Besserung. Wir stolpern durch die Sastrugis. Die Schlitten kippen um und verkeilen sich. Zu allem Überfluß vereisen ständig die Sonnenbrillen. Ohne Brillen wären wir in kürzester Zeit schneeblind. Immer wieder hält einer von uns an, um mit dem Daumennagel die Eisschicht von den Brillengläsern zu kratzen. Kaum haben wir sie aufgesetzt und sind ein paar Schritte gelaufen, setzen sich wieder Eisblumen auf die Gläser. Wir sind schon froh, wenn nur ein kleines Guckloch frei bleibt. Die Temperatur ist auf −8° Celsius angestiegen. Wir schwitzen, und die Kleidung wird unangenehm feucht. Die Sicht bleibt schlecht und das Gelände von Sastrugis zerfressen.

Am 22. November versuchen wir trotz schlechter Sicht und Sastrugis, eine Strecke zu segeln. Es ist ein harter Arbeitstag. Zunächst gehen wir dreieinhalb Stunden, bis sich die Sicht ein wenig gebessert hat. Dann breiten wir die Drachen aus und segeln dreieinhalb Stunden. Die ungünstige

Windrichtung läßt uns jedoch nur schlecht vorankommen. Durch das ständige Gerucke in den Sastrugifeldern zeigen sich erste Verschleißerscheinungen an der Ausrüstung. Die Schnüre, mit denen mein Zuggurt an der Deichsel festgebunden ist, reißen. Mit kalten Fingern ziehe ich neue ein und verknote sie. Kurz danach lösen sich einige Schnüre an meinem Segel. Wieder muß ich mit bloßen Händen den Schaden reparieren.

Reinhold verliert an diesem Tag das Schlittenrad, das mit einem Kilometerzähler ausgestattet ist und uns die zurückgelegte Strecke anzeigen soll. Zurückzugehen und zu suchen, wäre sinnlos. Die Oberfläche ist so hart, daß wir unsere eigene Spur kaum wiederfinden würden. Das Rad ist auch nicht lebensnotwendig. Also beschließen wir, ohne das Gerät weiterzuziehen. Auch diesen Verlust leitet Reinhold richtig über Funk weiter. Später wird im *Spiegel* zu lesen sein, ich sei es gewesen, der wieder etwas verloren hat.

Nachts zieht ein Sturm auf, der uns am 23. November im Zelt festhält. Es bläst mit acht Windstärken genau aus Süd. Die Sicht ist mal wieder miserabel. Wir liegen im Zelt und lesen. Es hat sich eine ruhige und gemütliche Atmosphäre ausgebreitet. Jeder von uns hat ein Buch dabei. Haben wir es gelesen, tauschen wir die Bücher. Im Depot werden wir zwei neue Bücher bekommen. Wir genießen es, uns im warmen Schlafsack in unsere Bücher zu vertiefen. Ich lese Hermann Hesses Narziß und Goldmund. Ich habe das Buch schon einmal gelesen und bin wieder fasziniert von Hesses farbiger Sprache. Ich finde mich selbst wieder in dem Buch. Ich entfliehe in eine andere Welt und nehme den heulenden Sturm draußen vor dem Zelt kaum noch wahr. Abends sprechen wir über Funk wieder mit Patriot Hills. Wir hören, daß dort bei Windstille wunderbares Wetter ist. Die Antarktis hat viele Gesichter. Abgesehen vom Starttag, hindert uns fast ununterbrochen schlechtes Wetter. Und dabei sind wir heute schon elf Tage unterwegs.

Über Funk erfahren wir, daß die Grenzen der DDR offen sind und daß sich auch die Tschechoslowakei öffnet. Das Ganze klingt sehr verworren, und wir können es uns nicht vorstellen. Wir leben in einer anderen Welt.

Während wir das Abendessen kochen, unterhalten wir uns über Politik, vergangene Expeditionen, über die Bücher, die wir gerade lesen. Für Reinhold ist diese Art des Zeltlebens neu, wie er mir sagt. Die Hochlager am Berg sind allesamt unbequem, eine Art Provisorium und nur für den vorübergehenden Gebrauch bestimmt. Dieses Zelt aber ist unser Zuhause. Es bietet uns eine Distanz zum täglichen Laufen. Während am Nordpol im Zelt eine qualvolle Enge herrschte, ist es bei uns komfortabel und gemütlich.

Steht das Zelt nach dem Tagesmarsch, ziehen wir unsere vereiste Kleidung aus und zünden den Kocher an. Wärme breitet sich dann aus und läßt die Tagesmühe vergessen. Der Polarreisende ist wahrscheinlich ein Weltmeister im Verdrängen. Kaum sitzt er nämlich in seinem einigermaßen sicheren Zelt bei einer heißen Tasse Tee, denkt er schon nicht mehr an Sturm, Sastrugis, schlechte Sicht und die harte Arbeit. Wir recken und strecken uns, freuen uns auf das Abendessen und den Schlummer im warmen Schlafsack. Diese Zufriedenheit und Ausgeglichenheit im Lagerleben ist ungemein wichtig. Nur so können sich Körper und vor allem Geist erholen und neue Kraft schöpfen. Denn – wie gesagt: Im Kopf und nicht in den Beinen fällt die Entscheidung.

Obwohl es am nächsten Morgen immer noch stürmt, packen wir langsam unsere Sachen zusammen und ziehen weiter. Das Thermometer zeigt – 15° Celsius. Wir laufen in sechs Stunden zwölf Seemeilen. Das entspricht etwa 22 Kilometern. Damit liegen wir genau im Bereich meiner Berechnungen. Ich war bei meinen logistischen Vorbereitungen von zwei Seemeilen pro Stunde ausgegangen. Sicher werden wir bei leichteren Schlitten und besserem Gelände schneller vorankommen, bei schlechten Bedingungen aber auch unter dieser Norm liegen. Meine Erfahrung hat sich ausgezahlt, ich habe den richtigen Wert angesetzt.

Bislang haben wir unseren Rhythmus immer genau eingehalten: ein Stunde laufen – Pause – eine Stunde laufen. Hat Reinhold sich am An-

fang an diese Strategie gehalten, beginnt er jetzt plötzlich, dieses System anzuzweifeln. Ihm werde in der Pause immer kalt, und er möchte deshalb lieber erst nach zwei Stunden eine Pause einlegen. Ich versuche ihm erneut zu erklären, was es mit den Pausen auf sich hat. Es ist richtig, nach einer Stunde hat man sich erst warm gelaufen und in der Tat nicht das Verlangen nach einer Pause. Man muß sich fast zwingen, den Lauf zu unterbrechen. Trotzdem sollte man pausieren, weil man dem Körper damit bereits zu einem Zeitpunkt Erholungsmöglichkeit verschafft, wo er noch keine Erschöpfung anmeldet. Der Körper stellt damit Energiereserven in ökonomischen kleinen Dosen bereit und wird nicht so schnell ausgezehrt. Man muß den Kopf für diese Pause einsetzen und nicht erst rasten, wenn die Knie wackeln. Genau darin liegt der Sinn des Systems. Ich behalte immer die Gesamtdistanz und -belastung der Expedition im Auge. Denn zusammengerechnet wird das Ergebnis erst am Ende. Erlauben wir uns schon jetzt im frühen Stadium der Expedition Unregelmäßigkeiten und treiben Raubbau mit unseren Kräften, werden wir am Ende, wenn es darauf ankommt, nicht mehr die nötigen Reserven haben.

Ich versuche Reinhold nochmals die Zusammenhänge und die elementare Wichtigkeit des Prinzips »ökonomisches Laufen« klarzumachen. Er läßt sich aber nicht überzeugen. Er ist sicher, mit kürzeren und weniger Pausen schneller am Ziel zu sein. Das mag am Berg so sein, das mag auch auf überschaubaren Distanzen in der Ebene so sein, bei einem Projekt unserer Dimension müssen andere Maßstäbe angelegt werden.

Da wir uns einigen müssen, schließen wir einen Kompromiß. Wir werden fortan die ersten beiden Stunden zusammenhängend laufen. Danach soll die erste Pause folgen, und anschließend werden wir im Stundenrhythmus weitergehen. Obwohl es keine Mühe macht, die ersten beiden Stunden durchzulaufen, bin ich nicht glücklich über diese Lösung. Zudem werden die Pausen immer kürzer. Reinholds Kleidung ist dünner als meine, und er beginnt deshalb früher zu frieren. Ich bin nicht bereit, von den 15 Minuten Pause abzugehen. Und so laufen wir ein wenig auseinander. Reinhold läuft jetzt voraus, und ich versuche bewußt, das Tempo ein wenig zu drosseln, damit wir uns nicht schon in diesem frühen Stadium verausgaben. Wir sind erst zwölf Tage unterwegs. Zwölf Tage von 90, 100 oder 110 Tagen. Wer weiß das schon zu diesem Zeitpunkt genau? Unsere Taktik wird über Erfolg oder Mißerfolg entscheiden.

Obwohl wir über diese Frage öfter diskutieren, erwächst daraus kein Problem zwischen uns. Jeder läuft seinen Trott. Da das Gelände hart und eisig ist, braucht man nicht zu spuren. Also ist es gleichgültig, wer vorausläuft. Reinhold möchte gern vorauslaufen. Mir soll es recht sein. Wie ein Schiff auf dem Meer, richten wir uns nach dem Kompaßkurs. Ich peile Reinhold immer wieder an, um zu überprüfen, ob er den richtigen Kurs einhält. Ich bleibe bei der Peilung immer stehen, um exakt messen zu können. Als Navigator weiß ich aus Erfahrung, daß ich prä-

zise und sorgfältig arbeiten muß und jeder kleinste Fehler uns bei diesem Mammutunternehmen zunehmend belastet oder gar gefährdet. Für eine exakte Peilung ist es sogar von Vorteil, daß Reinhold ein Stück vorausläuft, weil ich dadurch einen Fixpunkt habe. Reinhold ist glücklich, vorauszugehen und seinen Trott zu laufen, während ich meine Taktik verfolge und mich dabei sicher und zufrieden fühle.

Wir laufen täglich sechs Stunden. Das ist nicht übermäßig viel, aber es geht vor allem darum, mit den Kräften hauszuhalten. Wir schaffen weiterhin zwei Meilen pro Stunde. Die Geschwindigkeit stimmt also. Mein Plan ist es, ähnlich wie am Nordpol die Einheiten langsam zu steigern.

Wir haben die Thiel Mountains erreicht. Das Flugzeug hat uns Nachschub gebracht.

Zwischen Reinhold und mir ist das Verhältnis weiterhin gut. Wir genießen das gemeinsame Zeltleben, und es entwickelt sich eine vertrauensvolle und freundschaftliche Beziehung.

Am ersten Abend unserer Reise hatte Reinhold ein Schreibheft hervorgekramt und gesagt, daß er eine Art Logbuch für den *Spiegel*-Redakteur Wilhelm Bittorf führen würde. Dieses Logbuch sei kein Tagebuch, sondern beinhalte lediglich nüchterne Fakten über Temperatur, Geländebeschaffenheiten, Wetterverhältnisse, Positionsangaben und ähnliches. Sein persönliches Tagebuch würde er extra führen, das Logbuch sei lediglich eine Sammlung sachlicher Informationen. Er fragte mich, ob ich auch so ein Buch führen wolle. Ich sagte ihm, daß es wohl ausreiche, wenn einer diese Daten aufzeichnen würde. Unterschiedlichen Inhalt hätten nur Tagebücher, aber da würde ich meins ohnehin nicht aus der Hand geben.

Ich habe abends im übrigen genug mit der Navigation zu tun, so daß Reinhold während dieser Zeit das Logbuch schreiben kann. Beide führen wir zusätzlich unser privates Tagebuch. Nie käme mir in den Sinn, Reinhold zu fragen, was er in das Buch schreibt. Ich vertraue der Auskunft, daß es sich um ein sachliches Logbuch handele, und damit ist die Angelegenheit für mich erledigt. Das Tagebuch einer solchen Expedition würde ich niemals zur Veröffentlichung freigeben. Tagebücher haben eine Ventilfunktion. Sie sind intime Vertraute, denen man sich öffnen kann, bei denen man sich beklagen oder sein Gefühl der Freude äußern kann. Man kann sachlich oder auch unfair sein. Das geht niemand etwas an, man ist schließlich ganz allein mit sich.

Ich habe seit 1972 von all meinen Reisen die Tagebücher aufgehoben. Wenn ich eines der Bücher nach Monaten oder Jahren wieder zur Hand nehme, kann ich nicht nur in, sondern auch zwischen den Zeilen lesen, wann ich ärgerlich oder mißgelaunt war, wann ich jemandem Unrecht getan habe oder mein Zorn berechtigt war. Ein solches Tagebuch kann man nicht einfach für sich stehen lassen, es bedarf einer Interpretation. Es ist mir Freund und Sündenbock zugleich. Dinge, die ich einem Expeditionskameraden nicht mitteilen würde, um ihn nicht zu belasten, werde ich auf diese Art und Weise los. Ein Tagebuch ist viel mehr als nur eine lockere Aneinanderreihung von Fakten. Ein Logbuch dagegen ist nüchtern gehalten, aufs Faktische beschränkt. Hier haben Emotionen keinen Platz. So wie ich ein Navigationsbuch führe, die Positionen in die Karten eintrage, so führt Reinhold unser gemeinsames Logbuch.

In den vergangenen Tagen haben sich an meinen Füßen Blutblasen gebildet. Sie sitzen tief in den Fußballen und schmerzen bei jedem Schritt. Abends im Zelt betrachten wir den Schaden und überlegen, wie wir das Problem am besten angehen. Ich denke an Misha. Was hätte er in dieser Situation getan? Er hatte einen kleinen Titankoffer dabei, der neben allen möglichen Medikamenten ein Zahnbesteck und eine komplette chirurgische Ausrüstung enthielt. Hatte jemand Blasen, so desinfizierte er sorgfältig die Stellen und nahm eine Schere, mit der er ein kleines Loch in die Hornhaut schnitt, damit das Wundwasser ablaufen konnte.

Zwar verfügen auch wir jetzt über eine gute Apotheke und eine Schere, nicht aber über Mishas medizinisches Fachwissen. Auf meinen Expeditionen hatte ich schon häufiger mit Verletzungen zu tun. Im Dschungel Borneos war ich einen Abhang hinuntergestürzt, wobei sich mein schwerer Rucksack löste und mir in das durchgestreckte Ellenbogengelenk fuhr. Ich kugelte mir dabei das Gelenk aus, der Unterarm stand in einem irrwitzigen Winkel ab. Meine Begleiter gingen sofort zur Sache und kugelten mir den Unterarm wieder ein. Ein Vorgang, an den ich nicht gern zurückdenke.

1983 mußte ich den Not-Zahnarzt spielen und meinem Freund Rainer Neuber mitten auf dem grönländischen Inlandeis mit einer Kombizange einen entzündeten Backenzahn ziehen. Auf unserem Nordpolmarsch gehörte die Behandlung von Verletzungen zum Alltag. Reinhold macht den Vorschlag, ich solle mit einer Stopfnadel einen Zwirnsfaden durch den Ballen ziehen, damit Blut und Wasser ständig über den Faden herauslaufen können. Ich setzte den Tip in die Tat um, durchsteche Stück für Stück die Ballen und lege meine »Lunten«, wie ich sie nenne. Dabei fließt mehr Blut als Wasser aus den Blasen, der Druck läßt nach und damit auch die Schmerzen. Tagsüber beim Laufen entwickelt sich jedoch neuer Druck, und die Füße beginnen wieder weh zu tun. Ursache sind die Stiefel. Obwohl Wilhelm Bittorf in seinem *Spiegel*-Bericht später zu berichten weiß, ich hätte die Stiefel nicht eingelaufen, habe ich sie natürlich vorher ausprobiert. Wie man solche Stiefel einlaufen will, mag er mir einmal zeigen. Sie sind steif und fest, haben einen Innenschuh und passen sich nicht dem Fuß an. Entweder sie passen oder sie passen nicht. Meine Stiefel passen, aber die Kombination zwischen meiner Fußgröße und dem Ablauf des Schlittenziehens ist nicht ideal.

Reinhold trägt zwar den gleichen Stiefeltyp, hat aber erheblich kleinere Füße, da ihm seine Zehen fehlen. Einer meiner Stiefel wiegt fast so viel wie seine beiden zusammen. Ich habe diesen Stiefeltyp vor allem mitgenommen, um damit Steigeisen zu tragen, die nicht unter Kamiks passen. In den Kamiks habe ich keine Fußprobleme. Allerdings sind die schmalen Telemark-Skier für das Gelände ungeeignet, so daß ich auf die schweren Stiefel mit den Touren-Skiern ausweichen muß. Das ist zwar lästig und für mich schmerzhaft, behindert aber nicht im Vorankommen. Wir laufen unser Pensum wie geplant. Wenn man sich auf eine solche Expedition einläßt, kalkuliert man Blasen und auch ernsthaftere Verletzungen mit ein. Würde man davon nicht ausgehen, wäre man unrealistisch. Schmerzen gehören zu einer solchen Expedition wie viele andere Unannehmlichkeiten und Unwägbarkeiten. Sicher, sie sind unangenehm, und man möchte sie loswerden, aber man lernt auch, mit ihnen umzugehen. Man ist schließlich geistig auf sie vorbereitet. Ich weiß auch, daß diese Blasen wieder abklingen und dafür andere Verletzungen auftreten werden. Das ist nun einmal der Preis, den man für einen solchen Marsch bezahlen muß. So laufe ich weiter und sehne ebeneres Gelände herbei, damit ich wieder in den Kamiks auf den anderen Skiern laufen kann.

Am 28. November haben wir unseren ersten schönen Tag. Im Laufe des Tages läßt der Wind nach, es ist klar und mit – 18° Celsius vergleichsweise kalt. Abends ist es windstill, so daß ich meinen Schlafsack zum Lüften vors Zelt hängen kann. Es ist wichtig, jede Möglichkeit zu nutzen, den Schlafsack und seine Kleidung in der Sonne zu lüften, um Feuchtigkeit loszuwerden. In der trockenen Luft der Antarktis geht das relativ schnell.

Das Navigieren ist mir inzwischen in Fleisch und Blut übergegangen. Der »GPS«-Empfänger kann zwar nur an ein paar Stunden am Tag die Position ermitteln, dann aber exakt. Wir versuchen, unsere Laufeinheiten so zu legen, daß wir abends eine Position nehmen können. Da sich das »Fenster« zu den Satelliten täglich ein wenig verschiebt, verlagert sich auch unser Tagesplan entsprechend. Aber selbst wenn wir einmal den richtigen Zeitpunkt verpassen, ist es nicht dramatisch. Aufgrund unserer Laufgeschwindigkeit von zwei Seemeilen pro Stunde, der Zeit, die wir unterwegs sind, und dem genauen Kompaßkurs kann ich unsere Position ziemlich genau koppeln.

Für Reinhold ist die Navigation ein Buch mit sieben Siegeln. Ich erkläre ihm den Aufbau einer Seekarte, die Einteilungen nach Längenund Breitengraden, die Kompaßrose, was unter Mißweisung und Ablenkung zu verstehen ist und die Grundlagen der terrestrischen Navigation. Er hört interessiert und aufmerksam zu, und ich spüre, wie es ihn fasziniert, daß wir anhand einiger Daten in der Lage sind, den Punkt zu ermitteln, an dem wir uns gerade befinden. Da wir im Gegensatz zum Nordpol keinen Driften und Strömungen unterworfen sind, sondern immer festen Boden unter den Füßen haben, ist die Navigation vergleichsweise einfach.

Trotzdem darf mir kein Fehler unterlaufen. In der Schiffahrt hieße das im schlimmsten Falle Schiffbruch, für uns würde es Umwege bedeuten oder gar ein Verirren. Man könnte in der Antarktis tage-, ja, wochen- oder monatelang umherirren und im Kreis laufen, ohne daß sich die Landschaft nennenswert verändern würde. Ohne genaue Positionsangaben und einige markante Punkte ist man verloren.

Am 29. November überqueren wir den 84. Breitengrad. Zeit für mich, nach den ersten Anzeichen der Thiel-Berge Ausschau zu halten. Am Nachmittag entdecke ich zur Rechten den ersten Nunatak. Das sind kleine Felsinseln, die kontrastreich aus der geschlossenen Eis- und Schneedecke herausragen. Es ist mehr ein Stolpern als Gleiten durch die Sastrugifelder. Doch wir kommen den Ausläufern der Thiel-Berge immer näher. Welch aufregender Moment! Es ist ein Gefühl, als wenn man nach einer langen Seereise endlich die Küste auftauchen sähe. Obwohl das Ufer fremd und vielleicht sogar abweisend sein kann, strahlt es doch etwas Vertrautes aus und vermittelt ein wenig Geborgenheit.

Wie fremde Küsten, so können jedoch auch Nunataks Gefahren bergen. Im Wasser sind es vielleicht Klippen und Untiefen, hier können es Spaltensysteme sein, die durch Eisstauungen zwischen den Felsformationen entstehen. Man sollte sich deshalb den Nunataks vorsichtig mit kühlem Kopf nähern.

Das holperige Gelände tut meinen Füßen nicht gut. Immer wieder bilden sich schmerzhafte Blasen, und ich muß die Zähne zusammenbeißen. Ich bemerke aber auch, daß sich langsam eine zähe Hornhaut als Schutzschicht an meinen Füßen bildet. Das läßt hoffen.

Wir gehen durch weite Bodenwellen. In den Senken entschwinden die Berggipfel unserem Blickfeld und tauchen nach jeder Kuppe ein wenig deutlicher mit mehr Einzelheiten wieder auf. Ich schätze, daß wir in fünf bis sechs Tagen unser Depot erreicht haben werden.

Abends im Zelt diskutieren wir die bange Frage, ob Brydon wohl genügend Brennstoff erhalten hat, um unser Depot einzurichten. Nachdem wir anfangs problemlosen Funkkontakt mit den Patriot Hills gehabt hatten, brachten wir in den vergangenen Tagen keinerlei Verbindung mehr zustande und sind jetzt von der Außenwelt abgeschnitten. Was machen wir, wenn das Depot nicht eingerichtet ist? Was sollen wir tun, wenn wir keinen Nachschub an Proviant und Brennstoff bekommen und auch keinen Funkkontakt mehr herstellen können? Wir haben zwar einige eiserne Notrationen dabei, aber

auch die werden bald verbraucht sein. Finden wir in den Thiel-Bergen nicht das Depot, gibt es nur einen Ausweg: mit Hilfe der Segel so schnell wie möglich zurück nach den Patriot Hills. Diese Idee behagt uns überhaupt nicht.

Jeden Abend versuchen wir, zur verabredeten Zeit Funkkontakt aufzunehmen. Außer atmosphärischem Rauschen hören wir nichts. Uns wundert nicht so sehr, daß wir mit unserem schwachen Sender nicht durchkommen, sondern daß die starke Anlage aus den Patriot Hills nicht zu uns durchdringt. Trotz 400 bis 500 Watt Sendeleistung hören wir nichts. Es bleibt uns nichts anderes übrig, als weiterzulaufen zu den verabredeten Koordinaten in den Thiel-Bergen. Wir werden dann schon sehen, was uns dort erwartet – oder auch nicht.

Der 1. Dezember ist sonnig und klar. Zu unserer Rechten tauchen schemenhaft immer mehr Berggipfel auf, zur Linken zeigt sich eine ausgedehnte Senke. Sie erstreckt sich in Richtung Foundation-Eisstrom. Ich bin froh, daß wir von diesem Eisstrom weit genug entfernt sind, weil sich über ihn gewaltige Eismassen vom Hochplateau zur Küste hin ergießen. Gerät man in diesen zu Eis erstarrten Strom, kommt man nur noch im Schneckentempo voran oder gerät gar in eine tödliche Falle. Für zwei Stunden kann ich ein Gebirgsmassiv ausmachen. Es scheint Patuxent Range zu sein. Im Dunst und hinter den Bodenwellen verschwindet es wieder.

Am 2. Dezember sind wir noch 47 Seemeilen vom Depotpunkt entfernt. Die Temperatur liegt bei −18° Celsius. Immer deutlicher treten die Kontraste des Gebirges hervor. Es ist eine schwarze, massige Formation, teilweise mit Eiskappen bedeckt. Ich habe mich durch die Seefahrt und meine Polar-Expeditionen an die scheinbar grenzenlosen Ebenen gewöhnt. Für Reinhold, der zeit seines Lebens auf Berge gestiegen ist, ist diese Einförmigkeit und Weite eine neue Welt. Ihm muß der Anblick der Berge doppelt guttun.

Während des Tages vergleiche ich immer wieder die Arktis mit dieser Landschaft hier. Das Inlandeis Grönlands ist der Antarktis ähnlich, sonst aber gibt es große Unterschiede. Die Arktis ist vielseitiger als die Antarktis, dieser riesige, eisbedeckte Kontinent, der nur an seinen Rändern Leben zuläßt. In der Arktis dagegen findet man überall Spuren von Leben. Selbst in unmittelbarer Nähe des Nordpols sahen wir an offenen Wasserstellen immer wieder Robben. Ein Polarfuchs war offensichtlich unserer Fährte gefolgt, um in unseren verlassenen Lagerplätzen nach verborgenen Schätzen zu suchen. Vereinzelt hatten wir die Spuren von Eisbären gesehen, die Jagd auf Robben machen. Die Füchse wiederum leben von dem, was die Bären übriglassen. Auf Ellesmere Island gibt es Wölfe, Moschusochsen, Schneehasen und Vögel. Und auch menschliches Leben gibt es am Rande der Arktis. Die Eskimos sind hier seit Jahrtausenden zu Hause.

Die Antarktis ist eine Wüste. Obwohl wir uns jetzt im antarktischen Sommer befinden, ist es immer noch −18° kalt. In der Arktis dagegen blühen im Sommer Blumen und wachsen Flechten. Es gibt milde und schöne Tage, und die Natur zeigt in dem kurzen Sommer ein lebendiges Gesicht, Wachstum und Vergehen. Das Innere der Antarktis dagegen wirkt wie ein großes Tabu. Der Mensch gehört nicht hierher. Ohne einen umständlichen Versorgungsapparat, den er hinter sich herschleppt, ist er nicht überlebensfähig. Dieser weiße Koloß bietet dem Menschen nur Wasser, das er aus Schnee gewinnen kann.

Es wirkt schon kurios und ein wenig verrückt, wenn man uns so dahinziehen sieht. Der Oberkörper weit nach vorne gebeugt, die Skistöcke kräftig in den Schnee gestemmt und hinter uns die schweren Schlitten, die wie eine Bremse wirken. Ohne den Schlitten aber sind wir tot. Der Boden, auf dem wir uns bewegen, ist derart hart, daß wir uns nicht einmal eine Höhle graben könnten. Und wozu auch? Es wäre nur eine Frage der Zeit, bis wir verhungert oder erfroren wären. Alles hängt an einem wohldurchdachten und sorgsam gesponnenen Versorgungsfaden. Reißt er, stürzen wir ins Bodenlose wie ein Hochseiltänzer, der ohne Netz und doppelten Boden arbeitet.

Wie immer bei solchen Expeditionen, entspanne ich mich auch bei diesem Unternehmen durch autogenes Training. Die Schwere- und Wärmeübungen mache ich abends im Schlafsack. Das autogene Training ist kein Zaubermittel, sondern dient nur der Entspannung und der Verankerung fester Vorsätze. »Ich gebe nicht auf«, lautet ein Leitsatz oder »Ich nehme meinen Schlitten an, weil ich ohne ihn nicht leben kann« eine andere dieser Willensstärkungen. Das AT habe ich schon vor über zehn Jahren von einem befreundeten Arzt, Dr. Reinhold, gelernt. Seither ist es mein ständiger Reisebegleiter.

Ich akzeptiere meinen Schlitten, obwohl er mir lästig ist. Manhauling, wie die Engländer das Schlittenziehen nennen, ist nach Aussage des englischen Buchautors Roland Huntford nicht die intelligenteste Art der Fortbewegung. Huntford hat ein allseits beachtetes Buch über Scott und Amundsen geschrieben. Scott kommt darin sehr schlecht weg. Amundsen dagegen, der innovativ war und sich die bewährte Reiseform der Eskimos angeeignet hatte, wird als der große Alleskönner glorifiziert. In einem Punkt hat Huntford sicher recht: Scott hatte es versäumt, die zur damaligen Zeit gültigen neuesten Erkenntnisse der Polarforschung umzusetzen. Seine Fortbewegungsart war nicht zeitgerecht. Amundsen war ihm an Information und Erfahrung bei weitem überlegen.

Manhauling in der heutigen Zeit scheint noch unzeitgemäßer zu sein als zu Beginn des Jahrhunderts. Es ist vielleicht nicht die dümmste, sicher aber die primitivste Art, eine Polar-Expedition durchzuführen. Weniger an Ausrüstung und Hilfsmitteln geht nicht. Nur unter einem sportlichen und historischen Aspekt gibt diese Art von Polarreisen einen Sinn. Und die Macht der Natur kommt uns so am nächsten. Sie wirkt auf uns wie eine riesige Herausforderung.

Am 2. Dezember verliert Reinhold kurz nacheinander einen Objektivdeckel und unser Thermometer. Obwohl ich seitlich versetzt von ihm gehe, entdecke ich die schwarzen Punkte im Schnee. Der Verlust bleibt uns dadurch erspart. Ich wundere mich, wie konsequent sich das Auge an diese Umgebung gewöhnt hat und jede noch so winzige Veränderung im permanenten Weiß wahrnimmt.

Einen Tag später bricht mir eine halbe Stunde nach dem Start eine Skibindung. Es sind Metallbindungen, die Reinhold besorgt hatte und die ihm als sehr solide angepriesen worden waren. Um weiterhin auf Skiern laufen zu können, tausche ich die Stiefel gegen die Kamiks. Der Frost steigt mir beim Wechseln der Socken und Stiefel so schnell in die nackten Füße, daß ich einen wahren Indianertanz aufführe. Ich laufe mit den Telemark-Skiern weiter. In den Sastrugis nicht gerade angenehm.

Abends im Zelt versuchen wir, die Bindung zu reparieren. Da Reinhold erheblich kleinere Füße hat als ich, übernehme ich einen Ski von ihm und stelle seine intakte Bindung auf meine Stiefelgröße ein. Die defekte Bindung schienen wir mit einem Holzstück und umwickeln sie mit Draht. Die Bruchstelle wird bei ihm durch seine kleineren Füße nicht so belastet wie bei mir. Es ist nur ein Provisorium, hilft aber weiter.

Jeden Tag treten die Thiel-Berge ein wenig deutlicher hervor. Am 4. Dezember sind wir bis auf 28 Seemeilen an den Depotpunkt herangekommen. Wir steuern einen Kurs von 225°, die Kompaßmißweisung beträgt 50°. Die Thiel-Berge stellen eine Art Rondell dar. Unser Depot soll im südlichen Teil der Berge liegen – wenn es denn da ist. Ich bin nicht glücklich über diesen Depotpunkt. Lieber hätte ich unseren Kurs weiträumig an den Thiel-Bergen vorbeigeführt, um Spalten und Höhenrücken auszuweichen. Brydon hatte allerdings auf diesem Punkt bestanden, weil er dort auf einer Eispiste landen kann. Wenn es wenigstens möglich gewesen wäre, das Depot am Rande der Berge einzurichten. So müssen wir aber nicht nur einen Umweg machen, sondern direkt an die Berge heranlaufen und später mit neu beladenem Schlitten über einen Paß bergauf die Berge durchqueren. Durch die Gebirgsformation wirbelt außerdem der Wind mehr als in der Ebene. Das heißt, daß wir auf noch mehr Sastrugis treffen werden.

Schon aus der Entfernung können wir ungefähr abschätzen, wo der Treffpunkt sein muß. Wir achten ständig auf Geräusche und blicken immer wieder in den Himmel. Eine »Twin Otter« über uns wäre jetzt genau das Richtige für unse-re Augen und unser Gemüt. Wieder versuchen wir abends, mit den Patriot Hills Funkkontakt aufzunehmen. Plötzlich hören wir aus dem Rauschen des Äthers Worte. Aber es ist nicht die uns vertraute Stimme Ulrich Jaegers. Es ist Will Steger von der »Transantarktika«, der zufällig in unsere Frequenz hineingehört hat und uns nun anspricht. Will ist mit seinen Begleitern schon auf 87° 30' südlicher Breite und, 89° 30' westlicher Länge. Auch sie haben seit über einer Woche keinen Kontakt mehr zu den Patriot Hills.

Will hat keine guten Nachrichten für uns. Zum einen hat auch er nichts davon gehört, ob für uns ein Depot eingerichtet wurde. Und dann macht er unsere Hoffnungen zunichte, daß das Gelände nach den Thiel-Bergen ebener wird. Ganz im Gegenteil: Sie haben seit ihrer Abreise von den Thiel-Bergen nur noch mit Sastrugis zu tun. Es bleibt, wie es ist. Die Holperei geht weiter.

Am 5. Dezember laufen wir 14 Seemeilen. Noch einmal die gleiche Strecke, und wir sind am Depotpunkt. Nach einigen Tagen klarer Sicht wird es wieder trübe und die Sicht schlechter. Aber am Abend bekommen wir endlich den langersehnten Funkkontakt zu den Patriot Hills! Wir erfahren, daß unser Depot noch nicht eingerichtet, der Flug aber für morgen geplant ist. Wenn alles gutgeht, werden wir sogar mit dem Flugzeug zusammen eintreffen. Offenbar gibt es inzwischen doch genügend Treibstoff in den Patriot Hills, um den Flug durchzuführen. Wir sind erleichtert. Auch die »Transantarktika« hat sich in unser Funkgespräch eingeschaltet. Da sie von den Patriot Hills zu weit entfernt ist, um gehört zu werden, übermitteln wir als Relaisstation die Nachrichten.

Am nächsten Morgen brechen wir erwartungsvoll auf, um die letzte Etappe bis zum Depotpunkt hinter uns zu bringen. Es wird neblig, die nahen Berge verschwinden im Dunstschleier. Der Boden ist kaum noch zu erkennen. Da der Wind einigermaßen günstig weht, packen wir trotzdem unsere Segel aus. Doch das Segeln über die Sastrugis und bei mangelnder Sicht ist gefährlich. Wir stürzen einige Male schwer. Das Problem ist, daß man bei zügiger Fahrt über die Sastrugis hinwegspringt und dabei nicht erkennen kann, welche Höhe, Form und Ausdehnung sie haben. Man ist gerade froh, ein Sastrugifeld passiert zu haben, und plötzlich hakt die Skispitze hinter einer solchen Bodenwelle fest. Ich fühle mich dann wie von Geisterhand zurückgerissen. Der Drachen zieht nach vorne, der Schlitten nach hinten, die Bindungen springen auf. Wir werden wie im Wildwestfilm am Lasso hinter einem Pferd hergezogen, bis es uns gelingt, das Segel zu Boden zu ziehen.

Bei einem solchen Sturz pralle ich mit dem Oberschenkel gegen die scharfe, eisige Kante eines Sastrugis. Ich prelle mir den Muskel schwer und richte mich unter Schmerzen wieder auf. Bloß nichts brechen! Das wäre das Ende der Expedition. Ich packe mein Segel zusammen, um nicht eine weitere Verletzung zu riskieren. Auch Reinhold hat genug und zieht seinen Drachen ein. Je näher wir den Bergen kommen, desto höher werden die Sastrugis.

Wir machen Pause, als es plötzlich aufklart und die Sicht auf die Berge frei wird. Wir suchen angestrengt das Gelände ab, und Reinholds Blick bleibt an einem Punkt am Fuße des King Peaks hängen. Er nimmt das Fernglas und fängt an zu jubeln: »Das Flugzeug! Der kleine Punkt im Schnee ist das Flugzeug.« Wie klein die Maschine ist neben den gewaltigen Ausmaßen des Gebirgsmassivs. Aber sie bedeutet die Rettung unserer Expedition. Wir brechen die Pause ab und machen uns auf den Weg. Reinhold glaubt, das Flugzeug in spätestens zehn bis 20 Minuten erreichen zu können. Ich weiß, daß einem die Optik über weite Wasser-, Schnee- und Eisflächen einen Streich spielt und weit entfernte Punkte nahe erscheinen läßt, und sage es Reinhold, aber er glaubt mir nicht. Er stürmt los. Ohne Pause, im Eiltempo laufen wir dem Flugzeug entgegen, trotzdem dauert es fast zwei Stunden, bis wir es erreicht haben. Brydon und Eric versuchen bei zunehmendem Wind ein Zelt aufzustellen. Sie haben uns in dem riesigen Sastrugifeld nicht kommen sehen. Erst als wir fast vor ihnen stehen, sehen sie uns. Der Wind wird stärker, und zu viert bauen wir schnell das Zelt auf. Wir haben die erste Etappe geschafft!

Zum Pol

Während ich im Zelt Kaffee koche, spricht Reinhold vom Flugzeug aus über Funk mit den Patriot Hills. Als er zurückkommt, erzählt er uns, daß er einen Lagebericht abgegeben habe. Wir hatten schon vor Tagen beschlossen, bei den Thiel-Bergen zwei Tage zu rasten. Wir wollen einige Zusatzrationen essen und dem Körper einfach ein wenig Ruhe gönnen. Auch das ist Teil der Strategie einer solchen Expedition. Auf dem Marsch zum Nordpol hatten wir bei den Depots meistens mehrere Tage pausiert, um uns zu regenerieren. Wir heilten Blessuren aus und sammelten Kräfte für den nächsten Abschnitt.

Neben Proviant und Brennstoff hat uns Brydon Post mitgebracht und einige kleine Geschenke aus Punta Arenas wie Obst, Zwiebeln, eine Zeitschrift, Süßigkeiten und eine Flasche Pisco, den chilenischen Nationalschnaps. Aus medizinischer Sicht ist Alkohol in polaren Zonen tabu. Er erweitert die Blutgefäße, wodurch der Körper zusätzlich Wärme verliert. Aber ein kleiner Schluck bei jedem Breitengrad wird uns sicher nicht schaden. Und es geht dabei auch nicht um den Schnaps, sondern vor allem um die Zeremonie.

Wir genießen es, mit Brydon und Eric im Zelt zu sitzen, Kaffee zu trinken und Neuigkeiten zu hören. Schön, einfach wieder Menschen zu sehen, andere Themen zu hören und zu spüren, daß man uns nicht vergessen hat. Die beiden wollen nur ein paar Stunden bleiben und dann weiter zum Südpol fliegen, um für die »Transantarktika« ein Depot anzulegen. Auf dem Rückweg werden sie dann noch einmal hier vorbeikommen und unseren Müll und Briefe mitnehmen, die wir inzwischen schreiben werden. Es dauert nicht lange, und die beiden steigen in ihr Flugzeug, heben ab und sind auch schon aus unseren Augen. Wir sind wieder allein.

Am nächsten Tag ruhen wir uns aus, lesen und essen gut und viel. Wie wir feststellen, hat Reinhold erneut das Thermometer verloren. Jetzt können wir die Temperatur bis zum Pol nur noch schätzen.

Wilhelm Bittorf hat uns einen Zettel mit Fragen

geschickt. Jetzt sprechen wir die Antworten auf ein kleines Diktiergerät. Es geht um rein sachliche Informationen zu unserem Marsch. Das Tonband wird Brydon zusammen mit Reinholds Logbuch auf dem Rückweg mitnehmen und beides an Bittorf nach Punta Arenas weiterleiten. Dort wartet der *Spiegel*-Redakteur auf Informationen, um seine Reportage über unser Unternehmen zu schreiben.

Das Gespräch, das Reinhold vom Flugzeug aus mit Patriot Hills geführt hat, habe ich nicht mitgehört. Wozu auch? Es reicht, wenn einer von uns mit dem Lager spricht. Außerdem gibt es eine Menge anderer Dinge zu tun. Erst sehr viel später werde ich einen *Spiegel* in Händen halten und Bittorfs Bericht über unseren Marsch bis zu den Thiel-Bergen lesen. Ich staune: Meine Füße sind zum Dreh- und Angelpunkt der Expedition geworden. »Wund gelaufen vom Ballen bis zur Ferse«, heißt es da. Das soll Brydon angeblich gesagt haben. Der Pilot hat aber meine Füße nie gesehen, und er ist nicht der Typ, der einfach etwas aus der Luft greift. Laut *Spiegel* wollte Reinhold nach Ankunft im Depot gleich weiterlaufen und hat nur aus Rücksicht auf meinen Zustand eingewilligt zu rasten.

Als ich diese Schauermärchen später lese, bin ich irritiert. Ich kann einfach nicht glauben, daß Reinhold derartiges gesagt haben soll. Am selben Tag weiterzuziehen, wäre allein aus organisatorischen Gründen nicht möglich gewesen. Wir hatten einen langen Marschtag hinter uns, mußten umpacken, sortieren, reparieren und eine Vielzahl von Arbeiten durchführen, die ein solcher Rasttag bereithält. Rasttage dienen nicht nur der Ruhe, sondern auch der Kontrolle der Ausrüstung und der Vorbereitung der neuen Etappe.

Nach unserer Ankunft am 6. Dezember in den Thiel-Bergen sind wir bis nachts um drei damit beschäftigt, zu essen, Post zu lesen und uns zu unterhalten. Nicht einen Augenblick denken wir daran, am selben Tag weiterzulaufen. Das steht auch am nächsten Tag nicht zur Diskussion. Wir sind uns einig, daß dieser Ruhetag nötig ist. Wir sprechen lediglich kurz darüber, ob wir ein oder zwei Tage pausieren wollen. Ich vertrete dabei die Ansicht, daß wir bei den zwei geplanten Tagen bleiben sollten. Ich weise dabei wieder auf die Gesamtdistanz und die Dauerleistung hin. Reinhold hat keine Einwände, und ohne weitere Diskussion beschließen wir, zwei Tage zu pausieren.

Ich habe weiterhin Blasen unter den Füßen, habe mich aber langsam daran gewöhnt. Wenn ich Schmerzen spüre, denke ich mit grimmiger Miene an Darryl. Gegen seine zerfressene Ferse wirken meine Blasen wie Mückenstiche. Trotzdem bin ich froh, während der zwei Tage Rast meine Füße schonen zu können. Wir genießen die Mußestunden, und die Stimmung ist entspannt und angenehm.

Wir freuen uns über unsere neuen Ausrüstungsgegenstände. Zur Sicherheit haben wir ein neues Zelt bekommen. Als am 8. Dezember Brydon und Eric zurückkommen, schenken wir ihnen unser gebrauchtes Zelt und einige Gegenstände, die wir nicht mehr brauchen. Den überschüssigen Proviant und den Müll laden sie in ihr Flugzeug und nehmen ihn mit nach Patriot Hills. Von dort wird er nach Punta Arenas ausgeflogen, wo er entsorgt wird.

Das muß man sagen: »Adventure Network« verhält sich in der Müllentsorgung vorbildlich. Aus Patriot Hills fliegt die Firma sogar die Fäkalien tiefgefroren nach Punta Arenas. In der Antarktis läßt sie nichts zurück.

Da wir uns ab jetzt immer weiter von Patriot Hills entfernen und kaum noch Funkkontakt haben werden, geben wir Brydon unser Kurzwellen-Funkgerät mit. Statt dessen nehmen wir einen Argos-Sender mit. Es ist das gleiche Gerät, das wir bei »Icewalk« eingesetzt haben. Während wir jedoch auf dem Marsch zum Nordpol über Funk unsere Position erfuhren, müssen wir jetzt auf diese Information verzichten. Nur die Außenwelt wird wissen, wo wir uns befinden. Ab jetzt sind wir noch mehr auf uns selbst gestellt, können mit niemandem mehr sprechen oder im Notfall Hilfe herbeirufen. Wir haben nur noch ein kleines UKW-Handfunkgerät, mit dem wir vielleicht ein Flugzeug ansprechen können. Die Wahrscheinlichkeit, eins zu treffen, ist jedoch gering.

Nachdem wir Brydon noch unsere Post übergeben haben, verabschieden wir uns von ihm und Eric, und schon bald zieht die »Twin Otter« eine Schleife über uns, wird zu einem kleinen Punkt in der Ferne und löst sich in der Unendlichkeit auf. – Wieder sind wir allein.

Am Morgen des 9. Dezember ist wieder nichts als diesige Weiße um uns herum. Es ist wärmer geworden, schneit und die Stimmung ist ein wenig gedrückt. Unsere neu beladenen Schlitten werden uns wieder an den Gliedern zerren. Vor allem hier in den Bergen. Unser Lager liegt am Rande einer Eisplatte, die sich langsam zum Gebirgsmassiv hochzieht. Wir haben die Wahl zwischen zwei Pässen. Wir entscheiden uns schließlich für den, über den auch die »Transantarktika« vor uns gezogen ist. Zum ersten Mal legen wir heute Steigeisen an. Zunächst gehen wir am Fuß der Berge entlang, dann nehmen wir den mühseligen Aufstieg zum Paß in Angriff. Nicht nur die schlechte Sicht, sondern auch die vereisten Sonnenbrillen erschweren uns die Orientierung.

Wie ich schon befürchtet hatte, war der Depotpunkt für uns schlecht gewählt. Hätten wir uns die Berge vom Leib gehalten, bräuchten wir uns jetzt keine Gedanken über Spalten und Steigungen machen und könnten zügig laufen. So aber krallen wir uns erst einmal einen eisigen Abhang hinauf. Wir setzen vorsichtig Fuß vor Fuß, stemmen uns weit nach vorne und versuchen Halt mit den Skistöcken zu finden. Ein Ausrutscher, und wir werden unbarmherzig vom schweren Schlitten den Abhang wieder hinuntergerissen. Die Wärme ist unerträglich. Wir schwitzen uns den Paß hinauf, bis es nicht mehr weitergeht. Endlich oben! Es wäre nur zu gerecht, wenn wir für unsere Mühen jetzt mit einem herrlichen Blick auf die Bergwelt belohnt würden. Aber nichts. Ein Dunstschleier raubt uns die Sicht. Wir fühlen uns ein wenig um unser Erfolgserlebnis betrogen.

In diesem weißen Nichts kommen wir trotzdem ein gutes Stück voran. Als wir unser Lager aufschlagen, hellt es sich wieder ein wenig auf. Das schweißtreibende Berggeschäft hat uns das Wasser aus den Poren getrieben, und gierig fül-

len wir unseren Flüssigkeitsspeicher wieder auf. Da wir den Zeitpunkt für die »GPS«-Messung verpaßt haben, zeige ich Reinhold, wie man mit einer Kreuzpeilung mit zwei bekannten Berggipfeln die Position bestimmt. Während des Marsches erkenne ich, daß wir ein wenig zu weit nach Westen abgekommen sind. Parallel zu unserer Gehrichtung erstreckt sich ein eisiger Höhenrücken, von dem ein schneidend kalter Wind herunterpfeift. Die kräftigen Böen dringen uns durch Mark und Bein.

Es geht weiter bergauf, bergab. Wir treffen auf regelrechte Löcher, schnallen vorsichtshalber die Schlitten ab und lassen sie allein hinunterrutschen, damit sie uns nicht in die Tiefe reißen. Unten legen wir dann unser Geschirr wieder an und ziehen die zähe Last den nächsten Hang hinauf. So geht die Schinderei weiter. Rauf, runter, rauf, runter… Dazwischen verschlucken uns ab und zu diese Höhlenlöcher oder treiben eisige Platten ihr rutschiges Spiel mit uns. Als hätten wir nicht schon genug mit uns zu tun, müssen wir wie Luchse auf die mit Schnee gefüllten Spalten achten, die unergründlich tief sind.

Meine Abneigung gegen diese Route bestätigt sich jetzt. Daß wir allerdings noch so weit hinter dem Paß zu einem solchen Hindernislauf gezwungen wären, hätte ich nicht gedacht. Nichts ist ärgerlicher, als den Schlitten einen steilen Hang hinaufzuzerren, nur um auf der anderen Seite wieder hinunter zu schliddern.

Am 10. Dezember erreichen wir endlich die Höhe des Lewis Nunataks. Der letzte Berg, den wir bis zum Abstieg auf der anderen Seite des Kontinents zu Gesicht bekommen. Dazwischen liegt nichts als eine riesige, gleißende Schneewüste.

Langsam entwinden wir uns den Eisverwerfungen und Spalten der Thiel-Berge. Ich fühle mich wie auf einem Schiff, das nach der Revierfahrt offene See gewinnt. Vor uns streckt sich die antarktische Hochebene aus – so weit das Auge reicht.

Die Route durch die Thiel-Berge war ein Flop ersten Grades. Sie hat uns viel Zeit und Kraft gekostet. Laut Höhenmesser stehen wir jetzt 2000

Meter über dem Meer. Bis zum Südpol liegen noch 800 Höhenmeter vor uns.

Der Zustand meiner Füße hat sich gebessert. In den steifen Lederstiefeln schmerzen sie aber immer noch. Reinhold klagt über Probleme mit seinen Schienbeinen. Vermutlich eine Sehnenscheidenentzündung. Unsere Apotheke bekommt langsam mehr Arbeit.

Ich spüre, wie in Reinhold von Tag zu Tag eine Unrast wächst. Er ist nervös, und obwohl wir gut in der Zeit liegen, befürchtet er, daß wir den Pol nicht rechtzeitig erreichen. Wieder schlägt er vor, unseren Laufrhythmus zu ändern. Ich bin irritiert. Hatte ich doch geglaubt, daß auch er endlich die Gesamtheit des Unternehmens sehen würde und den Begriff der »Ökonomie des Laufens« erfaßt hat.

Wir laufen weiterhin die ersten beiden Stunden durch, bevor wir die erste Pause einlegen. Ohne mich zu informieren, macht er plötzlich nicht nach 60, sondern erst nach 75 Minuten halt. Ich frage ihn nach dem Grund, und er erklärt mir gereizt, daß er ab jetzt sieben Stunden laufen will. Ich schlage vor, beim Stunden-Rhythmus zu bleiben, dafür aber eine Einheit mehr zu gehen. Ich spüre, daß er aufgeregt ist und ein ernster Konflikt droht. Er ist von einer unerklärlichen Hast getrieben. Am liebsten würde er einige Stunden durchrennen und dann lagern. Daß uns dieses Verhalten nach kürzester Zeit das Genick brechen würde, will er zu diesem Zeitpunkt noch nicht einsehen.

Wir sind jetzt einen Monat unterwegs. Das ist bestenfalls ein Drittel der Expedition. Wir müssen kühlen Kopf behalten. Ich tue das auf meine Weise, ich stimme seiner 75-Minuten-Regelung zu, um unser Verhältnis nicht zu belasten. Allerdings behalte ich mein Tempo bei und nutze die 15-Minuten-Pause. Reinhold dagegen forciert das Tempo und kürzt die Pausen, um schneller voranzukommen.

So läuft jeder seinen Stil. Das führt zwangsläufig dazu, daß wir uns im Laufe des Tages auseinanderziehen. Das Resultat ist aber das gleiche: Nach sieben Stunden reiner Laufzeit wird das Lager aufgebaut. Da Reinhold seine sieben Stunden eher absolviert hat als ich und das Zelt auf seinem Schlitten hat, baut er es auf. Das ist mit wenigen Handgriffen geschehen. Auch für nur einen Mann kein Problem. Die Arbeitsteilung beim Lagerauf- und -abbau ist kein Thema. Wir sind eingespielt, die Arbeit funktioniert ohne viele Worte. Während Reinhold das Zelt aufbaut und seine Sachen einräumt, schneide ich Schneeblöcke zum Kochen, fülle damit die Kochtöpfe, die auf meinem Schlitten liegen, spanne das Zelt ab und beginne mit der Navigation.

Ich glaube, daß ich mit meinen körperlichen und geistigen Kräften langfristig ökonomischer und schonender umgehe als Reinhold. Daß er seinen Siebenstunden-Marsch schneller absolviert, findet weder meinen Beifall, noch ist es notwendig. Er will es einfach so. Er will vorauslaufen, will als erster am Lagerplatz sein. Ich merke, daß ihm das eine gewisse Befriedigung verschafft. Ich kann an seiner Einstellung nichts ändern, also soll er tun, was er mag. Ich jedenfalls bin nicht zu einem Wettlauf durch die Antarktis angetreten. Seiner wachsenden Nervosität versuche ich mit Ruhe zu begegnen.

Und die Stimmung bessert sich auch bald wieder. Als wir die Thiel-Berge ein gutes Stück hinter uns haben, legt sich seine Aufgeregtheit ein wenig, und die Lagerroutine kehrt wieder ein.

Tagebuch, 14. Dezember 1989: »Laufen, wie nunmehr gewohnt, sieben Stunden und kommen gut voran. Noch 26 Seemeilen bis zum 87. Breitengrad. Wenn wir so weiterkommen, müßten wir in 14 Tagen am Pol sein. Rechnet man ein oder zwei Ruhetage dazu, dann macht das 16 Tage, so daß wir am 30. Dezember dort eintreffen dürften Es ist ein gemütlicher Abend im Zelt. Wir klönen und genießen die Ruhe. Laut Höhenmesser haben wir etwa 2100 Meter erreicht. Wir spüren beide die Höhe. Reinhold sagt, daß durch den extrem niedrigen Luftdruck über der Antarktis die 2100 Meter wie mindestens 3000 Meter in den Alpen wirken. Die Luft kommt uns zunehmend dünner vor. Mir ist wieder ein Bindung gebrochen. Habe sie notdürftig repariert, vorerst hält sie. Haben heute 26 Seemeilen zurückgelegt.«

Wie sich später zeigen wird, liege ich mit meiner Kalkulation, am 30. Dezember den Pol zu erreichen, genau richtig.

Einige Tage später bricht die defekte Bindung nochmals und ist endgültig kaputt. Da es wieder kurz nach dem Start am Morgen passiert und ich sie nicht sofort reparieren kann, versuche ich mit den Telemark-Skiern zu laufen. Aber die sind in dem Sastrugigelände völlig ungeeignet. Also gehe ich zu Fuß. Reinhold läuft auf Skiern sein Tempo weiter. Ich falle dadurch weit zurück und erreiche erst später das Lager. Zu Fuß zu laufen erfordert mehr Kraft als mit Skiern und ist zudem langsamer. Zum Glück haben wir am nächsten Tag einen Rasttag eingeplant, so kann ich in aller Ruhe die defekte Bindung auswechseln. Wir haben den Ruhetag gut gewählt. Während wir noch im Zelt sitzen und frühstücken, kommt Wind auf, der sich in einen Sturm auswächst. Ich kann die Bindung auswechseln, aber es bleibt ein Provisorium. Gegen Abend gehe ich vors Zelt, räume meinen Schlitten vollständig aus und erneuere die Bänder, mit denen die Deichsel und das Zuggeschirr am Schlitten befestigt sind. Ich bürste die Schneereste aus dem Schlitten und räume ihn ordentlich wieder ein. Im Zelt hören wir dann abwechselnd mit meinem Walkman Musik. Der Tag endet für mich mit Simply Red. Am nächsten Tag versuchen wir zu segeln, brechen den Versuch aber schnell wieder ab, als wir merken, daß wir kaum nach Süden kommen. Da entdecken wir plötzlich Spuren im Schnee! Die Fährte der »Transantarktika«. Wir hatten sie schon vor den Thiel-Bergen gefunden und waren erstaunt, wie lange sich die Abdrücke halten. Sie müssen vor rund zwei Wochen hier gewesen sein. Deutlich sind die Kufenabdrücke der schwer beladenen Schlitten auf dem harten Untergrund zu sehen. Die Hunde haben mit ihren Krallen gleichmäßig Spuren in den Firn geritzt. Es ist ein eigenartiges Gefühl, inmitten dieser Unendlichkeit ohne den Hauch eines Lebens plötzlich eine Fährte zu finden. Das gleiche Empfinden hatte ich während des Nordpol-Marsches. Wir stießen damals auf die Spur der japanischen Expedition, die mit Schneemobilen vorausgefahren war.

Hieß es einst »Alle Wege führen nach Rom«, so kann man in den Polar-Regionen sagen »Alle Wege führen zum Pol«. Wir folgen der von Hundekot gesäumten Schlittenspur, weil wir wissen, wohin sie führt. In den folgenden Tagen treffen wir auf einige Lagerplätze der »Transantarktika« und bekommen den Beweis geliefert, daß es diese Expedition ernst meint mit dem Umweltschutz. Der Platz ist immer aufgeräumt und sauber. Außer Hundekot sehen wir nichts, was hier nicht hingehören sollte.

Sastrugis pflastern unseren Weg. Immer wieder neue stellen sich uns als Hindernisse in den Weg. Der Schnee ist stumpf, und es geht weiterhin über Berg und Tal. Wir gewinnen ständig an Höhe und spüren die dünne Luft. Die Umstellung auf die Höhe fällt Reinhold als Bergmenschen leichter als mir. Aber auch er ist erstaunt, wie groß der Unterschied zwischen antarktischen und europäischen zweieinhalbtausend Metern ist.

Mit zunehmender Höhe wird es kälter. Wegen des verlorenen Thermometers können wir die Temperatur nicht messen, mit unserer Erfahrung schätzen wir sie auf $-25°$ bis $-30°$ Celsius. Zum erstenmal während der Expedition erfriere ich mir die Nasenspitze. Der stete Wind, der uns ins Gesicht bläst, macht die Kälte noch grimmiger. Ohne Gesichtsmaske ist es nicht mehr auszuhalten. Die Masken sind Spezialanfertigungen. Sie bestehen aus einer Skibrille mit einem integrierten Plastikschutz, der die Nase, die Wangen und die Kinnpartie gegen Wind und Kälte schützt. Von innen ist der Kunststoff mit Gore-Tex verkleidet. Dadurch kann die Feuchtigkeit nach draußen, kein Wind aber herein.

Je mehr wir uns dem Pol nähern, desto flacher steigt das Gelände an. Endlich hat die ständige Berg- und Talfahrt ein Ende. Auch die Sastrugis haben an Höhe und Häufigkeit abgenommen. Trotzdem ist es erstaunlich, daß es in dieser Höhe und geographischen Breite noch so viele Sastrugifelder gibt. Meteorologen sagten uns, daß der letzte Winter in der Antarktis ungewöhnlich hart gewesen sei. Es war extrem kalt und stürmisch. Die Sastrugifelder scheinen die Folge davon zu sein.

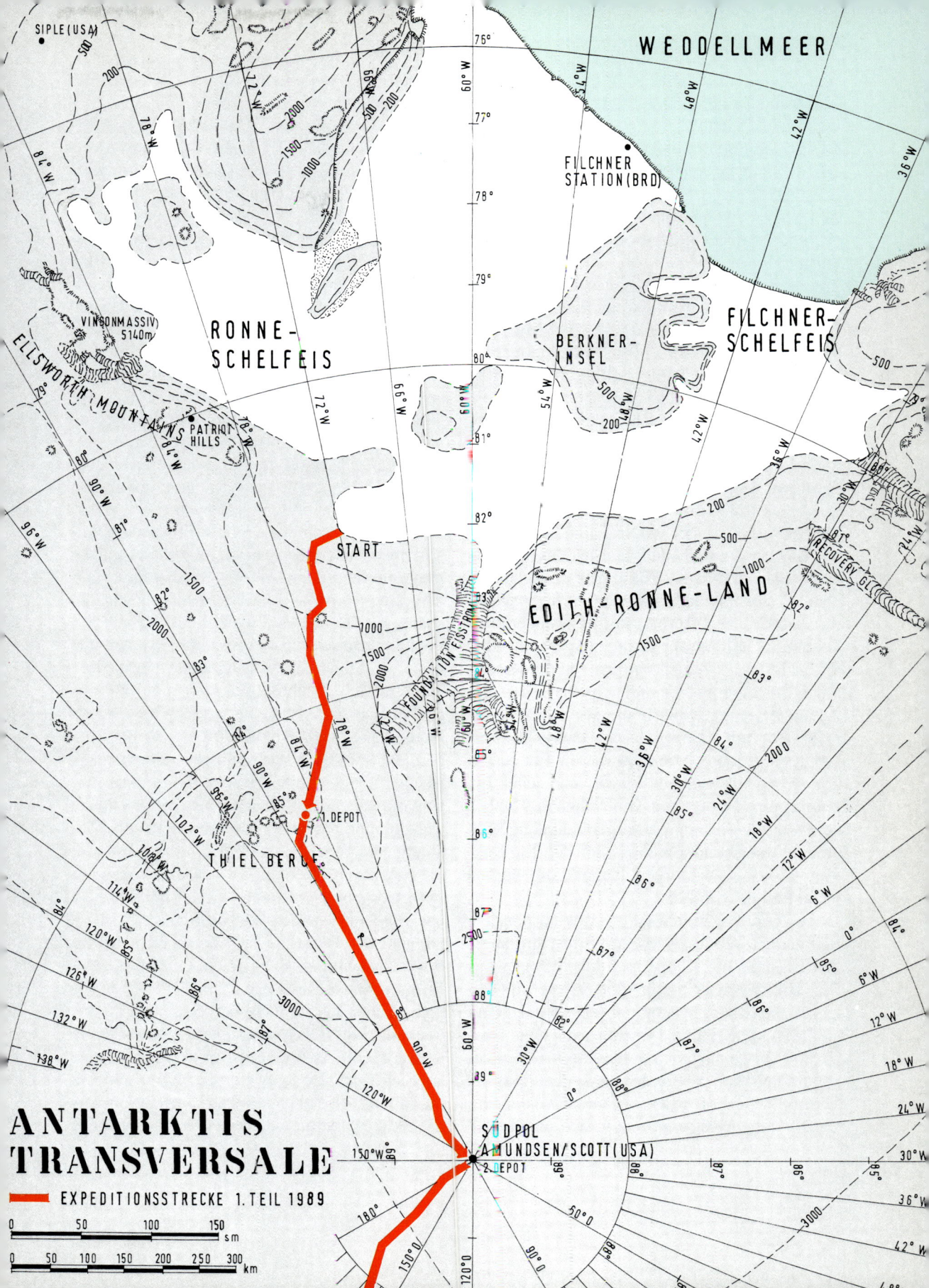

WEDDELLMEER

SIPLE (USA)

FILCHNER
STATION (BRD)

RONNE-
SCHELFEIS

BERKNER-
INSEL

FILCHNER-
SCHELFEIS

VINSONMASSIV
5140m

ELLSWORTH MOUNTAINS

PATRIOT
HILLS

START

EDITH-RONNE-LAND

RECOVERY GLETSCHER

1. DEPOT

THIEL BERGE

SÜDPOL
AMUNDSEN/SCOTT (USA)
2. DEPOT

ANTARKTIS
TRANSVERSALE

EXPEDITIONSSTRECKE 1. TEIL 1989

| 0 | 50 | 100 | 150 | sm |

| 0 | 50 | 100 | 150 | 200 | 250 | 300 | km |

Am 23. Dezember erreichen wir 88° und 26'
südlicher Breite. Wieder haben wir 15 Seemeilen geschafft. Jetzt sind es weniger als 100
Seemeilen bis zum Südpol. Ich schätze, daß
wir noch sechs reine Marschtage vor uns haben. Zunächst aber bauen wir unser Lager auf
und richten uns häuslich ein. Morgen ist Ruhetag und zugleich ein besonderer Tag: Heilig-
abend.
Tagebuch, 24. Dezember 1989: »Heute ist
Weihnachten. Ich weiß gar nicht, wann ich das
letzte Mal zu Hause gefeiert habe. Nächstes Jahr
will ich wieder dabeisein. Ich möchte endlich
mal wieder diesen Trubel und die Feierlichkeit
im Rahmen der Familie mitmachen. Zu Hause
müßte es jetzt 14 Uhr sein. Hier haben wir 10
Uhr morgens. Wir haben gerade gefrühstückt:
Kaffee, Kekse, gebratenen Bauchspeck und
Hartbrot. Bin in Gedanken zu Hause und habe
fast keine Ruhe, hier untätig im Zelt zu sitzen.
Der Ruhetag ist aber wichtig, und so zwingen
wir uns beide zur Untätigkeit. Reinhold backt
aus Müsli, Schokolade und Wasser einen Kuchen. Nachdem er den Teig gerührt hat, backt er
ihn auf kleiner Flamme, bis die Feuchtigkeit
verdampft ist und ein kleiner Fladen entsteht.
Als er fertig ist, freuen wir uns wie die Kinder,
teilen ihn unter uns auf und genießen jeden einzelnen Bissen. Ich bin heute ein wenig depri-
miert. Bin froh, daß es morgen weitergeht. Es ist
schon ein trostloser Ort, um diesen Tag zu feiern! Abends essen wir Speck, und jeder bekommt einen Fingerhut voll Schnaps. Danach
bereiten wir uns aus gefriergetrocknetem Rin-
derhack ein Abendbrot und lassen den Tag langsam ausklingen. Morgen beginnt die vorerst
letzte Etappe zum Pol.«
Der nächste Tag empfängt uns mit stürmischen
Südwinden. Wir lassen uns aber nicht aufhalten.
Wir schätzen die Temperatur auf −25° Celsius.
Der Höhenmesser zeigt 3000 Meter an. Das
kann nicht stimmen; denn selbst der Pol liegt nur
auf 2800 Meter Höhe. Der Sturm hat neue Driften und Verwehungen kreiert. Die Oberfläche ist
stumpf und rauh. Wir leiden beide unter Husten.
Vermutlich löst die trockene, kalte Luft den Hu-
stenreiz aus. Abends im Zelt husten wir uns ge-

genseitig die erste halbe Stunde an, bevor der
Reiz nachläßt.
Am 26. Dezember ist es plötzlich unglaublich
mild. Ich schätze −10° Celsius. Der Wind ist völlig eingeschlafen. Wir laufen jetzt in unserer
Polarplus-Kleidung, schwitzen aber trotzdem.
Ständig sind die Sonnenbrillen beschlagen.
Nach drei Stunden baut sich ein leichter Nordwind auf. Wir glauben es kaum. Bislang hatten
wir ständig Süd- oder Südostwind. Darauf waren wir vorbereitet und haderten deshalb auch
nicht mit unserem Schicksal. Trotzdem sehnten
wir im stillen immer Nordwind herbei. Jetzt ist
es tatsächlich so weit. Der Wind ist zwar
schwach, wird aber langsam stärker. Dieses Angebot lassen wir uns nicht entgehen. Wir packen
unsere Drachen aus und marschieren weiter. Anfangs hält der Wind die Drachen gerade in der
Luft. Doch dann wird er stärker und stärker, und
bald gleiten wir wie von allein dahin.
Inzwischen ist die Temperatur drastisch gefallen, aber wir verdrängen die Kälte und nutzen
die Gunst der Stunde. Wir segeln über fünf Stunden, bevor wir das Lager aufbauen. Gespannt
sitzen wir im Zelt und warten auf die »GPS«-
Positionsangabe. Ich kann es kaum glauben und
rufe zur Sicherheit eine zweite Angabe ab.
Tatsächlich, es stimmt: Wir stehen auf 89° 12'
südlicher Breite; das heißt, wir haben 31,5 Seemeilen zurückgelegt. Mit Hilfe des Windes haben wir praktisch die doppelte Tagesstrecke
geschafft. Noch 48 Seemeilen bis zum Pol. Wir
sind müde und zerschlagen, aber der Einsatz hat
sich gelohnt. Allein der heutige Tag hat die Mit-
nahme der Segel gerechtfertigt. Es tut gut, auf
die Karte zu blicken und zu sehen, wie sich aus
kurzen Tagesstrichen eine lange Linie gebildet
hat. Bald wird sie den Pol berühren.
Obwohl der Wind am nächsten Tag mehr aus
östlicher Richtung weht, reicht es zum Segeln.
Wir nutzen wieder unsere Chance. Es ist ein un-
gemütlicher Tag. Wolken verdecken die Sonne,
wir frieren an Händen und Füßen. Beim Segeln
halten wir die Arme angewinkelt und die Hände
am Steuerstab. Dadurch werden sie nur schlecht
durchblutet. In den Pausen laufen wir herum, um
die Blutzirkulation wieder in Gang zu bringen.

Noch 28 Seemeilen bis zum Pol! Die Oberfläche des Schnees hat sich jetzt deutlich verändert. Das Gelände ist weitgehend eben, nur vereinzelt tauchen Sastrugis auf. Der Schnee aber bleibt stumpf und wirkt wie eine Bremse. Immer wieder versuchen wir, ein Flugzeug am Himmel zu erhaschen, eine dieser amerikanischen Transportmaschinen, die die Südpol-Station versorgen. Das zunehmend schlechte Wetter bringt uns aber um diese Freude. Es stürmt wieder, und die Sicht ist fast null. Trotz des miserablen Wetters laufen wir weiter. Der Pol zieht uns an.

Es ist ein eindrucksvoller und stimmungsvoller Marsch. Dramatische Wolkenformationen ziehen vorbei und hüllen die Landschaft in ein gespenstisches Licht. Tiefschwarze Wolken rauben der Sonne die Strahlen, Sturmböen peitschen über die Hochfläche und nehmen uns den Atem. Die Kälte krallt sich ins Gesicht und preßt sich durch unsere Kleidung. Fast trotzig laufen wir aber weiter. Mit grimmiger Zufriedenheit genieße ich, daß wir beide dieses spektakuläre Naturschauspiel verfolgen dürfen. Jedes Schauspiel hat seinen Preis, für diese Vorstellung zahlen wir gern einen hohen.

Nach viereinhalb Stunden verkriechen wir uns in die Geborgenheit unseres Zeltes. Es ist der 29. Dezember. Wird das Wetter nicht noch schlechter, erreichen wir morgen den Pol. Da das »GPS« heute keine Position mehr gibt, kopple ich unseren Standort und komme zu dem Schluß, daß uns noch sechseinhalb Seemeilen vom Südpol trennen. Wäre die Sicht besser, müßten wir die Station zumindest mit dem Fernglas sehen können.

Während ich unsere Position in die Karte eintrage, reißt die Wolkendecke ein wenig auf, und ich reiche Reinhold das Fernglas, damit er den Horizont absuchen kann. Kaum ist er mit dem Glas vor dem Zelt, höre ich ihn jubeln. Ich lasse Karte und Bleistift fallen, krieche aus dem Zelt und blicke Reinholds ausgestrecktem Arm nach: der Pol! Dort liegt er! Mit bloßen Auge sichtbar. In einem Wolkenloch glänzen die Gebäude im fahlen Licht. Unser Ziel sieht so nah aus, daß Reinhold am liebsten loslaufen würde. Ich bremse ihn, weil ich weiß, daß wir noch sechs bis sieben Seemeilen entfernt sind und für diese Strecke rund drei Stunden Laufzeit benötigen. Statt dessen nehme ich eiligst eine Peilung mit dem Kompaß, bevor die Station wieder hinter den Wolken verschwindet.

Gebannt richtet sich unser Blick auf den magischen Punkt. Der Pol ist jetzt zum Greifen nah. Wir spüren kaum die Kälte, die uns durch die Sohlen unserer Biwakschuhe zittern läßt. Aus dieser Entfernung wirkt die Station wie ein surrealistisches Kunstwerk inmitten dieser weißen Unendlichkeit. Ich habe die Stecknadel im Heuhaufen gefunden.

Wir können den Blick kaum lösen von unserem Ziel. Erst die Kälte treibt uns zurück ins Zelt, wo wir ausgelassen und heiter drauflosplappern. Wir fühlen eine tonnenschwere Last von uns genommen. Die ganze Anspannung der vergangenen Wochen löst sich.

Was wird uns am Pol erwarten? Welche Nachrichten gibt es? Wir sehen uns unter einer heißen Dusche stehen. Wir sind erfüllt mit Sehnsucht nach Post von zu Hause. Jetzt ist unsere Tagesration fällig, die als Reserve gedacht war. Als wir endlich eine »GPS«-Position erhalten, wissen wir es genau: Wir stehen auf 89° 54' südlicher Breite. Noch sechs Meilen bis zum Pol!

Wo Süden Norden ist

Am Südpol ist
alles anders als am
Nordpol. Es gibt
eine feste Station,
Menschen und eine
heiße Dusche.
Wir kommen am
30. Dezember 1989
an – damit ist
es mir gelungen,
erstmalig beide Pole
in einem Jahr zu
Fuß zu erreichen.

Als ob es unsere Mühen verspotten will, verschlechtert sich das Wetter am nächsten Tag. Wieder laufen wir durch eine Waschküche. Als Wegweiser dient uns nur die Kompaßnadel. Gut, daß wir gestern noch eine Peilung genommen haben. Die Nebelwand verschluckt unsere konzentrierten Blicke. Mir wird klar, wie leicht man einen solchen Punkt verfehlen kann. Ohne eine penible Navigation würde man bei dieser Sicht am Ziel vorbeilaufen.

Plötzlich tauchen die Gebäude aus dem Dunst auf: die große silberne Kuppel der Polstation, daneben ein rechteckiger Kasten, der vermutlich irgendwelche Meßinstrumente beherbergt. Dann die Landepiste für die Herkulesmaschinen, eine Zeltstadt, Flaggenmasten. Ein wenig abseits steht ein kleineres Zelt. Das laufen wir jetzt an; denn es könnte die Behausung von »Adventure Network« sein.

Die ganze Station scheint im tiefen Schlaf zu liegen. Kein Wunder, nach der hiesigen Zeit ist es mitten in der Nacht. Trotzdem ist es heller Tag. Die Sonne behält am Pol 22 Stunden lang exakt die gleiche Höhe und kreist lediglich 360° um diesen magischen Punkt. Wir laufen die letzten Meter bis zum Zelt und rufen laut und erregt, ob denn jemand da sei. Nach einigen Momenten hören wir aus den Tiefen eines Schlafsackes ein Murmeln. Dann taucht Jürgen Bolz im Zelteingang auf und starrt uns mit großen, ungläubigen Augen an. Als er sich gefaßt hat, überfällt er uns mit einem Schwall von Fragen, zieht sich an und schreit Ulrich Jaeger im Nebenzelt aus dem Schlaf. Dann fallen wir uns in die Arme.

Im Nu hat Jürgen Bolz seine Kamera in der Hand und hält diesen Moment im Film fest. Er ist unglücklich, den Moment unseres Eintreffens verschlafen zu haben, und bittet uns, noch einmal das letzte Stück bis zum Zelt zu laufen. Für die Kamera kommen wir ein zweites Mal an. Die beiden waren schon vor einigen Tagen mit einer »Twin Otter« am Pol eingetroffen und haben seitdem auf unsere Ankunft gewartet. Nach unserer Zeitrechnung ist es der 30. Dezember 1989, Mittagszeit.

Ich gehe mit den anderen in das geräumige Zelt, setze mich nach langer Zeit wieder einmal auf einen Stuhl, und es wird mir plötzlich bewußt, daß ich etwas geschafft habe, was vor mir noch niemandem gelungen ist: Ich habe in ein und denselben Jahr sowohl den Nord- als auch den Südpol zu Fuß erreicht. Am 14. Mai war ich am Nordpol angekommen, und heute, am 30. Dezember, erreiche ich den Südpol. Der einzige Mensch, der bisher beide Pole zu Fuß erreicht hat, ist mein »Icewalk«-Kamerad und Freund Robert Swan. Mit ihm teile ich dieses Erlebnis. Bei ihm lagen allerdings einige Jahre zwischen den beiden Märschen.

Ich freue mich im stillen über diese Leistung, obwohl ich weiß, wie unsinnig und albern im Grunde ein solcher Rekord ist. Er war auch nicht Motivation für mich, diese beiden Expeditionen durchzuführen. Er ist nur das Tüpfelchen auf dem i und verschönert mir diese Stunden, die ohnehin beispiellos sind.

Wieder kehre ich in Gedanken zum Nordpol zurück. Ich sehe die scharf gezackten Preßeisrücken, die schwarzen Wasserflächen und die vernarbten Eisschollen vor mir. Nichts, aber auch gar nichts ließ uns erkennen, daß wir am Nordpol standen. Hier am Südpol ist alles anders. Das Gelände ist weit und flach, ohne Unterbrechung oder Verwerfung. Es gibt eine Station, die schon fast die Dimension eines kleinen Dorfes hat. Wir sitzen auf einem Stuhl an einem Tisch, trinken Kaffee aus Thermoskannen, stopfen Schokolade und Kekse in uns hinein und trinken einen kräftigen Schluck Whisky.

Von einer Sekunde zur anderen ist es wie selbstverständlich, daß wir hier sitzen. Wir plappern ohne Punkt und Komma, saugen gierig Neues auf und hören, was sich während unseres Marsches in der Welt getan hat. Genau 48 Tage sind wir seit unserem Aufbruch unterwegs. Über 1000 Kilometer liegen hinter uns. Abgesehen von einigen Blasen, überstrapazierten Sehnen und Bändern befinden wir uns in ausgezeichneter körperlicher Verfassung. Wir haben den Pol und damit den Höhepunkt der Expedition erreicht. Es ist für uns quasi das Bergfest, das wir jetzt feiern wollen.

Bild rechts oben:
Das Eis des Südpols wandert pro Jahr um ca. 10 Meter und wird deshalb von den Amerikanern jedes Jahr neu vermessen und markiert.

Bild rechts unten:
Die Silberkugel stellt symbolisch den Globus dar.

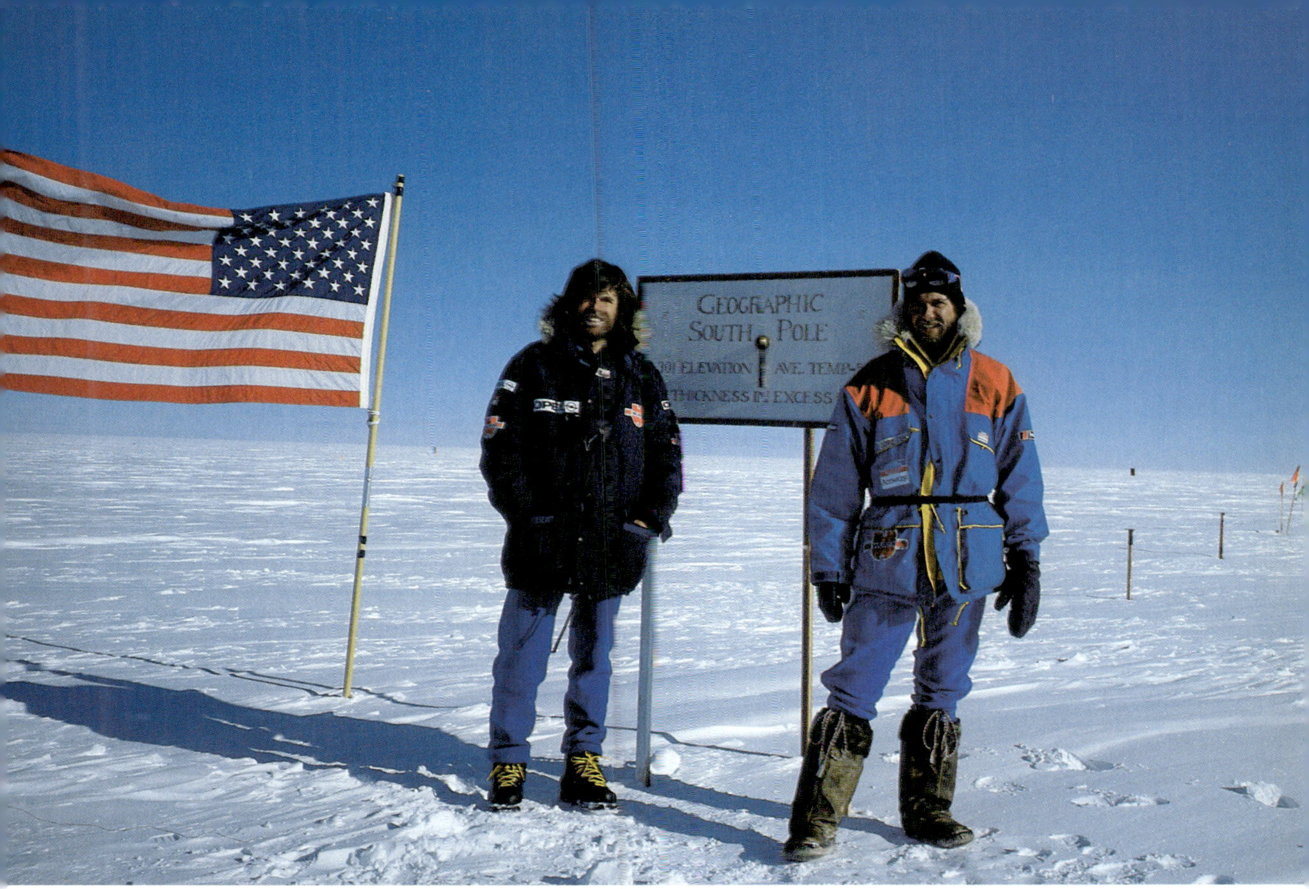
GEOGRAPHIC
SOUTH POLE

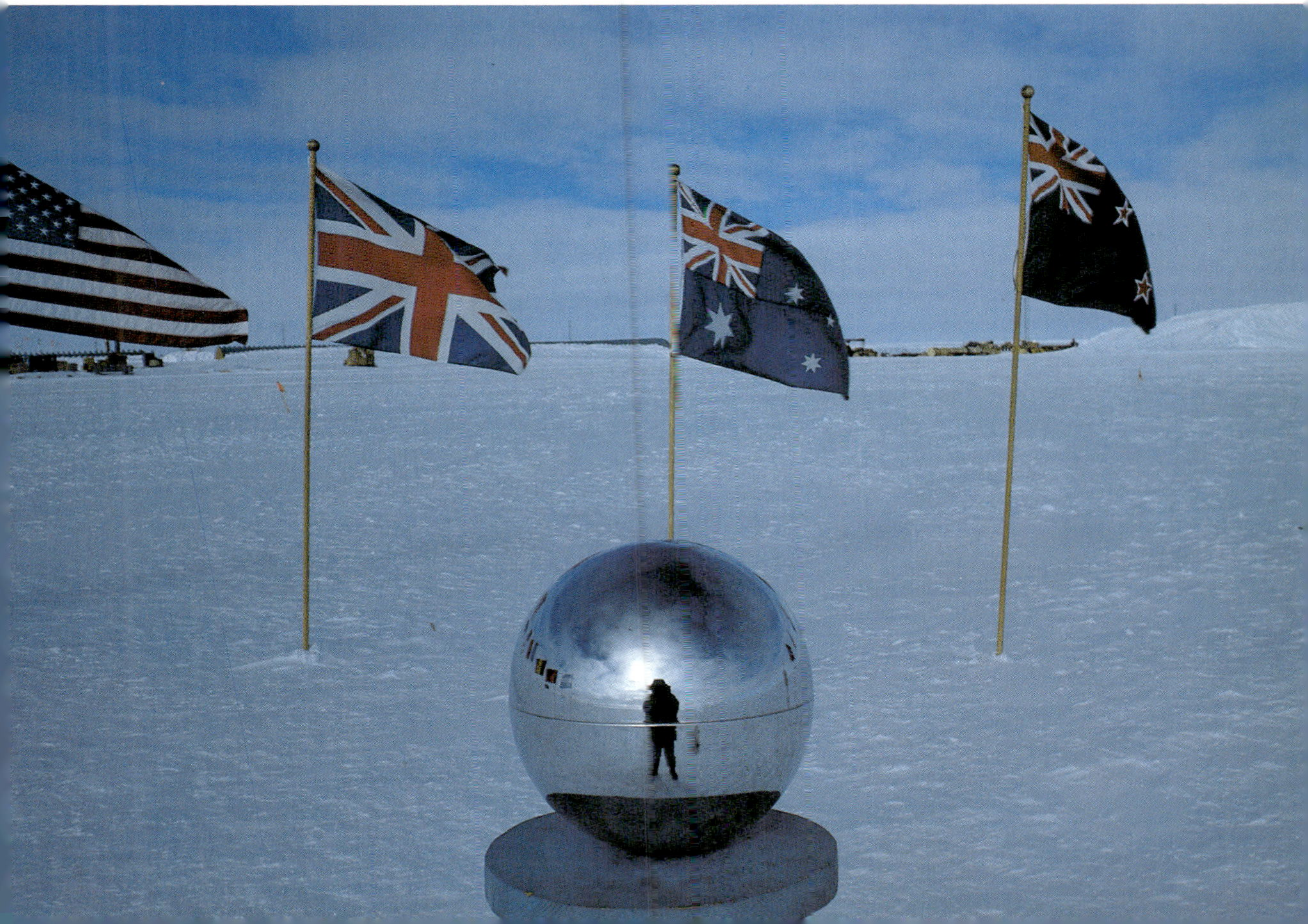

Jürgen Bolz und Ulrich Jaeger erzählen uns, daß einige hundert Meter entfernt, exakt am geographischen Südpol, einige Amerikaner in Zelten hausen, um unter keinen Umständen unsere Ankunft zu verpassen. Jürgen und Ulrich fahren mit einem Motorschlitten voraus, um die Leute über unser Eintreffen zu informieren und ihre Kamera aufzubauen. Reinhold und ich warten einige Minuten, bevor wir unsere Schlittengurte umlegen und gemeinsam zu dem bronzefarbenen Nagel laufen, der den Pol markiert.

Über Funk hat man die Station von unserem Eintreffen informiert, so daß wir jetzt, wie auf einer Schnur gezogen, lauter rote Punkte im Schnee sehen, die dem Nagel zustreben. Viele Männer und Frauen in den typischen roten Daunenjacken des Stationspersonals warten schon an der Polmarke auf uns. Kurz bevor wir die Gruppe erreichen, bleiben wir stehen und umarmen und gratulieren uns. Dann bricht der Begrüßungssturm los. Es ist ein bewegender Augenblick. Wir entledigen uns des Zuggeschirrs und der Skier und schütteln unentwegt Hände. Das Klicken der Kameras prasselt auf uns nieder. Freundliche und teilweise bewegte Gesichter blicken uns an. Wildfremde Menschen umarmen uns wortlos. Ich habe selten eine solche Nähe zu fremden Menschen verspürt wie in diesem Moment. Ich weiß gar nicht, wie mir geschieht. Immer wieder Bitten, in die Kamera zu schauen, Fragen zu beantworten und uns für Aufnahmen vor dem Südpolschild zu postieren. Aber der Alltag holt uns schnell ein. Ein wenig verlegen sagt man uns, daß dieser Empfang eine Eigeninitiative der Stationsbesatzung ist. Ein offizieller Vertreter der Südpol-Station ist nicht hier. Die »National Science Foundation« läßt uns wissen, daß wir keine willkommenen Gäste in der Station sind, und konsequenterweise erscheint auch kein NSF-Vertreter bei unserer Ankunft.

Es ist kurios. So viele Besucher gibt es wahrhaftig nicht am Südpol. Da die NSF keine rechtliche Handhabe hat, uns an dieser Expedition zu hindern, versuchte man, uns zu entmutigen, indem man jegliche Hilfe und menschliche Geste verweigert. Wir sind auf dieses Verhalten vorberei-

tet, haben unser eigenes Versorgungssystem und sind trotz aller Widrigkeiten am Pol eingetroffen. Die Menschen, die überwiegend nur in den Sommermonaten hier am Pol arbeiten, zeigen ihre Enttäuschung über das Verhalten ihrer offiziellen Vertreter. Wie zum Trotz laden sie uns ein, in die Zeltsiedlung zu ziehen, wo man uns Kojen freimacht und einquartiert.

In einem großen Aufenthaltsraum stehen zerschlissene Sofas und Sessel, eine Küche ist eingerichtet. In der Ecke steht ein Fernsehgerät, in dem ein Video-Italowestern läuft. Brian holt gefrorene Hummerschwänze aus dem Eisschrank und legt sie in die Mikrowelle. Dann werden Forellen gebraten, Obstschüsseln auf den Tisch gestellt und Bierdosen herumgereicht. Hummerschwänze und Forellen am Südpol – das ist nicht mehr »mein« Südpol.

Nachdem wir unsere Mägen vollgeschlagen haben, gehen wir in das Wohnzelt, das aus einem großen Raum besteht, der durch von der Decke hängende Wolldecken in einzelne Wohnbereiche unterteilt wird. Öfen speien Wärme, und wir ziehen unsere verdreckte Polarkleidung aus und stellen uns in einem anderen Raum nach 50 Tagen zum ersten Mal unter die Dusche. Mein Gott, tut das gut!

Ich sehe, daß die schwere Arbeit der vergangenen Wochen sämtliche Fettreserven meines Körpers aufgezehrt hat. Ich genieße lange den heißen Wasserstrahl, lege mich aufs Bett und lese die Post von zu Hause, die mir Jürgen und Ulrich mitgebracht haben. Ein Brief meiner Freundin Brigitte liegt offen in dem Stapel, und ich wundere mich, wo der Umschlag und die im Brief angekündigten Unterlagen und Zeitschriften geblieben sind. Erst später komme ich auf des Rätsels Lösung. Den Brief hatte ein befreundeter Kameramann in Punta Arenas Weihnachten Wilhelm Bittorf übergeben mit der Bitte, ihn an mich weiterzuleiten. Bittorf war der Umschlag zu dick und groß, er nahm kurzerhand den Brief aus dem Umschlag und ließ den Rest in den Papierkorb wandern.

Nach meiner Post lese ich den ersten *Spiegel*-Bericht über unsere Expedition und staune über den Inhalt. Meine Blasen an den Füßen sind zu

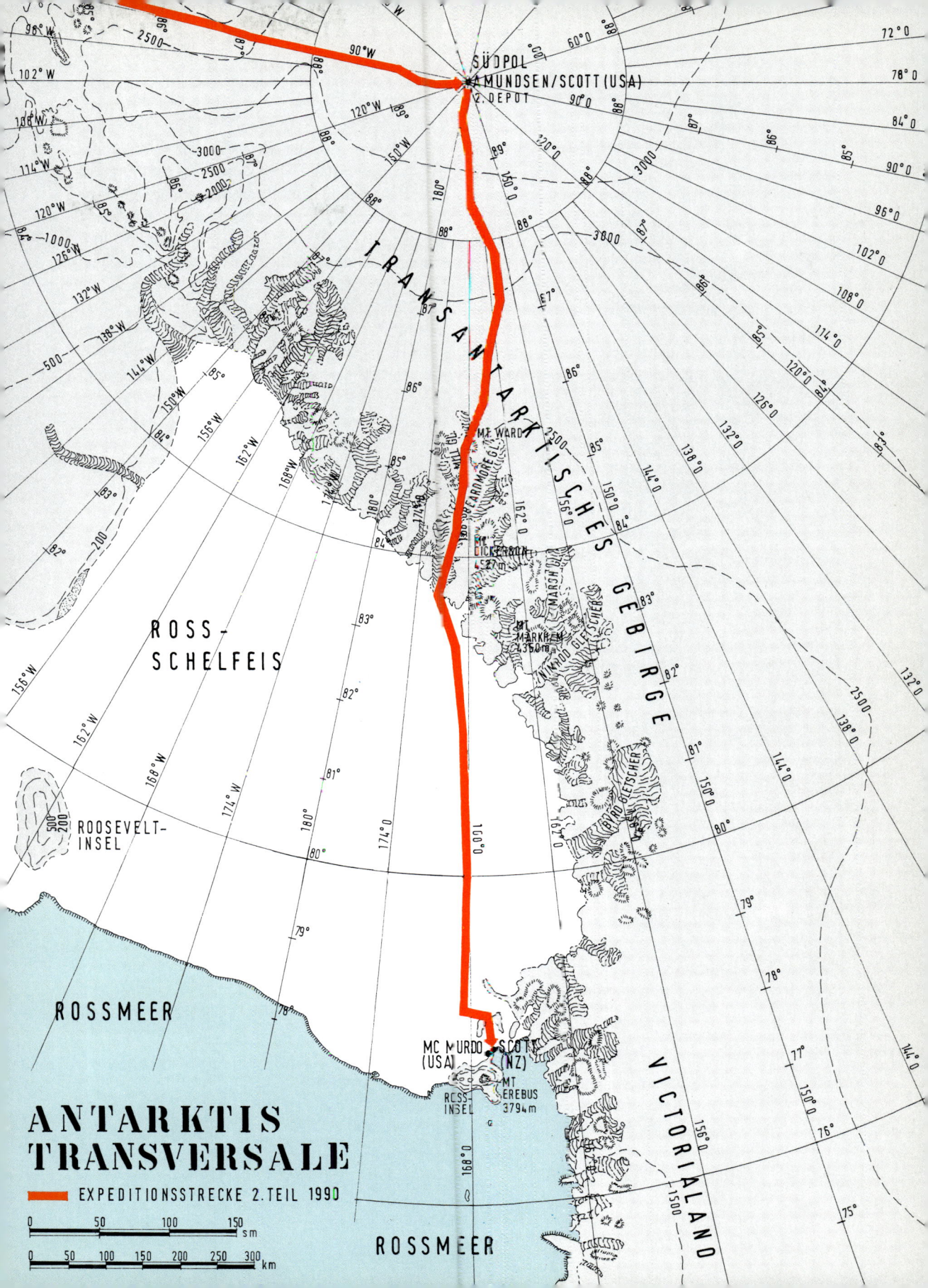

ANTARKTIS TRANSVERSALE

EXPEDITIONSSTRECKE 2.TEIL 1990

einem Drama hochstilisiert. Für einen Moment flackert ein Verdacht in mir auf: das Funkgespräch in den Thiel-Bergen. Ich denke den Gedanken aber nicht weiter. Wir haben noch nicht einmal die Hälfte der gesamten Strecke hinter uns. Wenn wir jetzt anfangen, uns gegenseitig zu mißtrauen, können wir gleich hier das Projekt abbrechen. Ich kann ein solches Unternehmen nur auf der Basis hundertprozentigen Vertrauens durchführen. Es geht um ein gemeinsames Erlebnis, und nur mit fairen Mitteln läßt sich ein solches Vorhaben in die Tat umsetzen. Wir sind erfolgreich und ungeheuer schnell vorangekommen. Trotz des anhaltend schlechten Wetters haben wir in 48 Tagen über tausend Kilometer geschafft, ständig bergauf laufend mit einem schweren Schlitten im Schlepp. Eigentlich sind es sogar nur 43 reine Lauftage, fünf Tage waren Sturm- und Ruhetage.

Auch wenn es gelegentlich Reibungspunkte zwischen uns gab, ist unser Verhältnis gut und freundschaftlich geblieben. Selbst der größte Idealist muß einsehen, daß zwischen zwei Menschen nicht Harmonie ohne Unterlaß herrschen kann, wenn sie wochenlang auf engstem Raum zusammenleben und heikle Situationen zu überstehen haben. Nein, wir sind ein gutes und effektives Team, und da wir Menschen sind, gibt es bei jedem auch Höhen und Tiefen.

Ich will mich von dieser Effekthascherei im *Spiegel* einfach nicht verrückt machen lassen und verdränge das Thema. Etwas anderes fesselt mein Interesse: die dramatische Entwicklung in der DDR und in Rumänien. Dort wird gerade Weltgeschichte geschrieben. Ich versuche, mir die Situation vorzustellen, aber es gelingt mir nicht. Ich kenne Berlin sehr gut. Meine beiden Schwestern leben dort seit vielen Jahren, und ich besuche sie oft. Ich kenne das Brandenburger Tor, den Reichstag und die Mauer, die den hilflosen Versuch dokumentiert, Menschen gewaltsam auszugrenzen. Ich versuche, mir vorzustellen, wie das wohl ist: durchs Brandenburger Tor zu laufen und »Unter den Linden« einfach weiterzugehen. Wie mag es den Menschen in der DDR ergehen? Wie wird sich der Sog des Industriegiganten Bundesrepublik auf die Menschen dieses wirtschaftlich unterentwickelten Landes auswirken?

Tausend Fragen schießen mir jetzt durch den Kopf, die in Europa sicher schon seit Wochen diskutiert werden. Aber so sehr ich auch versuche, mich in die Situation hineinzuversetzen, es gelingt mir nicht. Es ist zu viel auf einmal und zu abstrakt für meinen Kopf. Ich bin am Südpol, sitze in einer überheizten Wohnbaracke bei Hummerschwänzen und Forellen oder stehe bei 30 Grad unter Null in der Eiswüste und esse einen Apfel. Mein Kopf macht das nicht mit. Nachdem sich der Trubel gelegt hat, gehe ich allein, mit dem Apfel in der Hand, zu dem Nagel, der den Pol kennzeichnet. Ich bin am Pol. Europa steht kopf. Vor uns liegen 1500 Kilometer Einsamkeit und Eiswüste. Heute abend sind wir zu einer Silvesterfete eingeladen. Hinter uns liegen 48 Tage Schnee, Eis und die täglichen Kämpfe mit den Tücken des unmenschlichen Geländes, in dem wir ganz auf uns allein zurückgeworfen wurden. Es ist ein Gebräu aus überstarken Eindrücken und Abläufen, wie ich es noch nie erlebt habe. Es ist faszinierend und erschreckend zugleich. Ich kann es nicht verarbeiten. Der Zug der Geschichte fährt an mir vorbei, und ich stehe ein wenig albern und hilflos mit einem Apfel in der Hand am Südpol.

Ich gehe zurück in unsere Unterkunft und stürze mich gemeinsam mit Reinhold in den Tumult der beginnenden Silvesterfeier. Flash lights, drinks, aufwendig verkleidete Menschen, ausgelassen und alkoholisiert, feiern die Jahreswende. Einer von ihnen – vom Alkohol umnebelt und nur mit einer Unterhose bekleidet – rennt aus der geheizten Station zur Südpol-Marke und bricht dann mit einem Kreislaufkollaps zusammen.

Um zwölf Uhr nachts steht die Sonne hoch am Himmel. Die Party wird immer lauter und ausgelassener. Heiterkeit und Freude von Herzen. Wir werden aufgesogen in der Gruppe feiernder Menschen, tanzen und schwofen bis tief in die sonnenbeschienene »Nacht«. Irgendwann verlassen wir die Arena und ziehen uns in unsere Kojen zurück. Ich genieße es, in einem Bett zu liegen. Dann schlafe ich tief und fest.

188

Ich versuche mir den Globus vorzustellen und zu begreifen, wo ich mich befinde. Es gelingt mir nur mit Mühe.

Der lange Weg

Unsere ganze Hoffnung stützt sich jetzt auf das Segel. Sofern der Wind mitspielt, müßten wir zügig vorankommen und das andere Ende des Kontinents erreichen. Doch der Wind bleibt aus, und unsere Geduld wird einer Zerreißprobe unterworfen. Die psychische Belastung zeigt erste Spuren.

Drei Tage haben wir für den Südpol eingeplant. Drei Tage, an denen wir uns ausruhen und unsere Schlitten mit neuem Proviant und Brennstoff beladen wollen. Wir nutzen die Gunst der Stunde, überholen unsere gesamte Ausrüstung, tauschen die verschlissenen Skier gegen neue und lassen ansonsten keine Mahlzeit aus.

Uns liegt eine Nachricht vor, daß Reinhold die italienische »Terra Nova Bay«-Station über Funk anrufen soll. Falls wir die Station rechtzeitig erreichen, will uns am Ende der Expedition ein Forschungsschiff von dort mit nach Neuseeland nehmen. Wir bitten die NSF-Verwaltung darum, eine Funkverbindung für uns herzustellen. Doch es heißt nur trocken: »Privat-Expeditionen werden nicht unterstützt.« Am Neujahrstag läßt man uns auch nicht zu Hause anrufen. Unsere Briefe werden nur widerwillig angenommen.

Die Bediensteten der Station sind peinlich berührt vom Verhalten der Stationsführung. Es entspricht so gar nicht dem Bild der amerikanischen Gastfreundschaft und auch nicht den Gepflogenheiten, die man Reisenden in der Arktis entgegenbringt. Man hat hier sein eigenes Königreich gegründet, das Durchreisende nicht mag. Der Stationsleiter Tom Faye grüßt uns nicht und geht uns aus dem Weg, wo immer es geht. Die Leute, die uns Platz in ihrem Zelt eingeräumt haben, spüren deshalb Druck von oben. Es stört sie aber nicht, sie haben ohnehin nur einen Job für eine Saison.

In der Sporthalle der Station treffen wir uns mit der Pol-Besatzung, halten einen kleinen Vortrag und beantworten Fragen. Danach setzen wir uns mit Jürgen Bolz und Ulrich Jaeger in der Cafeteria zusammen und sprechen die Antworten auf ein Tonband, deren Fragen uns Wilhelm Bittorf schriftlich übermittelt hat. Es sind harmlose Fragen, die wir leicht beantworten können. Lediglich die letzte Frage wird ein wenig geheimnisvoll und verschmitzt schmunzelnd hinter vorgehaltener Hand gestellt: Wie wir es denn eigentlich mit der sexuellen Enthaltsamkeit halten. Wir schauen uns ein wenig entgeistert an. Da gibt es schon eine Menge anderer Themen, über die ich mir während einer Expedition Ge-

danken mache. Aber dieses Thema hat dabei wirklich keinen Platz. In der eisigen Umklammerung der Antarktis führen wir das Leben eines Mönchs. Unsere Interessen, unsere Aufmerksamkeit konzentrieren sich ausschließlich auf unsere unmittelbaren Bedürfnisse. Und die bestehen darin, voranzukommen, durchzuhalten und trotz aller Qualen mit sich und untereinander in Harmonie zu bleiben. In unserer Situation freuen wir uns über eine grandiose Landschaft, den warmen Schlafsack, Sonne nach Sturm, einen Schluck heißen Tee, ein freundliches Wort oder eine nette Geste. Für Erotik bleibt, zumindest bei mir, kein Gedanke übrig. Die Nähe von Menschen sehne ich durchaus herbei, auch Zuneigung und Zärtlichkeit; das aber auf rein sexuelle Vorstellungen zu reduzieren, erscheint mir in dieser Situation abwegig.

Mir wird mit einemmal klar, wie weit Wilhelm Bittorf nicht nur räumlich, sondern auch geistig von uns getrennt lebt. Vielleicht hätte er wie Jürgen Bolz und Ulrich Jaeger die Unbequemlichkeit eines Antarktisfluges auf sich nehmen sollen, um die Landschaft und das Leben hier am eigenen Leibe zu erfahren. Damit wäre er der Thematik, über die er schreibt, nahe genug gekommen, um ein Gespür für das zu bekommen, worum es geht. Wie kann jemand über eine so extreme Erfahrungswelt, über die mit der Antarktis verbundenen Gefühle und intimsten Geschehnisse schreiben, wenn er sie nie selber erlebt hat?

Da auch Brydon mit seiner »Twin Otter« am Pol ist und die Ausbreitungsbedingungen für Funkgespräche gerade gut sind, spricht Reinhold über Bordfunk mit Wilhelm Bittorf in Punta Arenas. Ich bin bei dem Gespräch nicht dabei. Ulrich Jaeger fragt mich kurz, ob ich mein Tagebuch rausschicken will. Ich lehne das mit der Begründung ab, daß Reinhold für diese Zwecke das Logbuch führe und mein Tagebuch privat sei. Es wird kein Wort mehr darüber verloren.

Am 3. Januar wollen wir aufbrechen. Die NSF, die sich bisher in vornehmer Zurückhaltung geübt hat, springt an diesem Morgen über ihren eigenen Schatten und lädt uns zu einem Frühstück in der Cafeteria ein. Wir sind wie vom

Donner gerührt, nehmen das Angebot an und werden von Tom Faye zum ersten Mal begrüßt. Beim Essen plaudern wir in lockerem Ton, wobei wir das heikle Thema NSF ausklammern. Meteorologen schenken uns ein neues Thermometer und versorgen uns mit den neuesten Klimadaten. Dann packen wir und bereiten uns auf den Start vor. Wir verabschieden uns von all den Leuten, die uns so freundlich aufgenommen und umhegt haben. Es sind Momente, die ich nie vergessen werde. Fast jeder drückt uns ein kleines Geschenk in die Hand. Alle wissen, daß wir nicht viel mitnehmen können. Entsprechend sind die Geschenke klein, gut überlegt und liebevoll verpackt: eine besonders gute Teemischung, selbstgebackene Plätzchen, Schokoladenriegel, ein Stift für aufgesprungene Lippen, Kaffee, eine Gewürzmischung. Fremde Menschen umarmen uns und sind uns plötzlich ganz nah.

Auf meiner Koje habe ich das Kartenmaterial sortiert, das wir für den neuen Abschnitt benötigen. Die Plottingkarte nimmt die ganze Länge meines Bettes ein. Es ist eine ungeheure Distanz, die vor uns liegt. Rund 1500 Kilometer, und das ist nur die Luftlinie. Nicht ein einziges Depot wartet auf uns. Hier am Südpol stehen wir zudem noch nicht auf dem höchsten Punkt, wir müssen noch 500 Meter höher steigen. Und dann der Abstieg über die Gletscher. Auf Wegen, die noch nie von einem Menschen betreten wurden. Das alles unter einem unerhörten Zeitdruck. Wir müssen spätestens Mitte Februar in der McMurdo-Bucht sein. Wir haben heute den 3. Januar, und ich weiß, daß wir es nur schaffen, wenn der Wind mitspielt. Robert Falcon Scott benötigte für diese Strecke Anfang des Jahrhunderts 78 Tage und kam dann auf dem Rückweg mit seinen Männern völlig entkräftet ums Leben. Robert Swan war 1985/86 in umgekehrter Richtung 70 Tage unterwegs, ließ sich dann vom Pol ausfliegen.

Wir haben Proviant und Ausrüstung für etwa 45 Tage auf unseren Schlitten. Vielleicht reicht es auch für 50 Tage. Mehr nicht. Wir müssen es fast in der Hälfte der Zeit schaffen, die damals Scott gebraucht hat. Wir müssen neue Maßstäbe setzen, wollen wir rechtzeitig die andere Seite der Antarktis erreichen.

Ich rechne den neuen Kurs aus, bestimme die Mißweisung und teste beide »GPS«-Geräte. Auf ein Funkgerät verzichten wir weiterhin. Uns würde ohnehin niemand hören. Wir nehmen nur das »Argos«-System wieder mit. Mit Ulrich Jaeger haben wir einen Code vereinbart: Sollte sich unsere Position auf dem Weg vom Pol nach McMurdo vier Tage lang nicht ändern, so hieße das, daß ein Notfall eingetreten ist und Brydon versuchen soll, uns mit der »Twin Otter« rauszuholen. Erreichen wir den Fuß des Beardmore-Gletschers auf 83° und 30' südlicher Breite nach dem 30. Januar und ändern drei Tage lang unsere Position nicht, dann bedeutet dies: Bitte abholen, eine Landepiste ist vorbereitet. Geben wir keines der beiden Zeichen, gehen wir durch.

Die vor uns liegende Strecke ist gut ein Drittel länger als die bis zum Pol. Jetzt wird es sich zeigen, ob meine Überlegung, auf den Wind zu bauen, richtig war. Bleibt er aus, werden wir niemals rechtzeitig die McMurdo-Bucht erreichen. Immer wieder hatte ich zu Hause Karten über die Windverteilung studiert. Auch die Informationen der Wetterfrösche vom Pol passen in meine logistischen Überlegungen.

Während unseres Nordpol-Marsches hatte ich häufig mit Robert Swan über die Erfahrungen seiner Südpol-Expedition gesprochen. Genau wie wir auf dem Weg zum Pol hatte auch er auf seiner »Footstep of Scott«-Route ständig mit Gegenwind zu kämpfen. Dieser Wind, der Scott und Shackleton so arg zu schaffen gemacht hatte, soll uns nun in der entgegengesetzten Richtung unterstützen, die Strecke so schnell zu bewältigen, wie es noch niemand vor uns geschafft hat.

Der Wind und die Segel sind der Schlüssel zum Erfolg. Jeder von uns wird je einen 10 und 12 Quadratmeter großen Drachen dabei haben. Damit können wir bei verschiedenen Windstärken segeln.

Nächste Doppelseite: Fertigmachen zum Segeln. Doch der schwache Wind läßt die Segel immer wieder zusammenfallen.

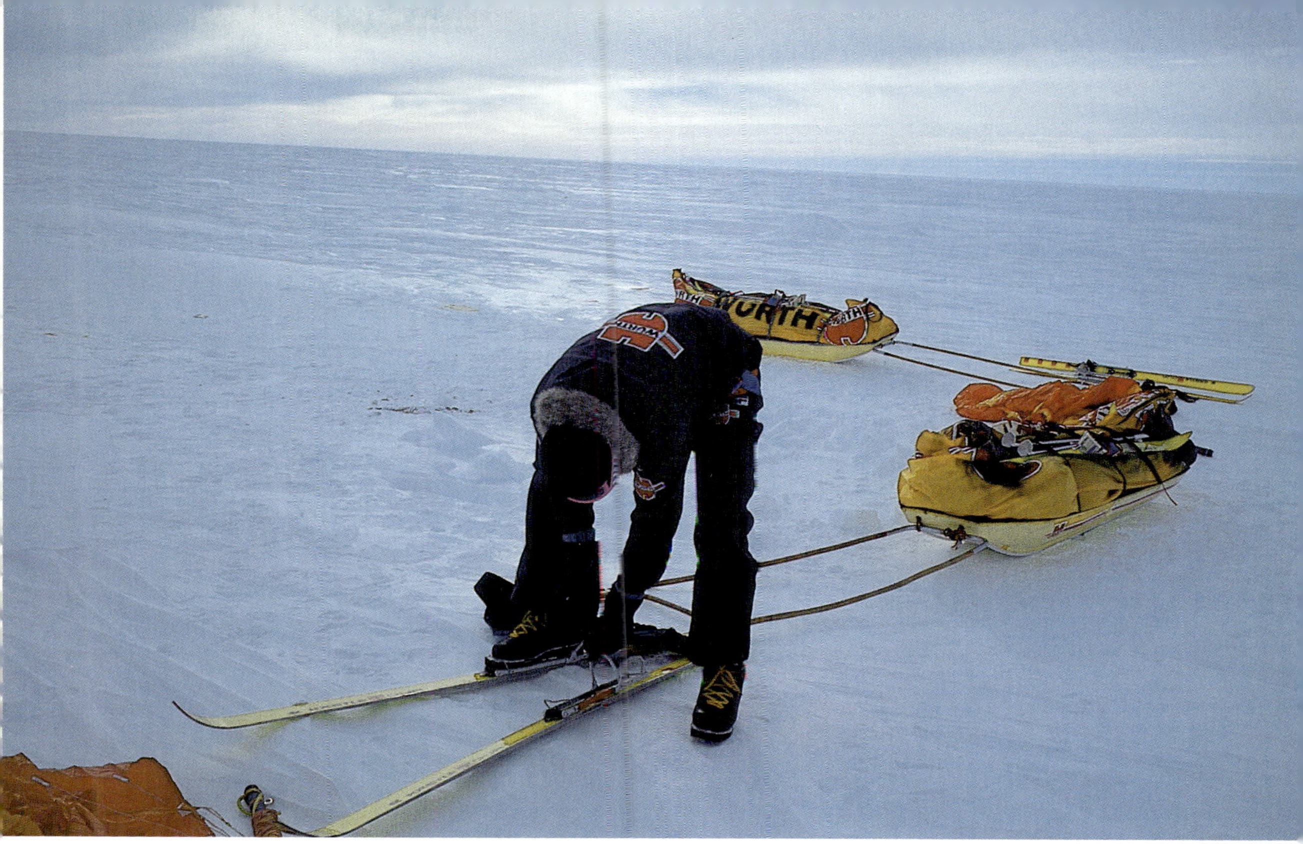
WORTH

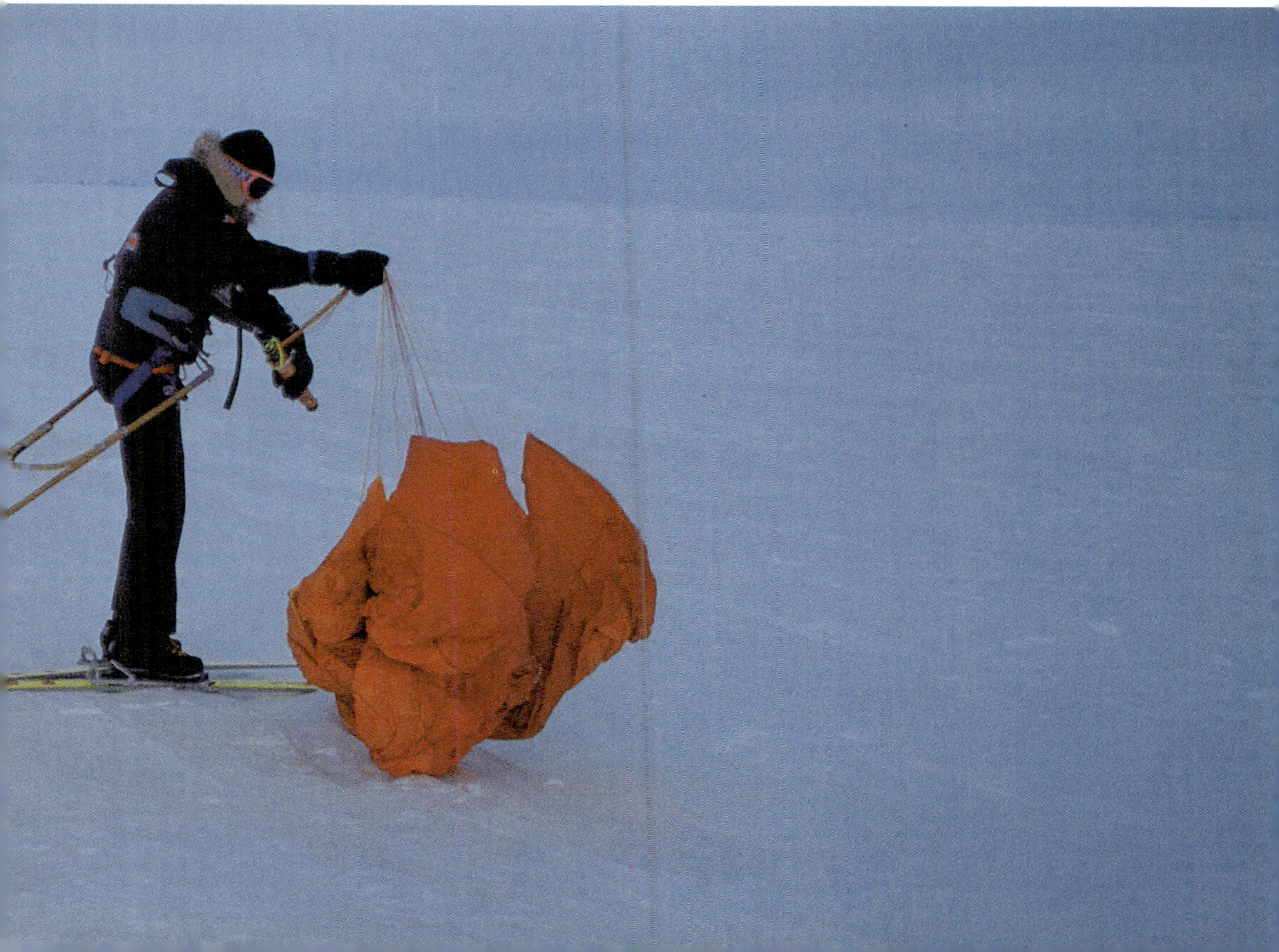

Während unserer drei Tage am Pol wehte der Wind unentwegt. Bei unserem Start hat er an Kraft verloren, und es ist vergleichsweise milde. Die Temperatur beträgt −32° Celsius. Jeweils zwei Männer ziehen unseren schwer beladenen Schlitten vom Wohntrakt zur Landebahn. Wie bei unserer Ankunft hat sich zu unserem Start eine große Menschenmenge versammelt. Ich sehe, wie sich die beiden Amerikaner, die meinen Schlitten ziehen, vielsagende Blicke zuwerfen und außer Atem geraten. Jeder unserer Schlitten wiegt etwa 125 Kilogramm. Es sind wahre Monster. Eher für einen Gaul bestimmt.

Auf dem Rollfeld breiten wir unsere Schirme aus, schnallen unser Zuggeschirr um und winken ein letztes Mal den freundlichen Menschen zu. Dann gehen wir los. Die Schlitten sind so schwer, daß man meint, jemand hielte uns zurück. Die Segel sind aufgebläht, ziehen aber nur schwach, weil der Wind nicht stark genug ist. Langsam trotten wir über das Rollfeld. Jürgen Bolz läuft mit seiner Kamera ein Stück mit, um diesen Moment festzuhalten. Einige Amerikaner gehen neben uns, machen letzte Fotos und geben uns die besten Wünsche mit auf den Weg. Schließlich erreichen wir das Ende der Rollbahn und befinden uns wieder im vertrauten unberührten Gelände. Obwohl der Wind nur schwach weht, spüren wir deutlich, daß er uns einen Teil der Schlittenlast abnimmt. Es sieht lustig aus, wie wir mit unseren bunten Drachen in der weißen Landschaft dahinwatscheln. Die Stationsgebäude werden langsam kleiner, und bald verschluckt uns die weiße, glitzernde Fläche. Verstohlen werfe ich einige Blicke zurück zum Pol, dem wir so lange entgegengefiebert hatten. Jetzt lassen wir ihn achtlos hinter uns und richten unseren Blick nur noch auf das Hochplateau und den Abstieg zum Ross Ice Shelf.

Als erster Mensch habe ich beide Pole in einem Jahr zu Fuß erreicht, und jetzt versuchen Reinhold und ich, als erste Menschen die gesamte Antarktis zu Fuß zu durchqueren. Daran, daß dies alles so gekommen ist, hat der Zufall kräftig mitgewirkt. Die Antarktis-Expedition hatte ich jahrelang geplant. Als es schließlich losgehen

sollte, mußten Reinhold und ich das Projekt aus finanziellen und organisatorischen Gründen um ein Jahr verschieben. Ich hatte damals gerade mit Reinhold den neuen Fahrplan beschlossen und den Telefonhörer drei Minuten zuvor aufgelegt, als das Telefon wieder klingelte. HörZu-Redakteur Roland Westphal erzählte mir von dem Unternehmen »Icewalk« und fragte mich, ob ich mitmachen wolle. Ohne genau zu überlegen, hörte ich mich sagen: »Ja, klar, die Zeit habe ich jetzt dafür, und vorbereitet bin ich auch.« So geriet ich mehr zufällig als geplant auf die Rekordschiene. Die psychische und physische Belastung zweier Polar-Expeditionen innerhalb weniger Monate sollte zweifellos eine neue Erfahrung werden. Selbst der ungemein zähe und unentwegt aktive Misha war skeptisch, ob diese Doppelbelastung zu verkraften sein würde. So gesehen bin ich auch ein wandelndes Experiment. Allerdings ein Experiment, das niemandem nutzt, nicht einmal mir selbst. Ich war von Anfang an davon überzeugt, daß ich diesen Versuch bestehen kann. Hätte ich Zweifel gehabt, wäre ich zurückgetreten.

Wie sehr mir diese Art, in der polaren Welt zu reisen, in Fleisch und Blut übergegangen ist, wird mir jetzt nach Verlassen der Polstation wieder klar. Am Himmel treiben einige Zirren und Wolkenfetzen schnell dahin. Die Schneekristalle blitzen und glitzern in der Sonne wie Diamanten. So sehr wir uns auch gelegentlich über die Sastrugis ärgern, wenn sie uns den Weg versperren, so beeindruckend ist ihre ästhetische Form. Keines dieser Gebilde ist dem anderen gleich. Sie sind fein und scharf geschnitten wie eine in Sekundenschnelle zu Eis erstarrte Welle. Geschaffen vom Wind, der sie auch wieder zerstören wird. Der immer neue Formen in sie hineinfräst, scharfe Grate glättet, Löcher und Senken gräbt und immer neue Formen hervorzaubert. Man wird nicht müde, dem zerstörerischen und zugleich schöpferischen Werk zuzuschauen.

Neben der Sonne bilden sich sogenannte Nebensonnen und Halloringe. Eine Erscheinung, die ich schon aus der Arktis kenne. Die Eiskristalle in der Luft brechen die Sonnenstrahlen und reflektieren sie. Das gaukelt ein Bild vor, als würden auf einem Lichtband um die Sonne herum Nebensonnen wie auf einer Schnur aufgezogen. Wir stapfen durch eine Kältewüste. Die Luft ist trocken, und der Mensch dorrt aus, wenn er den Flüssigkeitsverlust nicht ausgleicht. Die Sonne strahlt unerbittlich vom Himmel und verbrennt einem das Gesicht. Trotzdem ist es eisig kalt, und doch schwitzt man. Eine Welt kurioser Gegensätze. Der Chillfaktor des Windes ist in polaren Landschaften gleichermaßen bekannt wie gefürchtet. Zeigt das Thermometer beispielsweise −31° Celsius und weht der Wind mit 40 km/h, so empfindet die Haut −62° Celsius. Bei Temperaturen, wie wir sie am Nordpol erlebt haben, von −51° Celsius bei Windgeschwindigkeiten von 64 km/h, ergibt sich eine Temperatur von sage und schreibe −101° Celsius.

Die polare Landschaft birgt immer neue Geheimnisse für mich. Ich kann mich einerseits nicht an ihr satt sehen, und sie hat viele Schrecken für mich verloren. Trotzdem fürchte ich sie. Diese Welt saugt den Menschen in ein Meer überwältigender Eindrücke von Lichtmustern, Schneekristallen, knorriger Kälte, unendlicher Weiten und ewiger Stille. Eine Magie, die etwas Verschlingendes bekommt, wenn wir ihr nicht die Routine unseres Laufprogramms entgegensetzen.

Wir kommen am ersten Tag in sechs Stunden mit zunehmendem Wind gut voran. Abends bauen wir 25 Seemeilen vom Pol entfernt unser Zelt auf. Wir freuen uns über diesen guten Start und über unser neues Zelt, die frische Kleidung, die sauberen Töpfe und Bestecke und die kleinen kulinarischen Leckerbissen, die uns die Polmannschaft zugesteckt hat. Es ist eigenartig, aber wir freuen uns, wieder unterwegs zu sein. Wir haben wieder unsere Welt: unser Zelt, unsere Ordnung, unser Zuhause. Die Hektik und die geballte Ladung »Zivilisation« empfinde ich jetzt fast wie einen Alptraum. Wir kamen zu schnell von einem Extrem ins andere. Cola und Hamburger am Südpol, Wildwestvideos und Rock'n Roll auf einer Silvesterfete – auf diese Welt hatten wir uns nicht 48 Tage lang eingestimmt.

Der Südpol liegt wie eine ferne Insel hinter uns. Wir leben wieder in unserem vertrauten Rhythmus. Das tut uns gut. Wir fühlen uns ausgeruht und frisch. Wir verbringen einen fröhlichen Abend, und fast kommt es mir vor, als befänden wir uns kurz vor dem Ziel. Wir sind gefangen von der Euphorie des Erfolges. Aber die Antarktis holt uns schnell zurück auf den harten, kalten, stürmischen Boden der Tatsachen.

Der Wind bleibt aus

Der Morgen des 4. Januar ist neblig-trüb, aber es weht ein starker Wind. Im Zelt warten wir einige Stunden auf bessere Sicht, dann machen wir uns wieder auf den Weg. Als der Wind in unsere Segel greift, reißt er uns derart abrupt nach vorn, als würden wir auf eine fahrende Straßenbahn aufspringen. Wir bleiben nahe beieinander, um uns im dichten Nebel nicht aus den Augen zu verlieren. Wir müssen jetzt höllisch aufpassen, denn wir rasen mit achterlichem Wind regelrecht dahin und springen über die Sastrugis. Es ist ein halsbrecherisches Tempo, und wir müssen blitzschnell reagieren, wenn uns eine der harten Bodenwellen aus dem Gleichgewicht bringt. Gegen Abend läßt der Wind ein wenig nach, und wir fahren langsamer und entspannter. Wir haben heute keine Positionsangabe bekommen und wissen deshalb nicht, wie viele Seemeilen wir zurückgelegt haben. Sicher ist, daß wir erheblich weiter gekommen sind, als wenn wir hätten gehen müssen. Die Windunterstützung hat uns euphorisch gemacht. Einige Tage mit kräftigem Wind und guter Sicht müßten uns regelrecht nach vorn katapultieren. Ich bin glücklich, daß meine Idee, diesen Segeltyp einzusetzen, richtig war und die logistische Aufgabe voll erfüllt.

Auch der nächste Tag beschert uns guten Segelwind. Probleme gibt es allerdings erstmals mit dem »GPS«. Es findet zwar die Satelliten, berechnet aber keine Position. Das andere Gerät liefert mir dasselbe Resultat. Einen Bedienungsfehler halte ich für ausgeschlossen, weil es uns nach dem Pol die erste Position exakt anzeigte. Offensichtlich springt das Gerät nicht über die

180° Länge von der West- auf die Ostlänge. Ich gebe ihm anstatt der West- die Ostlänge ein, und schon funktioniert das kleines Kästchen wieder. Meine geschätzte Position weicht nur drei Meilen von der tatsächlichen ab. Wir haben seit dem Pol in drei Tagen 86 Seemeilen geschafft. Außerdem haben wir 300 Höhenmeter bewältigt und stehen jetzt 3077 Meter über dem Meer.

Am 6. Januar läßt der Wind nach. Da wir mit den Segeln weiter gekommen sind, als wir zu hoffen gewagt hatten, lassen wir uns dadurch nicht aus der Ruhe bringen und warten ab. Unsere Strategie ist nach der Windunterstützung klarer denn je: Wir wollen dann einsatzbereit und frisch sein, wenn der Wind weht. Es ist unsinnig, den ganzen Tag über bei kräftezehrendem Laufen Energie zu vergeuden, um abends, wenn Wind aufkommt, zu müde zum Segeln zu sein. Die schweren Schlitten in dieser Höhe zu ziehen und kaum voranzukommen, ist unökonomisch. Abends frischt der Wind auf, und wir packen schnell unsere Sachen zusammen und ziehen weiter. Schon eine Stunde später schläft er jedoch ein, und wir bauen unser Lager wieder auf. Am nächsten Morgen das gleiche. Eine gute Stunde Segeln, dann absolute Windstille. Mich beunruhigen die Launen des Windes nicht, ich kenne sie vom Segeln her. Reinhold jedoch reagiert ungeduldig. Laut Windverteilungskarten und den Informationen der Südpolstation sollte der Wind ständig über das Hochplateau ziehen. In der Tat ist diese Windstille ungewöhnlich, doch keine Regel ohne Ausnahme. Abends, im Schlafsack liegend, fällt mir ein, daß heute der 56. Tag unserer Reise ist. Genauso lange waren wir am Nordpol unterwegs. Und wir sind noch lange nicht am Ende unseres Weges.

**Endlich Wind.
In rasanter Fahrt
preschen wir voran und
machen die verlorene
Zeit wieder gut.
Mein Plan geht auf.**

Am nächsten Tag liegt die Temperatur bei −25° Celsius. Laut »GPS« haben wir eine Höhe von 3200 Metern erreicht. Der Schnee ist hart und trocken und hat überhaupt keine Ähnlichkeit mit dem Schnee, wie wir ihn in Europa kennen. Er ist körnig und stoppt Skier und Schlitten. Bei uns zu Hause würde man ihn bestenfalls als Streugut verwenden.

Wir versuchen, jede Brise zu nutzen, doch oft ist der Wind zu schwach, und unsere Segel fallen in sich zusammen. Wir kommen nun doch auf's Manhauling zurück. Reinhold ist verdrossen. Er hadert mit dem Wetter und versucht, die Ursachen zu analysieren. Die Statistiken sprechen gegen diese Windstille. So halte ich es für müßig, darüber zu sinnieren, wo die Ursache liegt. Es mag sein, daß es hier oben auf dem fast höchsten Punkt des Plateaus weniger Luftbewegung gibt. Ich akzeptiere jedenfalls die Situation, wie sie ist. Erstens kann ich ohnehin nichts daran ändern, und zweitens weiß ich jetzt, welch tatkräftiger Bundesgenosse der Wind ist und wie schnell er uns samt unserer schweren Schlitten vorantreibt. 80 bis 100 Kilometer pro Tag müßten durchaus drin sein.

Geduld ist ein Element der Ausdauer, und ich bringe sie mit ein. Es führt zu nichts, sich über Dinge den Kopf zu zerbrechen, die ich nicht ändern kann. Jeder Segler weiß ein Lied von der Eigenwilligkeit des Windes zu singen. Reinhold aber sieht die Dinge offensichtlich ein wenig anders und wird zunehmend nervöser.

Wir beschließen, unabhängig von der Tageszeit immer dann zu starten, wenn Wind aufkommt. Und so brechen wir jetzt abends um zehn Uhr auf, als plötzlich leichter Wind einsetzt. Er ist nicht stark genug, uns zu ziehen, aber immerhin nimmt er uns ein bißchen von der Schlittenlast ab. Es ist bitterkalt heute. Wir kühlen beide bis auf die Knochen aus und laufen, bis wir vor Kälte steif sind, uns kaum mehr bewegen können.

Laut »GPS« haben wir eine Höhe von 3300 Meter erreicht. Das ist höher, als in der Karte angegeben. Es stellt sich nur die Frage, wer uns falsch informiert: die Karte oder das »GPS«. Ich tippe eher auf die Karte.

Wir schlafen nur einige Stunden und brechen dann wieder auf, um den Wind zu nutzen. Er unterstützt uns vier Stunden lang, bis er wieder einschläft. Trotzdem haben wir wieder 18 Seemeilen geschafft. Es ist gut zu wissen, daß wir den höchsten Punkt des Weges überschritten haben und es jetzt bergab geht. Nicht nur, daß das Schlittenziehen dadurch leichter wird, auch psychologisch hat das Absteigen etwas Positives: Es geht wieder Richtung Küste, herunter vom leblosen und einsamen Hochplateau.

Der Partialdruck des Sauerstoffs scheint wesentlich niedriger zu sein als bei gleicher Höhe in den Alpen. Reinhold schätzt, daß die Luftdruckverhältnisse in dieser antarktischen Höhe von 3300 Metern denen von mindestens 4500 Metern in den Alpen entsprechen.

Der 10. Januar beschert uns den bisher schönsten Tag der Expedition. Absolute Windstille, keine Wolke am Himmel, Sonnenschein, milde Luft. Wir wollen unserer Strategie treu bleiben, schlafen und abwarten, bis Wind aufkommt. Entgegen allen Regeln zieht am Nachmittag eine leichte Brise aus Norden auf. Das Wetter ist wie an einem Frühlingstag im europäischen Hochgebirge – nur daß man hier auf keinen Menschen trifft. Ich berechne die Entfernung bis zum antarktischen Gebirge. Dort wird unser Abstieg beginnen. Es sind noch 130 Seemeilen.

Mit unserem prächtigen Segelstart liegen wir gut im Rennen und können uns durchaus eine Wartezeit leisten. Wie sehr wünschten wir uns doch beim Marsch zum Pol ein wenig mildes Wetter ohne Gegenwind. Jetzt, wo wir den Wind herbeisehnen, bleibt er aus.

Ich hänge alles, was ich an Kleidungsstücken entbehren kann, in die Sonne zum Lüften und staune, wie mild und warm es in über 3000 Metern in der Antarktis sein kann. Erst als wir unser neues Thermometer befragen, stellen wir fest, daß die Temperatur unter −30° Celsius liegt. Ein Beweis, daß wir sehr gut akklimatisiert sind. Es mag paradox klingen, aber die laut Thermometer kältesten Tage werden nach unserem Empfinden die wärmsten. Durch die intensive Sonneneinstrahlung heizt sich das Zeltinnere auf, so wird es auch ohne Kocher angenehm warm. Solange kein Wind weht, können wir uns draußen in dünner Kleidung aufhalten, ohne zu frieren. Bei der leisesten Brise spüren wir aber sofort die Kälte und verkriechen uns fröstelnd ins Zelt.

Zwei Tage warten wir bei diesem sonnigen Wetter auf Wind. Doch es tut sich nichts. Die zwei Tage Ruhe haben wir als angenehm empfunden, jetzt aber drängt es uns weiter. Wir werden mit den schweren Schlitten bei den vielen Sastrugis nicht weit kommen, aber nur zu sitzen und zu warten, ist nicht gut für die Moral. So beschließen wir, langsam weiterzuziehen und auf den Wind zu hoffen.

Am 12. Januar laufen wir bei strahlendem Sonnenschein und −30°C vier Stunden lang mit unserer schweren Last über ein stumpfe, holperige Piste. Wir spüren beide die Höhe und verlieren viel Kraft. Nach den vier Stunden bauen wir müde das Lager auf. Sieben Seemeilen haben wir nur geschafft, eine Strecke, die wir segelnd in einer Stunde zurücklegen. Trotzdem bin ich nicht beunruhigt, denn ich weiß: Der Wind wird kommen.

Am nächsten Tag sind wir genau zwei Monate unterwegs. Das gleiche Bild: Wir laufen vier Stunden durch grobe Sastrugi-Landschaft. Die Sastrugis sind uns aber nicht nur Hindernisse, sondern auch Zeugen dafür, daß wir uns eigentlich in einem windreichen Gebiet befinden. Ohne Wind keine Sastrugis. Und bis zum Horizont prägen diese Gebilde das Gelände. Wir haben ganz einfach eine »Schönwetterphase« zu fassen bekommen.

Während ich das Gefühl des Dümpelns in Flauten vom Segeln kenne, bemerke ich bei Reinhold eine zunehmende Frustration, die sich durch Nervosität und Unruhe verrät. Mit den Elementen zu hadern ist zwecklos. Ich versuche, ihn zu beruhigen und zu überzeugen, daß bald Wind aufkommen wird. Aber ich finde keinen Zugang mehr zu ihm. Während ich mich im Zelt entspannt zurücklege und lese und döse, findet er keine Ruhe mehr. Obwohl die Zeltleinwand wie ein schlapper Sack herunterhängt und keinerlei Windbewegung anzeigt, reißt er jede Viertelstunde den Reißverschluß hoch, guckt nach draußen und spekuliert über jede kleine

Wolke, die irgendwo am Himmel zu sehen ist. Er ist wie aufgewühlt. Während ich schlafe, durchwacht er offenbar fast die ganze Nacht. Er will einfach nicht wahrhaben, daß er dadurch auch nichts an der Situation ändert. Aufkommenden Wind in geeigneter Segelstärke würde man sofort an der Zeltwand spüren. Wir können nicht eine Minute Wind verpassen.

Ich bin nicht bereit, mich von dieser Unrast anstecken zu lassen und alle paar Minuten den Kopf aus dem Zelt zu stecken, um Wind herbeizuspähen. Meine Gelassenheit scheint ihn zu verdrießen und zu ärgern. Er weckt mich häufig in der Nacht und sagt: »Ich glaube, jetzt kommt Wind auf.« Ein Blick zur Zeltwand zeigt mir aber die Windstille und damit die Sinnlosigkeit, ans Segeln zu denken. Die Arktis hat mich in all den Jahren Geduld gelehrt. Warum soll ich meine Erfahrung jetzt über den Haufen werfen?

Als ich am nächsten Morgen – immer noch bei Windstille – aufwache, spüre ich eine geladene Spannung. Offensichtlich hat Reinhold den größten Teil der Nacht damit verbracht, aus dem Zelt zu spähen und auf Wind zu warten anstatt zu schlafen. Bevor ich etwas sagen kann, fährt er mich an: »Wir können jetzt nicht länger warten. Wir müssen mehr laufen, sonst kommen wir überhaupt nicht mehr an!« Ich spüre förmlich, wie er auf meinen Einwand wartet, aber ich gehe nicht weiter darauf ein. Dann macht er sich nervös und hektisch fertig, um loszulaufen.

Wie sehr ihn meine Gelassenheit in dieser Situation stört, wird mir erst sehr viel später beim Lesen der *Spiegel*-Berichte klar. Er schreibt in sein Logbuch, daß er mich immer wecken muß. Ganz so, als wäre ich zu faul, zu müde oder einfach zu unzuverlässig, um rechtzeitig aufzustehen. Doch er muß mich nicht wecken, er tut es, weil er selbst keine Ruhe findet. Einen Wecker habe ich noch nie auf einer Expedition gebraucht.

Die Atmosphäre ist gespannt, als wir unsere Schlitten beladen und uns bei herrlichem Wetter auf den Weg machen. Obwohl das Thermometer −35°C anzeigt, laufe ich nur in Hose und Unterhemd. Reinhold hat seine Polarplus-Jacke an und beginnt trotz der Kälte nach kürzester Zeit zu schwitzen. Als wir nach zwei Stunden rasten, ist seine Jacke völlig vereist, und er beginnt in seiner feuchten Kleidung zu frieren. Plötzlich setzt ein leichter Südwind ein. Zuerst nur ein Hauch, dann wird er schnell ein wenig stärker. Wir nutzen die Chance und laufen im Watschelgang mit Windunterstützung weiter. Im Laufe der nächsten Stunde nimmt der Wind zu und zieht uns immer besser voran.

Als wir eine kurze Pause einlegen, schlägt Reinhold vor, trotz des Windes das Zelt aufzubauen und noch besseren Wind abzuwarten. Das paßt nun gar nicht zusammen. Heute morgen noch warf er sich ohne Wind hektisch ins Schlittengeschirr, und jetzt bei Wind will er den Marsch abbrechen. Offenbar ist es ihm in seiner vereisten Kleidung zu kalt geworden. Also bauen wir das Zelt auf und wärmen uns an einem heißen Tee. Nach zwei Stunden setzen wir bei gleicher Windstärke für vier Stunden unsern Weg fort. Wir schaffen an diesem Tag 16 Seemeilen.

Schlagartig ist bei Reinhold die Spannung verflogen. Der fehlende Wind der vergangenen Tage hat erstmals deutlich gemacht, wie verschieden wir auf länger anhaltende Schwierigkeiten reagieren. Meine längste Expedition, die Grönland-Durchquerung, dauerte 70 Tage. Wir sind heute erst 63 Tage unterwegs, und ich weiß, daß mit zunehmender Dauer einer Expedition die seelische Belastung größer wird. Ich frage mein Tagebuch, wie sich dieser Dauerstreß wohl auswirken wird.

Am nächsten Morgen weckt mich die flatternde Zeltwand. Wind ist aufgezogen. Er pustet gleichmäßig lange Schneefahnen vor sich her. Das ist unsere Stunde. Noch während wir die Segel aufbauen, greift der Wind immer wieder in sie hinein und bläht sie auf. Wir müssen aufpassen, daß uns nicht ein überraschender Zug von den Beinen reißt. Der Start ist schwierig, hat man aber das Segel in die richtige Position manövriert, läßt sich die Zugkraft gut regulieren. Es ist ein Hochgefühl. Wie auf einem Segelboot, bei dem sich nach langer Flaute wieder die Segel füllen und Fahrt ins Boot kommt, so gleiten wir jetzt über die Schneefläche.

Der Wind bläst so gleichmäßig, daß wir mit guter Geschwindigkeit dahingleiten und das Gewicht des Schlittens aufgehoben wird. Wir spüren ihn nur, wenn er über einen besonders hohen Sastrugi hüpft.

Stunde um Stunde ziehen wir so dahin. Zwischendurch pausieren wir kurz, machen einige Kniebeugen, um die starren Gelenke zu dehnen. Unsere Kniegelenke werden am meisten strapaziert und beginnen zu schmerzen. Doch wir sind nur von dem Gedanken beseelt, die Gunst der Stunde zu nutzen und voranzukommen. Ab und zu werden wir Opfer eines Sastrugis. Es reißt uns dann die Skier weg und schleudert uns in den Schnee. Den klopfen wir dann aus unserer Kleidung, und weiter geht's.

Als ich abends nach dem langen Tag die Skier abschnalle, sind meine Knie so steif, daß ich einige Zeit wie ein Greis breitbeinig durch den Schnee stapfe, bevor ich meine Gelenke wieder bewegen kann. Wir sind begeistert von diesem Tag und schätzen, wie viele Kilometer er uns gebracht haben mag. Beide tippen wir auf 75 bis 80 Kilometer. Das »GPS« sagt uns, daß wir sogar 56 Seemeilen weit gekommen sind. Das sind 104 Kilometer! Da wir nicht direkt in Süd-Nord-Richtung gesegelt sind, haben wir tatsächlich eine noch größere Strecke zurückgelegt. Ein sensationeller Erfolg.

Wir befinden uns jetzt 2740 Meter hoch und damit schon deutlich in der Abstiegszone. Ein einziger Segeltag hat alle Befürchtungen zerstreut. Die Rechnung geht auf.

Nachdem ich unsere Position in die Karte eingetragen habe, nehme ich die Distanz zum Mount Ward in den Zirkel: nur noch 40 Seemeilen auf dem Hochplateau. Der Mount Ward ist unser Ansteuerungspunkt für den Einstieg in den Gletscher und damit einer der markantesten Punkte der gesamten Expedition. Wir liegen genau auf Kurs, und wenn uns der Wind treu bleibt, sind wir bald da.

Land in Sicht

Das Ende des Hochplateaus ist erreicht. Auf einer neuen Route beginnen wir den langen Abstieg und steigen den Mill Gletscher hinab. Über 150 Kilometer blankes Eis erwartet uns. Wieder werden mir die Dimensionen dieses Kontinents bewußt.

Am nächsten Morgen weht es unverändert kräftig. Der Wind bleibt unser Verbündeter und läßt unsere Herzen höher schlagen. Er weht zwar jetzt ein wenig mehr aus Osten, wird uns aber weiterhin gute Dienste leisten. Beim ersten Startversuch reißt mich das aufgeblähte Segel um, und ich muß den neuen Versuch vorsichtiger vorbereiten. Dann geht es los. Das Segel schräg gestellt, legen wir uns wie ein Motorradfahrer in die Kurve. Auf ebenem Untergrund segeln wir nebeneinander her. Sobald Sastrugis kommen, reduziere ich den Druck im Segel und damit die Geschwindigkeit. Mir waren die bisherigen Stürze eine Lehre, es ist mir zu gefährlich, mit Höchstgeschwindigkeit über diese Hindernisse hinweg zu rasen. Die Sturz- und Verletzungsgefahr in diesem Gelände ist groß, und wir können uns fast alles leisten, bloß keine ernsthafte Verletzung.

Würde sich einer von uns ein Bein brechen, einen Bänderriß oder eine andere Verletzung zuziehen, die ein Weiterlaufen unmöglich machte, so hätte das fatale Folgen. Wir könnten nur noch in unserem Lager darauf warten, daß man den vereinbarten Code wahrnimmt und uns rausholt. Würde das »Argos«-System ausfallen oder »zu spinnen« anfangen – was man bei elektronischen Navigationsgeräten nie ausschließen kann –, so bliebe nur eine Rettung: Der Gesunde von uns beiden müßte den Verletzten auf dem Schlitten hinter sich herziehen. Ob dann Zeit und Proviant reichen würden, uns in Sicherheit zu bringen, wäre höchst zweifelhaft. So weit will ich es auf keinen Fall kommen lassen. Entsprechend vorsichtig segle ich jetzt auch. Reinhold läßt sich von dieser drohenden Gefahr nicht beeindrucken. Mit vollem Risiko setzt er über die Sastrugifelder hinweg, daß sein Schlitten wie ein Ping-Pong-Ball hoch und runter fliegt.

Das Gelände hat sich jetzt deutlich verändert. Wir fahren wieder »Berg und Tal«. Die Höhen

und Senken sind noch stärker ausgeprägt als beim Anmarsch zum Pol. Es geht spürbar bergab. Wir überschreiten den 86. Breitengrad.

Mit noch stärkerem Wind gleiten wir zügig auf einen Höhenrücken zu. Oben angekommen, stoppen wir abrupt: Trotz der Schneefahnen und diesigen Sicht erkennen wir deutlich Berge vor uns. Mir ist, als wäre nach einer Atlantiküberquerung Land in Sicht. Ich blicke unwillkürlich auf die Uhr. Es ist 14.45 Uhr. Das hat zwar keine Bedeutung. Aber wo und wie soll ich diesen Augenblick sonst festmauern? Die harten Konturen, Gipfel und Grate stechen uns regelrecht in die Augen. Die ersten Berge seit den Thiel-Mountains.

Vor uns liegt das Transantarktische Gebirge in seiner ganzen Ausdehnung und Pracht. Das Hochplateau ist zu Ende. Wir sind ähnlich aufgeregt und voller Freude wie bei unserer Ankunft am Südpol. Endlich kann sich das Auge wieder an anderen Formen festhalten, findet Halt in der Ferne. Unsere Blicke verlieren sich nicht mehr in der Unendlichkeit der gleißenden Schneefläche.

Die Berge ziehen uns wie Magneten an, und wir fahren in zügiger Fahrt auf sie zu. Die Winde fallen vom eisigen Hochplateau in die tiefer gelegenen Regionen und reißen uns jetzt regelrecht mit. Wieder einmal ist es die ungeheure Dimension der Antarktis, die mich überwältigt.

Ich versuche, die Berge zuzuordnen und den Mount Ward zu identifizieren. Aus unserem Blickwinkel ist das ohne Positionsangabe unmöglich. Wir müssen wissen, wo wir stehen, damit ich den Kurs auf den Berg in die Karte eintragen und mit einer Kompaßpeilung die zu laufende Richtung bestimmen kann.

Bild links:
Der Mill-Gletscher ist übersichtlich und wartet nur mit geringen Schwierigkeiten auf.

Die Probleme beginnen am Zusammenfluß von Mill- und Beardmore-Gletscher.

Jetzt auf gut Glück weiter an die Berge heranzufahren, könnte fatale Folgen haben. Wir müssen damit rechnen, in ein ausgedehntes Spaltensystem zu kommen. Geraten wir dabei auf den falschen Gletscher, kann es sein, daß wir nicht weiterkommen.

Die Ansteuerung ist deshalb von größter Wichtigkeit. Wir fahren noch ein Stück an die Gebirgskette heran und stoppen dann. Während sich der Wind zu einem Sturm auswächst, krame ich meine Karten und das »GPS« aus meinem Schlitten hervor und stecke mir das Gerät unters Hemd, um es auf Betriebstemperatur aufzuwärmen. Es ist −35° C kalt. Obwohl ich zehn Minuten so sitze, gelingt es mir nicht, das Gerät genügend anzuwärmen. Da es mittlerweile zum Segeln zu stürmisch geworden ist und die Berge hinter einer Dunstglocke verschwinden, beschließen wir, das Lager aufzubauen.

Während ich meine Karten zusammenpacke und sie samt »GPS« im Schlitten verstaue, ist Reinhold ein Stück vorausgegangen, um auf ebenem Untergrund das Zelt aufzubauen. Er stellt dabei unsere Videokamera in den Schnee und läßt sie beim Zeltaufbau laufen. Nachdem ich meine Ausrüstung verstaut habe, gehe ich zu unserem Lagerplatz und helfe Reinhold, das Zelt abzuspannen.

Im Fernsehfilm über unsere Expedition wird diese Szene später anders dargestellt und kommentiert. Kein Wort darüber, daß ich navigieren mußte. Es heißt nur lakonisch, daß Reinhold wieder einmal allein das Zelt aufbauen mußte. Ein Umstand, der während der Expedition nie ein Problem war, weil dies die Arbeitsteilung mit sich brachte.

Im Zelt kann ich das Gerät aufwärmen und die Position nehmen. Wir sind heute knapp vier Stunden gesegelt und haben dabei 32 Seemeilen zurückgelegt. Das entspricht einer Geschwindigkeit von acht Knoten pro Stunde. Wir liegen genau auf Kurs zum Mount Ward und können ihn bei einer kurzen Wetterbesserung auch anpeilen und identifizieren.

Dann entlädt der Sturm seine volle Kraft. Ein Sturm, wie wir ihn auf der ganzen Expedition noch nicht erlebt haben. Er treibt uns brutale Kälte ins Zelt, das von innen total vereist. Ab und zu hören wir am Himmel ein Dröhnen. Das sind die schweren Herkules-Maschinen der Amerikaner, die tagein, tagaus Brennstoff und Versorgungsgüter zum Pol fliegen. Es hatte in diesem Jahr starke Leckagen in den Brennstofftanks gegeben. Wieviel tausend Liter im Schnee versickert sind, hat man uns nicht sagen können oder wollen. Auf jeden Fall war es eine erhebliche Menge. Jetzt muß zum Winter genügend Nachschub eingeflogen werden.

An einen Start ist nicht zu denken. Wir sind froh, daß uns der Sturm das Zelt nicht raubt, und gehen von Zeit zu Zeit nach draußen, um die Abspannungen zu prüfen und den Eingang freizuschaufeln.

Bei Reinhold breitet sich wieder die alte Unruhe aus. Noch in der Nacht während des Sturms will er weitersegeln. Mir reicht ein Blick nach draußen, um zu erkennen, daß die Windstärke viel zu hoch ist, um, dazu noch bei diesem Gelände, segeln zu können. Am nächsten Morgen hat der Sturm an Macht verloren, und wir probieren einen Start. Aber der Wind ist immer noch so stark, daß uns die Segel regelrecht anlupfen. Ich nehme das kleine 10-qm-Segel. Reinhold entscheidet sich für das 12-qm-Segel, tauscht es aber nach ein paar hundert Metern gegen das kleinere. Selbst die kleinen Drachen reißen uns mit einer derartigen Geschwindigkeit vorwärts, daß uns angst und bange werden kann. Das Gelände wird immer schwieriger. Die harte Schneeauflage wechselt immer wieder mit Eisplatten, auf denen die Skier keinen Halt mehr finden. Das Gelände ist wie eine Buckelpiste. Höcker, kurze, steile Abhänge, Eisplatten, steinharte Sastrugis. Eine gefährliche Angelegenheit, und wir stürzen einige Male schwer.

Unüberschaubare Spaltensysteme versperren uns den Weg. Jeder folgt seinem Instinkt und seinen Erfahrungen. Da wir ohne Seil laufen, trägt auch jeder für sich die Verantwortung.

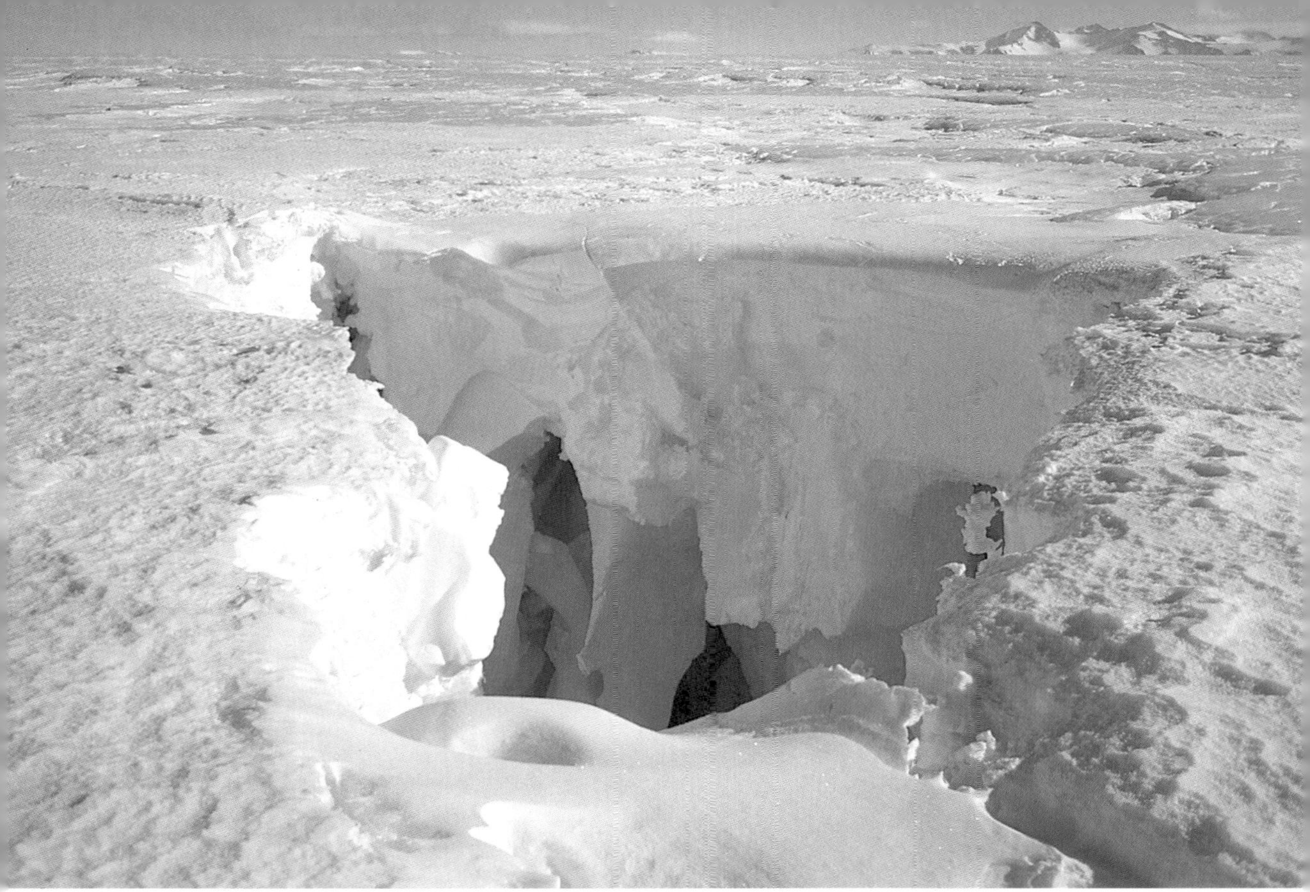

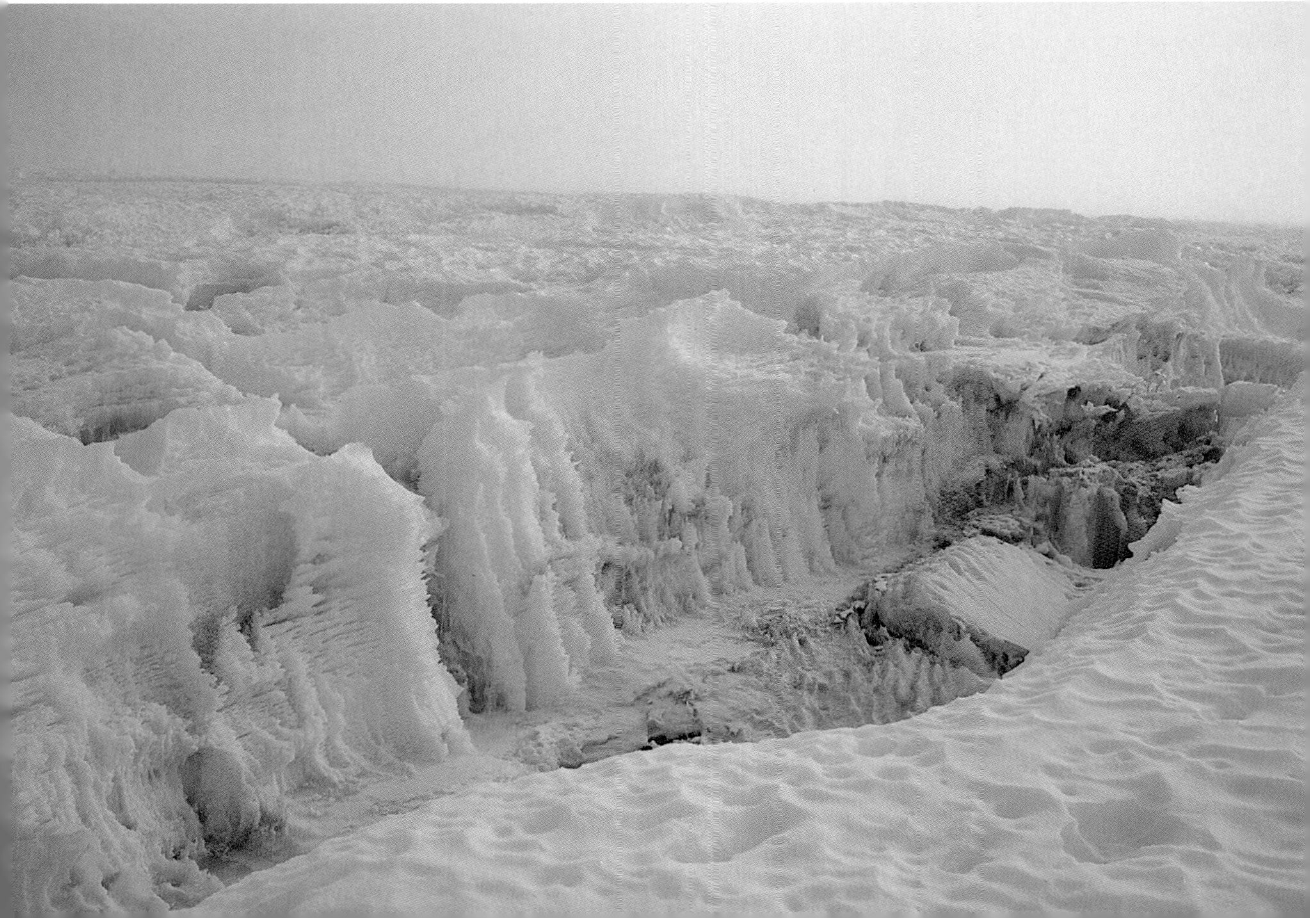

Wir sind froh, nach dieser Achterbahnfahrt endlich beim Mount Ward anzukommen. Wir pakken unsere Schirme zusammen und steigen einen kleinen Hang zur sogenannten Mount Ward Ridge auf. Auf dem Grat bleiben wir stehen und legen unser Gurtgeschirr ab. Vor uns breitet sich ein phantastisches Panorama aus: eisgepanzerte Berge, so weit der Blick reicht, Gletscher von unglaublicher Ausdehnung, aus denen vereinzelt Felsinseln wachsen, hinter uns die zerklüftete Abstiegszone des Hochplateaus.

Mit einem Blick zurück sehen wir mit Schaudern, über welch steiles und zerrissenes Gelände wir in den vergangenen Stunden gesegelt sind. Erst jetzt erkennen wir das volle Ausmaß der Eisplatten und Höcker. Wir wenden uns ab vom Hochplateau und richten unseren Blick auf die neue Landschaft zu unseren Füßen. Wir sind am Rande des antarktischen Hochplateaus angelangt.

Der Gletscher

Während Reinhold einige Fotos macht, nehme ich eine Position und vergleiche sie mit der Karte. Wir haben die Ansteuerung auf den Punkt getroffen. Unterhalb unseres Höhenrückens breitet sich der Mill-Gletscher aus. Er wurde auf der von uns geplanten Route noch nie begangen. Shackleton, Scott und Swan hatten den Beardmore-Gletscher als Aufstieg zum beziehungsweise Abstieg vom Hochplateau gewählt.

Der englische Glaziologe Charles Swithinbank flog in den vergangenen Jahren mehrfach den Mill- und den Beardmore-Gletscher ab. Am Fuß des Mill-Gletschers landete er zudem, um dort Untersuchungen durchzuführen.

Reinholds Schlitten-kufen sind durch die rasante Fahrt über die Sastrugis eingerissen. Wir versuchen sie zu reparieren.

Swithinbank glaubt, daß der Abstieg über den Mill-Gletscher leichter ist als über den Beardmore. Der Mill mündet in den Beardmore, so daß wir irgendwann auf die alte Shackleton-Route stoßen werden. Swithinbank hatte uns eine detaillierte Beschreibung des Mill-Gletschers gegeben und gebeten, am Fuß des Eisstroms einige von ihm angebrachte Bambusstangen nachzumessen, damit er Rückschlüsse über Veränderungen im Eis ziehen kann.

Reinhold und ich waren uns einig, auf den Rat des Fachmannes zu hören und über den Mill zu gehen. – Ein fataler Entschluß! Zunächst entspricht der Gletscher genau den Schilderungen des Engländers. Von der Mount Ward Ridge laufen wir – teilweise unter Segeln, teilweise aus eigener Kraft – erst einmal bergab. Uns verwöhnt ein schöner, sonniger Tag. Der Wind in dieser Bergwelt ist sehr wechselhaft. Wir durchwandern geschützte, windstille Abschnitte, werden dann aber auch plötzlich wieder von Sturmböen durchgeschüttelt.

Ich kann mich nicht satt sehen an immer neuen Bergformationen, an den Tälern und Gletschern, die von den Gebirgsmassiven herunterdrängen. Es ist eine völlig neue Welt, in der wir uns nach Verlassen des Hochplateaus bewegen. Fast habe ich den Eindruck, als befänden wir uns auf einer neuen Reise. Ich laufe einen kleinen Schlenker, um einen Höhenrücken zu erreichen, auf dem ich einen Felsbrocken gesichtet habe. Es ist ein trostloser brauner Fleck im Eis, aber es sind Steine, es ist fester Boden. Ich nehme einen kleinen Felsbrocken in die Hand, betrachte ihn nachdenklich und lasse ihn wieder fallen. Seit unserem Eintreffen in Patriot Hills halte ich zum ersten Mal wieder einen Stein in den Händen.

Seit unserem Aufbruch vom Südpol sind wir 17 Tage unterwegs. Wir sind gut vorangekommen. Ich stelle mein Segel wieder in den Wind und gleite in rasanter Fahrt durch Täler, über Hügel, Eisplatten und Schneefelder. Gegen Ende dieses Tages werden die Eisplatten immer mehr und immer größer. Das Segeln wird zu gefährlich, und wir holen unsere Drachen ein. Auf einem Geröllfeld finden wir eine ebene Stelle und bau-

en dort unser Zelt auf. Wir lagern zum erstenmal wieder auf »richtigem« Boden. Circa 30 Seemeilen haben wir heute geschafft und befinden uns schon mitten in der Abstiegszone.

Die Zeit des Segelns und der Skier ist erst einmal vorbei. Jetzt legen wir unsere Grödel an, um mit ihren spitzen Zacken Halt im blanken Eis zu finden. Wir halten uns an die Vorgaben des britischen Glaziologen und kommen zügig voran. Der Gletscher wälzt sich in langen Wellen zu Tal. Sein reines blaues Eis ist uneben und riffelig und fährt uns arg in die Knie. Der Schlitten dagegen gleitet wie von selbst. Auf den Zacken der Grödeln liegt so viel Last, daß bereits am ersten Tag einer von ihnen abbricht.

In Reinholds Knie meldet sich eine alte Verletzung zurück. Durch die starke, einseitige Belastung verschiebt sich seine Kniescheibe, und er muß sie immer wieder einrenken. Die Sehnen und Bänder in unseren Beinen werden zum Bersten belastet. Heute ist der 69. Tag der Expedition. Bisher hielten sich unsere Verletzungen im Rahmen. Aber die Marter wird immer größer. Wir müssen vorsichtig sein. Weniger der Tag der Ankunft ist entscheidend als vielmehr das Ziel, überhaupt anzukommen.

Am 20. Januar sehen wir grüne Fähnchen im Wind flattern. Sie hängen an den Bambusstangen, die Charles Swithinbank vor einem Jahr am Fuße des Mill-Gletschers ins Eis gesteckt hat. Wir haben also den Fuß des Mill erreicht. Ich staune, daß fast alle Stangen den Winterstürmen getrotzt haben, nur wenige sind abgeknickt oder abgebrochen. Die Fähnchen hat der Sturm arg zerzaust. Reinhold mißt die Stangen und notiert die Werte ins Logbuch. Er will die Daten später dem Gletscherforscher für seine Auswertungen geben.

Der Plunket Point, eine markante Felsnase, zeigt uns, daß wir auf dem richtigen Weg sind. Dann folgen wir der Mittelmoräne, die sich aus der Nahtstelle zwischen dem Mill- und Beardmore-

Nächste Seite unten links: Eines der Meßfähnchen am Fuße des Mill-Gletschers. Ein Wissenschaftler hatte uns gebeten, sie für ihn nachzumessen. Er hatte sie ein Jahr zuvor einfliegen und installieren lassen.

Nächste Seite: Mit über 200 Kilometern Länge ist der Beardmore-Gletscher einer der längsten der Erde.

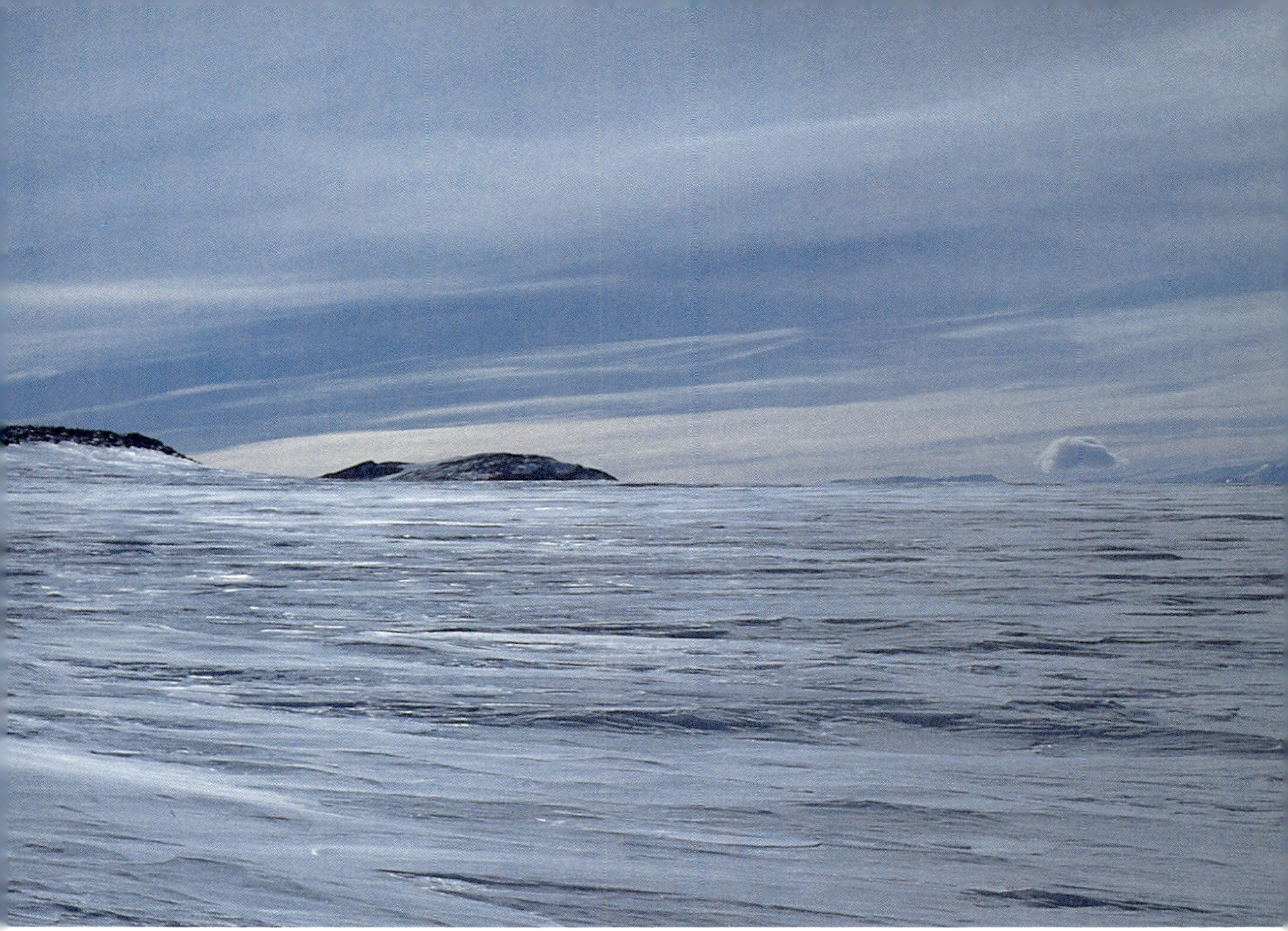

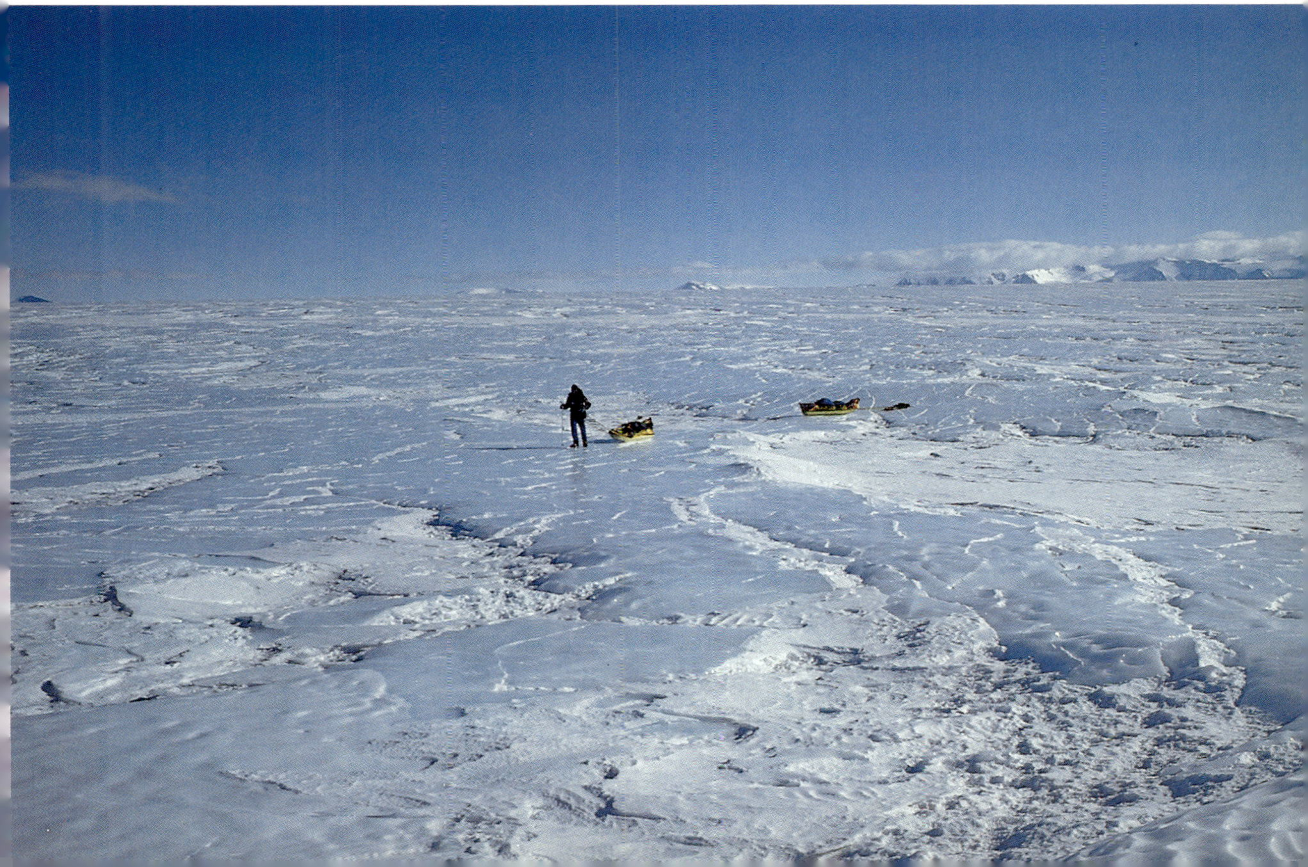

Gletscher herausschält. Zunächst sieht der Weg recht gut aus. Wir gehen noch ein Stück auf Grödeln, dann treffen wir auf ein schmales, die Moräne säumendes Schneeband. Bei böigem Wind steigen wir auf unsere Skier und lassen uns wieder vom Segel ziehen. Obwohl der Drachen fast senkrecht über mir schwebt und damit die geringsten Zugkräfte ausübt, zieht mich das stramm gefüllte Segel immer wieder vom Boden hoch und reißt mich zu einer halsbrecherischen Fahrt hinter sich her. Ich benutze den großen Drachen, weil die Zugleinen des kleinen so heillos verheddert sind, daß ich sie erst in Ruhe entknäueln muß. Immer wieder finde ich mich 10 bis 20 Zentimeter über dem Boden wieder. In rasanter Fahrt geht es über Eisplatten und schneegefüllte Eisspalten. Mir wird die Sache zu mulmig. Doch bevor ich zum Halten komme, schleudert es mich derart wuchtig auf den harten Boden, daß ich glaube, mir ein Bein gebrochen zu haben. Das ging gerade noch einmal gut! Beeindruckt von der Kraft des Windes und der Härte der Eisplatte, auf die es mich geschlagen hat, packe ich meinen Drachen zusammen und laufe aus eigener Kraft mit schmerzendem Bein auf Skiern weiter. Auch Reinhold hat die Gefahr erkannt, und bald schlagen wir auf einer der wenigen ebenen Flächen unser Lager auf.

Swithinbank hatte uns berichtet, daß der Abstieg über den Beardmore einfach sei. Doch entweder hat er sich im Gletscher geirrt oder im Schwierigkeitsgrad. Wir treffen nämlich auf Eisbrüche, die ihresgleichen suchen. Die Spalten sind zehn, zwanzig oder dreißig Meter breit, unergründlich tief und meist mit trügerischen Schneebrücken bedeckt. Ich fühle mich nach Grönland zurückversetzt, wo ich mit meinem Freund Rainer Neuber einen ähnlich schweren Abstieg meistern mußte.

Wir fühlen uns fast wie in einer Falle und beraten, auf welcher Route wir weitergehen wollen. Bisher stiegen wir recht zügig den Gletscher herunter, aber jetzt kommen wir kaum mehr voran. Wir taufen die Region »Swithinbank-Icefalls« und sind sauer, daß wir diesen Fehlinformationen aufgesessen sind. Wir tasten uns auf der rechten Seite des Beardmore entlang.

Shackleton, Scott und Swan hatten auf der anderen Seite recht gutes Gelände vorgefunden. Über unsere Route ist noch nie ein Mensch gegangen.

Auf der Landkarte sieht unsere Passage einfach und problemlos aus. Und nach der hat sich der Engländer anscheinend nur gerichtet, bevor er sein fachmännisches Urteil abgab. Die Realität sieht nämlich ganz anders aus. Wir durchleben die gefährlichsten Stunden der Expedition. Die Schneebrücken über den gähnenden Spalten sind so lang, daß es uns zwecklos, ja sogar gefährlich erscheint, uns anzuseilen. Wir stünden dann nämlich beide auf einer Schneebrücke, würden sie extrem belasten und könnten uns bei einem Einsturz nicht gegenseitig sichern. Immerhin bringen wir zu zweit mit unseren immer noch recht schweren Schlitten ein ganz ordentliches Gewicht auf die Brücke. So geht jeder seinen Weg. Wir sprechen uns ab, rufen uns Informationen zu und hangeln uns durch das Chaos aus Spalten und Eisabbrüchen weiter.

Die Sommersonne hat die Schneebrücken mürbe und brüchig gemacht. Wir wagen nicht, eine Brücke ein zweites Mal zu belasten, und so läuft jeder, seinem Instinkt folgend und seiner Erfahrung vertrauend, alleine voran. Wir machen uns keine Illusionen: Wenn eine Brücke bricht, bedeutet das den sicheren Tod. Ein schwarzer Schlund wird uns für immer verschlingen.

Reinholds Schlitten hat die rasanten Segelfahrten über die Sastrugis nicht unbeschadet überstanden. Die Kufen sind teilweise eingedrückt. Wir müssen zum ersten Mal einen der ansonsten stabilen Pulkas reparieren.

Seit dem Hochplateau sind wir schon über 2000 Meter abgestiegen. Wir befinden uns jetzt nur noch auf 1020 Meter Meereshöhe. Die Temperatur ist deutlich gestiegen und liegt jetzt bei −16° Celsius. Trotz des halsbrecherischen Geländes kommen wir gut vorwärts. In direkter Linie schaffen wir an diesem Tag 14 Seemeilen. Berechnet man, daß wir nur im Zick-Zack-Kurs gehen konnten, so haben wir etliche Meilen mehr zurückgelegt.

Hatten wir schon gedacht, die Spalten und Eisbrüche der letzten Tage seien in ihren Außmaßen und ihrer Gefährlichkeit nicht zu über-bieten, so werden wir am 23. Januar eines Schlimmeren belehrt. Die Sprünge im Eis errei-chen jetzt Dimensionen, daß man problemlos ganze Häuser in ihnen versenken könnte. So et-was haben wir in unserem ganzen Leben noch nicht gesehen. Die Spalten sind bis zu 40 Meter breit.

Nicht nur uns, auch dem Material wird alles ab-verlangt. So haben wir beide nur noch jeweils zwei Zacken an unseren Grödeln. Die anderen sind bei der ständigen Belastung abgebrochen. Unser Füße finden in dem unebenen, holperigen Eis kaum noch Griff. Immer wieder müssen wir zu zweit einen Schlitten über ein Hindernis wuchten, um gemeinsam den nächsten hinter-herzuholen. Es ist ein mulmiges Gefühl, über die Schneebrücken zu gehen. Oft schlägt mir das Herz bis zum Hals. Bricht der Schlitten durch die Schneedecke, reißt er uns unweigerlich mit in den Abgrund. Ein Blick in den Rachen einer

solchen Spalte gibt mir die Gewißheit, daß wir nie mehr das Tageslicht erblicken würden.

Unser Nerven sind zum Zerreißen gespannt. Mit höchster Konzentration tasten wir uns durch die-ses Labyrinth. Hält die Brücke, oder hält sie nicht? Mit welchen Hindernissen wartet der nächste Kilometer auf uns? Das laugt nicht nur unseren Körper, sondern auch unseren Kopf aus. Zu allem Unglück zieht jetzt auch noch Nebel auf die Kontraste verschwinden in einer seich-ten Brühe. Uns bleibt in diesen Tagen nichts er-spart.

Für unsere Knie und Füße ist dieser Abstieg ein Martyrium. Jeder Schritt zerrt an den Sehnen und Bändern. Der Schmerz ist unser ständiger Begleiter.

Im Zickzackkurs geht es weiter bergab. Der Gletscher scheint nicht enden zu wollen.

Meine Lederstiefel haben sich derart deformiert, daß sie dem Fuß keinen festen Halt mehr bieten. Die Achillessehnen brennen und stechen unentwegt.

Mit aller Kraft quälen wir uns um einen Eisfall herum. Wir versuchen, auf die alte Shackleton-Route zu kommen. Das Wetter wird schlechter. Der Nebel läßt uns immer weniger sehen, es beginnt zu schneien. Das Thermometer zeigt nur noch – 8° C. Die Szenerie an den Seiten des Beardmore-Gletschers ist gigantisch. Doch wir können kaum etwas erkennen und fühlen uns um den Lohn unserer harten Arbeit betrogen. Immer wieder stehen wir plötzlich vor einer Spalte. Die Gefahr ist noch nicht vorbei.

Reinholds Schlitten sieht ziemlich ramponiert aus. Damit er in dem rauhen Gelände nicht weiteren Schaden nimmt, lade ich einen Teil des Gepäcks auf meinen Schlitten. Das ist bei einer Expedition eine logische und selbstverständliche Maßnahme. Während unserer Nordpol-Expedition schoben wir immer wieder Lasten hin und her, um bei Verletzungen oder anderen Ur-

Das Ende des Beardmore ist erreicht. Das »Gateway« bildet den Übergang vom Gletscher zum Ross Ice Shelf. Indem wir das »Gateway« passieren, liegt die Kontinentdurchquerung hinter uns. Und wir liegen noch gut in der Zeit.

sachen einzelne eine Zeitlang zu entlasten. Auch Reinhold hatte mir schon über längere Strecken Gewicht abgenommen, damit die Blasen an meinen Füßen besser ausheilen konnten. Solche Schachzüge sind in gewissen Situationen vernünftig und dienen der gemeinsamen Sache.

Die Verschleißerscheinungen werden immer deutlicher. Wir haben beide entzündete Achillessehnen. Mir tun die Kreuzbänder weh, und Reinhold klagt über Schmerzen im Fuß und Schienbein. Es hilft aber nichts, wir müssen weiter. Langsam zeigt sich, daß das verhaltene Laufen zu Beginn der Expedition Früchte trägt und uns vor schlimmeren Verletzungen bewahrt. Die ernsthaften Schäden treten erst nach über 70 Tagen Expeditionsdauer auf. Wir sind noch lange nicht am Ziel, aber der Plan scheint aufzugehen.

So sehr wir uns gefreut hatten, vom Hochplateau in den Mill-Gletscher zu kommen, so glücklich sind wir jetzt, bald das Ende des Beardmore-Gletschers erreicht zu haben. Die ständige Gefahr, in eine Spalte zu stürzen, zehrt am Geist, das tägliche Laufen, das Ziehen des schweren Schlittens über das holperige Gelände verlangt dem Körper die letzten Reserven ab.

Am 25. Januar erreichen wir die Shackleton-Route. Endlich ebenes Terrain. Leichter Wind lädt uns zum Segeln ein, und wir lassen uns nicht lange bitten. Wir fühlen uns erlöst, befreit. Auf weichem Neuschnee gleiten wir wie von selbst dahin. Die Wolkendecke ist aufgerissen und gibt den Blick auf die herrliche Bergwelt frei. Ich fahre aus lauter Übermut und Freude Schlangenlinien in den frischen Schnee. Die Gefahren liegen endlich hinter uns. Eine zentnerschwere Last fällt von mir ab. Am Ende des heiklen Gebietes war Reinhold in eine Spalte eingebrochen, konnte sich aber mit einem beherzten Sprung in Sicherheit bringen. Die Sache ist gutgegangen.

Wir passieren die Grannit Pillars, die Granitsäulen, die das Ende des Gletschers ankündigen. Es ist schon spät, als wir den Gletscher verlassen und auf ein Schneefeld unterhalb des Mount Hopes laufen. Wir sind am Gateway, einer Schlüsselstelle der Expedition. Wir stehen am Übergang des Beardmore-Gletschers zum Ross Ice Shelf und damit am Rande des antarktischen Kontinents. Mit anderen Worten: In diesem Moment haben wir die Antarktis durchquert. 74 Tage sind wir jetzt unterwegs. Wir starteten auf 82° südlicher Breite, gingen auf 90° südlicher Breite zum Südpol und weiter hierher zum Gateway auf 83° 33'. Wir sind die ersten Menschen, denen dies gelungen ist. Morgen werden wir einen Ruhetag einlegen, um unsere geschundenen Knie und Füße zu schonen.

Wir haben das zweite Ziel der Expedition erreicht, nach dem Südpol jetzt auch die Kontinent-Durchquerung. Der letzten Etappe können wir gelassen entgegensehen. Auch wenn es noch 600 Kilometer sind, die vor uns liegen, und damit mehr als die Grönland-Durchquerung auf der Nansen-Route, kann uns das im Moment nicht erschüttern. Unsere Vorstellungskraft in Sachen Entfernung geht inzwischen von neuen Relationen aus. 600 Kilometer nach einer erfolgreichen Kontinent-Durchquerung, die werden wir schon schaffen. Daß sich andere Expeditionen allein auf eine solche Strecke jahrelang vorbereiten, verliert für uns jetzt an Bedeutung. Die Leute von Shackletons Aurora-Versorgungs-Expedition kamen bis zu diesem Punkt und legten hier ihr letztes Depot an. Der Weg bis zur McMurdo-Bucht ist weit, das wissen wir beide. Trotzdem sind die zu erwartenden Schwierigkeiten nicht mit dem zu vergleichen, was hinter uns liegt. Wir sind jetzt nur noch auf 100 Meter Meereshöhe. Die Temperatur beträgt –9° Celsius. Die vor uns liegende Ebene lädt zum Segeln regelrecht ein. Nur der Wind muß mitspielen – wir werden sehen.

Obwohl wir uns beide auf diesen Ruhetag gefreut haben, kommt keine Ruhe auf. Der Wind ist bög, und bei jedem Flattern des Zeltes steckt Reinhold seinen Kopf nach draußen und denkt laut darüber nach, ob wir nicht besser weiterziehen sollten. Da ein Ruhetag nur einen Sinn hat, wenn man auch wirklich Entspannung finden kann, willige ich schließlich ein.

Über eine kleine Paßhöhe laufen wir durchs Gateway auf das Ross Ice Shelf. Der einschlafende Wind läßt einen Segelversuch scheitern. Nach zwei Stunden schlagen wir unser Lager auf, um wenigstens den Rest des Tages zu rasten. Ich habe unseren Proviant kalkuliert und bin zu dem Ergebnis gekommen, daß wir noch für zwanzig Tage volle Rationen haben. Im Notfall könnten wir unseren Vorrat ein wenig strecken. Allerdings leiden wir inzwischen unter einem ständigen Eßzwang. Ein Blick auf unsere ausgemergelten Körper zeigt nur zu deutlich: Wir haben sämtliche Reserven aufgezehrt. Wir sind ständig hungrig und könnten pausenlos essen. Ich kenne dieses Gefühl von früheren Expeditionen. Hat der Körper einen gewissen Magerkeitsgrad erreicht, reagiert er mit einem wölfischen Hunger. Wir halten aber weiterhin Disziplin und essen nur die geplanten Rationen. Es liegt noch eine weite Strecke vor uns.

Das Ross Ice Shelf

Die letzte Etappe
unserer Expedition
fordert erneut
unseren ganzen
Einsatz.
Schlechte Sicht,
Flaute und klebriger
Schnee lassen unsere
hochgesteckten
Erwartungen
zerfallen.
Spannungen treten
auf, es werden
Grenzen der Belast-
barkeit deutlich.

In der Nacht fällt Südwind in schweren Böen vom Berg herunter und schüttelt unser Zelt durch. Wahrlich kein Reisewetter. Aber Reinhold ist nicht mehr zu bremsen. Er will sofort weiter. Die Uhr zeigt mir zwei Uhr nachts, als ich aus dem Zelt schaue und spüre, daß sich ein Unwetter zusammenbraut. Trotzdem stehen wir mitten in der Nacht auf, kochen Kaffee, frühstücken und machen uns reisefertig. Während wir uns anziehen, ist aus den Böen ein massiger Sturm geworden. Wir stecken unseren Kopf aus dem Zelteingang und werden sofort von wirbelnden Schneefahnen eingehüllt. Sehen kann man in dem Schneechaos nichts mehr, und der Sturm legt sich immer mehr ins Zeug. An einen Start ist nicht mehr zu denken.

Der Sturm schlägt immer wilder um sich. In voller Polarkleidung krieche ich nach draußen, um die Zeltabspannungen zu überprüfen. Mir raubt es fast den Atem. Ich muß mich mit aller Kraft gegen diesen unsichtbaren Druck stemmen, um nicht umgeblasen zu werden. Ich kann kaum etwas sehen, und nur mit aller Macht schaffe ich es, die Schlitten als Windschutz vor das Zelt zu wuchten. Dann ramme ich die Skier so tief es geht in den Schnee und kontrolliere die Zeltabspannungen. Einen derartigen Sturm haben wir während der gesamten Expedition noch nicht erlebt. Ich schätze zwölf Windstärken, ein wahrer Orkan. Die Temperatur dürfte bei nur knapp unter null Grad liegen.

Der Schnee ist klebrig und naß. Als ich wieder im Zelt sitze, stelle ich fest, daß ich von Kopf bis Fuß feucht bin, weil der Schnee sich überall in meinen Kleidern festgesetzt hat. Wir stemmen uns beide mit unseren Rücken gegen die Zeltwand, um den Winddruck abzufangen. Bei besonders kräftigen Böen stützen wir das Zelt auch noch mit unseren Händen. Ich mache mir Sorgen, daß uns der Sturm das Zelt über dem Kopf wegreißen könnte, und gehe nochmals nach draußen, um die Abspannungen zu überprüfen. Außerdem will ich Nahrungsmittel ins Zelt holen. Dann reiche ich Reinhold einen Drachen ins Zelt, den wir als weitere Stütze für das Zelt verwenden wollen. Zum Schluß versuche ich, den Eingang vom Schnee freizuschaufeln.

Plötzlich reißt mich eine Böe von den Beinen und schleudert mich in den nassen Schnee. Wäre man jetzt nur wenige Meter vom Zelt entfernt, würde man sich hoffnungslos verirren. Dann spanne ich nochmals die Zeltschnüre nach, kontrolliere die Ski und krabble schließlich total durchnäßt ins Zelt. Den Rest des Tages verbringen wir damit, von drinnen das Zelt zu stützen und zu hoffen, daß dieses Schauspiel bald ein Ende hat. Von Ruhetag kann keine Rede mehr sein.

Der Sturm hält uns 26 Stunden in Atem. Morgens um vier Uhr schläft er von einer Sekunde zur anderen ein. Es ist kaum zu glauben, aber es weht plötzlich kein Hauch mehr. Geblieben ist uns nur diese Nebelküche und der Schneefall. Trotz des White out starten wir. Es ist unerträglich warm, die Luft ist feucht. Auf der ganzen Reise habe ich noch nicht einmal so geschwitzt. Jacke, Hose, Mütze, Handschuhe – alles patschnaß. Der Schnee schmilzt sogar auf der Schlittenplane, von wo das Wasser in den Schlitten läuft und alles durchfeuchtet. Mein Schlafsack wird an einigen Stellen triefnaß. Wir laufen durch den tiefen, grundlosen und klebrigen Neuschnee, der unter den Skier in Klumpen kleben bleibt.

Plötzlich gehen wir wieder durch eine Spaltenzone. Es sind die sogenannten Rifts, die durch den Zusammenfluß von Gletschern und Schelfeis entstehen. Um uns in diesem Irrgarten nicht zu verlaufen, nehme ich eine Position und setze den Kurs ab. Wir kommen nur langsam voran. Der klebrige Schnee zieht uns die Kraft aus den Beinen. Als wir schließlich unser Lager aufgeschlagen haben und ich in meinen nassen Schlafsack krieche, sehne ich die klare, frostige Kälte herbei, die solange unser Begleiter war.

Nervenkrieg

Das Wetter bleibt schlecht. Es ist diesig, feucht, der Schnee klebt, und der Wind läßt uns im Stich. Ich spüre, wie sich bei Reinhold Spannungen ansammeln. Die gleiche Unrast, die ihn schon in der Flaute auf dem Hochplateau befallen hatte und sich in Ansätzen am Gateway zeigte, kommt jetzt voll zum Ausbruch. Während wir in einer Pause auf unseren Schlitten sitzen und unsere Müsliriegel essen, bricht es aus ihm heraus. Er hat sich nicht mehr unter Kontrolle und wirft in einem Gefühlsausbruch sämtliche Überlegungen und Strategien über Bord. Er macht dem Wetter Vorwürfe, er macht mir Vorwürfe und will spätestens am 1. Februar jeden Tag zehn Stunden laufen, sollte der Wind weiter ausbleiben. »...und wenn du das nicht mitmachst, dann geh' ich eben allein!« fährt er mich an.

Obwohl ich eine ähnliche Reaktion hatte kommen sehen, bin ich doch ein wenig überrascht und verwirrt. Allein der Gedanke, eine Expedition, die aus zwei Personen und einem Zelt besteht, trennen zu wollen, ist absurd. Ich halte eine Diskussion bei seiner wankenden Gemütsverfassung für sinnlos und antworte ihm ein wenig verdrossen: »Mach man«.

Ich merke, daß die lange Zeit der Expedition jetzt ihren Tribut fordert. Nicht nur der Körper, auch die Nerven zeigen Verschleißerscheinungen. Um die Situation nicht eskalieren zu lassen, verhalte ich mich ruhig, obwohl mich diese »Breitseite« innerlich sehr aufgewühlt hat.

Es ist ungemütlich und trostlos. Nur wer einmal den psychologischen Effekt tagelanger White outs erlebt hat, kann die demoralisierende Wirkung nachempfinden. Trotzdem befinden wir uns keineswegs in einer bedrohlichen oder verzweifelten Situation. Es ist halt schlechtes Wetter, und der Wind bleibt aus. Das ist alles. Wir müssen uns sputen, um rechtzeitig in der McMurdo-Bucht zu sein, aber die Strecke ist zu weit, um sie im Dauerlauf zu bewältigen. Wir werden viel laufen, aber auch sinnvoll mit unseren Kräften umgehen müssen. Der Organismus wird schon noch seine Dienste tun, nur der Kopf darf uns jetzt nicht im Stich lassen. Ich bin mir sicher, daß die uns zur Verfügung stehende Zeit in einem vernünftigen Verhältnis zu der zu laufenden Strecke steht. Obwohl ich weiß, daß Reinholds Zornausbruch nicht ohne Grund ist, hat mein Vertrauen in ihn und sein Format gelitten.

Irgendein Spaßvogel hat ein Straßenschild in den Schnee gesteckt. Die Zivilisation hat uns wieder.

Unsere Ausrüstung wird nicht mehr trocken. Von der Federtasche bis zum Schlafsack ist alles feucht. Unsere Blessuren an Füßen, Schienbeinen und Knien verdrängen wir, so gut es geht, und behandeln sie morgens und abends mit speziellen Salben. Unser Bedarf an solchen Mittelchen ist rapide gestiegen. Meine Achillessehne ist auf den mehrfachen Umfang angeschwollen und tut mir bei der leisesten Bewegung weh. Reinhold hat dieselben Probleme. Er klagt außerdem über schmerzende Finger, die offensichtlich vom Stockeinsatz überfordert sind. Bei uns beiden gibt es wohl kaum eine Stelle zwischen dem großen Zeh und dem Knie, die uns nicht peinigt. Mich plagt neuerdings auch noch das rechte Hüftgelenk. Alles ist total überstrapaziert.

219

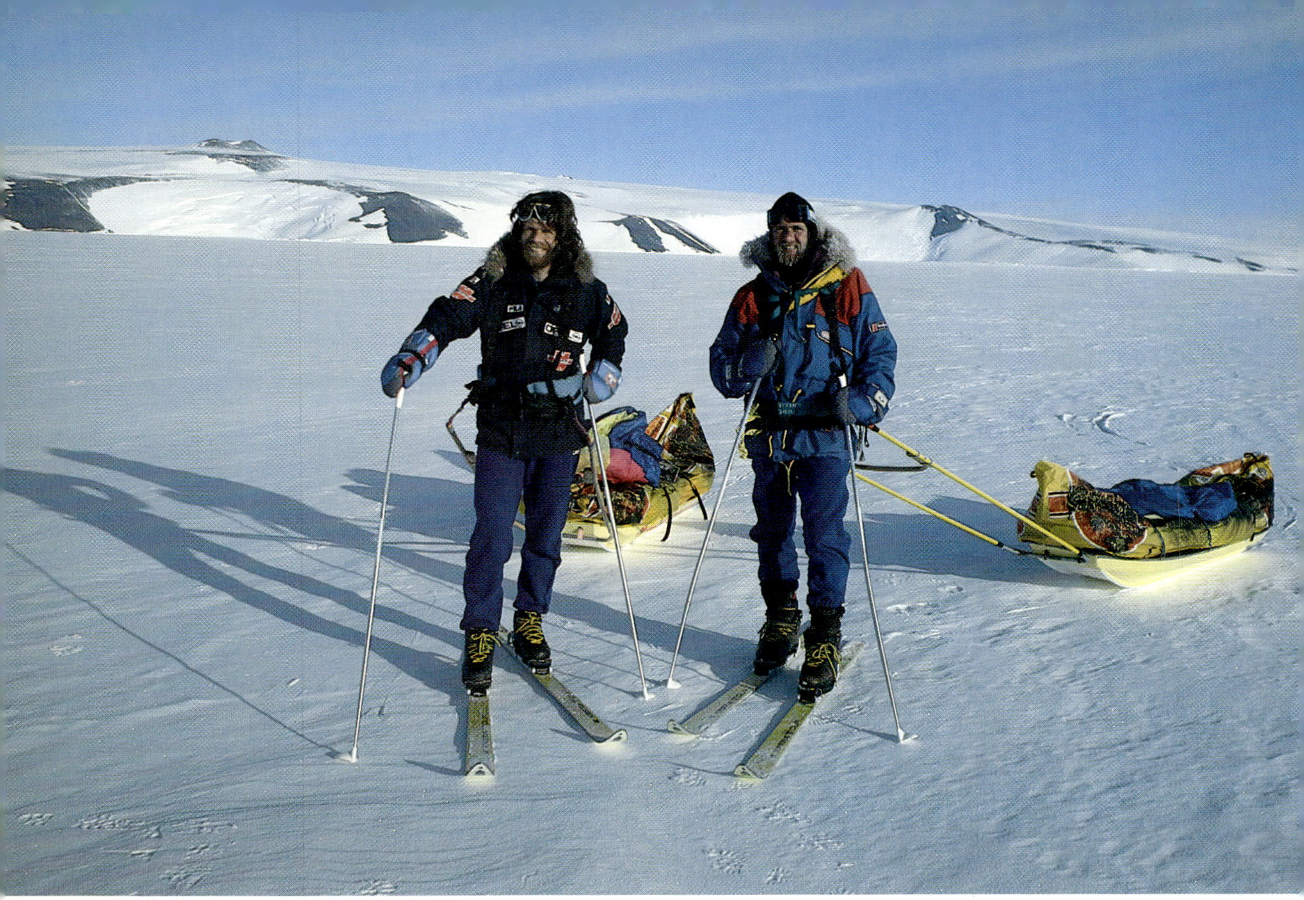

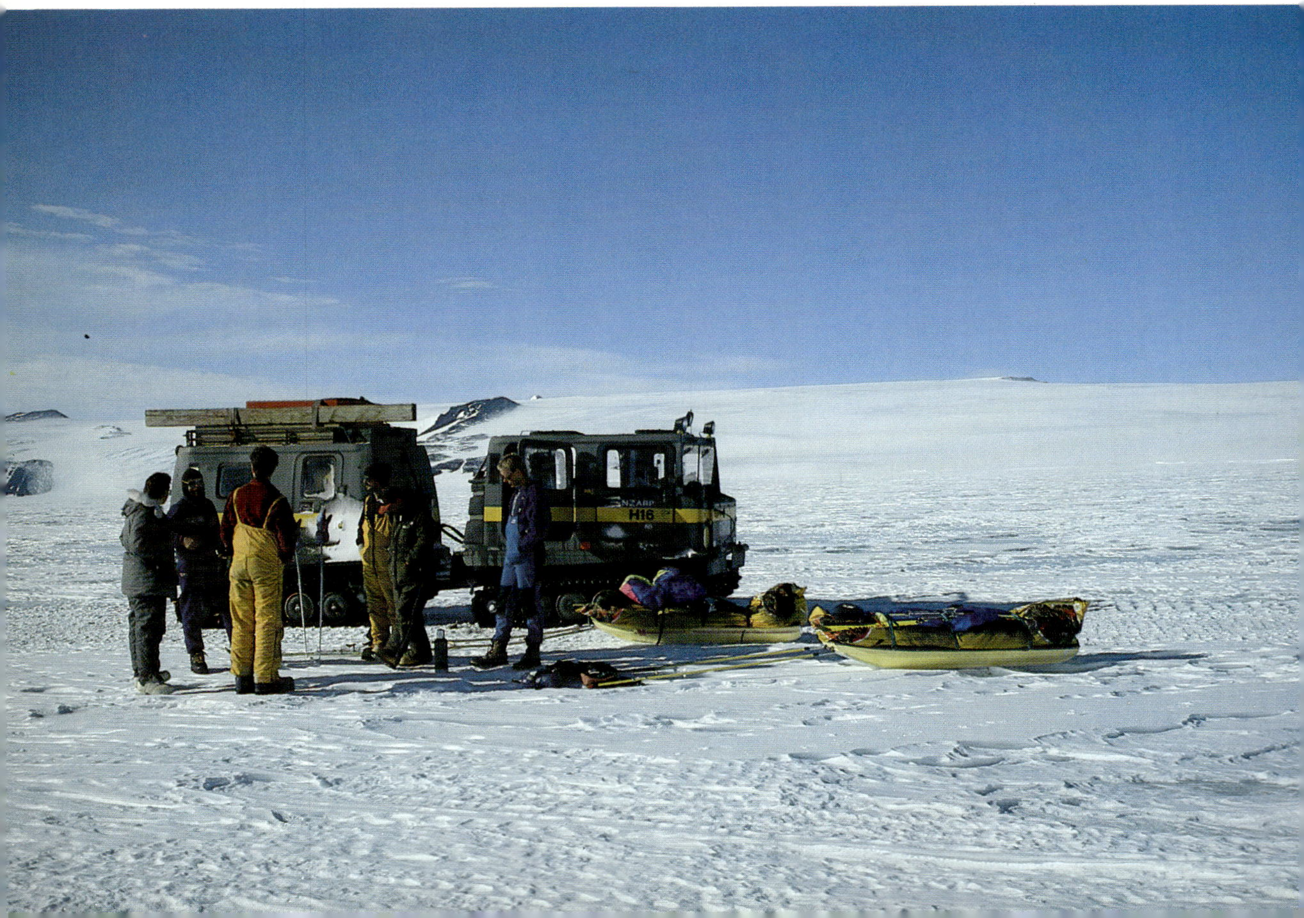
NZARP
H16

Am nächsten Tag laufen wir fünf Stunden, bis Reinhold vorschlägt, das Zelt aufzubauen. Obwohl das Wetter weiterhin trüb und schlecht ist, hat sich unser Verhältnis ein wenig entspannt. Wir sprechen allerdings nur das Nötigste miteinander und hängen im übrigen unseren Gedanken nach.

In der Nacht zum 31. Januar kommt leichter Südwind auf. Um halb vier stehen wir auf, und um halb sechs sind wir wieder unterwegs. Obwohl der Wind nur wenig Kraft hat, unterstützt er uns doch dreieinhalb Stunden lang. Den Rest des Tages ziehen wir unsere Schlitten ohne Hilfe. Das Wetter wird dabei ein wenig besser, und ab und zu brechen sogar Sonnenstrahlen durch, die uns ein wenig Sicht schenken.

In meinem Tagebuch notiere ich: »Endlich raus aus diesem furchtbaren, tristen Grau. Selbst die Berge tauchen eindrucksvoll aus dem Dunst auf. Es wird schließlich sogar sonnig und schön. Insgesamt schaffen wir heute 24 Seemeilen. Das ist eine sehr gute Leistung. Entsprechend steigt das Stimmungsbarometer. Reinhold ist heute abend ganz vergnügt, filmt und erzählt. Was die Sonne doch ausmacht!«

Wir hängen unsere feuchten Sachen zum Trocknen auf, und ich bin froh, daß wir keine Daunenschlafsäcke haben. Die bekämen wir jetzt niemals trocken.

Die Tage gleichen einander. Der Wind treibt ein launisches Spielchen mit uns. Er läßt uns immer wieder die Segel auspacken, schläft dann aber nach kurzer Zeit wieder ein und läßt uns laufen. Wir kommen trotzdem zügig voran. In siebeneinhalb Stunden schaffen wir 17 1/2 Seemeilen. Am nächsten Tag legen wir die gleiche Entfernung in sieben Stunden zurück. Am 2. Februar überschreiten wir den 82. Breitengrad und damit die Breite, von der aus wir vor nunmehr fast einem Vierteljahr gestartet sind. Wir haben damit 16 Breitengrade hinter uns gebracht.

Ich habe in meinem Gepäck immer noch eine Flasche Schnaps. Wir trinken bei jedem Breitengrad einen Schluck. Auf diese Weise müßte er

bis zum Schluß reichen. Es geht dabei nicht um den Alkohol. Wir brechen so nur ein wenig aus dem Alltag aus, und es ist eine symbolische Belohnung für die geleistete Arbeit.

Ab und zu hören und sehen wir die Flugzeuge der Amerikaner, die wie am Fließband Versorgungsgüter zum Südpol fliegen. Am 3. Februar schlägt sich der Wind wieder auf unsere Seite. Wir müssen zwar im Watschelgang laufen, schaffen aber immerhin 29 Seemeilen. Trotz der harten Arbeit und der weiten Strecken wird die Stimmung besser. Gespannt verfolgt Reinhold die abendliche Zeremonie, wenn ich die zurückgelegte Strecke und Position in die Karte eintrage.

Unsere Schlitten sind spürbar leichter geworden, und unsere Nahrungsmittel gehen dem Ende zu. Ich habe unseren Kaffee rationiert und mache meist mehrere Aufgüsse aus demselben Kaffeesatz. Wir verzehren zwar nach wie vor eine volle Tagesration, beginnen aber auch, Rücklagen zu bilden für den Fall, daß unser Marsch länger dauern sollte. Im Zelt ist es immer noch gemütlich, trotzdem wird der Wunsch immer stärker, endlich der Enge und dem ewigen Gehocke zu entfliehen. Wir freuen uns schon darauf, bald wieder einmal auf einem Stuhl zu sitzen. Überall liegen Haare herum, und alles ist schmuddelig. Es reicht jetzt ganz einfach bald. Die Stimmungslage aber hat sich wieder eingependelt und ist positiv.

Der nächste Tag empfängt uns mit einer Überraschung: Nordwind! Die ganze Statistik der Amerikaner scheint über den Haufen geworfen. Aber auch gegen den Wind laufen wir wieder gute 17 1/2 Seemeilen. Obwohl wir mit dem Laufen regelrecht verwachsen sind und es uns kaum noch anstrengt, haben wir es schließlich satt. Die Monotonie der Bewegung und das Gehen gegen die Zeit zerrt an unseren Nerven. Ein Lagerplatz gleicht dem anderen. Es gibt keine Abwechslung mehr, es wiederholt sich alles allzu oft.

Das Ross Shelf Ice ist topfeben. Auf der festen Schneeauflage gleiten die Skier wesentlich leichter als auf dem Hochplateau. Wir laufen Stunde um Stunde, Tag um Tag...

Neuseeländische Wissenschaftler, die mit Raupenfahrzeugen unterwegs sind, sind die ersten Menschen, denen wir seit dem Südpol begegnen. Wir sind nur wenige Kilometer von der Scott Base entfernt.

221

Der Endspurt

Kisten mit Nahrungsmitteln stehen unverändert in der Discovery-Hütte von Scott. Die acht Jahrzehnte, die dazwischen liegen, haben sie nur unwesentlich altern lassen. Das kalte, trockene Klima der Antarktis konserviert alles.

Begegnung mit
der Vergangenheit

Der Hunger quält uns von Tag zu Tag mehr. Trotzdem gehen wir sehr sparsam mit unseren Vorräten um. Nur morgens und abends gibt es wie bisher volle Portionen. Tagsüber begnügen wir uns mit zwei Riegeln. Der eine besteht aus Haselmark und ist 100 Gramm schwer, der andere ist ein Müsliriegel von nur 35 Gramm.

Wir sprechen nicht darüber, wissen aber ganz genau, daß wir jetzt in das Endstadium der Expedition eingetreten sind. Wir mobilisieren unsere letzten Kraftvorräte. Jetzt zahlt sich die »Ökonomie des Laufens« aus, und wir erhöhen nach über 2000 Kilometern sogar noch die Tagesleistung. Wir funktionieren wie ein Uhrwerk. Den fehlenden Wind gleichen wir mit unseren eisernen Reserven aus. Wir werden es schaffen! Beide zweifeln wir keine Sekunde daran.

Fast entwickelt sich so etwas wie eine euphorische Stimmung bei uns. Wir sind wieder zu einer Einheit zusammengeschweißt, die Unstimmigkeiten sind vergessen. Wir lachen in einer Art Galgenhumor über unsere Situation und spekulieren darüber, was draußen in der Welt wohl so vor sich geht.

Als wir am 7. Februar abends im Zelt sitzen, sagt Reinhold plötzlich: »Wenn man einen Menschen zu einer solchen Reise, wie wir sie durchführen, zwangsweise verurteilen würde, dann wäre er längst tot.« Er hat mitgezählt und festgestellt, daß wir pro 75 Minuten 6000 Schritte machen. Rechnet man dies mal sieben, ergibt das 42 000 Schritte pro Tag. Und jeder einzelne tut weh. Das ist die Realität.

Beim Einzeichnen unserer Position in die Karte stutze ich bei der Breite von 80° und 14,19'. Irgend etwas hat es mit dieser Breite auf sich. Ich blättere in meinen Unterlagen, und tatsächlich: Wir stehen fast genau an der Stelle, wo Scott und seine Männer in ihrem letzten Camp starben. Auch die Länge mit 168° östlicher Länge stimmt fast genau.

Der Zufall will es, daß wir an diesem denkwürdigen Ort biwakieren. Und mir ist auf einmal wieder vor Augen, wie dramatisch das Ende der Engländer war. Obwohl das rettende Depot mit einer Fülle von Nahrungsmitteln und Brennstoff nur elf Meilen entfernt lag, schafften es die Männer nicht mehr, sich in Sicherheit zu bringen. Es kann nicht das Wetter und es kann auch nicht die körperliche Erschöpfung gewesen sein, die die Männer an ihrem Todesort festhielten. Es muß die totale seelische und die geistige Erschöpfung gewesen sein, die ihr Schicksal besiegelte. Sie hatten ihre ganze Willenskraft verbraucht. Die endlose Weite der Antarktis hatte wie ein Schwamm ihre Energien aufgesogen. Sie hatten die Grenzen ihrer Leidensfähigkeit erreicht und nicht einen Funken Energie, um sich über die letzten Meilen ins Leben zu schleppen. Sie lehnten sich nicht mehr gegen ihr Schicksal auf, sondern fügten sich. So erloschen sie einer nach dem anderen.

Wie ein gerader Strich zieht sich unsere Route über die Karte. Tag für Tag mache ich ein neues Kreuzchen und verbinde es mit den anderen durch Linien. Wir überqueren den 79. Breitengrad und haben uns damit aus den hohen 80er Breitengraden befreit. Endlich, am 9. Februar, kommt Wind auf. Wir segeln, bis uns vor Kälte und Hunger die steifen Knie zittern. Es hat sich gelohnt, wir haben stolze 47 Seemeilen geschafft! 76 Seemeilen liegen noch vor uns.

Wir frieren jetzt ständig. Wir müßten mehr essen, aber wir bleiben eisern. Am nächsten Morgen sehen wir »Minna Bluff« vor uns, eine markante Felsnase, auf die wir lange gewartet haben. Zum ersten Mal sehen wir auch kurz den Vulkan Mount Erebus, der auf unserem eigentlichen Zielort liegt, der Ross Insel.

Der Wind bleibt uns treu, und wir schaffen wieder stattliche 36 Seemeilen, bis wir querab von »Minna Bluff« stehen. Plötzlich tauchen zwei Inseln am Horizont auf. Nach ihren Farben heißen sie »Black Island« und »White Island«. Wir beraten uns, ob wir sie umfahren oder zwischen ihnen durchgehen sollen.

Irgendwie werde ich das Gefühl nicht los, daß plötzlich einer der alten Expeditionsteilnehmer eintreten und uns vorwurfsvoll die Frage stellen müsse, was wir eigentlich in seiner Hütte zu suchen haben.

HUNTER'S
FAMED
OATMEAL
EDINBURGH
SUPERIOR READING BISCUITS
HUNTLEY & PALMERS
GRAND PRIZES
CAPTAIN
1878-PARIS-1900
BISCUITS

MELBOURNE

Fahren wir hindurch, werden wir mit Sicherheit auf Spalten treffen, außen herum bedeutet Umweg. Wir entscheiden uns für den kürzeren Weg und laufen auf den Paß zwischen den Inseln zu.

Letzte Schwierigkeiten

Sanft schiebt uns der Wind an die Inseln heran. Dann sehen wir die ersten Spalten. Wir holen unsere Segel ein und tasten uns zu Fuß vorwärts. Ich spüre noch einmal Gefahr. Gewaltige Eisbrüche stellen sich uns in den Weg, und wir müssen unsere ganze Energie und Erfahrung einsetzen, um einen sicheren Weg durch dieses wohl letzte Hindernis zu finden. Nur nicht jetzt noch ein Unglück! Allzu leicht macht man im Rausch der Vorfreude auf das nahe Ende der Expedition einen verhängnisvollen Fehler. Ich zwinge mich zur Ruhe und Konzentration und gehe wie gewohnt meinen Weg weiter. Am Abend lagern wir nur noch 25 Seemeilen vor unserem Ziel.

Sollte uns jetzt nicht noch das Wetter einen Strich durch die Rechnung machen, wird dieses unser letztes Lager sein. Dessen sind wir uns sicher. Wir packen unsere aufgesparten Nahrungsmittel aus, kochen und essen, bis nichts mehr in uns hineinpaßt. Endlich wieder einmal satt.

Am nächsten Morgen meint es das Wetter gut mit uns. Es ist angenehm sonnig. Das Ziel scheint zum Greifen nah. Wir überqueren einen kleinen Paß, der die beiden Inseln miteinander verbindet. Von der Paßhöhe aus sehen wir die McMurdo-Bucht vor uns liegen. Wir laufen auf der anderen Seite hinunter und halten direkten Kurs auf die Ross Insel. Während einer Pause entdecke ich in der Ferne einen schwarzen Punkt. Ein Blick durch das Fernglas zeigt uns, daß sich der Punkt bewegt.

Die Mülldeponie der amerikanischen McMurdo-Station.

Deutlich erkennen wir, daß er eine Art Kondensstreifen hinter sich herzieht. Es ist ein Fahrzeug, das langsam auf uns zukommt. Wir gehen weiter und treffen bald auf Spuren im Schnee. Es sind Abdrücke von Raupenfahrzeugen, die von Bambusstangen gesäumt werden und eine Art Piste markieren. Wir folgen den Spuren und sehen das Fahrzeug immer deutlicher vor uns wachsen. Kurz bevor es uns erreicht, stoppt es, und wir sehen Leute aussteigen. Wir gehen aufeinander zu. Es ist der 12. Februar, 13.45 Uhr. Unser 92. Tag seit dem Aufbruch auf der anderen Seite der Antarktis. Wie lange habe ich diesen Tag, diese Stunde herbeigesehnt; mir immer wieder vorgestellt, wie es sein würde, auf Menschen zu treffen. Jetzt ist plötzlich alles so selbstverständlich. Wir sind froh, es geschafft zu haben, aber eine spontane Freude wie beim Eintreffen am Südpol kommt vorerst nicht auf. Es ist mehr ein Gefühl der Erleichterung. Ich brauche Zeit, um zu begreifen, was wir geschafft haben. Meine Gefühle können dem Tempo nicht folgen.

Die Menschen, die uns jetzt herzlich begrüßen, sind neuseeländische Wissenschaftler. Sie machen hier in der Nähe Untersuchungen. Sie waren über unseren täglichen Standort informiert und hatten damit gerechnet, daß wir bald auftauchen würden. Sie geben uns Bananen und Äpfel und heißen Kaffee aus einer Thermosflasche. Der Fahrer meldet über Funk an die Scott-Basis die Neuigkeit.

Die Neuseeländer reagieren völlig anders als die Amerikaner am Pol. Von oberster Stelle werden wir eingeladen, uns als Gäste in der Scott-Station zu fühlen. Wir bedanken uns für die Gastfreundschaft und ziehen dann gleich weiter, um möglichst rasch die letzten Meilen bis zur Station zu schaffen. Das Fahrzeug fährt weiter. Wir folgen der Piste, bis wir kurz vor der Station erneut einen Punkt auftauchen sehen. Die Neuseeländer schicken uns ein Fahrzeug entgegen, um uns zu empfangen und die letzten Kilometer zur Station zu fahren. Ich genieße jetzt jeden Schritt, den ich tue. Immer deutlicher wird mir bewußt: Mit diesen letzten Metern zum Fahrzeug endet die Durchquerung der Antarktis. Rund 2800 Kilometer liegen hinter uns. Rechne

ich den Marsch zum Nordpol und die Trainingsläufe dazu, bin ich in den vergangenen zwölf Monten rund 4000 Kilometer durch Eis und Schnee gelaufen. Ich bin am Ende des Weges angelangt.

Die freundlichen Männer und Frauen, die uns am Fahrzeug ein wenig scheu erwarten, überreichen uns Briefe und fotografieren und filmen uns. Dann verwöhnen sie uns mit Keksen und Kaffee. Für die fortgeschrittene Jahreszeit ist es recht schön und mild. Seit dem Südpol sind wir genau 40 Tage unterwegs. Eine sensationelle Zeit. Doch jetzt ist erst einmal nur wichtig, daß wir wieder unter Menschen sind. Wir laden unsere Schlitten auf das Fahrzeug und klettern auf die Sitze der Fahrerkabine. Dann geht es rumpelnd und holpernd mit dem Kettengefährt Richtung Scott Base. Vorbei an Willy Fields, der Landebahn der Amerikaner, von wo aus die Herkulesmaschinen zum Südpol starten.

Der Kreis schließt sich. In der McMurdo-Bucht tummeln sich Robben, und ein aufgeregter Pinguin – der erste, den wir auf unserer Expedition sehen – kreuzt die Piste. Die grünen Gebäude der Scott Base tauchen auf. Das Fahrzeug stoppt. Wir sind angekommen!

Scott Base

Nach 40 Tagen betreten wir zum ersten Mal wieder ein festes Gebäude. Das erste, was mir auffällt, ist die Wärme. Und auch Gerüche steigen mir gleich in die Nase. Ja, Gerüche, die vermisse ich immer am meisten bei meinen Polar-Expeditionen. Im ewigen Eis ist die Luft fast steril. Außer einem etwas muffeligen Geruch im Zelt gibt es keine Nahrung für den Geruchssinn. Jetzt riecht es plötzlich nach Farbe, nach heißem Kaffee, nach Menschen.

Aus allen Räumen strömen Leute herbei, gratulieren uns und drücken uns die Hände. Es ist eine wohltuende, herzliche Atmosphäre ohne aufdringliche Fragen oder irgendein Programm. Wir sind einfach Gäste. Die Menschen ahnen wohl, welch ein Kontrast es für uns ist, nach der langen Einsamkeit wieder unter Menschen zu sein. In einem gemütlichen Aufenthaltsraum stoßen wir auf unser Eintreffen an, dann bekommt jeder von uns ein Zimmer zugewiesen. Stationsmitglieder versorgen uns mit Wäsche, Trainingsanzügen und Turnschuhen.

Und dann kommt sie endlich: die erste heiße Dusche seit 40 Tagen. Es ist ein unbeschreiblicher Genuß, sich aus den verdreckten und verschwitzten Kleidern herauszuschälen und unter den heißen Strahl zu steigen. Sollte mich jetzt jemand fragen, was ich unter dem Begriff Kultur verstehe, so würde ich ohne zu zögern antworten: »Die heiße Dusche.«

Ich bin spindeldürr geworden. Eine Waage verrät mir später, daß ich elf Kilogramm im Eis gelassen habe. Das Zahnfleisch ist wegen der mangelnden Mundhygiene ein wenig zurückgegangen und fängt beim Zähneputzen zu bluten an. Auch das kenne ich. Es dauert immer einige Tage, bis sich das Zahnfleisch an die rüde Behandlung der Zahnbürste wieder gewöhnt hat und sich regeneriert.

Im Speiseraum serviert man uns ein warmes Essen. Wir sitzen auf Stühlen an einem Tisch. Alles ist gepflegt und sauber. Um uns herum freundliche, liebe Menschen. Ich fühle mich wie betäubt. Wir dürfen sogar telefonieren. Über das sogenannte »Inmarsat«-System, eine besonders aufwendige Satellitenkommunikation, kann man per Durchwahl nahezu jeden Ort der Erde telefonisch erreichen.

Ich rufe meine Freundin Brigitte in Deutschland in ihrem Büro an. Wir hören uns so gut wie bei einem Ortsgespräch. Obwohl ich diesem Moment entgegenfieberte, finde ich jetzt kaum Worte und spreche ganz sachlich. Die Situation erscheint mir einfach zu unwirklich, als daß ich Gefühle über diese Distanz hinweg weiterleiten könnte. Sie hat eine wunderbare Nachricht für mich: Sie will nach Neuseeland kommen, um mich abzuholen.

Die ersten Radiostationen und Zeitungen rufen an und bitten um Interviews. Wir geben sie gern. Dann gehen wir einige Schritte ins Freie und blicken in das schwarze Wasser der McMurdo-Bucht. Plötzlich hören wir ein Schnaufen und entdecken einen Minkwal, der direkt neben der Steilküste auftaucht und behäbig zwischen den

Eisschollen herumkurvt. Ein Wal vor der Haustür – wo gibt es das schon?

Wir gehen wieder ins Gebäude und lesen unsere Post. Sie stammt von Weihnachten. Dann ziehen Reinhold und ich uns in ein Büro zurück, um in Ruhe ein Tonband zu besprechen. Das soll noch am selben Abend von einer amerikanischen Maschine nach Neuseeland mitgenommen werden, wo es der *Spiegel*-Redakteur Ulrich Jaeger in Empfang nehmen und an Wilhelm Bittorf nach Hamburg weiterleiten wird. Bittorf benötigt es, um seinen letzten *Spiegel*-Bericht über unsere Expedition zu schreiben. Dem Tonband fügen wir wieder eine Liste mit Fragen bei, die wir so umfangreich wie möglich beantwortet haben. Außerdem schildert jeder seine persönlichen Eindrücke. Wir berichten von Dingen, die uns jetzt bewegen, von wichtigen Erlebnissen während der Expedition, von Details, von denen wir meinen, daß sie einfach für den Spiegel interessant sein müßten. Ich höre Reinhold sagen, daß das von ihm geführte Logbuch nicht zum Abdruck bestimmt ist, sondern lediglich als gedanklicher Leitfaden gedacht ist. Er spricht sogar ein Verbot aus, den Inhalt des Logbuchs oder Auszüge daraus in vorliegender Form abzudrucken. Danach verpacken wir das Tonband, unsere Filme und das Logbuch und schicken es auf die Reise.

Wir wundern uns beide, daß weder die aktuellen *Spiegel*-Ausgaben in der Scott Base auf uns warten noch einer der *Spiegel*-Redakteure uns anruft. Seit über Nachrichtenagenturen bekannt ist, daß wir unser Unternehmen erfolgreich abgeschlossen haben, steht nämlich das Telefon nicht mehr still. Redaktionen aus aller Welt wollen Interviews, ja, sogar kleine Zeitungs-Redaktionen aus Deutschland bombardieren mich mit Fragen. Sie alle melden sich, um auf dem neuesten Stand zu sein. Nur der mächtige *Spiegel* mit seinem perfekten Kommunikationnetz schweigt.

Welches Schicksal erwartet diesen Kontinent? Sind die Menschen fähig, aus den Fehlern der Vergangenheit zu lernen, oder müssen sie ständig wiederholt werden?

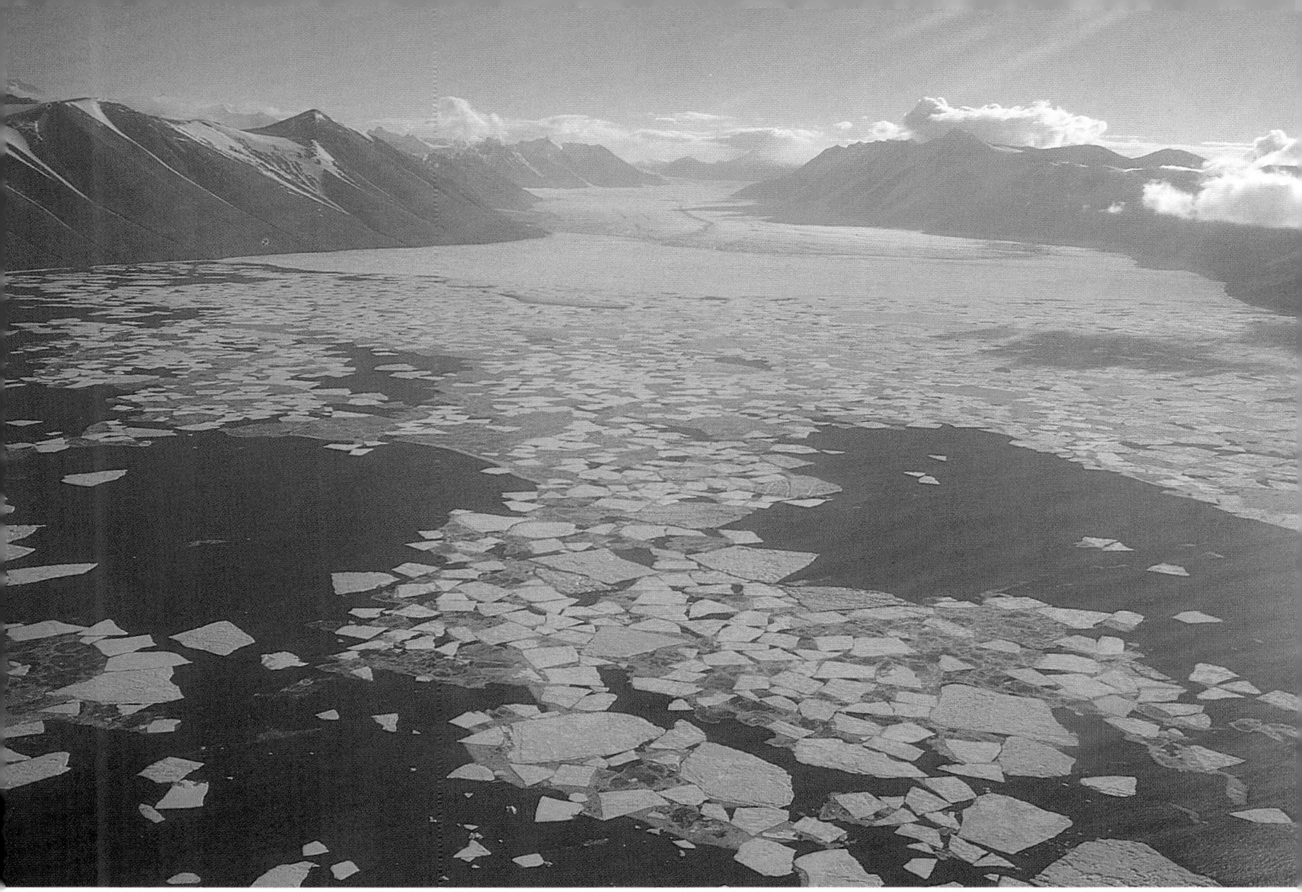
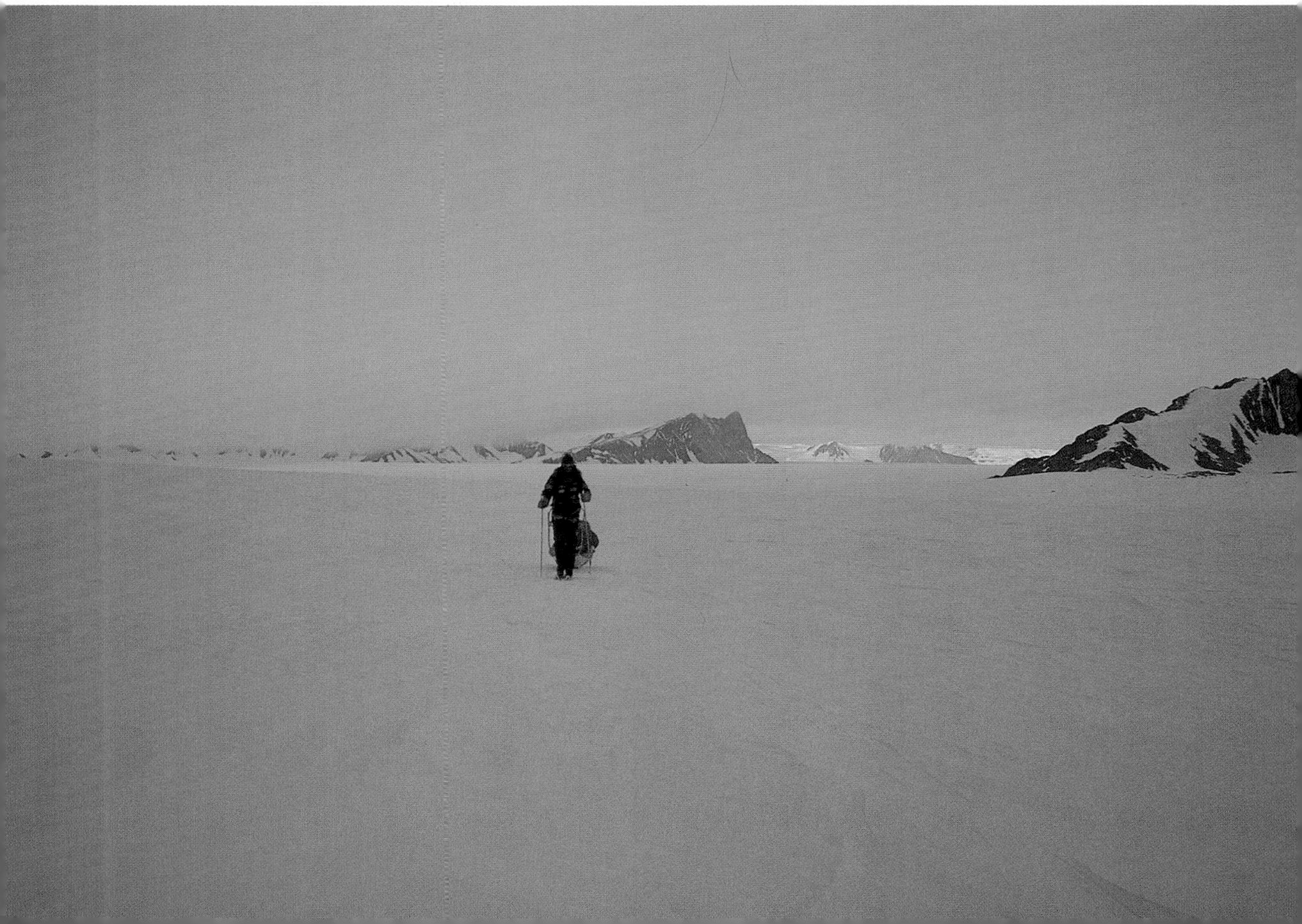

Uns irritiert dieses Verhalten, weil gerade Wilhelm Bittorf das größte Interesse an aktuellen Informationen haben müßte. Nach all den nervenaufreibenden Erlebnissen in Punta Arenas mit der alten »DC 6« waren wir uns auch menschlich sehr nahe gekommen und hatten das Gefühl, daß Ulrich Jaeger, Jürgen Bolz und Wilhelm Bittorf zur »Familie« gehörten. Von ihnen hätten wir deshalb zuallererst einen Glückwunsch oder eine kurze Notiz erwartet. Nur mit Ulrich Jaeger in Neuseeland gelingt es uns, Kontakt aufzunehmen. Wilhelm Bittorf, der die Geschichte schreibt, hüllt sich in Schweigen.

Ich bekomme in der ersten Nacht in den geschlossenen Räumen kein Auge zu. Ich bin hellwach, stehe auf und gehe in die Bibliothek, um dort ein wenig zu lesen. Malcolm MacFarlane, der neuseeländische Stations-Manager, setzt sich zu mir, und wir unterhalten uns bei einer Tasse Kaffee über persönliche Dinge. Ich genieße den Blick aus dem Fenster auf die im Wasser treibenden Eisschollen.

Nach dem Frühstück führt man uns durch die Station, und wir erkennen, daß für die Neuseeländer Umweltschutz nicht nur ein Wort ist. Sie sammeln den gesamten Müll, sortieren ihn und transportieren ihn zurück nach Neuseeland. Das ist, wie wir bald sehen werden, noch lange keine Selbstverständlichkeit in der Antarktis.

Die Discoveryhütte

Etwas widerstrebend lädt uns die Leitung der amerikanischen McMurdo-Station ein, uns dort umzuschauen. Der Base-Manager zeigt sich sehr reserviert und ein wenig verstimmt. Die Gründe dafür sollen wir bald erfahren. Er gratuliert uns zu unserer Leistung, schiebt jedoch gleich hinterher, daß die NSF derartige Aktionen nicht gutheißt.

Mactown, wie ihre Bewohner liebevoll die McMurdo-Station nennen, ist die größte Basis in der Antarktis. Rund 1000 Menschen leben dort im antarktischen Sommer, im Winter immer noch einige hundert. Die Station wirkt ein wenig chaotisch. Bunt zusammengewürfelte Holzbaracken wechseln mit modernen Konstruktionen. Ein System ist nicht erkennbar.

Auf der Mülldeponie hat man mittlerweile damit begonnen, die einzelnen Bestandteile nach Wiederverwendbarkeit zu sortieren, um sie später auszuführen. Das ist bei der McMurdo-Station weiß Gott keine Selbstverständlichkeit. Erst als vor einigen Jahren »Greenpeace« mit der Einrichtung einer Station auf der Ross-Insel zum unbequemen Nachbarn geworden war, versuchten die Amerikaner, ihr Müllproblem in den Griff zu bekommen. Vorher war es durchaus üblich, Müll in der McMurdo-Bucht zu versenken, und die Schiffe fuhren leer zurück. Die Fäkalien dieser Kleinstadt landen nach wie vor ungeklärt in der Bucht.

Der Manager versucht uns zu erklären, in welch verzwickter Situation er sich befinde. Vor allem die Altlasten machen ihm Probleme. Da lagern eine Menge Fässer, deren Inhalt gar nicht mehr bekannt ist. Auch Fässer mit Urin stehen herum. »Versuchen Sie mal ein Faß Urin in die USA einzuführen«, meint er entschuldigend. Im Gegensatz zur Scott-Station der Neuseeländer macht die McMurdo-Station einen schmuddeligen, heruntergekommenen Eindruck. Da stehen Bulldozer, Planierraupen, Rohrleitungen, verrostetes Gerät neben Halden von Fässern herum. Überall Baustellen und schäbige Wohnbaracken.

Bei unserer Rundfahrt treffen wir Brian, den Amerikaner, der mir am Südpol seine Koje überlassen hatte und inzwischen hier in McMurdo auf seinen Heimflug wartet. Er klärt uns über die Verstimmung der Amerikaner auf. Der *Spiegel*-Bericht beleuchtete die Aktivitäten der Amerikaner kritisch und ließ kein gutes Haar an ihnen. Außerdem seien in dem Bericht Personen namentlich genannt worden, die uns nach Aussage des *Spiegel* die Stunden am Südpol »versüßt hätten«. Vor allem Donna, eine junge Amerikanerin, wird in diesem Zusammenhang genannt. Donna war in der Tat besonders freundlich und hilfreich. Sie zweigte aus der Kantine einige Lebensmittel für uns ab und bemühte sich, uns

231

den Aufenthalt so angenehm wie möglich zu machen. Ihre Hilfsbereitschaft und Herzlichkeit würden in dem *Spiegel*-Bericht nur als sexuelles Interesse ausgelegt. Darüber, daß sich viele Leute trotz des Verbots der NSF um uns kümmerten, sei kein Wort zu lesen. Die Frauen würden als »geile Dummchen« dargestellt, von Hilfsbereitschaft kein Wort.

Schon nach 24 Stunden hätte eine übersetzte *Spiegel*-Fassung als Fax am Südpol vorgelegen. Die mit Namen genannten Helfer wären vor die NSF zitiert worden und hätten einen gewaltigen Rüffel bekommen. Man könne ja nun sehen, meint Brian, wie die Hilfsbereitschaft gedankt werde. Wir schämen uns beide und versichern Brian, daß wir mit dieser Story nichts zu tun haben und eine so verzerrte Art der Berichterstattung verurteilen. Brian und die anderen Amerikaner glauben uns. Sie sind glücklicherweise nicht auf uns zornig, auf den *Spiegel* dafür um so mehr.

Unsere Rundfahrt durch die McMurdo-Station endet mit dem Besuch der Discoveryhütte von Robert Falcon Scott. Sie steht in Sichtweite der Station und ist in den all den Jahren unverändert geblieben. Mich durchdringt ein beklemmendes Gefühl, als wir die Tür aufstoßen und in den Raum treten. Es herrscht ein ziemliches Durcheinander in der Hütte, ich erkenne jedoch mit einem Blick, daß nicht die langen Jahrzehnte diese Unordnung geschaffen haben, sondern die letzten Bewohner vor 80 Jahren. Ich spüre immer noch Leben in der Hütte. Es ist, als wäre die Zeit urplötzlich stehengeblieben. Die Regale sind noch gefüllt mit Keksdosen, Salzstreuern, Lampen und Werkzeugen. Auf dem Herd stehen zwei Töpfe mit Gulasch. Das trockene, kalte Klima läßt nichts verderben. Im Vorratsraum haben geschlachtete Robben und Schafe mehr als ein Dreivierteljahrhundert überdauert. Schuhe und Kleidungsstücke hängen an Nägeln in den Pfosten. Man könnte glauben, die Hütte wäre erst vor ein paar Tagen verlassen worden. Und ich werde das Gefühl nicht los, als würde jeden Moment ein Polarforscher die Tür aufstoßen, um vorwurfsvoll zu fragen, was wir denn in seiner Hütte zu suchen hätten.

Daß das Gulasch seit 80 Jahren unverdorben auf dem Herd steht, macht mir ein großes Problem erneut klar: In der Antarktis vergeht und zersetzt sich nichts. Ob nun geschlachtete Schafe und Robben, ob Gulasch oder auch Müll. Die Antarktis konserviert, was immer man in ihr zurückläßt. Für alle Zeiten. Das macht das Müll-Entsorgungsproblem der antarktischen Stationen überdeutlich. Halden von konserviertem Müll gehören heute in McMurdo und vielen anderen Stationen zum Alltag.

Unser Aufenthalt in der Scott Base wird kürzer als geplant. Über Funk haben sich zwei Hubschrauber der italienischen Terra Nova Bay Station angekündigt. Sie wollen uns von der Scott

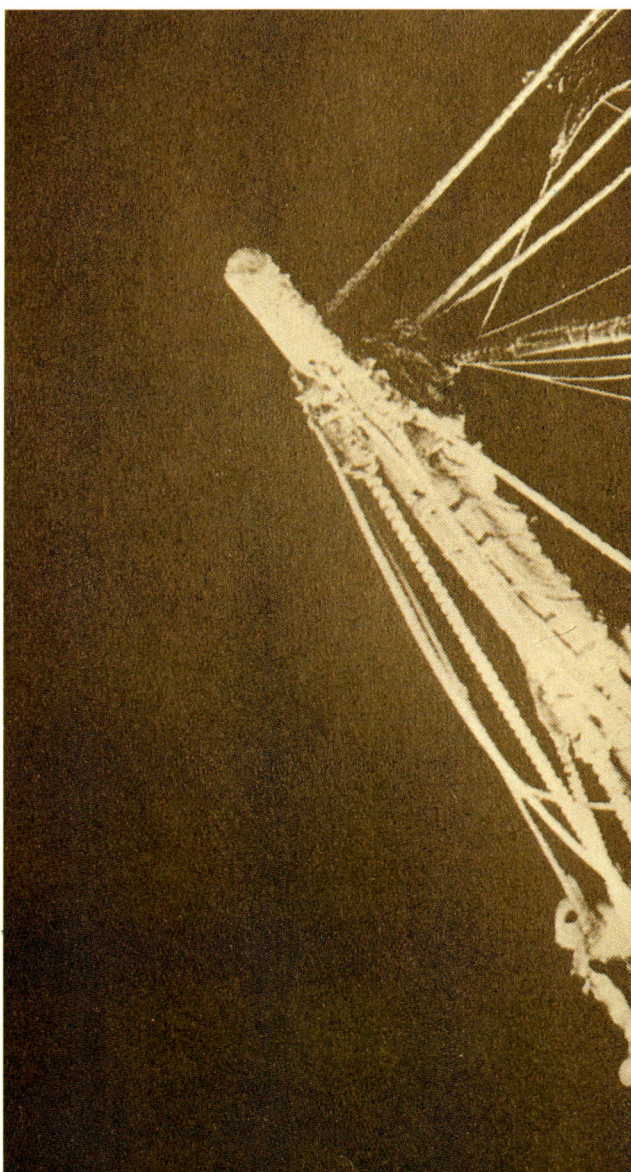

Base abholen. Sie möchten das gute Wetter nutzen, das in dieser Jahreszeit oft nur kurz anhält. Wir packen schnell unsere Sachen zusammen, und ehe wir uns versehen, schweben schon die Helikopter dröhnend ein. Wir bedauern es, daß wir die freundlichen Neuseeländer schon nach einem Tag wieder verlassen müssen. Wir verabschieden uns hastig, aber herzlich, und schon einige Minuten später schweben wir über dem offenen Meer in Richtung Terra Nova Bay.

Der Flug dauert knapp drei Stunden. Aus der Vogelperspektive bewundern wir die Gebirgsketten, die gewaltigen Gletscherzungen, die sich vom Inlandeis herunterstrecken, die Eisschollen und Eisberge. Wir sind berauscht von dem gigantischen Panorama. Wir sitzen im Hubschrauber wie in einem Kinosessel und lassen einen wunderbaren Film an uns vorbeiziehen. Der Blick aus dieser Höhe erfaßt die Antarktis aus einer komfortablen Distanz. Wir sind ihr in den zurückliegenden Monaten sehr viel näher gekommen, haben ihre Schönheit und Unmenschlichkeit am eigenen Leibe erfahren. Wir haben sie erlebt.

Shackletons Schiff, die »Endurance«, in der tödlichen Umklammerung des Eises, das ihr zum Verhängnis wurde.

An Bord der Barken

Nach einer stürmi-
schen Überfahrt
erreichen wir den
Hafen von Lyttelton
in Neuseeland. Ein
»heißes Jahr im
Eis« geht für mich
zu Ende.
Die Atmosphäre
ist dennoch span-
nungsgeladen. Der
Spiegel-Bericht hat
für einigen Wirbel
gesorgt und vergällt
mir die Freude über
die gelungene
Expedition.

Die Besatzung der italienischen Terra Nova Bay Station empfängt uns mit der gleichen Herzlichkeit und Offenheit wie das neuseeländische Team. Es ist eine moderne, gut geführte Station, bei der der Umweltschutz Vorrang hat. Die Wissenschaftler arbeiten an umfangreichen Programmen. Es herrscht ein Gemisch aus Geschäftigkeit und Fröhlichkeit. Für die Forschungsarbeiten stehen modernste Geräte bereit.

Die Stationsleitung bringt uns auf dem Frachtschiff »Barken« unter, das uns zusammen mit den Wissenschaftlern nach Neuseeland bringen soll. Reinhold und ich bewohnen eine Doppelkabine. Der Schiffskoch gibt sich alle Mühe, uns zu mästen, und in der Gemeinschaft italienischer Wissenschaftler, neuseeländischer Hubschrauberbesatzungen und der holländischen Schiffscrew fühle ich mich wohl und geborgen. Auch die »Barken« verfügt über ein »Inmarsat«-System, das es telefonisch und per Fax mit der ganzen Welt verbindet. Während das Schiff beladen und reisefertig gemacht wird, sehen wir uns ein wenig die Umgebung an und freuen uns im übrigen auf die Heimkehr.

Die Freude aber bleibt nicht lange ungetrübt. Noch immer haben wir kein Lebenszeichen vom *Spiegel* erhalten. Statt dessen melden sich viele Freunde, Bekannte und vor allem deutsche Journalisten und Redaktionen. Uns geht langsam ein Licht auf: Die *Spiegel*-Berichte, die während unseres Marsches erschienen sind, haben anscheinend für größeren Wirbel gesorgt, als uns bewußt ist. Wir sind am meisten davon betroffen, aber wir wissen offenbar am allerwenigsten darüber.

Warum, frage ich mich immer wieder, faxt uns der *Spiegel* die Berichte nicht durch? Das tun dann endlich andere. Beim Lesen verschlägt es mir die Sprache. Von Reinholds Tagebüchern ist da die Rede, in denen ich als »fußlahmer Kumpane« dargestellt werde, der von dem unverwüstlichen Reinhold Messner durch die Antarktis geführt wird. Ich bin fassungslos. Und Reinhold ist es auch. Er hatte den durchgefaxten *Spiegel*-Bericht schon ein paar Stunden vor mir gelesen, bevor er ihn mir gab. Reinhold ist erfüllt von einer Mischung aus Ärger, Nervosität und Aggressivität. Die Ahnung, die ich beim Lesen des *Spiegel*-Artikels am Südpol verdrängt hatte, trifft mich nun als Gewißheit mit voller Wucht. Wieder dreht sich alles um meine kaputten Füße, meine Langsamkeit, mein unmäßiges Schlafbedürfnis und meine mangelnde Einsatzbereitschaft. Reinhold wird als der große Macher dargestellt, der das Eisen aus dem Feuer gerissen hat. Kurz: Er ist der Supermann, der nicht nur allen Achttausendern trotzt, sondern auch noch schnell mal eben so nebenbei die Kunst des Polarreisens erlernt.

Ich blicke Reinhold traurig an und spüre etwas zerbrechen, von dem ich geglaubt habe, es sei während der Expedition gewachsen und müßte allen Widrigkeiten trotzen: das Vertrauen. Er hat nicht ein Logbuch, sondern offenbar ein sehr persönliches Tagebuch geführt. Und Wilhelm Bittorf, seit vielen Jahren mit Reinhold befreundet, hat daraus ein unsägliches Heldenepos gestrickt. Reinhold hatte ihm per Tonband verboten, den Inhalt des Buches zu drucken. Das habe ich selbst gehört. Aber Bittorf hat sich offenbar nicht darum geschert. Aber warum hat Reinhold das Buch in dieser Form überhaupt geführt? Wenn er nicht wollte, daß Bittorf in dieser Art über mich berichtet, dann hätte er ihm seine Aufzeichnungen nicht vorlegen dürfen.

Mir ist völlig unverständlich, weshalb Bittorf mich nicht nach meiner Sicht der Dinge gefragt hat oder mich zumindest zu diesen Vorwürfen Stellung nehmen ließ. Später wird man argumentieren, ich hätte ja auch mein Tagebuch mit ausfliegen lassen können. Ich halte das für eine billige Ausrede. Wenn ich nämlich als Journalist einen ausführlichen Bericht über zwei Menschen schreibe, die eine derartige Aufgabe angehen, dann habe ich auch eine gewisse Sorgfaltspflicht zu erfüllen. Bittorf kannte den Inhalt von Reinholds Tagebuch, ich nicht. Und er allein hat dann diese Diffamierungen über mich verbreitet. Ohne sich rückzuversichern. Ein einziges Telefonat mit mir in der Scott Base oder auf der »Barken« hätte eine fatale Entwicklung stoppen können. Mir wird klar, daß er genau das nicht gewollt hat. Er war nicht an mir und meiner

Darstellung interessiert, sondern nur an der Verwirklichung eines Bildes, das schon lange vor Beginn der Expedition in seinem Kopf bestand. Er wollte mit Reinhold einen Sieger auf den Sockel heben und brauchte dazu auch einen Verlierer: mich.

Reinhold ist klargeworden, was mit diesem *Spiegel*-Bericht in Gang gesetzt worden ist. Er versucht sich in Rechtfertigungen und Erklärungen. Er fühlt sich hintergangen und als einzig Leidtragender. Kein Wort des Bedauerns oder der Richtigstellung. Irgendwann trifft ein Fax von Bittorf ein, in dem er uns gratuliert und seine Bewunderung zum Ausdruck bringt. Ich bin verbittert, als ich diese Zeilen lese. Kein Wort über die Berichterstattung, keine Frage, nicht ein ernst zu nehmendes Wort.

Am 24. Februar schließlich kommt ein Gespräch zwischen Reinhold und Bittorf zustande. Ich werde Zeuge des Gesprächs und höre, wie Reinhold sich bitter bei dem *Spiegel*-Mann beklagt. Aber ich höre ihn auch sagen, er habe alle Trümpfe in der Hand – was immer er damit meinen mag. Er beklagt sich darüber, daß er wieder einmal zum Sündenbock gemacht werde und sich zum wiederholten Male nach Expeditionen rechtfertigen müsse.

Auch nach dem Gespräch ist er noch erregt, und nach dem Motto »Angriff ist die beste Verteidigung« macht er mir jetzt Vorwürfe, daß ich mein Tagebuch nicht herausgeschickt habe. Außerdem warnt er mich davor, die Medien gegen ihn aufzubringen. Business as usual – ich bin sprachlos.

Ich bin gewiß kein Anhänger irgendeiner Philosophie der hehren Männerfreundschaft und unbefleckten und unzerrüttbaren zwischenmenschlichen Bindungen. Trotzdem, die hinter uns liegenden Monate hatten trotz aller Unterschiede unseres Naturells und trotz aller Konfliktsituationen eine menschliche Beziehung zwischen uns entstehen lassen. Gerade weil es uns gelungen ist, uns zusammenzuraufen und allen Widrigkeiten zu trotzen, ist diese Expedition letztlich ein Erfolg geworden. Kein Mensch kann ernsthaft erwarten, daß es keine Konflikte gibt, wenn zwei Menschen 92 Tage auf engstem

Endlich das Wiedersehen mit Brigitte.

Raum unter extremsten Bedingungen und in völliger Isolation zusammenleben. Wir wußten von vornherein, daß es Meinungsverschiedenheiten und vielleicht auch Gefühlsausbrüche geben würde. Die Frage war nur, wie wir mit Konflikten umgehen würden und ob wir es schafften, Lösungen und konstruktive Kompromisse zu finden. Diese wohl schwierigste Aufgabe haben wir gemeistert. Das ist das eigentliche Erfolgserlebnis unserer Expedition. Und genau dieser Erfolg wird jetzt zerstört.

Mir ist es zunächst egal, was der *Spiegel* schreibt. Ich bin einfach nur enttäuscht und traurig. Es sind schließlich Banalitäten, die im Vordergrund des *Spiegel*-Berichts stehen: Wer kann denn nun schneller laufen, Fuchs oder Messner? Absurde Fragen! Hat wirklich jemand an Mess-

237

ners Kondition gezweifelt? Hätte er sie nicht, wäre er wohl schwerlich alle 14 Achttausender hochgekommen und würde wohl auch kaum durch die Antarktis laufen. Hätte ich eine schlechte Kondition, wäre ich sicher nicht durchgekommen. Ich bin im selben Jahr 1000 Kilometer mehr gelaufen. Sind wir denn zum Wettlauf angetreten?

Dem *Spiegel* scheint dies alles gleichgültig zu sein. Eine Geschichte mit »gut und böse, stark und schwach« läßt sich halt einfach besser verkaufen als die schlichte Wahrheit. Wilhelm Bittorf hält es auch in den kommenden Tagen und Wochen nicht für nötig, mich nach meiner Meinung und meinen Erlebnissen zu fragen. Auch nicht, als ich wieder in Deutschland bin und er an einem dreiteiligen Fernsehbericht über die Expedition arbeitet.

Sein Argument, daß ich nicht bereit gewesen wäre, mein Tagebuch auszuhändigen, ist in meinen Augen nur ein Vorwand, zumal er mir dies noch nicht einmal persönlich gesagt hat. Denn schließlich lagen ihm meine Schilderungen vor, die ich für ihn aufs Tonband gesprochen hatte. Doch die tauchen weder im *Spiegel* noch in dem Fernsehfilm auf.

Wie man eine Dokumentation über ein so extremes Abenteuer in Wort und Bild anfertigen kann, ohne mit beiden Beteiligten zu sprechen, ist mir schleierhaft. Bis zum heutigen Tage, an dem ich diese Zeilen schreibe, hat Bittorf keinen Kontakt mit mir aufgenommen. Jetzt erübrigt sich das allerdings auch. Das letzte Mal sprach ich in Punta Arenas mit ihm.

Und Reinhold? – Statt auf unsere Gemeinsamkeit zu setzen und in angemessener Form an die

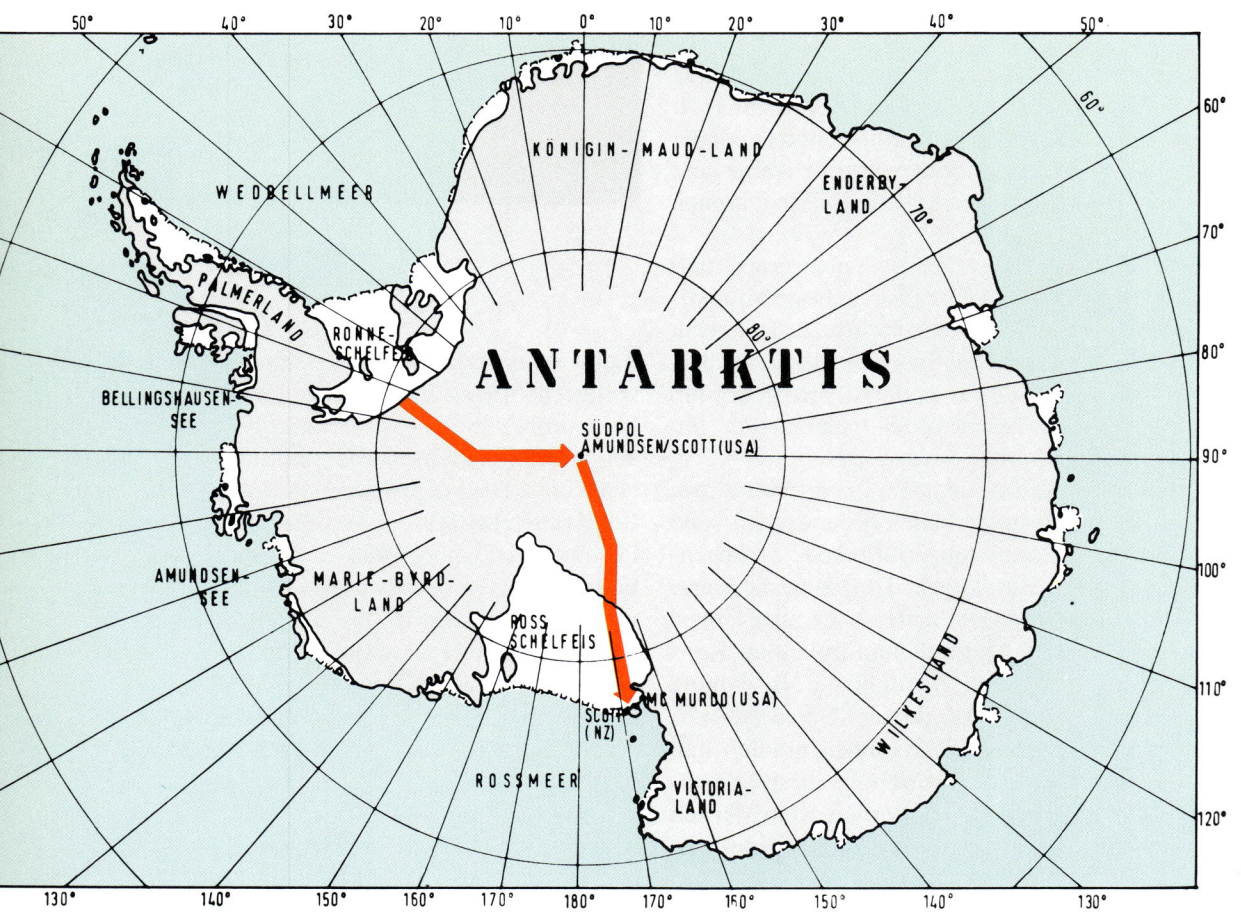

Öffentlichkeit zu treten, fühlt er sich als gehetztes Wild. Er gibt Leuten die Schuld, die nicht das geringste mit der Angelegenheit zu tun haben. Er bezeichnet mich als Lügner. Drei Monate sind wir durch das Eis der Antarktis gezogen und haben trotz aller körperlichen und geistigen Belastungen und persönlichen Gegensätze immer wieder eine gemeinsame Basis gefunden. Der Problematik, die sich uns nach dem erfolgreichen Ende unseres Unternehmens entgegenstellt, sind wir offensichtlich nicht gewachsen. Ich beteilige mich nicht an der Medienschlacht, weil ich nicht will, daß diese Reise noch mehr strapaziert wird. Über die Umweltprobleme der Antarktis, auf die wir auch mit dieser Expedition hinweisen wollten, spricht ohnehin niemand mehr. Der Konflikt Fuchs/Messner überschattet das Ganze, alles andere tritt in den Hintergrund. Dabei hat es niemals zuvor in der Polargeschichte eine derart effektive und schnelle Expedition gegeben. In 92 Tagen legten wir rund 2800 Kilometer zurück, das entspricht einem Tagesschnitt von 30 Kilometern. Und genauso hatte ich unser Pensum berechnet. Zieht man von den 92 Tagen die Ruhetage und Sturmunterbrechungen ab sowie zwei Tage, an denen wir jeweils nur eine Stunde liefen, dann bleiben nur noch 77 Tage reiner Laufzeit übrig. Genaugenommen legten wir also die 2800 Kilomter in 77 Tagen zurück. Das entspricht einem Durchschnitt von 36 Kilometern pro Tag.

Die Strecke zwischen Pol und McMurdo liefen wir fast in der Hälfte der Zeit, die andere Expeditionen vor uns brauchten. Auf der ganzen Strecke fanden wir nur zwei Depots vor, in den Thiel-Bergen und am Südpol. Wir sind ohne bleibende Schäden in der Scott Base eingetroffen und waren noch nach den 92 Tagen in der Lage, uns freundschaftlich zu begegnen und uns gemeinsam über den Erfolg zu freuen.

Wir haben im polaren Reisen neue Maßstäbe gesetzt. Auch wenn dies nur ein persönlicher Erfolg ist, sollte man ihn zumindest erwähnen. Es bedrückt mich, daß mein sportlich erfolgreichstes Jahr so endet.

Unsere Route durch die Antarktis, dazu die entsprechende Strecke auf Europa übertragen. Rechnet man die Nordpol-Expedition dazu, müßten noch gut 1000 Kilometer angehängt werden.

Mir bedeuten Freundschaften etwas. Ich verliere sie nicht gern. Ich bin durch diese Expedition um viele Erfahrungen reicher geworden – im positiven wie im negativen Sinne.

Ich schließe das Kapitel Antarktis-Expedition und schlage ein neues auf. Ich hoffe, noch mit der gleichen Unbefangenheit, mit der ich bislang an solche Unternehmungen herangegangen bin.

Danksagung

Expeditionen dieser Größenordnung sind das Produkt vieler Helfer und Freunde. Sie alle aufzuführen ist kaum möglich, einige möchten auch nicht genannt werden. Ihnen allen gilt mein besonderer Dank. Einige Heraushebungen möchte ich dennoch machen: Manfred Horender, ohne dessen unermüdliche Hilfe und konstruktive Kritik dieses Buch nicht zustande gekommen wäre. Marga Pohlmann für das schnelle Schreiben der Manuskriptseiten. Elfi Mair für das Lesen des Manuskripts, Frau Dr. Matthaei für ihre Geduld. Astrid Eggers für ihre Unterstützung sowie all den anderen, die mitgewirkt haben. Mikhail Malakhov für die Bereitstellung seiner Aufzeichnungen. Sonja Podein, Andreas Hancke und Roland Westphal für ihren Beitrag. Roland ganz besonders dafür, daß er zu einem bestimmten Zeitpunkt an mich gedacht hat. Mein Dank gilt besonders Robert Swan. Dafür, daß er sich für eine gute Sache einsetzt und mir ein Freund geworden ist. Mikhail Malakhov, Darryl E. Roberts, Rupert Summerson, Graeme Joy, Hiroshi Onishi sowie Angus Cockney für ihre Toleranz und ihre Freundschaft. Holger Hansen, Holger Peter und Marion Böttger für das freundschaftliche Verhältnis sowie das Management. Christopher Holloway, Jim Hargreaves, Lee Scott, Christine McCabe, Brent Boddy, Richard Webber, Janet Summerson, Sharon Buness, Fast Eddy, Keith Stanwyck, John Tolson, Dean Sasella, Kirstie Hutchinson, Jeremy Morris, Stephen Williams, Crispin Day für ihren unermüdlichen Einsatz hinter den Kulissen – ohne sie wäre es nicht gegangen! Duri Mayer, Nabil Ali Moghib, Ulrich Krafzik und Ulf Thomas für den gelungenen Film. Ich danke Wolf Beringer für die Segel und Andreas Borrink für die Schlitten. Dr. Jörn Sievers sowie Dr. Berking für die Beratung. Herrn Jüngling für die Bereitstellung des EKGs. Rainer Neuber und den Globetrotter-Ausrüstungen für den Globetrotter-Lunch, Josef Metzmacher für das Cathay. Ich danke Helmut Hammele für die Beratung in Ernährungsfragen. Der Firma »Amway«, die die »Icewalk«-Expedition überhaupt erst ermöglicht hat, insbesondere möchte ich Herrn Gottwald erwähnen. Ferner den Firmen W. L. Gore und Berghaus sowie Ajungilak, der *Hörzu* und last but not least Barbara Preck und Friedhelm Imberger von der »Hamburg Münchener«. Der Firma »Adolf Würth« für die Unterstützung bei der Antarktis Transversale. Alle Fotos dieses Buches sind mit »Leica« M6, R6 und R5 Kameras gemacht worden. Für die Bereitstellung und Präparierung der Ausrüstung der Fa. Leica vielen Dank. Der Firma Plath für die Präparierung des Sextanten, Herrn Sorbini für die Lieferung von Lebensmitteln. Ich danke Reinhold Messner für die Gemeinsamkeiten während der Expedition und die schönen Momente unserer Reise, an die ich mich stets gern erinnern werde. Der neuseeländischen Scott Base, besonders Malcolm McFarlane, für die freundliche Aufnahme. Besonderen Dank schulde ich auch der italienischen Terra Nova Bay Station für ihren herzlichen Empfang sowie die Erlaubnis, mit den italienischen Wissenschaftlern die Rückreise anzutreten. Der amerikanischen Polbesatzung, insbesondere Brian Buckley und Donna Patterson, sei herzlicher Dank für ihre Hilfe gesagt, die sie uns trotz Verbots gewährten. Ralf Stark und Peter Hertling vielen Dank für die Fotos. Schließlich sei allen Leuten gedankt, die uns die Daumen gedrückt haben. Und zuletzt einen besonderen Dank meiner Freundin Brigitte Ellerbrock, die alle Karten gezeichnet hat, und, was noch wichtiger ist: mich immer wieder losziehen läßt!

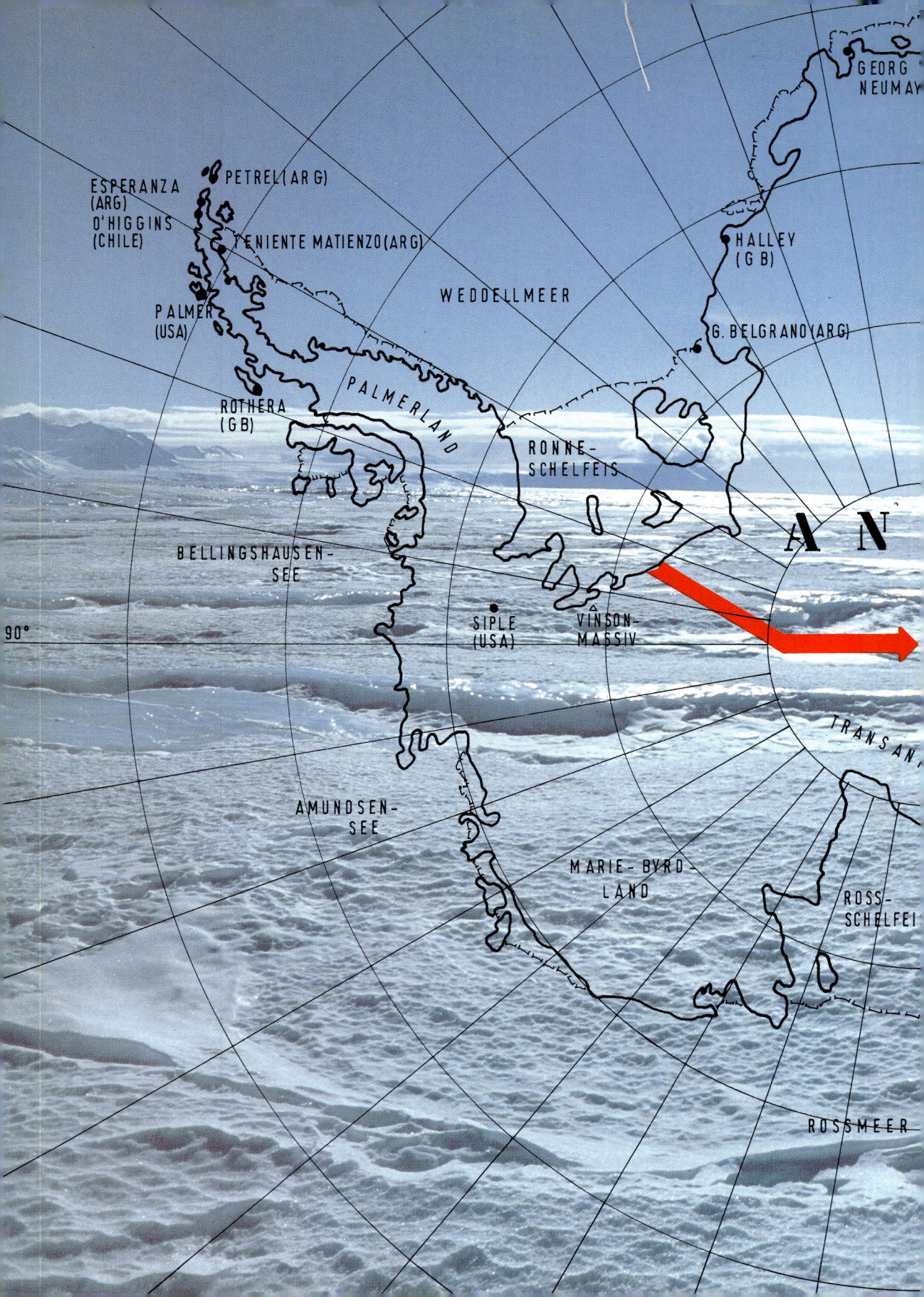

GEORG
NEUMAY

ESPERANZA
(ARG)
O'HIGGINS
(CHILE)

PETREL (ARG)

TENIENTE MATIENZO (ARG)

WEDDELLMEER

HALLEY
(GB)

PALMER
(USA)

G. BELGRANO (ARG)

ROTHERA
(GB)

PALMERLAND

RONNE-
SCHELFEIS

BELLINGSHAUSEN-
SEE

A N

SIPLE
(USA)

VINSON-
MASSIV

90°

TRANS AN

AMUNDSEN-
SEE

MARIE-BYRD-
LAND

ROSS-
SCHELFEI

ROSSMEER